"十三五"江苏省高等学校重点教材

高等院校经济管理类专业"互联网+"创新规划教材

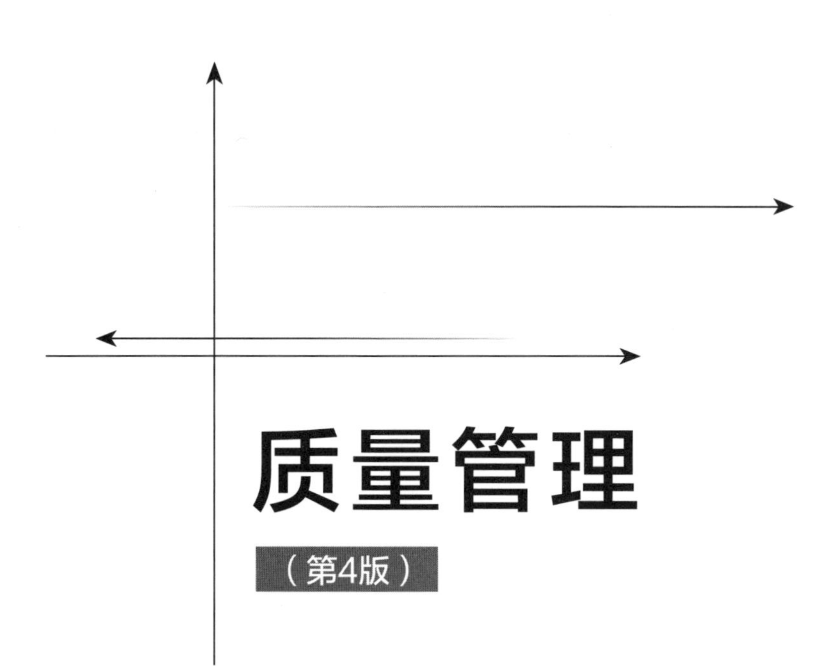

质量管理

（第4版）

陈国华　贝金兰◎编著

内容简介

质量管理大师朱兰说过，21世纪是质量的世纪。质量兴则企业兴，企业强则国家强。质量是引领经济发展的标杆，是一个国家和地区综合实力和竞争力的重要体现，“质量”一词的内涵越来越广泛而深刻。本书在继承传统质量管理理论与方法的基础上，结合课程思政要求，注重对普通高校应用型人才的培养，注重对质量管理实践能力的培养，充分体现理论与实践结合的原则。本书语言通俗易懂，运用“互联网+”延伸课程知识，增强了可读性，力求精简和实用，在有限的篇幅内较全面地展现质量管理理论与实践精髓。

本书共12章，具体包括质量管理概论、全面质量管理、质量管理常用统计分析方法、质量改进、6σ管理原理及应用、抽样检验原理与应用、现场质量管理、服务质量管理、质量经济性分析、质量管理体系、一体化管理体系、卓越质量经营模式。

本书可以作为普通高等学校管理类、经济类或工程类专业本科生、研究生的教学用书，也可以作为成人高等教育的教学用书，以及社会各类企业的培训教材和相关人士学习的参考资料。

图书在版编目（CIP）数据

质量管理/陈国华，贝金兰编著．—4版．—北京：北京大学出版社，2024.5

高等院校经济管理类专业“互联网+”创新规划教材

ISBN 978-7-301-34661-7

Ⅰ．①质…　Ⅱ．①陈…　②贝…　Ⅲ．①质量管理—高等学校—教材　Ⅳ．①F273.2

中国国家版本馆CIP数据核字（2023）第212007号

书　　名　质量管理（第4版）
ZHILIANG GUANLI（DI-SI BAN）
著作责任者　陈国华　贝金兰　编著
策划编辑　李娉婷
责任编辑　赵天思　李娉婷
数字编辑　金常伟
标准书号　ISBN 978-7-301-34661-7
出版发行　北京大学出版社
地　　址　北京市海淀区成府路205号　100871
网　　址　http://www.pup.cn　新浪微博：@北京大学出版社
电子邮箱　编辑部 pup6@pup.cn　总编室 zpup@pup.cn
电　　话　邮购部 010-62752015　发行部 010-62750672　编辑部 010-62750667
印 刷 者　河北滦县鑫华书刊印刷厂
经 销 者　新华书店
787毫米×1092毫米　16开本　21.75印张　512千字
2010年8月第1版　2014年9月第2版
2018年2月第3版　2024年5月第4版　2024年5月第1次印刷
定　　价　59.00元

第 4 版前言

《质量管理》第 1 版自 2010 年 8 月由北京大学出版社出版以来，深受广大读者的欢迎，经过 2 次再版 10 次印刷，被列为“十三五”江苏省高等学校重点教材和 21 世纪高等院校财经管理系列实用规划教材。与前 3 版相比，第 4 版的主要变化有以下 4 个方面。

(1) 融入课程思政元素与党的二十大精神。习近平总书记指出，要用好课堂教学这个主渠道，思想政治理论课要坚持在改进中加强，提升思想政治教育亲和力和针对性，满足学生成长发展需求和期待，其他各门课都要守好一段渠、种好责任田，使各类课程与思想政治理论课同向同行，形成协同效应。为此，本版教材力求打破长期以来思想政治教育与专业教育相互隔绝的“孤岛效应”，将立德树人融入教材体系。

(2)“互联网＋”教材。给教材插上科技的翅膀，植入案例延伸、企业展示、实操展示等“互联网＋”资料。

(3) 更新了内容。将研究对象扩大到社会组织，更新了各章部分内容。

(4) 补充、修订了部分案例、例题与习题。

本书共 12 章，包括质量管理概论、全面质量管理、质量管理常用统计分析方法、质量改进、6σ 管理原理及应用、抽样检验原理与应用、现场质量管理、服务质量管理、质量经济性分析、质量管理体系、一体化管理体系、卓越质量经营模式。

本书具有以下特点。

(1) 系统性。本书既系统论述了质量管理的基本理论和方法，又介绍了质量管理前沿知识。

(2) 针对性。“质量管理”是经济与管理专业的主干课程，本书为适应经济与管理专业教学需要而编写，其内容、结构设置充分考虑到经济与管理专业培养目标和教学计划的需要，内容较全面。

(3) 实践性。本书注重理论与实践的结合，并把重点放在质量管理的基本原理和主要应用方法上。

(4) 新颖性。本书密切联系实际，博采众长，以丰富生动的案例来增强学习者对质量管理的感性认识和理性认识，着重培养学习者分析问题的能力、创新的能力、判断决策的能力和解决实际问题的能力。

本书由陈国华、贝金兰编著，副主编为孙会，参与编写工作的有朱国军、熊花、查秀芳、颛孙丰勤、仪彬、苗彬、史纪磊，全书由陈国华负责统稿。

本书在编写过程中参阅了大量国内外发表的文献资料，限于篇幅，书后仅列出了其中主要的参考文献。在此，谨向相关作者表示深深的谢意！

鉴于编著者水平有限，书中难免存在一些有待商榷和疏漏之处，恳请同行和读者对本书提出宝贵意见，以便进一步加以改进。

陈国华

2024 年 3 月

目　　录

课程导入

课程延伸

第1章

质量管理概论

本章教学要点

知识要点	掌握程度	相关知识
质量和质量管理的概念	掌握	朱兰的质量观、戴明的质量观、质量管理的概念
质量管理的发展阶段	熟悉	质量检验、统计质量控制、全面质量管理、社会质量管理和全球质量管理
质量管理的基本原理	重点掌握	人本原理、过程监控原理、体系管理原理
产品质量形成过程	了解	产品质量形成规律

本章技能要点

技能要点	熟练程度	应用方向
过程监控原理	重点掌握	质量过程、质量环
体系管理原理	掌握	质量体系文件
人本原理	熟悉	定量评价人的质量标准、质量培训

海尔的质量观

海尔认为，产品质量是企业参与市场竞争的一个基本条件，高质量的产品是由高素质的员工生产出来的，只有员工的高素质才能保证产品的高质量。海尔在企业文化建设中，非常重视对员工质量观念的培养，这种质量观最早可以追溯到企业的创业期。

1985年，一位用户来信反映购买的冰箱有质量问题。张瑞敏对这件事十分重视，带领干部将库存的冰箱进行了全面的检查，发现不合格的冰箱还有76台。在处理这批不合格的冰箱时，干部们形成了两种意见：一是作为“奖励”处理给本厂有贡献的员工；二是作为“公关手段”处理给供电局等部门的人。张瑞敏没有选择其中任何一条建议，而是做出了一个让当时许多人都不理解的决定：76台冰箱全部砸掉，一台不留。

接着张瑞敏召开了全厂员工大会，让事故的直接负责人亲手砸毁这些冰箱。当一台台冰箱在舞动的大锤下变成一堆堆废铁时，张瑞敏和在场的许多员工都流泪了。接着，张瑞敏又宣布，从他开始所有的管理人员全部受罚，而工人们则免于处罚。

按照当时的价格，76台冰箱价值20多万元，一个普通工人一年的工资也买不起一台冰箱，但这些冰箱却被毫不留情地全部砸掉。在场的所有员工都被深深地震撼了，用海尔员工自己的话说就是："这一锤砸碎了陈旧的二等品、三等品的质量观念，在员工心里树立了有缺陷的产品就是废品的意识；砸碎了员工马马虎虎、得过且过的工作态度，在员工心里树立了时时想着用户的经营理念；砸碎了干部不负责任、上推下卸的工作作风，树立了著名的二八原则。"

资料来源：圣龙，2006. 质量是"折腾"出来的[J]. 品质·文化(2)：88.

1.1 质量管理的产生与发展

美国著名质量管理专家朱兰在第48届美国质量管理学会年会上指出，20世纪以"生产率的世纪"载入史册，21世纪将是"质量的世纪"。伴随着全球经济一体化的发展，国际市场的竞争日趋激烈，与时间和成本一样，质量已成为企业生存与发展的主要制胜因素。党的二十大报告提出要"加快建设制造强国、质量强国"。广泛应用国内外先进的质量方法和质量技术对于企业改进产品质量、提高产品竞争力、实现质量强国具有重要意义。

学习提示

1.1.1 质量的概念

1. 质量的定义

ISO 9000：2015《质量管理体系　基础和术语》中给质量下了如下定义："一组固有特性满足要求的程度"，也就是指产品、体系和过程的一组固有特性满足顾客和其他相关方要求的能力。"质量"一词通常不仅仅用一个单一的术语来表示，为了表达这些含义，还会使用恰当的形容词，如相对质量、质量水平和质量度量。相对质量表示将实体的优良程度在比较意义上按相对的基准排序，质量水平和质量度量是在定量意义上进行精确的技术评价。

知识要点提醒

(1) 对质量管理体系来说，质量的载体不仅针对产品，即过程的结果（如硬件、流程性材料、软件和服务），也针对过程、体系或者它们的组合。也就是说，所谓质量，既可以是零部件、计算机软件或服务等产品的质量，也可以是某项活动的工作质量或某个过程的工作质量，还可以是企业的信誉、体系的有效性。

(2) 质量定义中"特性"是指事物所特有的性质，它是通过产品、过程或体系的设计和开发及其之后实现过程形成的属性。

(3)"满足要求"就是应满足明示的（如明确规定的）、通常隐含的（如组织的惯例、一般习惯）或必须履行的（如法律法规、行业规则）需要和期望。只有全面满足这些需要和期望，才能达到好的质量或优秀的质量。

(4) 质量除了包括产品质量，还包括工作质量。质量管理不仅要管好产品本身的质量，还要管好质量赖以产生和形成的工作质量，并以工作质量为重点。

2. 几种现代质量观

1）朱兰的质量观

朱兰的“质量计划、质量控制和质量改进”被称为“朱兰三部曲”。在质量责任的权重比例方面，他把著名的“二八原则”（80/20 定律）引入质量领域。

2）戴明的质量观

戴明提出了质量管理 14 要点，其核心是“目标不变、持续改善和知识渊博”。

3）克劳斯比的质量观

克劳斯比提出了零缺陷质量管理，又称无缺点质量管理。零缺陷质量管理有如下 3 个要点。

(1) 质量管理的标准是零缺陷，合格品率是“容许错误存在”的体现。

(2) 要求每一个人第一次就把事情做对，事后补救是非常昂贵的。

(3) 提高质量的良方是事先预防，而不是事后检验。

4）田口玄一的质量观

田口玄一认为：“产品质量首先是设计出来的，其次才是制造出来的，检验并不能提高产品质量。”田口玄一从社会损失的角度给质量下了如下定义：“所谓质量就是产品上市后给社会造成的损失，但是，由于产品功能本身产生的损失除外。”

3. 质量的类型

质量有狭义和广义两方面的含义。狭义的质量是指产品质量；广义的质量既包括产品质量，又包括工作质量。

1）产品质量

产品质量是产品的适用性和符合性的总和。所谓产品的适用性，是指产品质量适合社会需要的程度；所谓产品的符合性，是指产品质量符合规定要求的程度。产品质量特性的含义是很广泛的，它可以是技术的、经济的、社会的和心理生理的。一般来说，常把反映产品使用目的的各种技术经济参数作为产品质量特性。

产品质量特性包括以下几个方面。

(1) 性能：产品满足使用目的所应具备的技术特性。例如，电动机的传递动力、带动工作机运转的功能，汽车的油耗和车速，电视机的图像清晰度。

(2) 寿命：产品在规定条件下，满足规定功能要求的工作总时间。例如，灯泡使用的小时数、汽车使用的期限、电器开关的开启次数等。

(3) 可靠性：产品在规定的条件下，完成规定功能的能力。例如，电机的平均无故障工作时间、机床精度的稳定期限等。

(4) 安全性：产品在制造、储存和使用过程中保证人身与环境免遭危害的程度。

(5) 经济性：产品从设计、制造到使用这一周期内成本的大小，具体表现为产品价格和使用成本等。

这些产品质量特性区分了不同产品的不同用途，满足了人们的不同需要。人们就是根据产品质量特性满足社会和人们需要的程度来衡量产品质量的。产品种类成千上万，不同产品用途不同，要求的产品质量特性也各不相同。即使同一种产品也会有若干不同的产品质量特性，其中有关键的、主要的，也有非关键的、次要的，这就需要具体分析、区别对待。

有一些产品质量特性是可以直接定量测定的，如几何尺寸、化学成分、物理性能；而有一些则是难以定量测定的，如是否容易操作、舒适度、美观度等，这些产品质量特性需要用间接方法定量表达，称其为代用质量特性。不管是直接定量的还是间接定量的，产品质量特性都应该明确地体现在产品图纸、技术规格等技术文件中，作为产品生产及验收的依据，称为质量标准。

一般来说，产品质量是否合格是根据质量标准来判断的。符合质量标准的就是合格品，不符合质量标准的就是不合格品。而产品质量是否适用，则应由使用者来最终判断。

知识要点提醒

质量的定义就是符合要求，而不是好。“好”“卓越”“美丽”“独特”等术语都是主观的和含糊的。

一旦质量被定义为符合要求，其主观色彩便随之消散。任何产品、服务或过程只要符合要求就是质量合格的。

什么样的质量才是好的呢？首先要从质量的五大要素谈起，即品质、价格、交货期、服务和安全。当一位消费者在谈论某一件产品的质量好坏时，其实是他对这几个方面的权衡：产品的品质怎么样？它的价格是否公平？是否按期交货？供货商的服务是否优良？这个产品使用起来是否安全？所以那些真正物美价廉、符合消费者标准的产品，才是好的产品。

2）工作质量

工作质量是指企业的生产工作、技术工作和组织管理工作对使产品达到质量标准，减少不合格品数量的保证程度。

工作质量的高低影响产品质量的优劣程度，而产品质量的优劣程度又决定着企业经营管理水平的高低。提高产品质量应从提高工作质量入手，工作质量不提高，产品质量是不可能得到稳定和提高的。

工作质量一般难以定量，通常是通过产品质量、不合格品率、废品率、返修率来间接反映和定量的。工作质量存在于企业生产活动的全过程，体现于企业的生产、技术、管理等各项活动，最终通过产品质量及经济活动成果表现出来。工作质量涉及企业生产技术活动的全过程，所以它包括设计工作质量、制造工作质量、检验工作质量、销售及售后服务工作质量。要抓好工作质量，必须有工作标准。工作标准是指对企业各部门、各类员工的基本职责权限、工作要求、工作程序、协作关系及考核办法等所做出的规定。反映工作质量的指标及考核方法如下。

（1）技术人员的工作质量指标：一般技术人员的工作质量考核公式为

$$Q_j = 1 + \sum_{i=1}^{n} q_i \qquad (j = 1,2,3,\cdots,m; i = 1,2,3,\cdots,n) \tag{1-1}$$

式中 Q_j——第 j 位技术人员的工作质量系数；

q_i——第 i 项工作的质量评分值。

（2）生产工人的工作质量指标：以手工为主的生产工作，其工作质量考核公式为

$$Q=M_c S_c \alpha \tag{1-2}$$

式中　Q——生产工人的工作质量系数；

M_c——生产工人加工零件的质量评分；

S_c——生产工人自检精确度；

α——生产工人交检零件质量。

$$M_c=\frac{X_c}{x_f}$$

式中　X_c——专职检验员对交检零件进行检验的评分值 x_c 的平均值；

x_f——厂订质量分数线，根据工厂方针与质量现状来确定。

某企业员工工作质量考核办法

1. 目的

提高员工的生产积极性，促进全体员工积极参与品质管理，努力实现质量零事故，提高产品的质量和稳定性。

2. 引入观念

全员品质管理，质量零事故，以奖为主。

3. 考评细则

(1) 及时发现质量问题，则按考评内容奖励相应分值。不对此工段未发现问题或造成问题的员工扣分，但记录质量事故数。

(2) 每季度内连续 3 次或累计 3 次造成事故的，扣分；连续 6 次或累计 6 次未拦截住事故的，扣分。多累计 1 次扣上次扣分值的 1.5 倍，当月分值不够则扣下月分值。累计扣分 10 次(每季度)则调离岗位或辞退。

(3) 主动承认错误(犯错及时报告的)，则奖励事故等级分值的一半，不记入质量事故。

(4) 对生产工作或工艺提出改进意见，则加 2 倍 A 级分；具有价值被采用的，再加 4 倍 A 级分；给公司带来明显经济效益的，再加 10 倍 A 级分。

(5) 每季度内未发生质量事故的，另加 2 倍 A 级分。

(6) 由生产领班和品管来进行考评，每天收集材料，每周汇总一次进行分值评定，月末统计出来报厂长签核审评意见。

(7) 试行期间本考核办法只参与浮动奖金的分配。

员工浮动奖金点数＝某车间浮动总奖金点数×(员工得分/某车间总得分)

(8) 试行期间根据实际情况对本办法进行修改。

(9) 试行期间以鸡料车间为试点，猪料车间和预混车间由领班自行按本办法考核。

(10) 试行期为 3 个月，即××××年的 1 月、2 月及 3 月。

1.1.2　质量管理的概念

质量管理是管理科学中一个重要的分支，随着现代管理科学的发展，现代质量管理也已发展成为一门独立的管理科学——质量管理工程。

我国目前对质量管理的一般定义为“在一定的技术经济条件下，保证为社会或用户提供符合要求的产品质量而进行的一系列有效管理活动”。

源远流长的质量管理

质量管理的起源很早，可以说自从历史上有了手工业生产的产品以来，就有了质量管理的实践。《考工记》上曾有明确的命百工审五库器材质量的记载。所谓百工主要是金工、皮革工、设色工、打磨工等。这是我国古代重视产品质量的明确记载。

在世界古代史上，巴比伦在公元前429年开设原始工场，对他们的产品做质量保证。

但是，质量管理作为一门科学，还是近代的事，仅仅有七八十年的历史。质量管理的概念也是随着现代工业生产的发展逐步形成、发展和完善起来的。国际标准化组织和一些工业国家都有各自的定义。它们都想用一句话来概括质量管理的含义。虽然用语措辞不同，但大同小异，不外乎强调3个基本点：第一，质量既指产品也指服务；第二，质量必须满足用户要求；第三，质量必须以最经济的手段取得。

资料来源：杨青，2008. 项目质量管理[M]. 北京：机械工业出版社.

1.1.3 质量管理的发展阶段

质量管理作为一门新兴的学科，发展历史不长，是生产力发展的产物。按标志性成果划分，质量管理的发展历史大致可分为以下3个阶段，并即将进入第4个阶段，如图1.1所示。

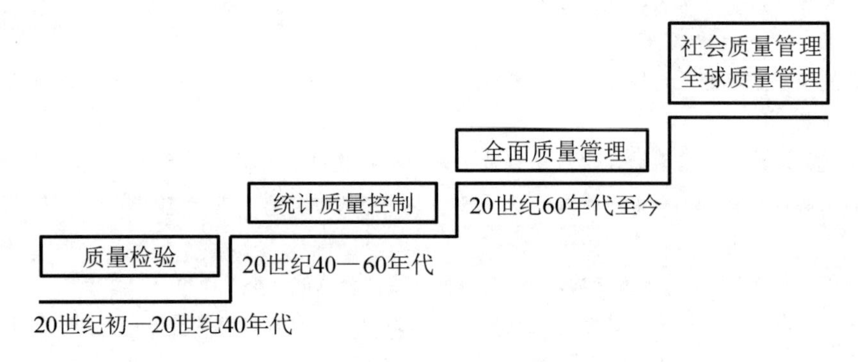

图1.1 质量管理的发展历史

1. 质量检验(Quality Inspection，QI)阶段

质量检验阶段的主要特点是把质量检验从生产工序中分离出来，成立专门的质量检验机构，负责检验产品，以保证出厂产品的质量。质量检验机构的主要职能是剔除废品，事后把关，属于“防守型”的质量管理。

20世纪以前的工业生产，没有专职的质量检验机构负责产品检验工作，产品由工人自行检验，不管质量优劣，一律投放市场出售。后来，由监工负责工作质量和产品质量检验，但这种检验的标准会随着监工技术水平的变化而变化。另外，监工毕竟人数有限，不能保证检验质量。随着生产力的发展，企业规模不断扩大，企业的各种职能开始分离。特别是1911年，泰勒出版了《科学管理原理》一书，创立了科学管理的理论，管理科学开始受到人们的重视，企业中的管理职能逐渐与生产职能分开，质量检验机构开始从生产过程中分离出来，并开始确定检验标准，依据严格的标准检验产品，以确保出厂产品质量合格，这种方法对促进产品质量的提高、促进生产的发展起了很大的作用。

2. 统计质量控制(Statistical Quality Control，SQC)阶段

统计质量控制阶段的特点是工业产品的设计、制造和检验这 3 个方面有了初步的协调和配合。除了运用技术手段检验，还采用了数理统计方法，加强了对生产过程的控制，发展到防检结合、以防为主的阶段。

为了弥补质量检验阶段的缺陷，加强对产品生产过程的控制，预防和减少废品的产生，1924 年，美国贝尔电话公司研究所的休哈特把数理统计方法运用到质量管理中去，用控制图控制生产过程，从而使质量管理从防守型发展为预防型，使统计质量管理趋于成熟并迅速推广流传。第二次世界大战时，美国政府对军工产品质量十分重视，积极推广了统计质量管理方法，效果显著。

这种先进的质量管理方法带来了巨大的经济效益，因此战争结束以后，便很快地在民用生产中得到推广。

3. 全面质量管理(Total Quality Management，TQM)阶段

全面质量管理是在统计质量控制的基础上发展起来的，它从单纯对产品质量的管理，转为对产品质量、工程质量、工作质量的全面管理；从专职质量检验人员、技术人员、管理人员参加的管理，转为全体员工参加的管理；从侧重于对生产过程基本环节的管理，转为对生产全过程的管理。它运用系统的观点，综合全面地分析、研究质量问题，以提高工作质量，保证工程质量，进而提高产品质量，它把经营管理、专业技术、数理统计等多种方法结合起来综合运用，从而把产品质量真正管起来，以产生更高的经济效益。

第二次世界大战以后，生产力发展迅速，科学技术日新月异，产品更新换代频繁，用户对产品质量的要求越来越高，越来越全面。1961 年，美国的质量管理专家费根堡姆出版了《全面质量管理》一书，系统地阐述了全面质量管理，其理论也成为一门系统的科学。此后，日本引进了这种理论，并结合本国的国情加以改进和发展，使这套理论日臻完善。

回顾质量管理的发展历史，可以清楚地看到：人们在解决质量问题中所运用的方法、手段，是在不断发展和完善的；而这一过程又是同社会科学技术的进步和生产力水平的不断提高密切相关的。目前，全面质量管理又得到了进一步的扩展和深化，出现了许多新的质量管理理念和方法，如 6σ 管理、零缺陷管理、质量功能展开等，这标志着质量管理迈向了一个崭新的时代。质量管理的以上 3 个阶段具有各自的特点，见表 1-1。

表 1-1　质量管理 3 个阶段的特点对照表

项目	阶段		
	质量检验阶段（20 世纪初—20 世纪 40 年代）	统计质量控制阶段（20 世纪 40—60 年代）	全面质量管理阶段（20 世纪 60 年代至今）
质量标准	保证检定产品符合既定标准	按既定标准控制	以用户需求为真正标准
特点	事后把关	过程控制	全面控制、以防为主
工作重点	重在生产制造过程	扩大设计过程	设计、生产辅助、使用全过程

续表

项目	阶段		
	质量检验阶段（20世纪初—20世纪40年代）	统计质量控制阶段（20世纪40—60年代）	全面质量管理阶段（20世纪60年代至今）
检测手段	技术检验	结合数理统计方法	与经营管理、专业技术、数理统计相结合
管理范围	产品质量	产品质量和工序质量	产品质量、工序质量和工作质量
标准化程度	未确定标准化要求	部分标准化	严格实行标准化管理
类型	防守型	预防型	全攻全守型
管理者	监工	专业技术人员	全员

4. 社会质量管理和全球质量管理阶段

产品和服务的质量将越来越具有社会化和国际化的性质；社会质量监督系统和质量法规将更加完善和严密，相应的国际性质量管理组织将发挥更大的作用；国际质量标准将进一步增加和完善，更高水平和更高层次的国际质量标准将出现；质量文化高度发展，代表更高水平的全面质量管理；质量控制与抽样理论将沿着多元化、小样本化、模糊化、柔性化等方向继续深入发展；质量将随着政治、经济、科技、文化的发展而同步发展。

1.2 质量管理的主要代表人物及其管理理念

在质量管理的发展过程中，出现了许多代表人物和成功实践事例，产生了大量的质量管理思想观念，形成了质量管理的核心理念、系统模式和基本过程，构成了现代质量管理知识体系的理论构架。事实上，在人类的管理实践出现的同时，质量管理的思想就开始产生了。20世纪30年代以来，系统的质量管理理念不断产生，逐步形成现代质量管理的思想与理论基础。在这个过程中，出现了许多质量管理大师，如戴明、朱兰、费根堡姆、克劳斯比、休哈特、石川馨等。

1.2.1 戴明及其管理理念

拓展阅读

戴明于1982年在其《转危为安》一书中提出，为了向以顾客满意为宗旨的质量型组织转变，组织的管理者必须关注14个方面的义务。因此戴明提出14条质量管理原则，具体内容如下。

(1) 持之以恒地改进产品和服务。要努力保持竞争性，做长期经营打算，提供就业机会。

(2) 采用新的观念。在新的经济时代，管理者必须意识到自己的责任，直面挑战，领导变革。

(3) 不要依靠大规模检查去提高质量。靠检查去提高质量无效而且昂贵。质量的提高不是来自检查，而是来自系统过程的改进。检查、扔弃、降级、返工不是改进系统过程的正确方法，当质量不到位时，虽然检查总比不检查好，而检查也可能是唯一可用的方法，但损失已造成，有的无法弥补，有的可以返工却仍会增加开支。

（4）改变低价格采购习惯。没有质量的低价格是没有意义的，低质量会导致产品品质下降，从而使得整体成本开支上升。改变低价格采购习惯，事实上可以减少整体成本开支。

（5）通过持续改进生产和服务系统来提高质量。

（6）培训员工，确认每个人都有技能和知识去做好目前的工作。

（7）建立领导体系。管理者应该是领导者，更像是教练，而不是法官或监督者；管理者必须学会修复过程，通过改进机制来解决问题，而不是把每一个异常都当成一个独立的特殊情况来处理，头痛医头、脚痛医脚只会导致更多的问题；从组织长期发展的角度来看，管理的根本目标在于帮助个体、团队持续成长，培养团队凝聚力，形成组织文化精神，不断为个人赋能，为组织赋能。

（8）排除员工的恐惧感，以使每一个员工都可以为公司有效地工作。恐惧感越强，员工的工作效果就越差，极度的恐惧感会造成灾难性的后果。

（9）打破部门之间的障碍。部门间要用合作代替竞争，推倒围墙。研究、设计、销售、生产部门的员工必须像一个团队一样去工作，去预测生产问题，尽早发现问题、解决问题，共同提高产品和服务质量。

（10）取消对员工的标语告诫。过度的标语告诫会使员工产生压力、挫折感、怨气、恐惧、不信任和谎言。

（11）取消定额或指标。定额或指标关心的是数量而非质量，人们为了追求定额或指标，可能会不惜代价，包括牺牲组织的利益。

（12）废除年度个人目标或排名绩效考核。

（13）鼓励学习和自我提高。

（14）采取行动实现转变。

戴明闪光智慧：戴明 14 条质量管理原则。

戴明至理名言：质量无须惊人之举。

1.2.2　朱兰及其管理理念

朱兰于 1928 年完成了一本叫《生产问题的统计方法应用》的小手册，并于 1951 出版《质量控制手册》，为他赢得了国际威望。1979 年，朱兰建立了朱兰学院，该学院如今已成为世界上领先的质量管理咨询公司。朱兰是举世公认的现代质量管理的领军人物。《质量控制手册》堪称质量管理领域中研究和实践的集大成之作，具有全面性、实用性和权威性，一直是质量管理领域中最具有影响力的出版物之一，被誉为“质量管理领域中的圣经”。

朱兰提出，产品质量是在市场调查、开发、设计、计划、采购、生产、控制、检验、销售、服务、反馈等全过程中形成的，同时又在这个全过程的不断循环中得到螺旋式提高，也称为质量进展螺旋。

朱兰还尖锐地提出了质量责任的权重比例问题。他依据大量的实际调查和统计分析得出结论：所发生的质量问题只有 20％是由工人引起的，而有 80％的质量问题是由领导引起的。

朱兰认为，现代科学技术、环境与质量密切相关。他说：“社会工业化引起了一系列环境问题的出现，影响着人们的生活质量。”随着全球社会经济和科学技术的高速发展，质量的概念必然会拓展到全社会的各个领域，包括人们赖以生存的环境质量、卫生保健质量，以及人们在社会生活中的精神需求。朱兰的生活质量观反映了人类经济活动的共同要求：经济发展的最终目的是不断地满足人们日益增长的物质文化生活的需要。

朱兰闪光智慧：朱兰三部曲，包括质量计划、质量控制、质量改进。

朱兰至理名言：21 世纪是质量的世纪。

1.2.3 费根堡姆及其管理理念

费根堡姆发展了全面质量管理的观点。费根堡姆第一次提出全面质量管理的基本观点：质量、为用户服务、预防为主、用数据说话，被称为“全面质量管理之父”。

第二次世界大战结束后，针对愈演愈烈的市场竞争态势，费根堡姆认为解决质量问题不能只是狭隘地局限于制造过程方面，解决问题的手段也不能单纯地依托于数理统计方法。员工的能动性和参与度对于企业的成功将起到决定性的作用。在其倡导下，全面质量管理的观点和方法已在全球工商管理界得到了广泛的传播和认同。

费根堡姆闪光智慧：全面质量管理。

费根堡姆至理名言：质量并不是意味着“最佳”，而是“客户使用和售价的最佳”。

1.2.4 克劳斯比及其管理理念

学习延伸

克劳斯比于 20 世纪 60 年代年首次提出了“零缺陷”的概念，并因此获得了美国国防部的奖章。

克劳斯比被誉为当代“伟大的管理思想家”“世界质量先生”，致力于“质量管理”哲学的发展和应用，引发了全球源于生产制造业、继而扩大到工商业所有领域的质量运动，创造了其独有的词汇，其中“零缺陷”“符合要求”“预防”“不符合要求的代价”“可靠的组织”等均出自克劳斯比的笔端。克劳斯比说，要想理解质量，必须剖析以下 5 种错误的质量观。

(1) 质量好意味着档次高。

“质量”这个词通常被用来表示事物之间的相对价值。因此，必须把质量定义为“与要求符合”。例如，一辆豪华汽车符合豪华汽车的标准，那么它是高质量的；一辆经济型汽车达到经济型汽车的要求，它也是高质量的。

(2) 质量是无形的，因此无法衡量。

质量是以做错事的成本来衡量的。

(3) 存在质量经济。

一开始就把事做好，永远是最经济的。

(4) 所有质量问题都是工人造成的，尤其在生产领域中。

事实上，工人比领导制造的麻烦少得多。

(5) 质量是质量控制部门的事。

人人都应该注意质量。

克劳斯比闪光智慧：质量管理 4 项基本原则。

克劳斯比至理名言：改变心智是最难的工作，但也正是机会和金钱的隐身之处。

1.2.5　休哈特及其管理理念

休哈特是现代质量管理的奠基人之一，1924年，他首次提出控制图，成功地将统计学、工程学和经济学结合在一起，开创了统计质量控制的新领域。休哈特的PDCA（计划—执行—检查—处理）循环观点被戴明和其他人广泛应用，他被称为“统计质量控制之父”。他认为产品质量不是检验出来的，而是生产出来的，质量控制的重点应放在制造阶段，从而将质量管理从事后把关提前到事前控制。

休哈特闪光智慧：控制图。

休哈特至理名言：纯科学和应用科学都越来越将对精确性和精密性的要求推向极致。

1.2.6　石川馨及其管理理念

石川馨著有《质量管理》一书，被称为“质量控制小组之父”。

石川馨闪光智慧：石川图。

石川馨至理名言：标准不是决策的最终来源，客户满意才是。

1.3　质量管理基本原理

质量的形成过程有其客观规律，质量管理也只有在一系列科学原理的指导下才能取得成效。现代质量管理必须严格遵循3个基本原理：人本原理、过程监控原理和体系管理原理。

1.3.1　人本原理

质量管理以人为本，只有不断提高人的质量，才能不断提高活动质量或过程质量、产品质量、组织质量、体系质量及其组合的实体质量，这就是人本原理。

1. 人才是质量管理的第一要素

从理论上分析，人才是质量管理的第一要素，对质量管理的开展起决定性的作用。人才是指那些在社会实践活动中，具有一定的专门知识、技能，并以自己创造性的劳动对本职工作、对认识和改造世界、对人类社会进步做出贡献的人。

目前，人们对质量管理的要素有“三大要素”与“五大要素”之说。“三大要素”是说质量管理的要素是人、技术和管理，如图1.2所示。但在这三大要素中，人是处于主宰地位的。

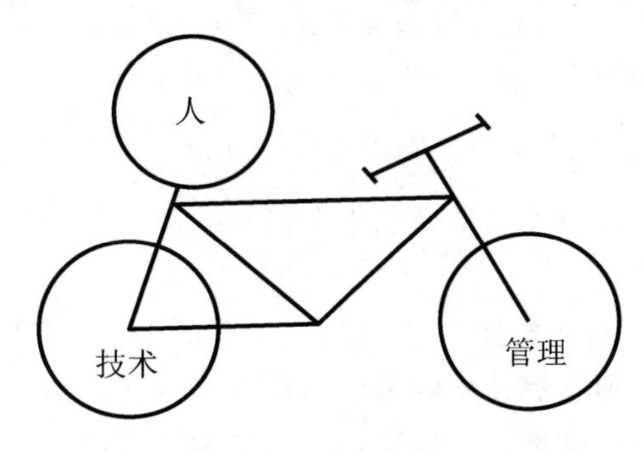

图1.2　三大要素

就如骑自行车一样，自行车的两只轮子是技术要素和管理要素，而骑车者这个“人”的要素在其中起主导作用。没有人，这辆自行车只能如死物那样，停放在原地，不能发挥任何作用。

“五大要素”是说质量管理由人、机器、材料、方法与环境构成，但在这五大要素中，人是处于中心位置和驾驶地位的。就像行驶的汽车一样，汽车的4只轮子分别是机器要素、材料要素、方法要素、环境要素，驾驶员这个“人”的要素才是主要的，没有驾驶员，这辆汽车也就只能原地不动，成为废物了。

就企业质量管理中人的质量而言，首先是企业最高管理者的质量；其次是各级管理人员，尤其是质量管理人员的质量；最后是企业全体员工的质量(技能)。他们的质量决定了企业的质量，也决定了其产品质量，若以函数关系式来表示，可以写成

$$Q=fTM \tag{1-3}$$

式中　Q——企业的质量或企业员工的质量；

f——系数；

T——企业技术水平或企业员工技术水平；

M——企业管理水平或企业员工的管理水平和工作态度。

日本质量管理的经验

从国际近代质量管理发展史来看，日本的产品质量不断提高，从质量低劣到超过欧美国家的产品质量，其根本原因之一，就是日本十分重视并造就了一支质量人才队伍。

众所周知，现代质量管理的理论最早产生于经济最发达的美国，休哈特、费根堡姆等率先研究和采用统计质量控制和全面质量管理科学方法，使美国产品质量迅速提高和稳定，促进了美国的经济发展。20世纪50年代，美国生产的汽车竟占领了国际汽车市场的80%。

日本产品在20世纪40年代时质量低劣，但20世纪50年代后，日本确立了质量兴国和教育立国的战略方针。先是从美国请来戴明博士等质量管理专家讲学，向美国虚心学习统计质量控制理论和技术，并培养和造就了田口玄一、石川馨等一批优秀的质量人才，又把质量培训与教育贯穿于质量管理始终。到20世纪60年代，“青出于蓝而胜于蓝”，日本创造性地发展了全面质量管理理论和方法，先后提出了“品质圈”和“全社会质量管理”等新理论和新方法，还培养了一大批各种层次的质量人才。人的质量决定了产品质量，也决定了国家的经济。不到半个世纪，日本的汽车、钢铁、照相机等一大批产品质量超过欧美国家，位居世界前列。人口众多、国土狭小并资源贫乏的日本一跃而起，成为当今世界的经济强国。

资料来源：上海市质协代表团，2009. 日本质量管理的经验与新一代TQM上海企业赴日本质量管理研修见闻[J]. 上海质量 (1)：38-42.

2. 确定人的质量标准是现代质量管理的基本出发点

要提高人的质量，首先就应弄清什么是人的质量标准，从哪些方面来衡量人的质量，这是现代质量管理的基本出发点。

世界各国、各行业都有各种各样的“执照”与“证书”。例如，汽车驾驶员要有执照，电焊工要有上岗证书，工程师要有技术职务资格证书。这些“执照”和“证书”在某种程度上来说，就是有关人员的质量标准。这说明，人的质量标准已进入一个科学化、定量化和规范化的阶段。

美国学者在20世纪80年代后期首先设计出定量评价人的质量标准。该标准从个人的领导能力、其工作的计划性和改进能力等方面规定了30个项目，每个项目又分为3档10个分数级。例如，其第1个项目是“对人诚实友好”，它的档次及分数级见表1-2。

表1-2　定量评价人的质量标准

档次	很少			有时				常常		
分数级/分	1	2	3	4	5	6	7	8	9	10

每个人都可以依据表1-2测评自己应得多少分数，依此类推，测评30个项目后可得出累计总分，并依据下列分数段，判定自己的质量。

A级：230～300分，高质量的人才；

B级：159～229分，较高质量的人；

C级：129～158分，需继续努力提高质量的人；

D级：90～128分，应很好分析自己并确定质量目标的人；

E级：60～89分，要使自己步入正轨的人。

近几年来，我国各地各部门先后开发“人才工程”，宝钢、新华制药等企业也严格实行了岗位资格证书制度。那么，质量管理人员自身的质量标准是什么呢？我国在1994年发布了《计量、标准化和质量专业中、高级技术资格评审条件（试行）》，这就是我国中、高级质量管理人员的质量标准。

3. 质量人才的培训与教育是贯穿质量管理的重要基础工作

党的二十大报告指出：完善人才战略布局，坚持各方面人才一起抓，建设规模宏大、结构合理、素质优良的人才队伍。质量人才绝不是天生的，也不是自然形成的，需要坚持不懈的质量培训与教育。美国质量管理协会设有一个专门从事质量教育培训的机构——教育培训学院。这个教育培训学院经常与各高等院校及高级中学合作，将学校作为基地，开展各类培训班，培训内容包括质量管理的基础理论、提高质量技巧的培养及可靠性理论等，广泛开展质量教育。其设有质量管理与利润、质量成本、质量管理基本原理、领导层的质量管理、统计工序质量控制、质量审核、设计质量工程、可靠性工程、软件质量保证和质量工程等15门课程。此外，大工业公司都十分重视在职质量管理人才的培训，能做到有基地、有队伍、有制度、有计划、有教材的系统、全面的质量培训教育。例如，IBM公司就在纽约开设了一个质量学院，每年培训各级质量经理和质量管理工程师约3000人次。美国的一些工科大学和管理工程大学也开设质量管理和质量保证课，社会上还有各种培训与咨询公司也开展质量管理培训教育，从而组成一个纵横交错、多层次的质量教育网，为美国质量管理工作的广泛深入发展奠定了厚实的基础。

日本更是始终抓住质量教育不放。日本企业在推行全面质量管理时，首先是对全体经营者及管理干部进行质量管理教育，接着对现场员工进行质量教育。这种以质量管理教育为主的管理技术教育，是日本产品畅销世界的重要原因。另外，日本规格协会每年举办的标准化培训班，也同时讲授了质量管理课程，使标准化教育与质量管理教育有机结合、融为一体。

质量人才的培训与教育工作包括3个层次与3个方面的内容：3个层次是高、中、低(普及型)；3个方面是学历教育、专题培训和全民质量意识教育。一般来说，高、中级质量专业技术教育，质量博士、硕士、学士和大中专学历教育应由高、中等院校承担，专题培训和普及型质量技术教育可由行业、地区及企业质量管理部门、协会培训机构承担；而全民质量意识教育则必须由各级政府支持和倡导，由社会各方面，尤其是广播、电视、报刊等来共同承担。

4. 充分调动人的积极性是提高质量管理成效的关键

人的良好素质，固然是发挥人的作用的重要前提。然而，人的因素能否产生巨大作用，还有赖于是否能调动和发挥人的工作热情、积极性和创造性，这就是激励问题。

人们从事质量活动是一种有目的的行为，但其行为是要受环境条件和心理因素影响和制约的。俗话说，“近朱者赤，近墨者黑”，这是说，人的思想与行为要受到环境条件的严重影响。又说，“身居闹市，一尘不染”，这是说，在同样的“闹市”环境中，个人的内在心理素质不同，可以产生不同的行为。心理素质好的人在“闹市”环境中仍可保持“一尘不染”的高尚品格。因此，既要通过质量培训与教育提高人的质量意识和质量技术水平，也要充分重视社会和企业的质量文化建设，造就良好的质量工作氛围。质量文化是企业文化的重要组成部分，没有明确的“质量第一，服务第一，用户第一”的质量精神和职业道德观念，没有先进的质量标准、严明的质量纪律和奖优罚劣的质量制度，就绝不可能造就一流的企业、一流的产品。

在质量工作中，思想教育与精神激励固然重要，但物质激励的作用也不可忽视。因此，在劳动用工、工资与奖金分配上，一定要奖优罚劣，激励人们去追求高质量的工作。此外，任何一个组织的管理者，都应充分运用各种手段和方法，激励广大员工参与质量管理，实现民主管理，形成群体凝聚力。

员工素质影响产品质量

邓禄普轮胎公司在天津和广东各有一个厂，什么都一样，但天津厂的产品质量比广东厂的高很多，原因只有一个：天津厂的员工都是来自当地国有企业的技术工人，而广东厂的员工都是缺乏技术训练且流动性大的打工者。

员工是企业的记忆存储体，不管工艺文件和操作规程写得多么详细，也无法覆盖生产中的全部细节，细节是由员工掌握的，只有他们才了解。曾有一个美国的冲压工厂，其生产的某种零件产品几十年来从没有接到过投诉，突然有一天客户说这种零件无法装配，厂方很奇怪，费了九牛二虎之力才发现：原来的操作工退休了。他曾发现冲压零件有一边毛刺比较大，影响装配，向管理人员反映无结果，于是他随身带了一把小锉刀，发现毛刺大的边就锉一下。现在他退休了，新来的员工不清楚这一点，次品就大量出现了。

资料来源：姚美瑜，2006. 员工整体素质与产品质量关系的探讨[J]. 机电技术，29 (3)，68－69.

1.3.2 过程监控原理

所有质量工作都是通过过程完成的，质量管理要通过对过程的监控来实现。任何一个组织都应该识别、组织、建立和管理质量活动过程网络及其接口，创造、改进和提供持续稳定的质量，这就是质量管理的过程监控原理。

1. 过程的含义

过程是一个基本概念，任何事物都可以用过程的概念加以分析。过程是“把输入转化为输出的一组互相关联的资源和活动”。这里，“资源”可包括人员、资金、装置、设施、技术和方法。不论是外部顾客还是内部员工，每一个人都是“顾客”，以人为本，“顾客”至上，“顾客”满意是评价质量的唯一标准。标准结构应建立在“过程方法模式”的基础上，使过程的相关性和通用性更好，组织的运作实际上是通过过程来完成的。为使组织有效运行，必须识别和管理许多相互关联和相互作用的过程。通常一个过程的输出将直接成为下一个过程的输入。系统的识别和管理组织所使用的过程，特别是过程之间的相互作用，称为过程的方法。对于企业来说，输出的主要是产品，形式为硬件产品及其连带的服务或独立的服务；输入可以是人力、材料和机器，也可以是电流、温度和湿度，甚至是决策和信息。

这就是说：过程本身是通过人、财、物、信息等资源在输入与输出之间转换而增值的活动。例如，一个机床厂，输入了厂房、设备、材料、电、煤、技术、方法、信息等有形资源与无形资源，并通过该企业员工的劳动，转化为机床、产品使用说明书、销售服务等输出，实现了增值的目的，这就是企业的生产经营过程，也是机床产品质量形成过程。又如，设计单位或部门，输入了国家有关法规、标准、市场调研报告、产品设想报告、设计用具等资源，通过设计工程师的劳动，转化为新产品的图样、标准、工艺文件等输出，实现了资源(产品)增值，这就是产品设计过程，也是设计质量活动过程。

因此，所有的工作都是通过过程来完成的，如图 1.3 所示。而工作都有质量问题，质量工作也不例外。从图 1.3 中可以看到：每个过程都有有形资源和无形资源的输入，而输出则是过程的结果，过程本身是通过人来实现增值转换的。当然，人的质量也通过过程得到提高，输出的人至少要比输入的人增添了有关的知识，所谓实践出真知，就是这个道理。

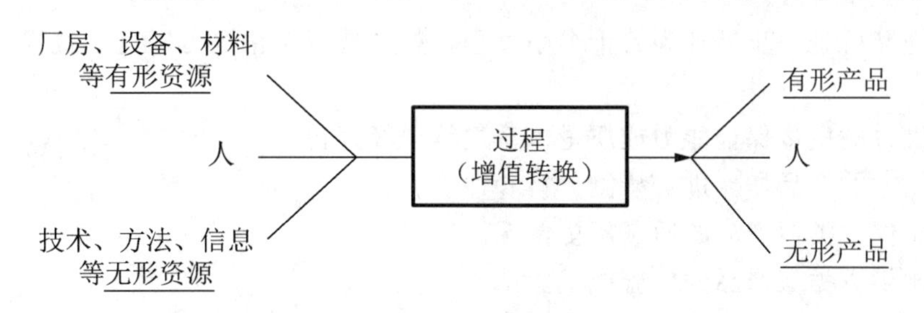

图 1.3 过程

2. 质量环是表述产品质量形成过程阶段的理想模式

每个组织都存在大大小小、纵横交错的过程，组成了复杂的过程网络。为便于管理，就要突出主要过程，理顺和简化过程网络及其接口，将其按先后次序有条不紊地排列起来。

从市场调研识别质量开始，到产品使用寿命期结束后的处理和再循环为止，这一活动过程可分成 12 个阶段：①营销和市场调研；②产品设计和开发；③过程策划和开发；④采购；⑤生产或服务准备；⑥验证；⑦包装和储存；⑧销售和分发；⑨安装和运行；⑩技术服务和维护；⑪售后活动；⑫回收利用。由这 12 个阶段组成的质量环是一个具有代表性的质量环，如图 1.4 所示。

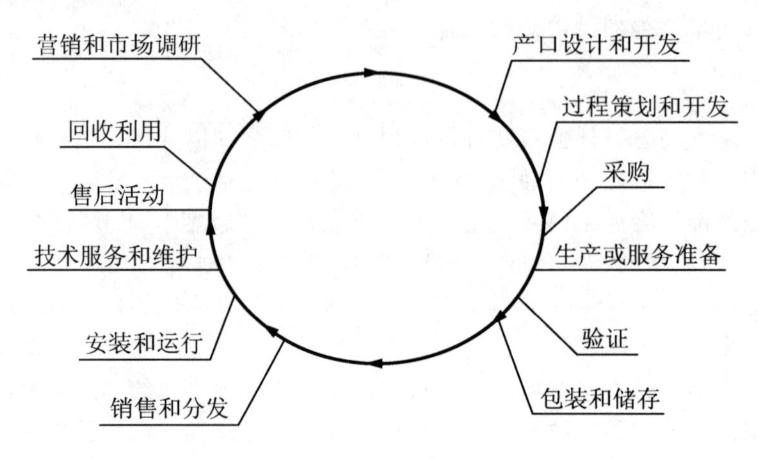

图 1.4 质量环

3. 质量体系是过程网络的组合

质量体系由若干个要素组成。而对要素的控制则需要把要素展开为一系列过程后进行过程控制。因此，也可以说，质量体系是一系列过程的组合，任何一个质量体系，都是相关的各个过程网络的组合。而且，只有在组成质量体系的过程网络相互协调又接口兼容时，质量体系才能有效地运行起来。

例如，采购是质量体系的一个要素，但它可由以下一系列过程组成。

(1) 编制采购文件。

(2) 选择合格供方。

(3) 签订购销合同和质量保证协议书。

(4) 进货质量检验。

上述过程又可进一步展开为若干个小过程，如“选择合格供方”这一过程可由以下 5 个小过程构成。

(1) 对供方的质量保证能力或质量体系进行现场评价。

(2) 对供方的产品样品进行检测分析和评价。

(3) 对比供方类似产品的质量历史情况。

(4) 对比供方类似产品的检验或试验结果。

(5) 了解和对比其他用户的使用经验。

这些大大小小的过程虽然总归口为采购部门，但又跨越了采购部门的职能范围。例如，采购文件的编制需要技术部门配合；进货质量检验、对比供方类似产品的检验或试验结果又必须请质量检测部门和计量部门承担；等等。因此，必须明确各部门的职责、分工，才能实现对每个过程的有效控制，进而实现质量体系的有效运行。

小思考

如何评价质量体系是否有效？

为了正确评价质量体系是否有效，应对过程管理提出下列基本问题。

(1) 过程是否确定？控制过程的程序是否已形成文件？

(2) 过程是否已充分展开为具体的质量活动？这些质量活动能否依据上述过程程序文件开展？

(3) 过程是否受控，能否达到预期的效果？

上述问题的正确解决有赖于过程监控原理的指导和运用，质量管理就是要理顺和强化过程，尤其是对主干过程加强控制和管理，从而达到增值即提高效益的目的。

1.3.3 体系管理原理

任何一个组织，只有依据其实际环境条件和情况，策划、建立和实施质量体系，实现体系管理，才能实现其质量方针和质量目标。这就是质量管理的体系管理原理。

1. 质量体系的环境

任何组织都处于一定的环境之中，质量体系也有环境问题，质量体系只有适应环境要求才能得到有效实施，否则，只会空耗人力和财力，浪费资源。质量体系有 4 类环境：①非合同环境；②供需双方之间的合同环境；③第二方(需方)的批准或注册环境；④第三方的认证或注册环境。

1) 非合同环境

在非合同环境中，供方根据市场环境、产品特性、生产或服务过程、顾客需求等实际情况，策划(设计)、建立和保持一个全面、有效的内部质量体系，以强化管理，提高效率，降低成本，在满足顾客需求，提高市场竞争力的同时，也提高本组织的效益。

2) 供需双方之间的合同环境

在供需双方之间的合同环境下，应选择那些需方关注的影响质量的要素，建立一个合同规定的使需方信任的质量体系。

3) 第二方(需方)的批准或注册环境

第二方(需方)的批准或注册环境一般适用于第二方(需方)对第一方(供方)，如企业集团对其成员，或主机厂对其零部件、元器件协作企业的质量保证能力进行批准或注册的情况。这种环境，一般由第二方(需方)依据其章程、制度、标准或合同规定，定期或不定期地对第一方(供方)进行质量体系审核，而第一方(供方)必须按第二方(需方)的要求建立其质量体系，以获得批准或注册。否则，当第二方(需方)确认第一方(供方)已达不到其质量体系要求时，就会撤销其被批准或注册的资格。

4) 第三方的认证或注册环境

第三方的认证或注册环境(可简称为认证环境)一般是由认证机构代表第三方，按照认证法规、规章及合同对第一方(供方)的质量体系进行审核和复审。通过审核和复审，便授予其使用认证证书，并注册公布其有提供符合某一质量保证标准规定的质量保证能力，以减少第二方(需方)对第一方(供方)质量体系的评审次数及费用。显然，第一方(供方)也必须按认证的质量体系要求建立有效的质量体系。

2. 质量体系结构与要素

质量体系是实施质量管理所必需的组织结构、程序、过程和资源。这就是说，质量体系由组织结构、程序、过程和资源组成。

1）组织结构

组织结构是一个组织为实施其职能而设置的模式，它包括职责、权限和相互关系。质量体系的建立和实施，首先要明确组织结构。任何一个组织都应明确建立与质量体系相适应的组织结构，并明确职责、权限及相互关系，做到责权统一、责利相符。

组织结构的形式及名称可以多种多样，没必要统一为固定的形式与名称，但均应遵循高效、精干、分工协作、统一指挥、分级管理的原则，按质量体系要素和质量职能设置，并明确职责、权限和相互关系。

2）程序

程序是为完成某项活动所规定的方法。程序一般应文件化，即编制成控制质量活动过程的程序文件，具体描述各质量体系要素所涉及的活动，对这些活动进行恰当而连续的控制。

3）过程

过程是构成质量体系的最基本单元，每个过程都包含着一定的质量活动。每项质量活动都存在于过程之中，没有过程，质量体系就会成为一个僵死的空架。

4）资源

资源是质量体系的运行基础，它包括人员、资金、设备、技术、方法等。

3. 质量体系文件

质量体系的建立和运行是通过质量体系文件的编制和实施来体现的。质量体系文件是实行体系管理的依据，它们可以有不同的形式和名称，但均是表述质量体系结构、质量体系运行规则及提供质量体系有效运行见证的文件的总称。质量体系文件包括质量手册、质量责任制度和一般程序文件、质量计划和专用程序文件、质量记录等，具体内容见第10章。

1.4 产品质量形成过程

在产品质量形成过程中，设计是关键，首先由设计确定质量水平，而后通过制造来实现和保证质量水平，最后通过使用将质量水平显示出来。这就是产品质量产生、形成和实现的全过程。

1.4.1 产品质量形成规律

美国质量管理大师朱兰用产品质量螺旋上升曲线来描述产品质量的形成过程（图1.5）。从图1.5中可以看到，在产品质量的形成过程中，各个环节之间相互依存、相互制约、相互促进、不断循环上升，产品质量每经过一次循环就提高一步。

瑞典质量专家桑德霍姆提出了质量环的概念。产品质量螺旋上升曲线与质量环都是基于产品质量形成全过程描述质量规律的方法，均被引用到ISO 9000系列标准中。它们的基本原理是：产品质量形成过程中的各个环节构成了产品质量的全过程，这些环节每循环一次，就意味着产品质量上了一个新台阶，持续循环，产品质量也就会不断提高。

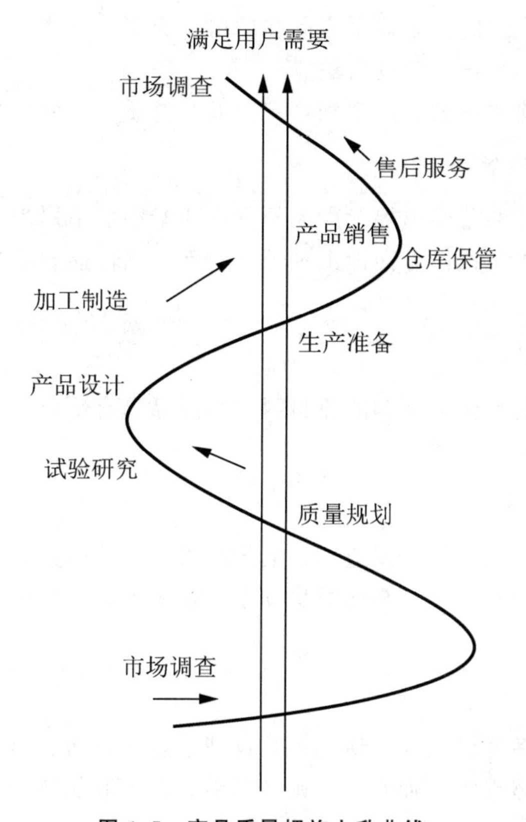

图 1.5　产品质量螺旋上升曲线

1.4.2　产品质量形成过程中的质量职能

产品质量形成过程中，企业各部门应该承担的职责被称为质量职责。质量职责是指企业为使产品满足规定的要求或满足用户需要而进行的全部活动的总称。质量职能主要是指企业内各部门在实现产品质量过程中应发挥的作用和应承担的职责。

有些质量职能直接与产品质量有关，称为直接质量职能；有些则间接与产品质量有关，称为间接质量职能。这里所研究的质量职能一般包括市场调研、产品开发及设计、生产技术准备、采购与控制、销售与服务等一系列活动。在这些活动中，各有关部门都应规定各自活动的内容与要求、职责范围等，概括起来有以下几点。

(1) 本部门应承担的任务、责任和应有的权限。

(2) 本部门在质量管理活动中的工作程序和各类标准。

(3) 本部门在质量管理活动中的管理方法和管理手段。

(4) 本部门的工作质量考核办法。

在企业内部，对产品质量有直接影响的质量职能主要有市场调查研究、产品开发、外协采购、生产制造、检验和售后服务。

1. 市场调查研究的质量职能

市场调查研究的质量职能一般由企业的经营部门承担。其主要职责如下。

(1) 调查研究用户对产品品种与质量的要求。

(2) 了解竞争形势，摸清竞争对手产品在质量、成本、价格及竞争能力等方面与本企业产品的具体差异，尤其是用户对此的看法。

(3) 收集政府、行业的政策、法令和规定，尤其是质量方面的政策、法令、规定。

2. 产品开发的质量职能

产品开发是产品设计的重要前提。产品开发的质量职能是提出新产品的构思方案；对新产品的原理、结构、技术、材料方面做出论证；对新产品性能及质量指标、安全性及可靠性等提出明确的要求；进行经济合理性论证。

3. 外协采购的质量职能

外协采购的质量职能是保证采购的原材料、半成品等合乎质量要求，为最终产品提供质量保证。

4. 生产制造的质量职能

生产制造的质量职能就是保证制造出来的产品符合设计质量要求，其主要表现是要加强工艺管理，组织好质量检验工作，掌握质量动态，加强不合格品的统计与分析，实行工序质量控制。

5. 检验的质量职能

检验的质量职能概括地说就是严格把关，反馈信息，预防、监督和保证产品质量，促进产品质量的提高，具体体现为3种职能：预防职能、保证职能和报告职能。

6. 售后服务的质量职能

售后服务的质量职能一般包括保证现场使用质量、反馈市场质量信息、及时向用户介绍产品、提供产品配件、指导或为用户安装及维修。

产品品质要好，服务品质也要好

在美国，有一个家庭主妇买了一包新上市的饼干，第二天她尝了之后，感觉不满意，于是就根据美国相关的消费者保护法要求退款，她把抱怨信寄给饼干公司后，又尝了一次，发现味道其实也还可以，但在这个时候饼干公司却寄来了一张退款支票，并附上了很诚恳的道歉信，为他们的产品道歉，并欢迎她继续购买其他产品。这样一来她倒感觉很不好意思，于是她又写了一封信告诉饼干公司，她现在挺喜欢这个产品的，并且也退回了退款支票。然而饼干公司却寄来了更多免费的新产品，同时征求她的意见，可否把这个情况刊登在公司的刊物上。如此一来，饼干公司既保住了一位老顾客，又因这位老顾客的故事，吸引了更多的新顾客。

所以说，不仅产品的品质要好，服务品质也要跟上，产品才有机会在市场上成为知名产品。

资料来源：张公绪，孙静，2003. 新编质量管理学[M]. 2版. 北京：高等教育出版社.

1.4.3 提高产品质量的重要意义

产品质量是人们普遍重视和广泛关心的问题。我国社会主义市场经济建设过程中的一个重要任务，就是要大力提高产品质量。产品质量是企业的生命，是一个国家物质文明和精神文明的象征。

1. “质量第一”是我国经济建设的战略方针

“质量第一”是我国的一贯方针，这一方针是促进我国社会财富积累和生产力发展的决定性因素，是我国在经济建设方面必须长期坚持的一项战略方针。

1978年后，我国工业企业开始有组织、有领导地推行全面质量管理；开展了以评选优质产品为标志的产品升级活动；质量管理培训教育规模空前、影响深远；群众性的质量管理活动蓬勃发展；采用国际标准和国外先进标准的速度加快、范围扩大；质量法治建设、质量监督进一步加强。这些都有力地推动了技术进步和管理现代化，促进了产品质量的稳定和提高。我国的国民经济正朝着持续、稳定、协调的方向发展。

历史经验告诉人们，工业产品生产的中心是要狠抓产品质量，坚定不移地把质量摆在第一位。

2. 产品质量是国民经济的基础

无数事实表明，以质取胜的道路是强国兴邦之路，质量要是上不去，经济发展必将受到严重影响。日本经济发展史就很能说明这一问题。第二次世界大战的战败国日本，依靠质量把产品打入国际市场，在不长的时间内，一跃成了世界经济大国。因此，必须向产品质量要经济效益，通过产品质量来提高创汇能力。产品质量是经济效益的基础，也是创汇能力的基础。离开产品质量去谈经济效益和创汇能力，都不能从根本上解决问题。

3. 产品质量是市场竞争的主要支柱

以质量开辟市场，以质量占领市场，是各个国家提高市场竞争能力的重要途径，可以说，产品质量不高，就无法进入国际市场。相反，如果产品质量占有优势，即使价格稍高，仍然可能具有较强的市场竞争能力。近年来，在美国市场上，日本和美国的汽车竞争非常激烈，尽管日本的汽车价格稍高，但市场竞争能力却超过美国，其主要原因就是日本汽车在质量上目前还占有某些方面的优势。当然，要在质量上提高产品的市场竞争能力，首先要研究市场的情况，了解和分析消费者的需要和爱好，熟悉各个国家的经济条件和技术政策，使提高质量的努力有正确的方向。例如，日本汽车在节约能源和减少环境污染方面做了大量研究工作，在该方面处于领先地位。

4. 产品质量是企业管理水平和技术水平的综合反映

产品质量问题不只是个技术问题，也不只是某一个单纯的管理工作问题，而是企业管理水平和技术水平的综合反映。它同科研技术、产品设计、工艺能力、生产组织和管理水平都有着密切的关系。同时，一个企业的产品质量不仅同该企业本身的技术水平和管理水平有关，也同企业的环境或外部条件紧密相关。如果其他企业不能提供质量合格的原材料和各种协作的零部件，企业就很难生产出高质量的产品。

5. 产品质量是一个国家精神文明的象征

产品质量象征着一个国家的精神文明，这一点越来越为人们理解和接受。人们常说要文明生产，因为文明生产才能更好地保证质量。粗制滥造反映了一种精神状态，精益求精又反映了另一种精神状态。可以想象，一个国家的人民，如果具有优秀的民族文化传统、高超的科学技术水平、精巧的操作技艺，工作认真负责、一丝不苟，讲究美观、精致、实效，那么就一定能生产出高质量的产品。

政府为何要做“中国制造”的广告，树立中国产品的高质量形象？

“中国制造”，在之前被更多地认为是质低价廉的代名词。自2009年11月23日起，一部广告片在美国有线电视新闻网(CNN)的美国频道、美国头条新闻频道和国际亚洲频道播放，为期6周，广告片以“中国制造，世界合作”为主题，强调中国与世界各国一起为消费者提供高质量产品。

本章小结

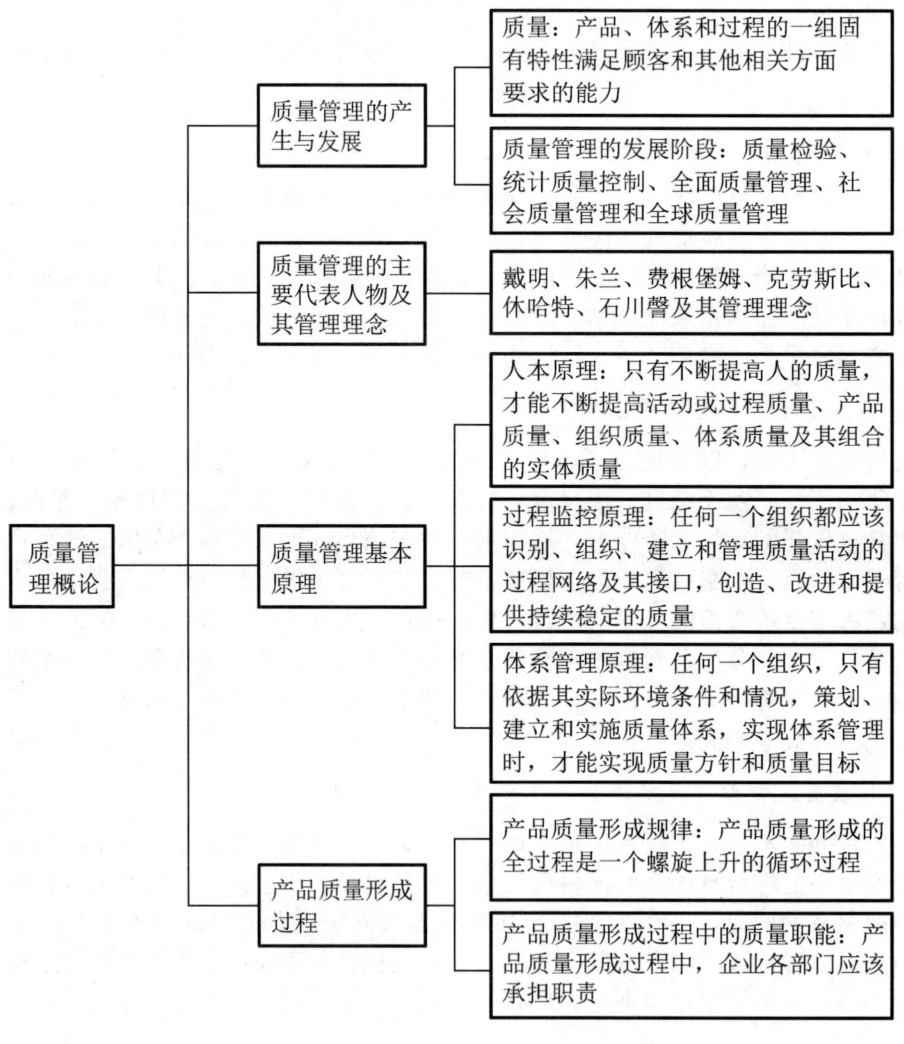

质量
质量管理
产品质量
工作质量

质量管理基本原理

质量体系

质量体系文件

习　　题

1. 选择题

(1) 质量概念涵盖的对象是(　　)。

A. 产品　　B. 服务

C. 过程　　D. 一切可单独描述和研究的事物

(2) 对于汽车来说，顾客要求美观、舒适、轻便、省油，但社会要求对环境污染尽可能少，这反映了质量的(　　)。

A. 经济性　　B. 广义性　　C. 时效性　　D. 相对性

(3) 在质量管理所需的所有资源中，最根本的资源是(　　)。

A. 原材料　　B. 设备　　C. 专业技能　　D. 人力资源

(4) 古代的原始质量管理，基本上都属于(　　)。

A. 经验式管理　　B. 统计质量控制　　C. 全面质量管理　　D. 检验控制

(5) 第二次世界大战以前，质量管理处于(　　)阶段。

A. 质量检验　　B. 统计质量控制　　C. 全面质量管理　　D. 全面质量保证

(6) 统计质量控制阶段，由(　　)承担质量管理工作。

A. 操作人　　B. 工长

C. 专职质量检验人员　　D. 工程师和技术人员

(7) (　　)阶段质量管理的重点主要是确保产品质量符合规范和标准。

A. 早期质量管理　　B. 统计质量控制　　C. 全面质量管理　　D. 质量检验

(8) 最早提出全面质量管理概念的是(　　)人费根堡姆。

A. 中国　　B. 日本　　C. 美国　　D. 德国

(9) (　　)是指对产品质量的产生、形成和实现过程进行的抽象描述和理论概括。

A. 质量特性　　B. 质量环　　C. 质量圈　　D. 全面质量管理

2. 判断题

(1) 质量定义中的要求指合同文件规定或顾客明确指出的要求。　　(　　)

(2) 质量由一组固有特性组成，这些固有特性是指满足顾客和其他相关方要求的特性，并由其满足要求的程度加以表征。　　(　　)

(3) 质量有狭义和广义两方面的含义。狭义的质量就是指产品质量；广义的质量既包括产品质量，还包括工作质量。　　(　　)

(4) 第二次世界大战以前，质量管理处于统计质量控制阶段。　　(　　)

(5) 最早提出全面质量管理概念的是著名质量管理专家戴明。　　(　　)

(6) 产品质量是设计和生产制造出来的，而不是检验出来的。　　(　　)

(7) 产品构思可由技术人员、管理人员、营销人员、生产工人、顾客提出。　　(　　)

(8) 产品质量的好坏，归根到底取决于员工队伍的技术水平，取决于各部门的管理水平。 ( )

(9) 质量是企业的生命线，是开拓世界市场的通行证。 ( )

(10) 提高产品质量是企业生存的前提和发展的保证。 ( )

3. 填空题

(1) 质量管理的发展大致经过了四个阶段：________、________、________、________。

(2) 产品质量特性包括：________、________、________、________、________。

(3) ________是指企业的生产工作、技术工作和组织管理工作对达到产品质量标准，减少不合格品数量的保证程度。

(4) 1961 年，美国的质量管理专家________ 出版了《全面质量管理》一书，系统地阐述了全面质量管理，因此其理论就成为一门系统的科学。

(5) 现代质量管理必须严格遵循的 3 个基本原理：________、________、________。

(6) 人们对质量管理的要素有“三大要素”与“五大要素”之说。“三大要素”是说质量管理的要素是________、________、________。

(7) ________是表述产品质量形成过程阶段的理想模式。

(8) 在企业内部，对产品质量有直接影响的质量职能：________、________、________、________、________、________。

4. 简答题

(1) 朱兰如何定义质量？朱兰是从何种角度来定义质量的？

(2) 产品质量与工作质量的关系是什么？

(3) 产品质量特性一般包括哪些内容？

(4) 企业的质量职能包括哪些方面？

(5) 在质量管理方面常犯的错误及其原因是什么？

【实际操作训练】

1. 试述产品质量形成规律，并举出一个实例进行分析。
2. 分析你所熟悉的一家企业的质量管理发展阶段。

海尔质量管理三部曲

许多到海尔参观的人反映：“海尔的许多口号我们都提过，很多制度我们也有，为什么在我们的企业没有效果，在海尔却这么有效呢？”正是最后形成的制度与机制，保证了海尔员工对“理念与价值观”的广泛接受并认同，即所谓的“海尔质量管理三部曲”的运行模式。这一运行模式，在海尔管理的每一个方面都有体现，对海尔的成功起到了至关重要的作用。其中所包含的深层次规律更值得我们从理论上进行总结。

1. 提出质量理念：有缺陷的产品就是废品

海尔在转产电冰箱时，面临的市场形势是严峻的：公司在规模、品牌都是绝对劣势的情况下，靠什么在市场上占有一席之地？只能靠质量。于是，张瑞敏提出了自己的质量理念：有缺陷的产品就是废品，对产品质量实行“零缺陷、精细化”管理，努力做到用户使用的“零抱怨、零投诉”。

理念的提出是容易的，但是，让员工接受、认同，最后变成自己的理念，则是一个过程。一开始，许多员工并不能真正理解这一理念，更难自觉接受。所以，产品质量不稳定，客户投诉不断。1986 年，有一次在投产的 1000 台电冰箱就检查出 76 台不合格。面对这些不合格品，许多人提出便宜一点卖给员工……张瑞敏意识到，对于企业提出的质量理念，大部分职工还没有理解，而理念问题解决不了，只靠事后检验，是不可能提高质量的。于是，张瑞敏果断迈出了质量管理的第二步。

2. 推出“砸冰箱”事件

许多人都非常熟悉“砸冰箱”事件，但是对“砸冰箱”之后发生的事，却知之甚少。当员工们含泪看着张瑞敏亲自带头把有缺陷的 76 台电冰箱砸碎之后，内心受到的震动是可想而知的，人们对“有缺陷的产品就是废品”有了刻骨铭心的理解与记忆，对“品牌”与“饭碗”之间的关系有了更切身的感受。但是，张瑞敏并没有就此为止，也没有把管理停留在“对责任人进行经济惩罚”这一传统手段上，他要充分利用这一事件，将管理理念渗透到每一位员工的心里，再将理念外化为制度，构造成机制。

在接下来的一个多月里，张瑞敏发动和主持了一个又一个会议，讨论的主题却非常集中：“我这个岗位有质量隐患吗？我的工作会对质量造成什么影响？我的工作会影响谁？谁的工作会影响我？从我做起，从现在做起，应该如何提高质量？”在讨论中，大家相互启发，相互提醒，更多的则是深刻的内省与反思。于是，“产品质量零缺陷”的理念得到了广泛的认同，人们开始了理性的思考：怎样才能使“零缺陷”得到机制的保证？于是他们又走出了关键的第三步。

3. 构造“零缺陷”管理机制

在海尔每一条流水线的最终端，都有一个“特殊工人”。从流水线上下来的产品，一般都有一些纸条，在海尔被称为“缺陷条”。这是在产品经过各个工序时，工人检查出来的上道工序留下的缺陷。这位“特殊工人”的任务，就是负责把这些缺陷维修好。他把维修每一个缺陷所用的时间记录下来，作为向缺陷的责任人索赔的依据。他的工资就是索赔所得。同时，当产品合格率超过规定标准时，他还有一份奖金，合格率越高，奖金越高。这就是著名的“零缺陷”管理机制，这个“特殊工人”的存在，使“零缺陷”有了机制与制度上的保证。目前，这一机制有了更加系统、更加科学的形式，也就是被海尔称为市场链“SST”机制，即索酬、索赔、跳闸。这一制度的推出，使海尔的产品、服务、内部各项工作都有了更高的质量平台。

资料来源：高贤峰，2004. 海尔质量管理三步曲[J]. 当代经理人(2)，92.

分析与讨论：

(1) 总结分析海尔质量管理的成功经验？

(2) 如何理解海尔的质量理念？

(3) 如何理解海尔的“零缺陷”管理机制？

企业展示

第2章

全面质量管理

本章教学要点

知识要点	掌握程度	相关知识
全面质量管理的含义和指导思想	掌握	质量与质量管理
全面质量管理的特点	熟悉	全面质量管理特点
全面质量管理的基本方法	重点掌握	PDCA 循环、朱兰三部曲
全面质量管理的基础工作	熟悉	标准化工作、计量工作等

本章技能要点

技能要点	熟练程度	应用方向
PDCA 循环的应用	重点掌握	应用 PDCA 循环解决实际管理问题
质量控制小组活动的开展	掌握	通过开展质量控制小组活动解决实际管理问题
全面质量管理的推广	熟悉	在组织内具体实施全面质量管理

扁鹊的医术

魏文侯问名医扁鹊："你们家兄弟三人，都精于医术，到底哪一位医术最好呢？"扁鹊回答："长兄最好，中兄次之，我最差。"魏文侯吃惊地问："你的名气最大，为何长兄医术反而最高呢？"扁鹊惭愧地说："我扁鹊治病，是治病于病情严重之时。一般人都看到我在经脉上穿针管来放血、在皮肤上敷药等大手术，所以认为我的医术高明，名气因此响遍全国。我中兄治病，是治病于病情初起之时。一般人以为他只能治轻微的小病，所以他的名气只及于本乡里。而我长兄治病，是治病于病情发作之前。由于一般人不知道他能事先铲除病因，所以觉得他水平一般，但在医学专家看来他水平最高。"

资料来源：倪杰，2006. 管理学原理[M]. 北京：清华大学出版社.

现实中的问题，往往发现得越早，付出的代价越小；而发现得越晚，付出的代价则越大。质量问题也是如此。据国外调查统计，假如某个产品质量问题在草图设计中被发现，采取措施进行质量改进的代价是1美元的话，那么，如果该问题在产品生产阶段被发现，采取措施进行质量改进的代价可能就是100美元；如果在出厂检验时才发现，这时采取措施的代价就是10000美元；如果是在顾客使用中被发现，甚至在顾客使用时发生了质量事故，这时解决问题的代价可能要达到十万美元甚至百万美元。

质量无时不在、无处不在。可以说，只要有产品和服务活动，就存在质量问题。这已经成为企业的共识。然而在实际中，许多企业悬挂着“质量是企业的生命”的标语，却存在“头疼医头、脚疼医脚”的质量管理误区。全面质量管理就是在产品形成的一开始就注意质量问题，将一切可能的问题消灭在萌芽状态，努力创造一个更好的产品。

2.1　全面质量管理概述

全面质量管理起源于美国。20世纪60年代以来，全面质量管理在日本得到发展，引起了世界各国的关注。我国自1978年推行全面质量管理以来，在理论和实践方面都得到了发展，取得了可喜的成绩。实践证明，全面质量管理的基本理论、思想和方法是科学且有效的。

2.1.1　全面质量管理的含义

国际标准化组织对全面质量管理的定义是：一个组织以质量为中心，以全员参与为基础，目的在于通过让顾客满意和本组织所有成员及社会受益而达到长期成功的管理途径。

国内对全面质量管理的一般定义为：全面质量管理是指企业全体员工及有关部门同心协力，综合运用管理技术、专业技术和科学方法，经济地开发、研制、生产和销售用户满意的产品的管理活动。

知识要点提醒

全面质量管理中涉及的有关概念如下。

（1）全员——组织中所有部门和所有层次的人员。

（2）社会受益——在需要时满足社会要求(法律、规章等规定的义务)。

（3）组织——具有自身的职能和行政管理职能的公司、集团公司、商行、企事业单位、社团或其一部分，不论何种所有制。

（4）顾客——供方所提供产品的接受者，包括外部顾客和内部顾客。

2.1.2　全面质量管理的指导思想

全面质量管理要求全体成员树立“质量第一”的思想，这个思想体现在“预防”“服务”“科学”和“改进”这几个方面。

1. 预防——以预防为主

产品质量是制造出来的，而不是检验出来的。统计资料表明，产品质量缺陷的70%是

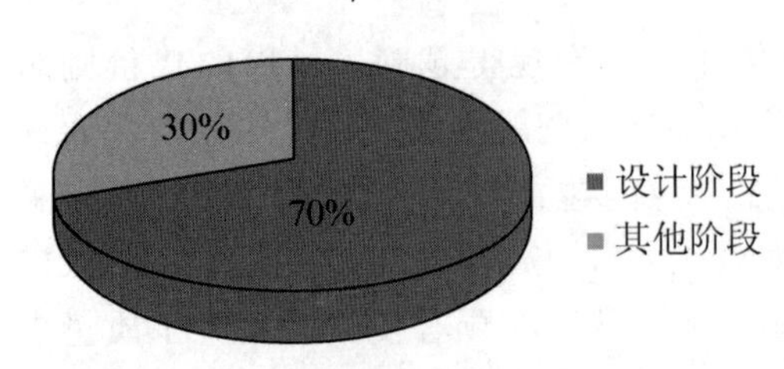

图 2.1 产品质量缺陷产生来源统计图

由设计阶段决定的，剩下的 30%是由制造等其他阶段造成的，如图 2.1 所示。因此，在质量形成的所有环节采取预防措施是不容忽视的一项重要工作。全面质量管理要求把质量管理工作的重点从“事后把关”转移到“事前预防”，真正做到以防为主。为此，在生产过程中要采取各种措施，把影响产品质量的有关因素都控制起来，形成一个稳定的生产系统。当然，以防为主并不排斥检查，而是将其职能由单纯的“把关”变为“把关加预防”。

2. 服务——为顾客服务

顾客分为外部和内部两种，他们都是企业服务的对象。为顾客服务的思想包含两方面的含义：一是企业产品的使用者就是企业的“顾客”，企业必须为他们服务；二是在企业内部，下道工序就是上道工序的“顾客”，上道工序必须为下道工序服务。

3. 科学——用事实和数据说话

全面质量管理的过程是科学分析和坚持实事求是的过程。对可以量化的特性，要保持数据的及时、准确和完整，充分利用科学分析的结果。对不能量化的特性，要及时、准确地记录特性的全部信息，供有关人员分析、判断。

4. 改进——持续改进

全面质量管理的目标是产品质量的持续改进，这也是企业面对竞争激烈的市场的必然选择。产品质量持续改进的前提是工作质量的不断改进，而其基础是全体员工质量意识的不断提升。6σ 管理方法设计了一套很好的持续改进质量的体系，为解决质量管理中人的质量意识问题提供了具有可操作性的方案。

质量与全面质量之间的区别是什么？

当前，人们对质量的兴趣正日益广泛地增长。其中，最常被谈论的是全面质量，它包括组织内部全部过程、职能部门和所有员工的质量。那么质量与全面质量之间有什么区别呢？

表 2-1 描述了质量和全面质量的区别。

表 2-1 质量和全面质量的区别

要　素	质　量	全面质量
对象	提供产品(产品或服务)	提供的产品及所有与产品有关的事物(附加服务)
相关者	外部顾客	外部顾客和内部顾客
包含过程	与产品提供直接相关的过程	所有过程
涉及人员	组织内部分员工	组织内所有员工
相关工作	组织内部分职能或部门	组织内所有职能或部门
培训	质量部门	组织内所有员工

2.1.3　全面质量管理与企业绩效的关系

企业绩效是产品、服务、过程和组织的输出结果。企业绩效可以表现为多个维度，如质量、成本、顾客满意度、员工满意度、收益等。全面质量管理所追求的不仅仅是质量的提高，而是主张通过建立一个系统并对其加以持续改进来实现全面绩效的提升，也就是要同时实现高质量、低成本、顾客忠诚、员工的活性化、高收益等，从而实现企业发展、顾客满意、员工满意、分供方收益等目标，如图 2.2 所示。

(1) 高质量：高质量是全面质量管理最直接的成效。人们对于质量的认识已经越来越广义化。质量不只是符合规格和要求，还意味着满足和超越顾客的需要和期望。

(2) 低成本：全面质量管理通过优化资源利用，降低了各个环节的生产成本，同时减少了差错、返工和非增值的工作。全球企业界的实践已经反复证明了这一点。

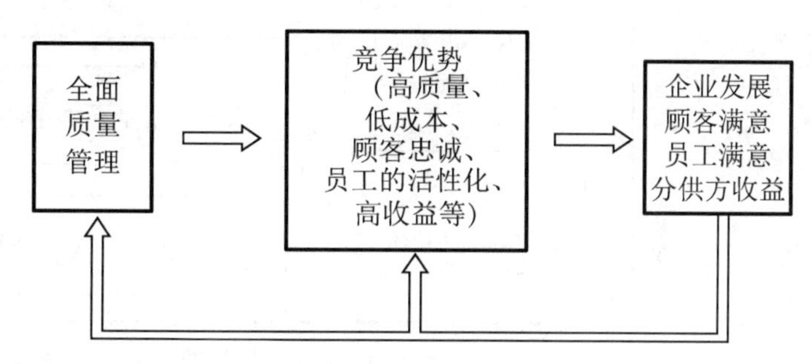

图 2.2　全面质量管理与企业绩效的关系

(3) 顾客忠诚：全面质量管理为组织造就忠诚的顾客。忠诚的顾客是指那些重复购买的顾客，那些帮你推销的顾客，那些会首先考虑你是否有提供他想要买的商品再决定是否到别处购买的顾客。

(4) 员工的活性化：全面质量管理还为组织造就了活性化员工。员工的活性化是指这样一种状态——员工具有做出决定和采取行动的知识、技能、职权和欲望，同时对其行动的后果及企业的成功负有责任。现在许多组织都认识到，创造这样的员工本身就是全面质量管理的重要目标。这些组织不仅着眼于解决今天的问题，还希望创造一个能解决甚至避免明天的问题的组织。

(5) 高收益：全面质量管理造就了更满意的顾客、更大的市场份额、更高的顾客保持力、更忠诚的顾客甚至更高的定价，因此全面质量管理带来的是高收益。

近年来，质量正在日益成为全球范围内的关注重点。在一个全球化的竞争性市场上，质量已经成为取得成功的重要因素之一。人们现在已经深刻地认识到，质量是企业竞争力和国家竞争力的核心，而全面质量管理也日益成为各类组织提升竞争力的强大武器。

全面质量管理与企业绩效

现有 A、B、C、D 4 家公司，其中 A、B、C 3 家公司没有实施全面质量管理，D 公司实施了全面质量管理，4 家公司经营效果（一年内的记录）如图 2.3 所示。

A 公司的战略是增加产品产量使之达到盈亏平衡点。B 公司的战略是销售新产品，谋求较大的市场覆盖面。C 公司的战略则是通过迁移工厂的地址使成本大大降低。经营效果如下。

A 公司从未达到其计划的产量，因为生产过程中出现了大量的废品。公司的质量成本占净销售额的 24%。

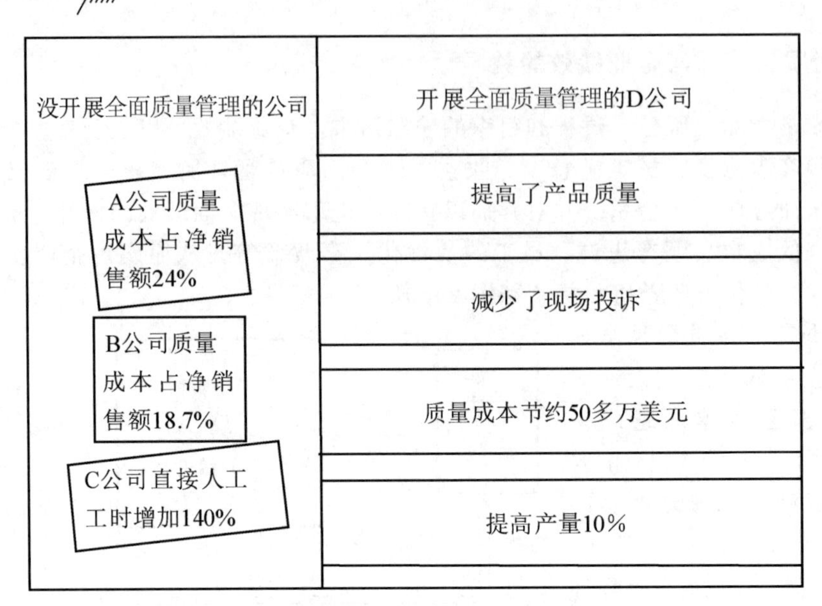

图 2.3　4家公司经营效果（一年内的记录）

B公司虽有新产品，但未能研制出在市场上真正为顾客所接受的那种新产品。公司的质量成本占净销售额的 18.7%。

迁移工厂到新地址的C公司没有达到降低成本的目的。质量成本占净销售额的 6.4%，但直接人工工时却增加 140%。

可以设想，A、B、C这3家公司的盈利不会多。开展全面质量管理会非常有助于实现他们各自的具体目标。

作为对照，来看看D公司。这是一家中等规模的电器产品制造商，每年的营业额约为 1000 万美元。在开展全面质量管理的 12 个月中，D公司产品质量明显提高、现场的投诉大量减少，质量成本总额从每年约 100 万美元减少到不足 50 万美元，共节约 50 多万美元。总的成果是盈利提高 1/3，而产量提高 10%。

D公司几年来执行全面质量管理取得显著成果：现金流量（包括利润）直线上升，投资回收率（利润率）大幅增长，如图 2.4 所示。

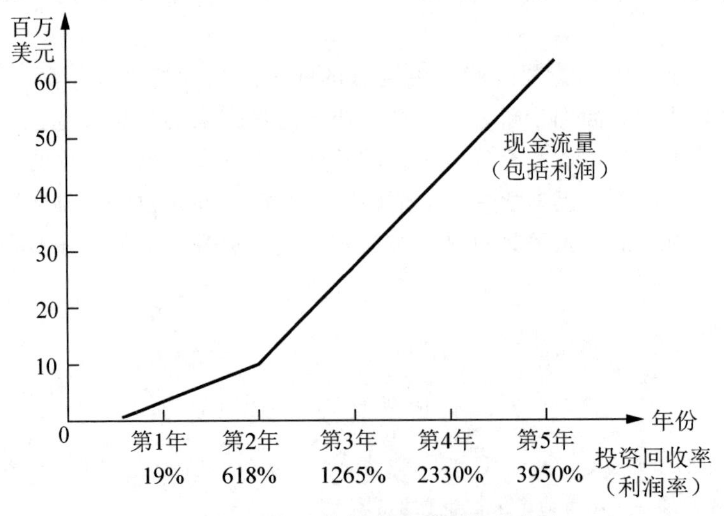

图 2.4　D公司执行全面质量管理成果

资料来源：FEIGENBAUM A V，1991. Total quality control[M]. 3 rd ed. New York：McGraw-Hill Publishing Company.

2.2 全面质量管理的特点

全面质量管理的核心是一个“全”字，它代表了企业的全部员工、生产(或服务)的全过程。全面质量管理的特点也突出一个“全”字，如图 2.5 所示。

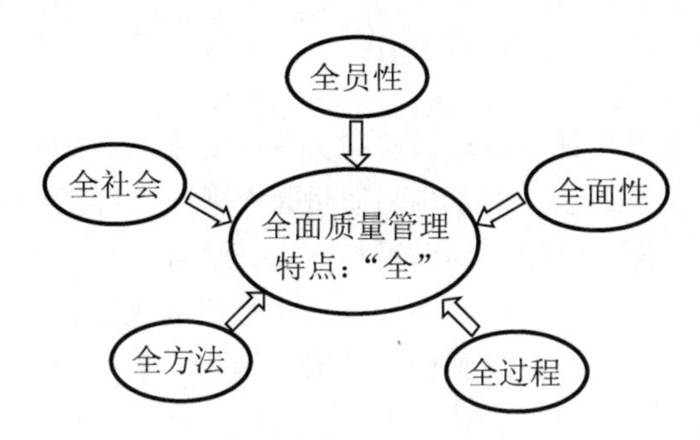

图 2.5 全面质量管理的特点

2.2.1 全员性

全面质量管理，改变了过去质量管理只要少数人(专家、质检人员等)去做的说法，强调全体员工参加，上自厂长，下到现场工人都要参加质量管理，分担质量管理责任，把企业的质量目标从上至下层层分解，落实到各部门、各环节，直至个人，并且通过各项技术标准、工作标准，使所有的员工都能为实现具体的质量目标而努力。

日本企业的全员管理

在“全员性”上，日本企业做得比较好，作为一个缺乏资源的岛国，其产品能所向披靡、畅销世界市场，获得举世瞩目的巨大成功，靠的就是“质量立国”，推行全面质量管理。

日本企业调动员工的积极性、关心员工想法的工作做得很细，员工的质量意识很强，几乎每个工作岗位都有员工自己做的质量承诺、质量控制图表等，人人都为提高产品质量、满足顾客需要献计献策。员工的任何旨在改进工作的意见，都会引起领导的重视，获得适当的结果。日本企业上层领导非常关心下属的工作、生活和思想，上下之间有牢固的信任关系和利益与共的关系，大多数员工勤勤恳恳、忠诚于企业。这是日本经济强盛的成功之道，已引起世界各国的注意、学习和研究。

资料来源：新将命，2002. 图解全面质量管理[M]. 杨文瑜，邹波，译. 上海：文汇出版社.

2.2.2 全面性

过去一说到质量，往往是指产品质量，它包括性能、寿命、可靠性和安全性等，即所谓狭义的质量概念。当然，产品质量是非常重要的。但是，产品质量再好，如果制造成本高，销售价格高，顾客也是不欢迎的。即使产品质量很好，成本低，也必须做到交货及时和服务周到，才能真正受到顾客欢迎。因此，一个企业必须在抓好产品质量的同时，抓好成本质量、交货期质量和服务质量。这就是所谓广义的质量概念，即全面质量。可见质量管理必须对这种广义质量概念的全部内容进行管理，全面质量的全面性如图 2.6 所示。

产品质量 + 成本质量 + 交货期质量 + 服务质量 = 全面质量

图 2.6 全面质量的全面性

2.2.3 全过程

全面质量管理的基本特点是把以事后检验把关为主，变为以预防改进为主；把管理结果变为管理因素；把分散管理变为综合管理。产品质量是企业生产经营活动的成果，它有一个逐步产生和形成的过程。也就是说，好的产品质量是研究、设计、生产和售后服务的结果，不是靠检验出来的。因此，为了保证产品质量，必须实行全过程的质量管理。全过程的质量管理包括市场研究、开发、设计、试制、供应、制造、检验、销售、售后服务等所有环节的质量管理。

2.2.4 全方法

随着现代科学技术的发展，人们对产品质量和服务质量提出了越来越高的要求，影响质量的因素也日趋复杂：有物质的，也有人的；有技术的，也有管理的；有企业内部的，也有外部的；等等。要把这一系列的因素系统地控制起来，全面管好，就必须广泛、灵活地运用各种现代的科学管理方法，加以综合治理。在全面运用科学管理方法时，应做到以下几点。

(1) 坚持实事求是，应用科学的分析方法，用事实和数据说话。纠正那种“大概”“好像”“差不多”等单凭感觉和经验的工作方法。

(2) 在运用数理统计时，要从需要出发，尽量简化，防止盲目追求高、深、新的方法。

(3) 坚持 PDCA 循环的工作程序。

(4) 要广泛应用科学技术的新成果和科学管理方法，如先进的专业技术、先进的检测手段、电子计算机、价值工程、网络计划等。

2.2.5 全社会

全面质量管理强调让顾客满意、让本单位成员和社会受益，谋求长期的经济效益和社会效益，即要提高包括本企业效益在内的以质量成效为核心的整个社会的经济效益，而不是仅仅为本企业获得利润。

学习提示

按照全面质量管理的“五全”特点，提出全面质量管理的基本要求。

全面质量管理的基本要求可以归纳为“三一切”——一切以顾客为核心，一切以预防为主，一切以数据说话。

1. 一切以顾客为核心

产品生产就是为了满足顾客的需要。因此，企业应把顾客看作自己服务的对象，这也是为人民服务的具体内容。为了保持产品的信誉，必须树立质量第一的思想，在为顾客提供物美价廉的产品的同时，还要及时地为顾客提供技术服务。

“下道工序是顾客”，这个口号在企业里应大力提倡和推行。企业的每个部门、每个员工在工作中都有前、后或上、下的相对关系，都有工作服务对象。工作服务对象就可以看作下道工序。在企业中，树立质量第一的思想就体现为更好地为下道工序服务。

2. 一切以预防为主

顾客对企业的要求，最重要的是质量保证，怎样理解质量保证呢？当前有两种片面的看法：一种看法是认为坚决实行"三包"制度就可以达到质量保证；另一种看法认为只要检查从严就是质量保证。这些看法是对质量保证的误解。因为这种事后检查，是不能从根本上保证质量的。不解决产生不良品的原因，不良品还是照样产生，使产品成本增高。质量不是一步形成的，也不是最后一道工序突然形成的，而是逐步形成的。因此，应该在工序中加以控制，把影响生产过程中的因素统统控制起来，这就是把过去单纯以产品检验"事后检查"的消极"把关"，改变为以"预防为主"，防检结合，采用"事前控制"的积极"预防"。显然，这样生产出来的产品自然是好的。所以说，好的产品是设计和生产出来的，不是检验出来的。

3. 一切以数据说话

"一切以数据说话"就是用数据和事实来判断事物，而不是凭印象来判断事物。

收集数据要有明确的目的性。为了正确地说明问题，必须积累数据，建立数据档案。收集数据以后，必须对其进行加工，才能在庞杂的原始数据中，把包括规律性的东西揭示出来。加工数据的第一步就是分层，分层在全面质量管理中具有特殊的重要意义，必须引起人们的重视。对数据进行分析的基本方法是画出各种统计图表，如排列图、因果图、直方图、控制图、相关图等。

2.3　全面质量管理的基本方法

全面质量管理的基本方法有多种，在此重点介绍 PDCA 循环和朱兰三部曲。

2.3.1　PDCA 循环

1. PDCA 循环的含义

PDCA 循环是全面质量管理的基本方法，是美国质量管理专家休哈特首先提出的，由戴明采纳、宣传，获得普及，故又称为"戴明环"，如图 2.7 所示。PDCA 循环就是计划(Plan)、执行(Do)、检查(Check)、处理(Action)的简称，是全面质量管理工作必须经过的4个阶段。

(1) 计划阶段(P 阶段)：包括制订质量方针、目标和活动计划、管理项目等。

(2) 执行阶段(D 阶段)：按照计划的要求去实施。

(3) 检查阶段(C 阶段)：检查是否按规定的要求去做，哪些已经做了，哪些没有做，哪些有效果，哪些没有效果，并找出异常情况的原因。

(4) 处理阶段(A 阶段)：要把成功的经验变成标准，对失败的教训加以总结，防止以后再发生；把没有解决的遗留问题反映到下一个循环中去。

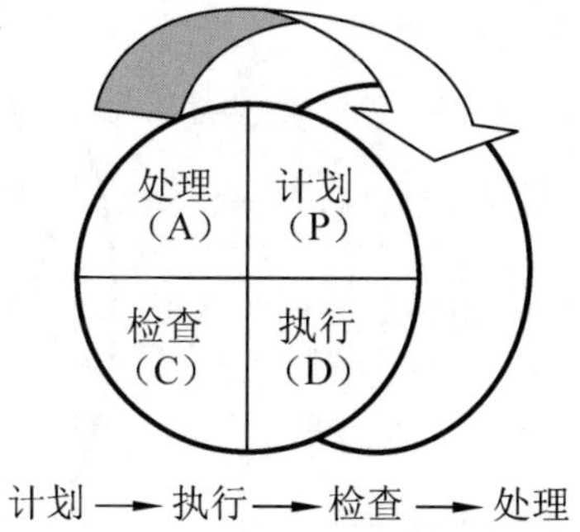

处理(A)　计划(P)
检查(C)　执行(D)
计划 → 执行 → 检查 → 处理

图 2.7　PDCA 循环示意图

2. PDCA 循环的基本步骤

为了解决和改进产品质量问题，通常把 PDCA 循环进一步具体化为 8 个步骤，如图 2.8 所示。

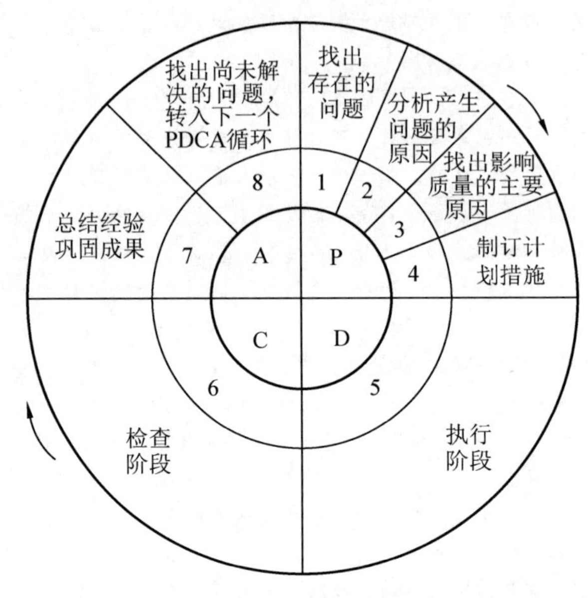

图 2.8 PDCA 循环的 8 个步骤

3. PDCA 循环的基本特点

PDCA 循环的基本特点可以概括为以下几个。

(1) 大环套小环，互相促进。PDCA 循环作为质量管理的一种科学方法，适用于企业各个方面的工作。整个企业的工作要按 PDCA 循环进行，企业各部门、车间、班组、个人，也要根据企业的总目标、总要求，具体制订出各自的 PDCA 工作循环，形成大环套小环的有机整体，如图 2.9 所示，使得一环扣一环，互相制约、互为补充。在 PDCA 循环中，一般来说，上一级循环是下一级循环的依据，下一级循环是上一级循环的落实和具体化。通过循环把企业各项工作有机地联系起来，彼此协同，互相促进。

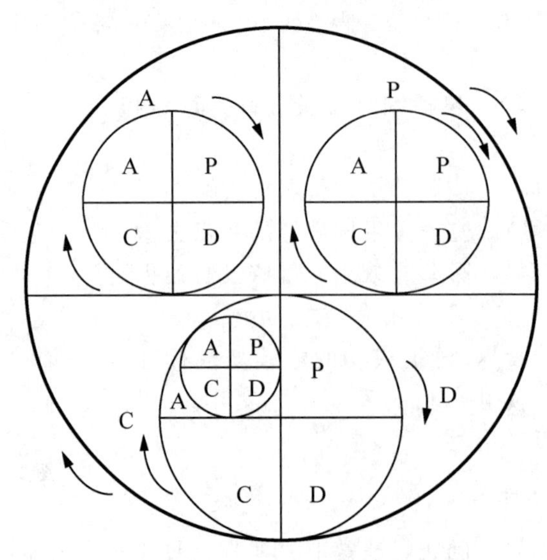

图 2.9 大环套小环示意图

(2) PDCA 循环每循环一次，产品质量就提高一步(爬楼梯)。每个 PDCA 循环都不是在原地周而复始运转，而是像爬楼梯那样，每一次循环都有新的目标和内容，这意味着质量管理每经过一次循环，就解决了一批问题，质量水平就有了新的提高，如图 2.10 所示。

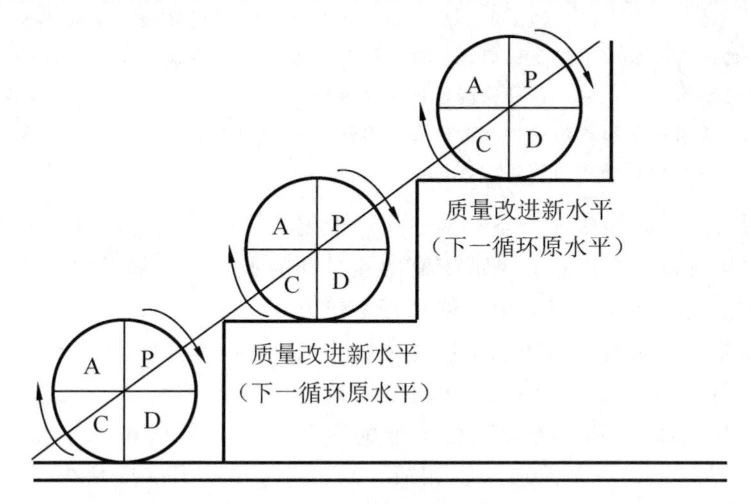

图 2.10　PDCA 循环逐级上升图

(3) PDCA 循环的关键在于处理阶段。处理就是总结经验，肯定成绩，纠正错误，预防再犯。为了做到这一点，必须把成功的经验标准化、制度化，以便在下一次循环中巩固成绩，避免重犯错误。

PDCA 循环作为质量管理的科学方法，适用于企业各个环节、各个方面的质量工作。

拓展阅读

2.3.2　朱兰三部曲

朱兰认为 80%的产品质量问题是由于管理不善引起的，要提高产品质量，就应破除传统观念，抓住计划—控制—改进这 3 个主要环节，即质量计划、质量控制和质量改进。这一管理模式称为朱兰三部曲，具体内容见表 2-2。

表 2-2　朱兰三部曲

质量计划	质量控制	质量改进
1. 设定质量目标 2. 辨识顾客 3. 确定顾客的需要 4. 开发应对顾客需要的产品特征 5. 开发能够生产这种产品特征的过程 6. 建立过程控制措施，将计划阶段转入实施阶段	1. 评价实际绩效 2. 将实际绩效与质量目标对比 3. 对差异采取措施	1. 提出改进的必要性 2. 做好改进的基础工作 3. 确定改进项目 4. 建立项目小组 5. 为小组提供资源、培训与激励，以便诊断原因和设想纠正措施 6. 建立控制措施以巩固成果

知识要点提醒

管理学的研究一直十分重视计划，那么，朱兰强调的质量计划与传统计划有什么不同呢？

朱兰说，传统计划类似于“隔墙投掷”，也就是某个人在不了解全局情况的条件下制订自己的计划，然后丢给下一个部门的另一个人，这个人再丢给下一个部门的下一个人……这种计划往往会与顾客的需要脱节。与之相反，质量计划是由多部门同时进行的计划过程，包括所有最终与生产和服务相关的人员，这样他们就能在计划过程中提供相应的成本信息，还能对可能出现的问题提出早期警告。另外，传统计划是由某个特定领域的专家完成的，但是他们通常缺少进行质量计划的方法、技巧和工具，尽管有公司尝试将质量专家配备给计划人员作顾问以弥补缺陷，但往往收效甚微。而质量计划是训练计划人员自己运用质量原则——教会他们使用所需的方法和工具，使之成为质量计划的专家。因此，朱兰提出的质量计划，实际上立足于整个公司各层组织领导的整体“适应性”能力。

质量改进同质量控制性质完全不一样。质量控制是要严格实施计划，而质量改进是要突破计划。通过质量改进，可以达到前所未有的质量性能水平，以明显优于计划的质量水平进行经营活动。质量改进有助于发现更好的管理工作方式。

在朱兰三部曲中，质量计划明确了质量管理所要达到的目标及实现这些目标的途径。质量计划是质量管理的前提和基础；质量控制确保事物按照计划的方式进行，是实现质量目标的保障；质量改进则意味着质量水准的飞跃，标志着质量水平是以一种螺旋式上升的方式在不断提高。这3个阶段相辅相成，可以用图2.11来反映朱兰三部曲3个阶段的相互作用。

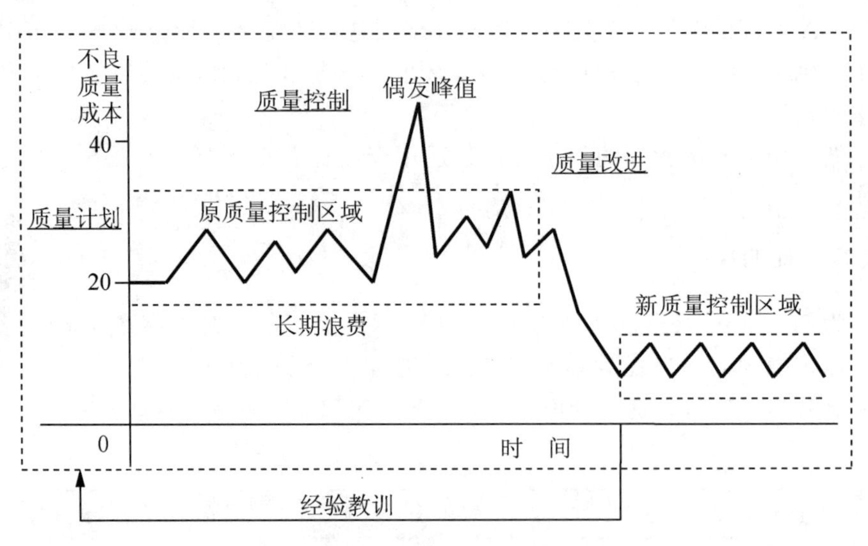

图2.11 朱兰三部曲3个阶段的相互作用

2.4 全面质量管理的基础工作

“千里之行，始于足下”，做任何事情，都要从头做起。企业要抓质量管理，先要脚踏实地抓好质量管理的基础工作，即企业开展质量管理时必须具备的基本条件、基本手段和基本制度。这些工作包括质量教育、质量责任制、标准化工作、计量工作、质量信息工作、质量管理小组活动等。

开展全面质量管理的关键——基础工作

某纺织企业为了提高织造产品质量，计划在企业内部推行全面质量管理的统计工具。为此，企业外请培训师，举办质量管理统计方法与工具培训班，培训对象主要是企业内部质量检验、生产计划与控制、技术开发、设备维修、物资供应等有关部门的负责人。为期一周的培训结束后，大家抱着喜悦的心情准备大干一场，纷纷想办法在自己分管的部门尝试应用这些统计方法。可是，一段时间过后，效果不尽如人意，问题究竟出在什么地方呢？经调研发现，这家企业质量管理的基础工作相当薄弱，工作随意性大，缺乏标准化、规范化制度，计量工具、检测仪器落后，生产数据统计不全，有时甚至没有记录，等等。可以设想，在这样一种管理基础上进行全面质量管理，谈何先进的质量管理工具和方法的应用，更不要说会产生什么效果。

资料来源：冯根尧，2005. 中小企业质量管理实务[M]. 上海：上海财经大学出版社.

2.4.1　质量教育

正如日本著名质量管理学家石川馨所说：“质量管理始于教育，终于教育。”企业要想在质量上获得成功，必须将全员纳入质量体系之中，在相应环节进行经常性的人力资源开发，质量教育工作在这方面具有重要作用。

质量教育工作的目的在于通过提高人的素质和工作质量，保证产品质量的高水平。

质量教育可以分为 4 种类型：最高管理者培训、专题研讨、特别训练和广泛基础训练。

知识要点提醒

质量教育应该从最高管理者开始，同时，应注重对不同类型教育目的的区别，以提高教育的效果。质量教育展开如图 2.12 所示。

质量教育的类型、对象与目的见表 2-3。

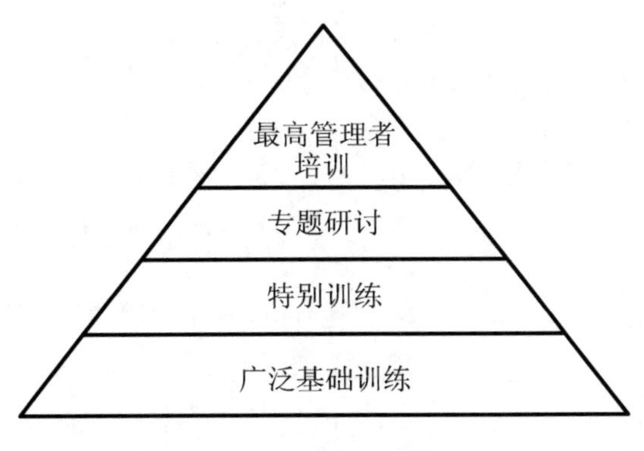

图 2.12　质量教育展开

表 2-3 质量教育的类型、对象与目的

类型	对象	目的
最高管理者培训	最高管理层	增强质量意识，弄清质量与效益、效率的关系
专题研讨	一般管理人员	增强质量意识，进行实例教育，启动质量改进活动
特别训练	各种特殊职能部门的人员	将质量改进和质量控制的方法应用于相应职能部门
广泛基础培训	其他人员	增强质量意识，认识自我作用，以便开展岗位质量活动

2.4.2 质量责任制

权利、责任分明是保证质量体系有效运行的重要基础工作之一。建立质量责任制，就是要明确规定质量形成过程各阶段、各环节、各部门、各岗位及各员工的质量责任、任务、权限等，应包括对企业各级领导、职能机构和操作者，以及横向联系和质量信息反馈的责任规定。

通过质量责任制的落实，可以增强企业全体人员的责任心，调动其积极性，使企业以提高质量为核心的整个工作，诸如设计、工艺、工装、生产、检验和售后服务等，能有秩序地正常进行，从而做到办事有标准、工作有检查、事事有人管，不断地提高工作质量和产品质量。

企业中的质量责任制主要分为厂级领导质量责任制，职能部门质量责任制，车间、班组质量责任制，生产工人质量责任制，等等。

某厂的生产工人质量责任制

(1) 严格按工艺操作、设备安全规程和本岗位责任制进行工作，保证本岗位的产品(半成品)和工作质量符合标准要求。

(2) 认真填写各项原始记录，及时反馈质量信息，并对其完整性和准确性负责。

(3) 对本岗位的工作与产品(半成品)不符合要求造成的损失事故负责。

(4) 对由于违反工艺纪律、操作规程造成的生产质量事故负责。

(5) 对本岗位的质量情况进行认真的分析控制。

(6) 参加车间、班组组织的全面质量管理基本知识学习和质量管理小组活动，并运用全面质量管理工具和方法，对本工序的产品和工作质量进行分析、控制，配合生产组长做好控制点的管理，保证产品质量稳定提高。

资料来源：陈国华，陈斌，2001. 新编质量管理[M]. 南昌：江西高校出版社.

2.4.3 标准化工作

标准化工作是指对标准的制定、贯彻、实施、监督、修订等所进行的全部工作。标准化体系包括技术标准和管理标准两大类。

就企业来说，从原材料、零配件进厂到产品的生产和销售，过程中的各个环节都要有标准，要建立一个包括技术标准和管理标准的标准化体系，如图 2.13 所示。没有标准，质量管理是不可能搞好的。有关标准更详细的内容见第 10 章。

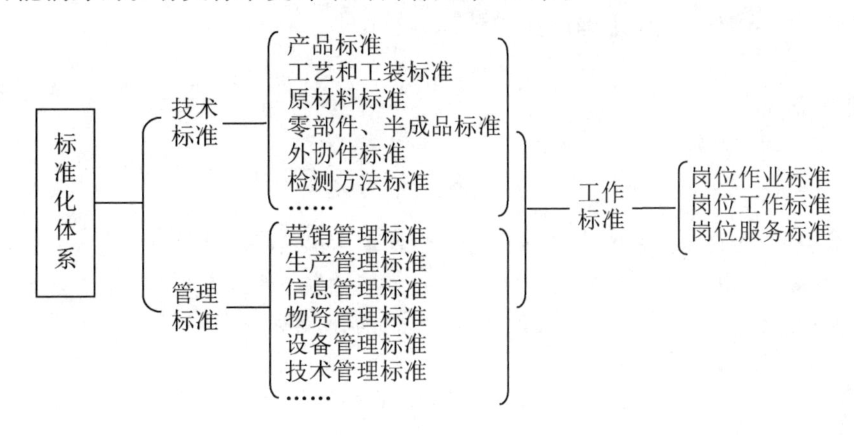

图 2.13　标准化体系

细节影响大局

某制药厂发生过这样一件事，他们生产的药品质量很好，已与外商达成了出口协议。在产品出口前，外商要来厂做全面的检查验收。外商在视察中发现，管理人员在填写一些报表时签署日期的方式不统一，当天是 5 月 3 日，在当日报表中有两种写法，即常见的 5/3 和 3/5。外商提问：到底以哪一种格式为准呢？如果以前一种格式为准，则后一种书写法应理解为 3 月 5 日。这种习惯也可能在不知不觉中被带进重要的原始记录或其他重要技术文件之中。因此他们认为，该厂的工作标准不严格、不科学，可能会造成产品质量不稳定，因而推迟了该厂产品的出口时间，要一年后再来重新验收。这件事带给该厂全体人员的震动很大，促使他们改进了工作，统一了标准。作为企业的主要负责人，应注意不要把类似的疏忽看作“鸡毛蒜皮”的小事。

资料来源：冯根尧，2005. 中小企业质量管理实务[M]. 上海：上海财经大学出版社.

2.4.4　计量工作

计量工作是为了实现单位统一和量值准确可靠而进行的测量。计量工作的重要任务是统一计量单位制度，组织量值传递，保证量值的统一。它是保证产品质量的重要手段。

一个企业，如果没有计量器具或计量不准确，没有健全的计量工作，就谈不上正确贯彻执行技术标准，产品质量也就没有保证，也无法开展全面质量管理工作。所以，计量工作与产品质量、节能降耗、提高劳动生产率、新产品开发、推动企业技术进步、搞好经济核算、增加经济效益等有着密切关系。

企业计量工作包括宣传贯彻计量法规，配置计量器具，做好计量器具的检定，建立量值传递系统，保证计量器具的正确使用、维修和保养，开展计量检测技术的科研协作活动，建立原始记录与技术档案，等等。

计量工作的基本要求有以下 4 点。

(1) 计量器具和化验、分析仪器必须配备齐全，完整无缺。

(2) 保证计量器具和化验、分析仪器的量值稳定，示值准确一致。

(3) 当计量器具和化验、分析仪器不准确时，要及时修复或报废。

(4) 根据不同情况，选择正确的测定计量方法。

小计量、大问题

某蚊香厂的产品一贯以外销为主。但是在2003—2004年，由于质量达不到出口标准的要求，外销合同一下子由18万箱减少到4000箱，部分产品不得已削价内销，经济损失多达30万元，工人由160人裁减为60人，企业面临倒闭的危险。为什么质量突然变差了呢？经反复调查，发现一台精度为万分之一的天平严重失准；烘干炉上的测温仪表与热电偶不配套，不能反映烘干炉内的真实温度。计量工具不精确，工作再认真，还是控制不了质量。解决了以上两个问题以后，蚊香质量马上得到改观，重新获得了国际信誉，出口量大增，企业又起死回生。

资料来源：冯根尧，2005. 中小企业质量管理实务[M]. 上海：上海财经大学出版社.

2.4.5 质量信息工作

信息是对客观世界中各种事物的特征和变化的反映。质量信息，又称质量情报，它可以反映产品质量和产、供、销各个环节质量活动中的数据、报表、资料和文件，是质量管理的耳目，也是一项宝贵的资源。

作为决策的依据，质量信息必须及时、准确、全面。要使质量信息在质量计划、质量控制、质量改进工作中发挥作用，必须要做好以下工作。

(1) 建立和健全企业质量信息中心。企业要根据实际情况，建立质量信息中心，指定专人管理，负责质量信息的收集、汇总、加工、储存、传递、分析等全过程的质量信息管理工作。企业质量信息中心与转换如图2.14所示。

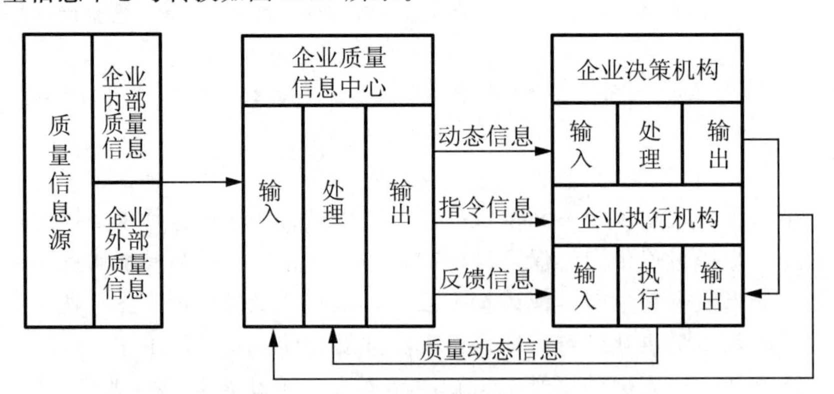

图2.14 企业质量信息中心与转换

(2) 建立质量管理信息网。为了使各种质量信息能够及时得到收集、处理、反馈和充分利用，企业的质量信息工作要实行厂部、车间、班组三级管理，并指定专人负责，明确工作内容和职责，不断提高信息的利用率。

(3) 加强班组的质量信息管理。企业里许多质量信息来自班组，班组的质量信息管理能力直接影响全企业的质量信息管理。因此，对班组的质量信息管理要求是：建立相应的班组质量信息管理制度(如建立信息员的职责、信息统一反馈表的使用办法及考核标准等)；做好原始记录(如每个操作者的工序控制图、不合格产品登记表、废品单、检查记录)；及时反馈有关的质量信息；等等。

信息的深度和广度之间有什么关系？

信息的内容必须符合使用者的实际情况。在正常情况下，信息一般用于决策，重要决策要求的信息往往涉及范围较广；决策越具体，信息应该越细，即信息度越深。那么信息的深度和广度之间有什么关系呢？图 2.15 可以说明不同管理层次所需信息的深度和广度。

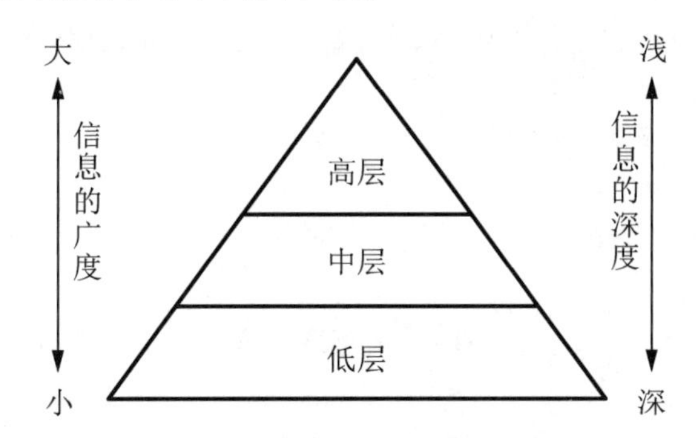

图 2.15　不同管理层次所需信息的深度和广度

2.4.6　质量管理小组活动

在生产或工作岗位上从事各种过程和活动的员工，围绕企业的经营战略、方针目标和现场存在的问题，以改进产品质量、降低消耗、提高员工素质和经济效益为目的，自愿组织起来，运用质量管理的理论和方法组成小组开展活动，则称这样的小组为质量管理小组(简称QC小组)。

质量管理小组是全面质量管理的群众基础。开展质量管理小组活动，要做到组织、研究课题、措施、效果“四落实”，要把学习与创造相结合、成果发表与竞赛评比相结合、思想教育与物质鼓励相结合。

学习延伸

致力于节省成本的质量管理小组

有一家公司的经销部门设有四个销售科，每个科室都配备一台计算机、一部电话，科室成员就利用这些通信工具与顾客、供应商及公司外面的销售员进行联系。其中有个销售科成立了一个由三名员工组成的质量管理小组，正致力于“节省通信费用”的活动。他们对自己支出的最大一笔经费做了调查，结果表明，通信费用中主要是电话费开支，每月有时高达 5000 元。经过开展质量管理小组活动，他们认为经过努力，这笔费用完全可以节省一部分。具体方法：一是减少打电话次数；二是缩短每次通话时间。所谓减少打电话次数，并不是不打电话，而是不打与业务无关的电话，特别是长途电话。所谓缩短每次通话时间，是要求每个人都树立缩短通话时间的意识，当打那些内容复杂的电话时，先做好准备，包括在纸上事先列出通话提纲，做到既把核心内容与对方谈清楚，又节省通话费用。经过一个月的实践，该科室电话费降低了

30%，“节省通信费用”这一目的实现了。

分析：这种改进活动是一项非常朴实、简单易懂的质量管理小组活动，不仅节省了资金，而且在整个公司办公室部门都可实现。类似的选题还很多，例如，“消除文件打印差错”“缩短工作时间”“节约办公用品”“杜绝因粗心大意所造成的失误”等。这些简单易行的改进活动，可以帮助员工掌握质量管理小组活动的本质。

(1) 必须树立问题意识。

(2) 调查问题的实际情况，获取数据。

(3) 对采集的数据进行分析，明确重点课题。

(4) 考虑为解决重点课题应该怎样做，制订改进方案。

(5) 执行所制订的改进方案，调查实际执行效果，获取数据。

(6) 如果获取的数据证明改进已取得成效，则应制订标准化对策，以保证今后改进方案能得以顺利执行。

以上述几个步骤为基础，准确地考虑问题是全面质量管理的初始目标，所以，必须全面透彻地掌握质量管理小组的实质。

资料来源：冯根尧，2005. 中小企业质量管理实务[M]. 上海：上海财经大学出版社.

本章小结

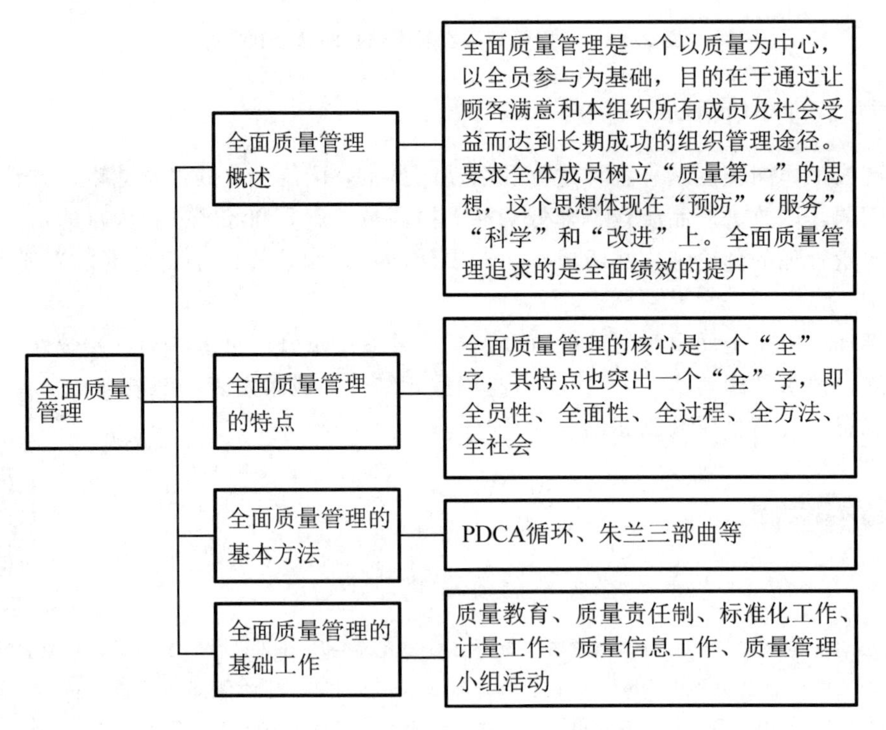

全面质量管理

顾客满意

外部顾客
内部顾客
员工的活性化
质量管理小组

习　　题

1. 选择题

(1) 全面质量管理的英文简称是(　　)。

A. TQS　　B. TQC　　C. TQM　　D. QMS

(2) 全面质量管理与有关质量管理标准的关系是(　　)。

A. 全面质量管理就是 ISO 9000 标准
B. 通过质量认证就是实现了全面质量管理
C. 实施全面质量管理就是为了获得国家质量奖
D. 以上都不正确

(3) PDCA 循环的 4 个阶段是(　　)。

A. 计划、执行、检查、处理　　B. 计划、执行、检查、改进
C. 计划、执行、学习、改进　　D. 方法、展开、学习、整合

2. 判断题

全面质量管理是以人的积极性为基础的，如何调动人的积极性是一项需要研究的技术，也是一门艺术。以下哪些做法可以调动员工的积极性?

(1) 赞扬高学历的人。　(　　)
(2) 明确职责，给予授权，并要求做出确定的承诺。　(　　)
(3) 工作出错及时批评。　(　　)
(4) 为员工创造学习、进修和提高能力的机会。　(　　)
(5) 购置最先进的设备。　(　　)
(6) 关注员工思想，注意引导、鼓励。　(　　)
(7) 交流经验与好的工作方式、方法。　(　　)
(8) 严格控制员工的一举一动，防止意外事件。　(　　)
(9) 为员工的工作和改进提供思想、方法或工具。　(　　)
(10) 鼓励少提意见、多做工作的做法。　(　　)

3. 简答题

(1) 企业的全面质量管理的含义是什么?
(2) 全面质量管理同传统质量管理的主要区别是什么?
(3) 全面质量管理的基本观点是什么?

4. 思考题

(1) 在我国，工业企业具备什么条件才能更好地推行全面质量管理?
(2) 全面质量管理在我国实施的现状、问题、对策各是什么?

【实际操作训练】

1. 试述PDCA循环工作方法的步骤，并举出一个实例对其进行分析改进。

2. 通过开展质量管理小组活动解决宿舍卫生问题。

西南航空公司的全面质量管理

美国西南航空公司是全面质量管理的成功典范。该公司成立于1971年，最初只在得克萨斯州提供短距离运输服务。尽管美国航空业麻烦不断，西南航空公司还是取得了几十年连续盈利的骄人成绩，创造了美国航空业的连续盈利纪录。这样的业绩得益于公司低成本的运营模式，也直接得益于西南航空公司员工的高效率工作和在飞行途中给乘客创造轻松愉快环境的服务方式。事实上，西南航空公司从公司成立起就坚持宣传“快乐和家庭化”的服务理念和战略，并通过员工的力量将这种理念的价值充分体现和发挥出来，在降低成本的同时使顾客满意。

根据不同部门的要求，西南航空公司对新员工的技术培训时间从2个星期到6个星期不等。西南航空公司承担所有的培训费用，并保证其完成培训后能够被雇用。西南航空公司要求所有员工(包括飞行员)每年都要参加“关心顾客”课程的学习，为员工和管理人员开设很多专门的课程。这些课程包括团队建设、绩效评价、心理压力控制、安全、职业发展等。

西南航空公司在航空业进行了第一个利益共享计划。通过公司的业务通信、周报和每季度发行的新闻录像带向员工提供公司财务和营业情况的信息。员工通过多种委员会(工人管理人员联合委员会)参与决策，这些委员会对各种问题做出决策，这些问题涉及的范围很广，包括重新制订福利计划和选择新制服等。

西南航空公司建立起一种独特的政策开放体系，这一体系渗透到公司的各个部门。管理层走近员工，参与一线员工的工作，倾听员工的心声，告诉员工如何改进工作。与其他服务性公司不同的是，西南航空公司并不认为顾客永远是对的。西南航空公司的口号是“员工第一，顾客第二”。西南航空公司的管理层了解一线员工的工作，支持和尊敬一线员工的工作，甚至宁愿“得罪”无理的顾客。这使西南航空公司始终保持着行业内最低的离职率。在西南航空公司，管理层的工作首先是确保所有的员工都能得到很好的关照、尊重和爱；其次是处理看起来进展不顺利的事情，并推动它的进展；最后是维护西南航空公司的战略。

西南航空公司的综合策略已经得到了回报。到2006年，西南航空公司拥有的飞机已由最初的4架发展到450余架，每年将超过8300万名旅客运送到美国境内63个城市。短航线、低价格、准点、航班服务简单朴实、员工高效及归属感等系列体系使美国西南航空公司的低价竞争战略得以实现，成为其他公司无法模仿的核心竞争力。

资料来源：根据美国西南航空公司运营管理案例分析资料改编。

分析与讨论：

(1) 从全面质量管理的角度，如何理解“顾客满意”?

(2) 许多公司都提倡顾客第一，但西南航空公司的口号是“员工第一，顾客第二”，他们甚至提出，如果一个顾客不尊重西南航空公司的员工，那么，西南航空公司不欢迎他登机。为什么西南航空公司要这样做？这样不会被顾客反感吗?

(3) 西南航空公司是全面质量管理和高效团队建设的典范，由此保证了服务质量并有效控制了成本。你认为西南航空公司哪一点做得最成功？并说明原因。

第3章

质量管理常用统计分析方法

本章教学要点

知识要点	掌握程度	相关知识
质量管理中常用的统计分析方法	重点掌握	排列图、因果图、对策表、分层法、调查表、相关图、直方图、控制图
过程能力	掌握	过程能力指数、过程能力分析

本章技能要点

技能要点	熟练程度	应用方向
排列图、因果图、对策表	重点掌握	寻找影响质量的主要问题，分析产生质量问题的原因并制订解决措施
直方图	掌握	处理质量数据，分析和掌握质量数据的分布状况，预测工序质量的好坏，估算工序不合格品率
控制图	掌握	分析生产过程是否处于控制状态，进行预测和监视

质量悲剧的代价

通用电气公司的研究表明，生产前发现质量问题并加以纠正所花成本只有0.003美元；生产过程中发现质量问题并予以解决则需30美元；产品售出后才发现并加以改正需花费300美元。俗话说："百治不如一防"，但在处理质量问题时，应该说："万治不如一防"。一些广为人知的灾难之所以未能避免，原因就在于没有"把事情一次做对"。

1993年，通用汽车公司回收了约50万辆1987—1991年间生产的汽车，原因是这批车的发动机头垫片有缺陷。

有缺陷的汽车出厂后流入不明真相的顾客手中会引起质量问题，在这方面日本汽车商也未能幸免。1995年，丰田汽车公司回收了61万多辆车轴悬架存在缺陷的汽车。1996年，因制动闸问题，三菱公司进行了其有史以来最大规模的一次回收，共收回1990—1994年间生产的65万辆汽车。

回收汽车会侵蚀掉大量利润。丰田汽车公司对回收车的修理耗费12.4亿美元，这是丰田汽车公司1994年净利润的10.5%。通用汽车公司则耗资达2亿美元。

人为失误或管理不善所造成的严重损失令人心惊，这些惨痛的事实足以使人们确信，质量意味着生存。质量问题的产生往往是没有及时发现问题的存在，如果在产品(服务)生产(提供)过程中找出质量隐患，把质量问题消除在过程当中，就可以避免质量悲剧的产生。统计分析方法无疑是质量控制的有效工具之一。

资料来源：DOMINGO R T，1997. Quality means survival：caveat vendidor，let the seller beware [M]. Upper Saddle River：Prentice Hall.

质量管理发展与统计分析方法密不可分。纵观质量管理发展的各个阶段，每一阶段都与统计分析方法紧密相连。为使企业生产出优质的产品，满足市场的需要，必须推行科学有效的质量管理统计分析方法，通过这些方法的运用，人们能发现质量管理的规律性，从而做出正确的决策，有效控制事物向着人们期望的方向发展。

3.1 调查表与分层法

3.1.1 调查表

调查表，又称检查表、核对表。它是利用图表记录、收集和积累数据，并能整理和粗略分清原因的一种工具。调查表用起来简便、易行，而且能同时整理数据、便于分析，因此在推行全面质量管理中得到了广泛的应用。调查表的形式多种多样，可以根据调查质量的目标而灵活设计适用的调查表，常用的调查表有以下4种。

1）缺陷位置调查表

缺陷位置调查表是将产品零件、产品的形状画在图上，将实物的缺陷按分布位置相应地在图形上进行统计。

2）不良原因调查表

要弄清各种不良品的发生原因，就需要按设备、操作者、时间等标志进行调查，填写不良原因调查表。

例题

【例3-1】表3-1是塑料水杯的不良原因调查表，操作者甲在2号设备上加工塑料水杯时产生的不良品较多(达71个)，星期五那天不良品较多(达56个)。经过进一步现场调查后知，操作者甲在2号设备上加工产生的不良品较多是操作者在设备上更换模具不及时造成的，星期五的不良品较多则是原料成分不符合质量要求导致的。

表 3-1　塑料水杯的不良原因调查表

操作者	设备	星期一		星期二		星期三		星期四		星期五		星期六		合计
		上午	下午	上午	下午	上午	下午	上午	下午	上午	下午	上午	下午	
甲	1	000	00	0 •	×× •	0000 •	0 ××	00 × •	0 ××	000 ××××	0000 ××××	0000 × ••	0 ••	50
	2	0000 ×× •	0000	00 ×	000 ××	0000 ××	000 ×××	0 ×× •	000 ×× ••	00000 ××× ••	00000 ×	0000 ••	000 × •••	71
乙	3	00 ×	00 △	00 ⊙	0 ⊙	000	••	00 ×	0 ×	00000	00000 ×	00	000	37
	4	000 ×× •	00 ×× ⊙	0 ×××	00 ××	△	0000	00 ×	0 ×	00000 △△	0000 × ••	00 △	00 △△	50
合计		19	14	12	14	15	15	14	14	29	27	18	17	208

注：0 表示缺陷不良，△表示加工不良，⊙表示其他，×表示尺寸不良(配方不良)，• 表示材料不良(原料不良)。

3）不合格品项目调查表

不合格品项目调查表主要用来调查生产现场不合格品频数和批次不合格率，以便粗略掌握造成废品的原因和操作者、班组、原材料、工艺等方面的差异，表 3-2 是某电子企业生产显像管的不合格品项目调查表。

表 3-2　不合格品项目调查表

批　次	产品名称	产　量	抽 样 数	不合格品频数	不合格率	不合格项目			
						气泡	污点	划痕	…
1									
2									
3									
⋮									

4）工序质量特性值调查表

本章中表 3-14 就是一张轴径频数调查表，计算频数就是对质量特性分布状况的记录和调查统计。

3.1.2 分层法

分层法又称分类法或分组法，它是加工整理数据的一种重要方法，目的是通过分类把不同性质的数据划分清楚，理出头绪，并找出解决方法。

常用的分层法有以下7种。

(1) 按时间分，如季、月、日、班次等。

(2) 按操作者分，如性别、年龄、技术水平等。

(3) 按使用设备分，如设备的类型、新旧程度、不同生产方式和工具等。

(4) 按原材料分，如产地、制造厂、成分规格、领料时间、批量等。

(5) 按操作方法分，如操作条件、工艺要求、生产快慢、操作环境等。

(6) 按检测分，如测量者、测量仪器、取样方法和条件等。

(7) 按其他方面分，如地区、气候、使用条件、缺陷部分、不良品的内容等。

即学即用

某个装配厂的气缸与气缸盖之间经常发生漏油，必须调查密封不好的原因。通过现场分析，得知是由两个原因造成的：一是涂黏结剂时操作方法不同(有3位师傅)；二是使用的气缸垫不同(由2家厂商生产)。于是需要用分层法分析漏油原因，一般很容易采用2种方法分层：①按操作者分；②按材料，即气缸垫的制造单位分。表3-3为不同师傅操作漏油情况统计表，表3-4为不同厂商材料漏油情况统计表。

表3-3 不同师傅操作漏油情况统计表

操作者	漏油	不漏油	发生率/%
王师傅	6	13	32
李师傅	3	9	25
张师傅	10	9	53
合计	19	31	38

表3-4 不同厂商材料漏油情况统计表

厂商	漏油	不漏油	发生率/%
一厂	9	14	39
二厂	10	17	37
合计	19	31	38

由表3-3和表3-4可见，李师傅漏油发生率较低(25%)，二厂生产的气缸垫的漏油发生率低(37%)，因此选用二厂的气缸垫，采用李师傅的操作方法。但是事与愿违，采用此办法后，漏油发生率反而增加，为什么？原因在于这种分层方法错误，这种分层方法认为操作方法与不同厂商生产的气缸垫这两者是没有联系的。若考虑两者有联系，则可得如表3-5所示的漏油分层表。

表 3-5　漏油分层表

操作者及漏油情况			厂商		合计
			一厂	二厂	
操作者	王师傅	漏油	6	0	6
		不漏油	2	11	13
	李师傅	漏油	0	3	3
		不漏油	5	4	9
	张师傅	漏油	3	7	10
		不漏油	7	2	9
合计	漏油		9	10	19
	不漏油		14	17	31
合计			23	27	$N=50$

由表 3-5 可见，若采用前一种改进方法(用二厂生产的气缸垫由李师傅操作，那么漏油是 3 台，不漏油是 4 台，则漏油发生率 3/7≈43%，比调查前 38%还高，正确的改进方法如下。

(1) 在使用一厂制造的气缸垫时，应推行李师傅的操作方法。

(2) 在使用二厂制造的气缸垫时，应推行王师傅的操作方法。

所以，在单独运用分层法时，不能简单地按单一因素各自分层，应考虑到各因素之间的相互影响。

3.2　排　列　图

3.2.1　排列图的概念

排列图最早是由意大利经济学家帕累托为分析社会财富分布状况而提出的，他发现了少数人占有大量财富这一现象，即所谓“关键的少数和非关键的多数”的关系。这适用于许多领域，如在市场销售中，20%的主要顾客占用 80%的销售量；在人事方面，员工中的少数人构成缺勤的多数；在质量控制方面，大量质量不合格品消耗的费用，可归结于极其重要的少数因素。朱兰将排列图引进质量管理中用以寻找关键因素。

在质量管理活动中，人们常感到质量问题非常多，如果一起抓，恐怕办不到，也解决不了。要集中精力打歼灭战就要分清主次，这样才能很快收到效果。

排列图是寻找影响产品质量的主要问题，确定质量改进关键项目的图，也称为主次因素图、ABC 分析法。排列图应用范围主要在以下几个方面。

(1) 分析项目主要缺陷。

(2) 分析造成不合格品的主要工序原因。

(3) 分析产生不合格品的关键工序。

(4) 分析各种不合格品的主次地位。

(5) 分析经济损失的主次因素。

(6) 对比采用措施前后的效果。

排列图是由两个纵坐标、一个横坐标、若干个直方形和一条累积曲线(帕累托曲线)组成的,如图 3.1 所示。

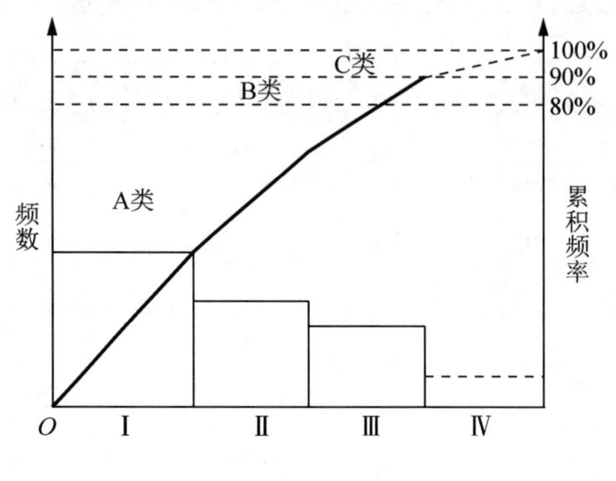

图 3.1 排列图

拓展阅读

3.2.2 排列图的绘制步骤

(1) 收集一定时期有关某个质量问题的数据。

(2) 数据按预定的标志(原因、工序、部位、类型)进行分层,每一层为一个项目,如图 3.1 中的Ⅰ、Ⅱ、Ⅲ……

(3) 计算各类项目重复出现的次数,即频数。

(4) 计算各类项目频数(累积数)和累积频率(累积百分数)。

(5) 画出排列图纵、横轴,直方形及累积曲线。

(6) 写上总次数(左上方),直方形顶端写上各自频数,在曲线上写上各点累积频率。

(7) 从右边纵坐标累积频率为 80%处向左引一条平行于横坐标的虚线,与累积曲线相交。累积频率在 0%~80%的项目是所要找出的主要问题,排列图习惯称为“A 类因素”,是主要问题;累积频率在 80%~90%的项目称为“B 类因素”,是次要问题;累积频率在 90%~100%的项目称为“C 类因素”,是一般问题。

知识要点提醒

绘制排列图应注意如下事项。

(1) 一般情况下,主要问题的数量不宜过多,一般不超过 3 个,以免分散注意力。

(2) 左侧纵坐标可以是金额、件数、时间等,选择的依据是:不良品件数要与价值成正比,即要把造成损失大的项目放在前面。

(3) 有时能找出很多影响产品质量的因素,这时可将那些相对不重要的因素归并成一类,标以“其他”类。

(4) 通过绘制排列图,找出主要问题,解决以后,必然能将质量提高一大步,而后循环此方法,最终能使质量达到十分完美的境界。

例题

【例 3-2】某机械加工企业的主轴颈的不合格品统计见表 3-6，试找出主要问题。

表 3-6　主轴颈的不合格品统计

项　目	代　号	频数/件	频率/%	累积频率/%
轴颈刀痕	Ⅰ	153	71.8	71.8
开挡大	Ⅱ	29	13.6	85.4
轴颈小	Ⅲ	25	11.8	97.2
弯曲	Ⅳ	6	2.8	100
总计		213	100	

解：(1) 收集主轴颈的不合格品数据，见表 3-6。

(2) 将数据按Ⅰ轴颈刀痕、Ⅱ开挡大、Ⅲ轴颈小、Ⅳ弯曲进行分层，每一层为一个项目，主轴颈排列图如图 3.2 所示。

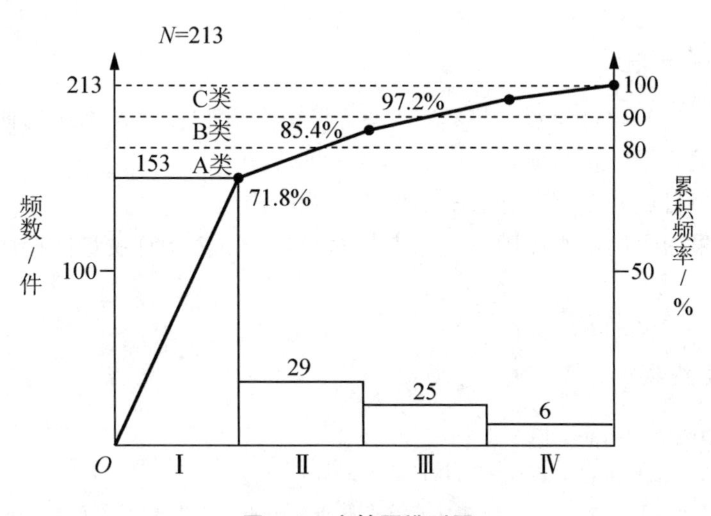

图 3.2　主轴颈排列图

(3) 计算各类项目频数、频率和累积频率，见表 3-6。

(4) 画出排列图纵、横轴，直方形及累积曲线，如图 3.2 所示。

(5) 写上总次数 N，直方形顶端写上各自频数，在曲线上写上各点的累积频率。

(6) 从右边纵坐标累积频率为 80%处向左引一条平行于横坐标的虚线与累积曲线相交，其所包括的轴颈刀痕为“A 类因素”，累积频率 80%～90%所包括的开挡大为“B 类因素”；累积频率 90%～100%所包括的轴颈小、弯曲为“C 类因素”。

3.3 因果图和对策表

3.3.1 因果图

1. 因果图的概念

因果图又称鱼刺图、石川图(石川馨发明)，是一种用于分析影响产品质量的因果关系，以一个发生质量问题的结果去寻找影响产品质量原因的分析图。在图3.3中，大枝对应大原因，中枝对应中原因，小枝对应小原因。因果图通过对生产现场人员收集到的信息进行分类，将这些原因细化到可采取措施的程度。

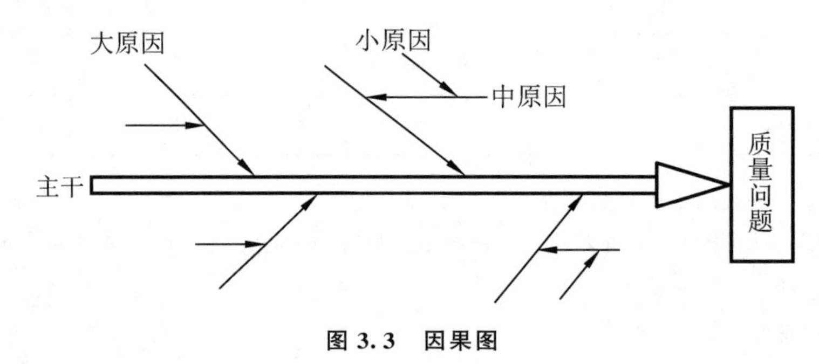

图3.3 因果图

2. 因果图的绘制步骤

(1) 确定要分析的质量问题，将其写在图的右边，画出主干，箭头指向右端。

(2) 确定造成质量问题的项目。

(3) 将上述项目展开，直到能够提出解决问题的措施。

(4) 确定因果图中的主要原因，并用方框框起来，作为制订质量问题的改进措施的重点对象。

知识要点提醒

绘制因果图的注意事项主要有以下4个。

(1) 要充分发挥民主作用，把各种意见都记录下来。

(2) 原因分析尽可能深入细致。细到可以直接采取措施为止，原因表达要简练、明确。

(3) 主要原因项目的确定采用排列图、投票等方式进行分析。

(4) 画出因果图，确定主要原因后，还要到现场进行调查研究、核实，然后制订对策加以解决。

例题

【例3-3】 某印刷企业的复印质量未达到预定的标准，希望通过因果图找出复印机印刷不清楚的原因，以便采取针对性措施加以解决。

解：

(1) 画出自左向右的大箭头。

(2) 找出可能的原因种类(中箭头)。

(3) 在每类原因中细分深层原因，逐类细分，并用长短不一的箭头来表示。

通过分析发现，因为复印机中灯泡使用时间过长使得灯泡亮度不够、复印方法中干燥时间不够，所以复印不清楚，将这两项原因用黑框框起来，如图3.4所示。

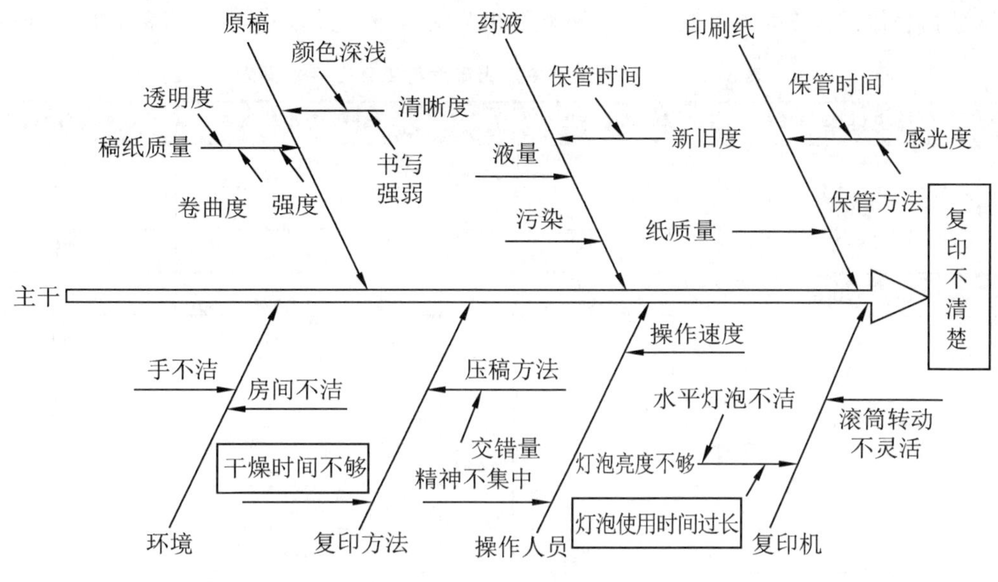

图3.4　因果图

3.3.2　对策表

对策表又称措施计划表，它既是实施的计划，又是检查的依据。一般的对策表要包括项目、目标、措施、完成日期等内容。

例题

【例3-4】某陶瓷厂泥料缺陷改进对策见表3-7。

表3-7　泥料缺陷改进对策

序号	项目	目标	措施	完成日期
1	泥条长度	保证长度	修订标准、建立责任制，泥条短不验收	3月2日
2	泥条水分	水分23%～24%	加强水分控制验收	3月3日

3.4　相关图

3.4.1　相关图的概念

相关图(也称散布图)是研究两个非确定性变量之间关系的图。在原因分析中，经常遇到一些变量共处于一个统一体中。这些变量之间的关系，有些属于确定性的关系，即它们之间的关系可以用函数关系来表达，如圆面积 $S=\pi r^2$；而有些则属于非确定性关系，即不能由一个变量的数值精确地求出另一个变量的数值。相关图就是将两个具有非确定性关系的变量的数据对应列出，用点号画在坐标图上，从而观察它们之间的关系，如根据表 3 - 8 热处理工艺中淬火温度与工件硬度数据表作图 3.5（淬火温度与工件硬度相关图），对它们进行的分析称为相关分析。

表 3 - 8 热处理工艺中淬火温度与工件硬度数据表

序号	淬火温度/℃	工件硬度/HRC	序号	淬火温度/℃	工件硬度/HRC
1	810	47	16	820	48
2	890	56	17	860	55
3	850	48	18	870	55
4	840	45	19	830	49
5	850	54	20	820	44
6	890	59	21	810	44
7	870	50	22	850	53
8	860	51	23	880	54
9	810	42	24	880	57
10	820	53	25	840	50
11	840	52	26	880	54
12	870	53	27	830	46
13	830	51	28	860	52
14	830	45	29	860	50
15	820	46	30	840	49

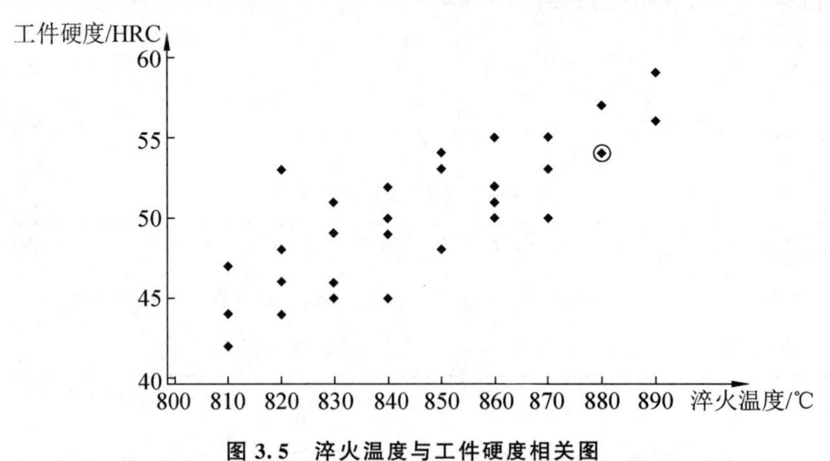

图 3.5 淬火温度与工件硬度相关图

3.4.2 相关图的绘制步骤

（1）确定研究分析的对象，即两个似乎存在某种关系（非确定性关系）的变量；一般可以是原因与结果（如淬火温度与工件硬度）的关系，也可以是两个特性之间的关系或两个大原因之间的关系。

（2）在两个以上变量同时存在的情况下（如木材干燥工艺中含水量、加温时间和温度等)，在确定分析对象、收集数据的同时，应尽量控制其他变量的变化，以免所收集的数据混有第三种变量的信息。

(3) 收集的数据应在30对及以上，一一对应填入数据表中并记好收集数据的时间、方法、条件、人员等有关事项。

(4) 在坐标纸上画出横坐标和纵坐标，分别给予适当标度。横坐标越往右取值越大，纵坐标越往上取值越大，两坐标数值的最大值与最小值之间宽度应基本相等，以便分析相关关系。若两种数据的关系属于原因与结果的关系，则一般横坐标表示原因，纵坐标表示结果，将各对数据(X，Y)分别标在直角坐标系相应的位置上，若有2对或3对数据完全相同，则可用⊙或◎表示。

3.4.3 相关图的观察分析

绘制好相关图后，应对其正确地进行观察分析，以便较准确地判断两个变量之间的相关关系。用相关图来判断两个变量之间的相关性，有3种方法。

1) 直观法

相关图的图形多样，但一般不外乎下列几种，如图3.6所示。

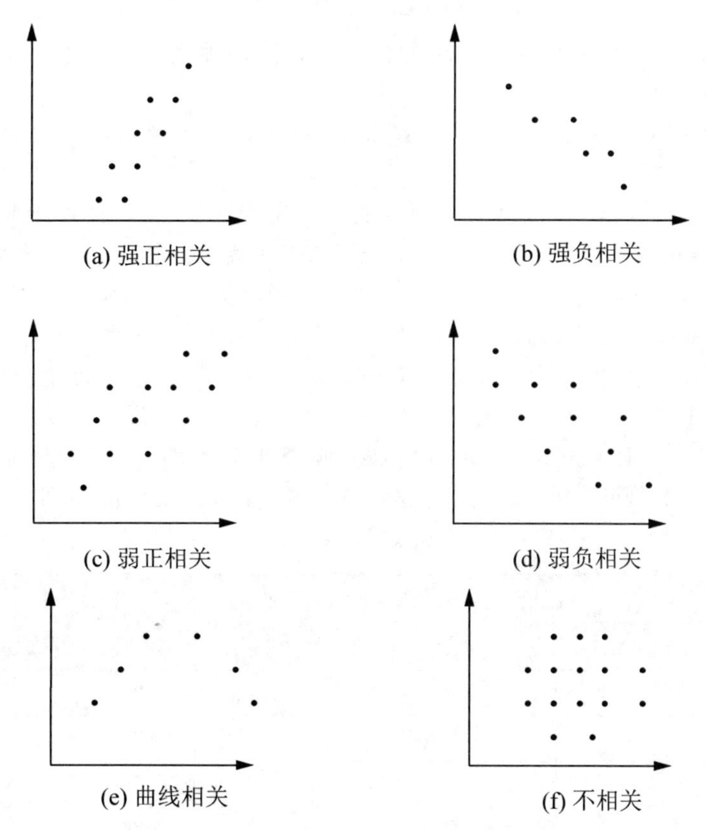

图3.6 典型相关图

2) 符号检定分析法

该方法比直观法前进了一步，提高了分析精度。具体操作如下。

(1) 在相关图上，作垂直线A、B，分别将散布点左右平分、上下平分，如图3.7所示。

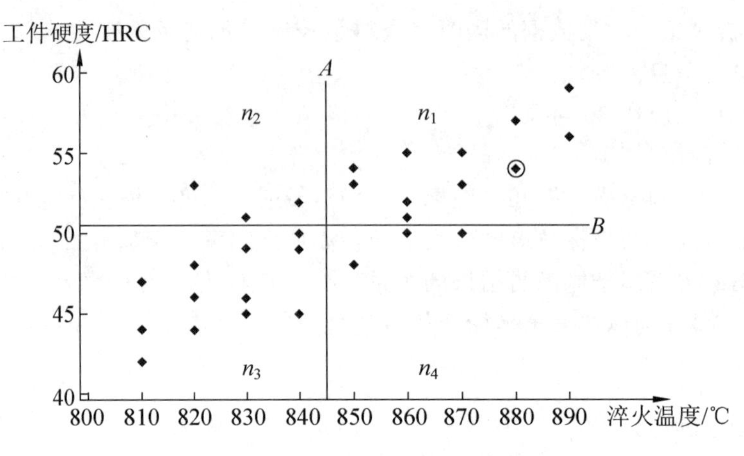

图 3.7　淬火温度与工件硬度相关图

(2) 计算落于4个区域中的点数 n_1、n_2、n_3、n_4(落在 A、B 直线上的点不计入)。

$$n_+ = n_1 + n_3$$

$$n_- = n_2 + n_4$$

$$N = n_+ + n_-$$

(3) 比较 n_+ 与 n_- 两值的大小，若 $n_+ > n_-$，定性地判断为正相关，反之为负相关。若 $n_+ = n_-$，则判断为不相关。

(4) 若判断为相关(包括正相关、负相关)，那么，对此判断有多大的把握呢？或者说错判的可能性是多大呢？

要回答这个问题，需要按 N 值查符号检验表，见表3-9。N 值为分布在区域内的数据点数总和，即 $N = n_+ + n_-$。对应 N 给出 $\alpha = 0.01$ 和 $\alpha = 0.05$ 两个显著水平的判定值(P 值)，因此，每个 N 对应两个 P 值，一大一小，分别计为 $P_{大}$、$P_{小}$。在相关图上，N 值也由两个 n 值(n_+ 和 n_-)合成，这两个 n 值只要不相等，也是一大一小，在 n_+、n_- 中选出一个小的 $\min(n_+, n_-)$ 先与 $P_{小}$ 比较，若 $\min(n_+, n_-) \leqslant P_{小}$，则可查出对应的 $\alpha = 0.01$，此时则说：“对‘具有相关性’的判断，有99%的把握，或者说，仅1%的可能错判。”若 $\min(n_+, n_-) > P_{小}$，而 $\min(n_+, n_-) \leqslant P_{大}$，则查出对应的 $\alpha = 0.05$，此时，则可以说：“对‘具有相关性’的判断，有95%的把握，或者说，仅5%的可能错判。”

表 3-9　符号检验表

N	α		N	α		N	α	
	0.05	0.01		0.05	0.01		0.05	0.01
≤8	0	0	15	3	2	22	5	4
9	1	0	16	3	2	23	6	4
10	1	0	17	4	2	24	6	5
11	1	0	18	4	3	25	7	5
12	2	1	19	4	3	26	7	6
13	2	1	20	5	3	27	7	6
14	2	1	21	5	4	28	8	6

续表

N	α		N	α		N	α	
	0.05	0.01		0.05	0.01		0.05	0.01
29	8	7	50	17	15	71	26	24
30	8	7	51	18	15	72	27	24
31	9	7	52	18	16	73	27	25
32	9	8	53	18	16	74	28	25
33	9	8	54	19	17	75	28	25
34	10	9	55	19	17	76	28	25
35	11	9	56	20	17	77	29	26
36	11	9	57	20	18	78	29	27
37	12	10	58	21	18	79	30	27
38	12	10	59	21	19	80	30	28
39	12	11	60	21	19	81	31	28
40	13	11	61	22	20	82	31	28
41	13	11	62	22	20	83	32	29
42	14	12	63	23	20	84	32	29
43	14	12	64	23	21	85	32	30
44	15	13	65	24	21	86	33	30
45	15	13	66	24	22	87	33	31
46	15	13	67	25	22	88	34	31
47	16	14	68	25	22	89	34	31
48	16	14	69	25	23	90	35	32
49	17	15	70	26	23			

例题

【例 3-5】 根据表 3-8，判断热处理工艺中淬火温度与工件硬度这两个变量之间的关系。

解： 根据表 3-8 中数据，按照符号检定分析法判断过程作图 3.7，由图可知 $\min(n_+, n_-)=\min(24, 6)=6$，按 N 值（$N=n_+ +n_- =24+6=30$）查表得 $P_大=8$，$P_小=7$，先与 $P_小$ 比较，满足 $\min(n_+, n_-)\leqslant P_小$，即 $6<7$。此时，查表得 $\alpha=0.01$。因此，对本例相关图作出“具有相关性”的结论，对此结论，有 99%的把握，错判风险仅为 1%。另外由于 $n_+>n_-$，进一步判断其为“正相关”。

3）相关系数检定分析法

符号检定分析法没有把落在划分线上的点计算在内，故较粗糙。同时，符号检定分析法未能充分利用样本点在相关图中的全部信息；而相关系数检定分析法根据数理统计学提供的相关系数 r 来分析判断，以全部数据为对象，能充分利用一切信息。

相关系数 r 的计算公式如下

$$r=\frac{S_{(x,y)}}{\sqrt{S_{(x,x)}\cdot S_{(y,y)}}} \tag{3-1}$$

式中 r——相关系数；

x——因素；

y——试验指标。

$$S_{(x,x)}=\sum_{i=1}^{n}(x_i-\overline{x})^2=\sum_{i=1}^{n}x_i^2-\frac{\left(\sum_{i=1}^{n}x_i\right)^2}{n}$$

$$S_{(y,y)}=\sum_{i=1}^{n}(y_i-\overline{y})^2=\sum_{i=1}^{n}y_i^2-\frac{\left(\sum_{i=1}^{n}y_i\right)^2}{n}$$

$$S_{(x,y)}=\sum_{i=1}^{n}(x_i-\overline{x})(y_i-\overline{y})=\sum_{i=1}^{n}x_i\cdot y_i-\frac{\sum_{i=1}^{n}x_i\cdot\sum_{i=1}^{n}y_i}{n}$$

$S_{(x,x)}$、$S_{(y,y)}$ 在统计上称为偏差平方和，$S_{(x,y)}$ 称为协变。

相关系数是表示相关关系显著程度的一个参数，取值为 $-1\leqslant r\leqslant 1$，其相关性如下。

(1) $r=1$，表示完全正相关，即线性关系。

(2) $0<r<1$，表示正相关，越接近1，其相关性越强，反之越弱。

(3) $r=0$，表示不相关。

(4) $-1<r<0$，表示负相关，越接近 -1，其相关性越强，反之越弱。

(5) $r=-1$，表示完全负相关，即线性关系。

求得相关系数后，再对所得的相关系数进行检验，这是因为样本大小不同，所得到的相关性的准确度是不同的，样本越大，其反映出的相关性的准确度也越高。检验的方法是根据样本的大小查相关系数检验表，见表3-10，表中有3种显著水平(α，反映判断的准确度)。$|r|>r_\alpha$，则认为相关关系显著；$|r|\leqslant r_\alpha$，则认为相关关系不显著。

表3-10 相关系数检验表 $P(|r|>r_\alpha)=\alpha$

$n-2$	α			$n-2$	α		
	0.10	0.05	0.01		0.10	0.05	0.01
1	0.988	0.997	1.000	9	0.521	0.602	0.735
2	0.900	0.950	0.999	10	0.497	0.576	0.708
3	0.805	0.878	0.959	11	0.476	0.553	0.684
4	0.729	0.811	0.917	12	0.458	0.532	0.661
5	0.669	0.754	0.874	13	0.441	0.514	0.641
6	0.622	0.707	0.834	14	0.426	0.497	0.623
7	0.582	0.666	0.798	15	0.412	0.482	0.606
8	0.549	0.632	0.765	16	0.400	0.468	0.590

续表

$n-2$	α			$n-2$	α		
	0.10	0.05	0.01		0.10	0.05	0.01
17	0.389	0.456	0.575	45	0.242	0.288	0.392
18	0.378	0.444	0.561	50	0.231	0.273	0.354
19	0.369	0.433	0.549	60	0.211	0.250	0.325
20	0.360	0.423	0.537	70	0.195	0.232	0.302
25	0.323	0.381	0.487	80	0.183	0.217	0.283
30	0.296	0.349	0.449	90	0.173	0.205	0.267
35	0.275	0.325	0.418	100	0.164	0.195	0.254
40	0.257	0.304	0.393				

例题

【例3-6】某陶瓷厂泥料加工的泥料含水率与变形发生率之间有关系，测得16对数据，资料见表3-11，试判断其相关关系。

表3-11 泥料含水率与变形发生率关系统计数据表

序 号	含水率 x/%	变形发生率 y/%	x^2	y^2	xy
1	23	12	529	144	276
2	24	15	576	225	360
3	22	11	484	121	242
4	25	28	625	784	700
5	26	28	676	784	728
6	23	13	529	169	299
7	24	13	576	169	312
8	26	29	676	841	754
9	27	32	729	1024	864
10	30	39	900	1521	1170
11	26	20	676	400	520
12	23	12	529	144	276
13	22	12	484	144	264
14	21	11	441	121	231
15	22	12	484	144	264
16	25	26	625	676	650
合计	389	313	9539	7411	7910

解：

(1) 从表 3-11 中得

$$\sum_{i=1}^{n} x_i = 389, \sum_{i=1}^{n} y_i = 313$$

$$\sum_{i=1}^{n} x_i^2 = 9539, \sum_{i=1}^{n} y_i^2 = 7411$$

$$\sum_{i=1}^{n} x_i y_i = 7910$$

(2) 计算 $S_{(x,x)}$，$S_{(y,y)}$，$S_{(x,y)}$。

$$S_{(x,x)} = \sum_{i=1}^{n} x_i^2 - \frac{(\sum_{i=1}^{n} x_i)^2}{n} = 9539 - \frac{389^2}{16} \approx 81.4$$

$$S_{(y,y)} = \sum_{i=1}^{n} y_i^2 - \frac{(\sum_{i=1}^{n} y_i)^2}{n} = 7411 - \frac{313^2}{16} \approx 1287.9$$

$$S_{(x,y)} = \sum_{i=1}^{n} x_i y_i - \frac{\sum_{i=1}^{n} x_i \sum_{i=1}^{n} y_i}{n} = 7910 - \frac{389 \times 313}{16} \approx 300.2$$

(3) 计算相关系数 $r = \frac{S_{(x,y)}}{\sqrt{S_{(x,x)} \times S_{(y,y)}}} \approx 0.93$。

因为 $0 < r < 1$，假若给定 $\alpha = 0.05$，$n = 16$，$n-2 = 16-2 = 14$，查表 3-10 得

$$r_\alpha = r_{0.05} = 0.497$$

$$r = 0.93 > r_{0.05} = 0.497$$

故可知，泥料含水率与变形发生率的关系为强正相关。

3.4.4 相关回归分析

确定了两事物之间存在相关关系后，还要进一步求出两变量（x 与 y）之间的近似定量表达式，即回归方程，求回归方程有简易法和精密法两种。

1. 简易法

在精度要求不高时，或者从相关图观察到分布存在非常明显的线性相关关系时，采用简易法是适宜的，简易法有平均值法和选点法。

1) 平均值法

(1) 将数据按 x_i(或 y_i)的大小顺序排列。

(2) 求出两组数据的平均值 $\overline{x}$、$\overline{y}$。

(3) 列出两点的方程式

$$\begin{cases} \overline{y_1} = a + b\,\overline{x_1} \\ \overline{y_2} = a + b\,\overline{x_2} \end{cases} \tag{3-2}$$

(4) 解上述方程求 a、b。

(5) 列出回归方程。

例题

【例3-7】表3-12是陶瓷泥料含水率与变形发生率关系统计数据表，用平均值法进行相关回归分析。

表3-12 陶瓷泥料含水率与变形发生率关系统计数据表

序	号	含水率 x/%	变形发生率 y/%
第一组	1	21	11
	2	22	11
	3	22	12
	4	22	12
	5	23	12
	6	23	12
	7	23	12
	8	24	13
第二组	9	24	15
	10	25	26
	11	25	28
	12	26	20
	13	26	28
	14	26	29
	15	27	32
	16	30	39

解：(1) 将数据按 x_i 的大小顺序排列，并均分为两组，见表3-12。

(2) 求出两组数据的平均值

$$\begin{cases} \overline{x_1}=\dfrac{180}{8}=22.5 \\ \overline{x_2}=\dfrac{209}{8}\approx 26.1 \end{cases}$$

$$\begin{cases} \overline{y_1}=\dfrac{95}{8}\approx 11.9 \\ \overline{y_2}=\dfrac{217}{8}\approx 27.1 \end{cases}$$

(3) 通过上述两点的方程式为

$$\begin{cases} \overline{y_1}=a+b\overline{x_1} \\ \overline{y_2}=a+b\overline{x_2} \end{cases} \Rightarrow \begin{cases} 11.9=a+22.5b \\ 27.1=a+26.1b \end{cases}$$

(4) 解上述方程得

$$a\approx -82.6,\ b\approx 4.2$$

(5) 列出回归方程为

$$\hat{y}=4.2x-82.6$$

注意：为了保证必要的准确度，所取数据应不少于30对，例3-7仅是方法介绍，为简化计算，仅收集16对数据。

2) 选点法

选点法是在相关图上选取两个能代表散布点分布趋势的点进行回归分析的方法，具体步骤如下。

(1) 画一条与纵坐标平行的直线 A，使相关图分成点数相等(或大致相等)的左、右两个区。

(2) 在右区、左区中，分别画出平行于纵坐标和横坐标的两条直线 A_1、B_1 和 A_2、B_2，使左、右、上、下点数各相等(或大致相等)，并得交点 C_1、C_2。

(3) 通过 C_1 与 C_2 画一条直线，该直线就是所求的一元回归直线 $Y=a+bX$(Y 为变量 y 的估计值)。

(4) 方程中系数 a、b 则可用代数中求联立方程的方法求得。

例题

【例 3-8】 如图 3.5 所示，试用选点法对淬火温度与工件硬度相关图进行相关回归分析。

解： 按照选点法作图过程，画出通过 C_1，C_2 的直线，即一元回归直线。如图 3.8 所示。

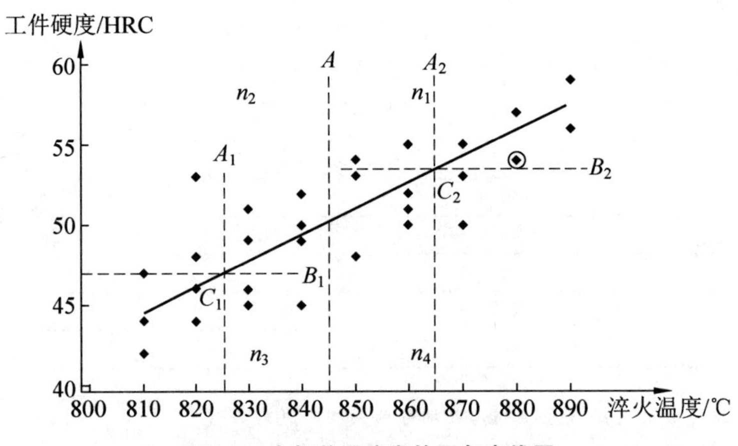

图 3.8　由相关图确定的回归直线图

将点 C_1(825，47)，C_2(865，53.5) 代入回归直线方程 $Y=a+bX$ 即可求出系数 a 和 b 的值。

$$\begin{cases} 47=a+825b \\ 53.5=a+865b \end{cases}$$

解得

$$a\approx-87.06 \quad b\approx0.16$$

故

$$Y=-87.06+0.16X$$

2. 精密法

精密法又称最小二乘法。这是求回归方程的常用方法。

设所求回归方程为

$$\hat{y}=a+bx$$

最小二乘法是指，使实测值 y_i 与回归方程之差的平方和最小时的方程为所求方程，即使各点的偏差平方和最小时的方程。

$$\sum_{i=1}^{n}(y_i-\hat{y}_i)^2=\sum_{i=1}^{n}[y_i-(a+bx_i)]^2$$

利用偏导求最小值，分别对 a、b 求上式的偏导数得

$$a=\overline{y}-b\overline{x} \tag{3-3}$$

$$b=\frac{\sum_{i=1}^{n}(x_i-\overline{x})(y_i-\overline{y})}{\sum_{i=1}^{n}(x_i-\overline{x})^2}=\frac{S_{(x,y)}}{S_{(x,x)}} \tag{3-4}$$

a 与 b 为回归系数，回归方程为

$$\hat{y}=a+bx \tag{3-5}$$

按回归方程计算得到的 $\hat{y}$，只是一个估计值，它和实际值会有出入，就是说回归方程存在误差，误差大小反映着回归方程的代表性大小。

计算误差的公式为

$$S=\sqrt{\frac{\sum_{i=1}^{n}(y_i-\hat{y}_i)^2}{n-2}} \tag{3-6}$$

式中　S——回归方程的标准偏差；

y_i——实际数值；

$\hat{y}_i$——回归方程估计值；

n——数据个数。

式(3-6)可进一步演化为

$$S=\sqrt{\frac{S_{(y,y)}(1-r^2)}{n-2}} \tag{3-7}$$

回归直线的变化范围，在无系统性因素干扰的条件下，呈正态分布。若按0.05和0.01的显著水平估计，其公式分别为

$$\hat{y}=(a+bx)\pm 2S \tag{3-8}$$

和

$$\hat{y}=(a+bx)\pm 3S \tag{3-9}$$

例题

【例3-9】 根据表3-11泥料含水率与变形发生率关系统计数据表，用精密法求其回归方程。

解： 依据式(3-4)和式(3-3)可得

$$b=\frac{S_{(x,y)}}{S_{(x,x)}}=\frac{300.2}{81.4}\approx 3.69$$

$$a=\overline{y}-b\overline{x}=19.56-3.69\times 24.31\approx -70.14$$

得回归方程为

$$\hat{y}=3.69x-70.14$$

回归方程的标准偏差 S 为

$$S=\sqrt{\frac{S_{(y,y)}(1-r^2)}{n-2}}=\sqrt{\frac{1287.9\times(1-0.93^2)}{16-2}}\approx 3.53$$

所以回归直线的变化范围为(0.05显著水平)

$$\begin{aligned}\hat{y}&=3.69x-70.14\pm 2S\\&=3.69x-70.14\pm 7.06\end{aligned}$$

3.5 直 方 图

3.5.1 直方图的概念

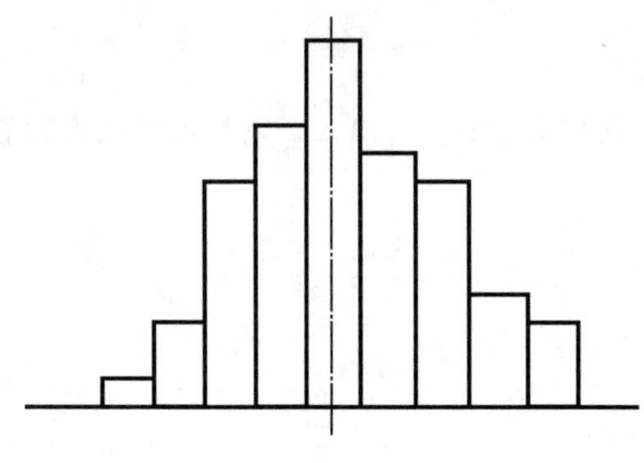

图 3.9 直方图的基本形式

产品的质量总是有波动的，但波动是有规律的。直方图可以用于分析数据分布状态及其特征，它是连续随机变量频数分布的图形表示。

直方图是质量管理中常用的统计分析方法之一，一般用直方图来加工整理质量数据，分析和掌握质量数据的分布状况，预测工序质量的好坏，以及估算工序不合格率。图 3.9 是直方图的基本形式，它是将收集的全部质量数据分成若干组，以组距为底边，以该组相对应的频数为高，按比例构成的若干矩形。

3.5.2 直方图的用途

直方图的用途可以概括如下。

(1) 分析产品质量特性值的分布情况。

(2) 判断工序是否处于稳定状态，当工序不稳定时，推测是由哪个因素造成的。

(3) 计算质量数据的特性值，对总体情况进行推断，判断其总体质量的分布情况。

(4) 测量工序能力指数，衡量工序质量水平。

3.5.3 直方图的绘制步骤

绘制直方图前，要先分层，然后收集整理数据。

(1) 收集计量数据(n)，一般为 50～100 个，过少不利于判断分布情况，过多浪费人力、时间。

(2) 找出数据中的最大值 x_{max} 与最小值 x_{min}，并计算数据分布范围。

(3) 根据数据多少，确定适当数据的分组数(k)，可查经验数据或用公式计算。

① 经验数据见表 3-13。

表 3-13 经验数据

数据个数	分组数 (k)	数据个数	分组数 (k)
50 以下	5～7	100～250	7～12
50～100	6～10	250 以上	10～20

② 公式为

$$k=1+3.33\lg n$$

(4) 计算组距 h，即确定组的宽度，$h=(x_{max}-x_{min})/k$。

(5) 确定组界，为使测量值不与组的边界值重合，组的边界值的单位取测量值最末位数单位的 1/2，如测量值为 10.1mm，则边界值的单位为 0.1mm/2＝0.05mm，即比测量值多取了一位数，这样测量值就不会与边界值重合。第一组组界下限用 $x_{min}-\frac{\text{测量值最末位数单位}}{2}$ 计算，再加组距作为第一组组界上限，以后每组组界均在上一组组界基础上增加一个组距，直至包含 x_{max} 为止。

（6）计算各组频数 f_i 和中心值 u，并列入表中。

（7）画出直方图。

（8）求平均数($\overline{x}$)。

$$\overline{x}=\frac{\sum_{i=1}^{k}f_i x_i}{\sum_{i=1}^{k}f_i} \quad \text{或} \quad \overline{x}=a+h\frac{\sum_{i=1}^{k}f_i u_i}{\sum_{i=1}^{k}f_i} \tag{3-10}$$

式中　a——频数最大组的中心值；

u_i——简化中心值。

$$u_i=\frac{x_i-a}{h}$$

（9）求标准偏差。

$$S=\sqrt{\frac{\sum_{i=1}^{k}f_i u_i^2}{\sum_{i=1}^{k}f_i}-\left(\frac{\sum_{i=1}^{k}f_i u_i}{\sum_{i=1}^{k}f_i}\right)^2} \tag{3-11}$$

例题

【**例 3-10**】已知轴径尺寸的技术标准为 $\phi 8^{+0.5}_{-0.5}$ mm，从加工过程中取 100 只样品，测得其轴径尺寸数据，见表 3-14，试绘制直方图。

表 3-14　轴径尺寸数据　（单位：mm）

数　据									
7.77	8.27	7.93	8.08	8.03	8.12	8.18	8.10	7.95	7.95
8.01	8.04	7.88	7.92	8.15	7.95	7.94	8.07	8.00	7.75
7.71	7.75	7.96	8.19	7.70	7.86	7.84	8.08	8.24	7.61
8.19	8.11	7.74	7.96	8.17	8.13	7.80	7.90	7.93	7.78
8.42	8.13	7.71	7.96	7.78	7.80	8.14	7.56	8.17	7.97
7.92	7.92	7.75	8.05	7.94	8.13	7.80	7.90	7.93	7.78
7.87	7.83	7.80	8.12	8.32	7.86	7.84	8.08	8.24	7.97
7.89	7.91	8.00	8.21	8.08	7.95	7.94	8.07	8.00	7.85
7.96	8.05	8.25	7.89	7.83	8.12	8.18	8.10	7.95	7.95
7.95	7.94	8.07	8.02	7.75	8.03	7.89	7.97	8.05	8.45

解：（1）收集数据见表 3-14，$n=100$，测量单位为 mm。

(2) 找出测量值最大值 x_{max} 与最小值 x_{min}，$x_{max}=8.45$mm，$x_{min}=7.56$mm。

(3) 确定分组数 k 和组距 h，k 取 10。

$$h=(x_{max}-x_{min})/k=(8.45-7.56)/10=0.089\approx 0.09(\text{mm})$$

(4) 确定组界。

第一组组界下限：$x_{min}-\frac{\text{测量值最末位数单位}}{2}=x_{min}-\frac{0.01}{2}=7.555(\text{mm})$

第一组组界上限：$7.555+h=7.555+0.09=7.645$(mm)

第二组组界上限：$7.645+h=7.645+0.09=7.735$(mm)

……

依此类推，各组组界值见表 3-15。

表 3-15 轴径尺寸数据频数表

组号	组界/mm	中心值 u/mm	简化中心值 u_i	频数 f_i
1	7.555～7.645	7.60	−4	2
2	7.645～7.735	7.69	−3	3
3	7.735～7.825	7.78	−2	13
4	7.825～7.915	7.87	−1	15
5	7.915～8.005	7.96	0	26
6	8.005～8.095	8.05	1	15
7	8.095～8.185	8.14	2	15
8	8.185～8.275	8.23	3	7
9	8.275～8.365	8.32	4	2
10	8.365～8.455	8.41	5	2
	$\sum$			100

(5) 计算各组的中心值。

$$u=(\text{某组的上限}+\text{某组的下限})/2$$

各组中心值见表 3-15。

(6) 绘制直方图，如图 3.10 所示。其中，$T_{下}$：公差下限；$T_{上}$：公差上限。

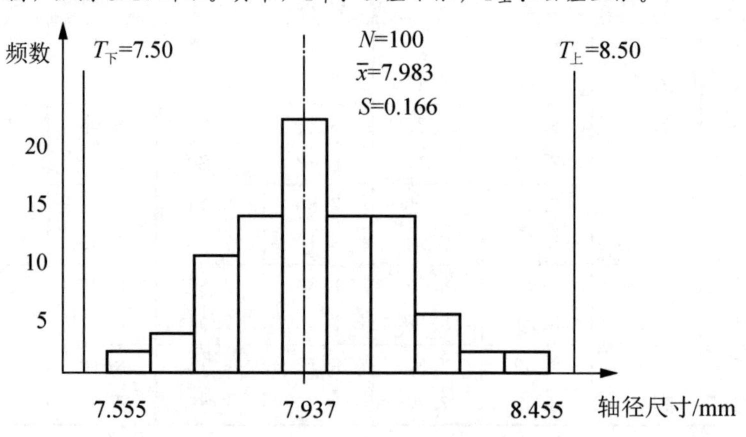

图 3.10 轴径尺寸频数直方图

(7) 计算平均数 $\overline{x}$。

$\overline{x}$ 可用以下公式近似计算，公式中 a 为频数最大组的中心值；u_i 为简化中心值，$u_i=\dfrac{x_i-a}{h}$。

$$\overline{x}=a+h\frac{\sum_{i=1}^{k}f_iu_i}{\sum_{i=1}^{k}f_i}=7.96+0.09\times\frac{26}{100}\approx 7.983(\mathrm{mm})$$

(8) 求回归方程的标准偏差。

$$S=h\sqrt{\frac{\sum_{i=1}^{k}f_iu_i^2}{\sum_{i=1}^{k}f_i}-\left(\frac{\sum_{i=1}^{k}f_iu_i}{\sum_{i=1}^{k}f_i}\right)^2}=0.09\times\sqrt{\frac{346}{100}-\left(\frac{26}{100}\right)^2}\approx 0.166(\mathrm{mm})$$

3.5.4 直方图的观察分析

绘制直方图的目的是通过观察直方图的形状，来判断生产过程是否稳定正常及产品质量的状况。画直方图，计算平均数 $\overline{x}$ 和标准偏差 S，仅找出了质量分布的规律，显然还没达到分析的目的。那么，如何观察分析呢？首先要看图形本身的形状；然后和质量标准比较，以便得出大致的结论，从而采取措施，预防不合格品的产生。

以例 3－10 中 100 个轴径尺寸数据为例，如果将测量的次数增加到足够多，分组足够细，图 3.10 的频数直方顶端就能化成一条光滑的曲线。此曲线称为正态分布曲线，是工序处于稳定条件下产品质量数据的正常波动曲线。

综上所述，一般情况下，正常型直方图的图形应大体上是正态分布，并且频数分布在标准范围内。

1. 正常型直方图

这里所说的正常型直方图指的是直方图的图形大体上是正态分布，以下是几种常见的正常型直方图。

(1) 理想型直方图：理想状态下，平均数 $\overline{x}$ 正好在中央且与标准的中心重合，实际尺寸分布 B 与公差界限 T 间有一定空隙，B 充分在 T 之中，并且 T 在直方图求得的标准偏差约 4 倍的位置，即 $T=8S$，$B=6S$，如图 3.11 所示。

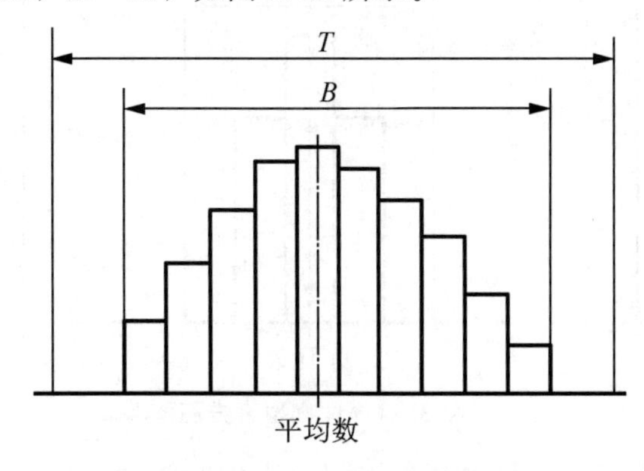

图 3.11 理想型直方图

(2) 偏向型直方图：分布在 T 内，B 宽度也正常，但因分布中心有所偏移，若工序稍有波动，随时都有超差、出现不合格品的可能，图 3.12 所示为分布向左边偏向的偏向型直方图。

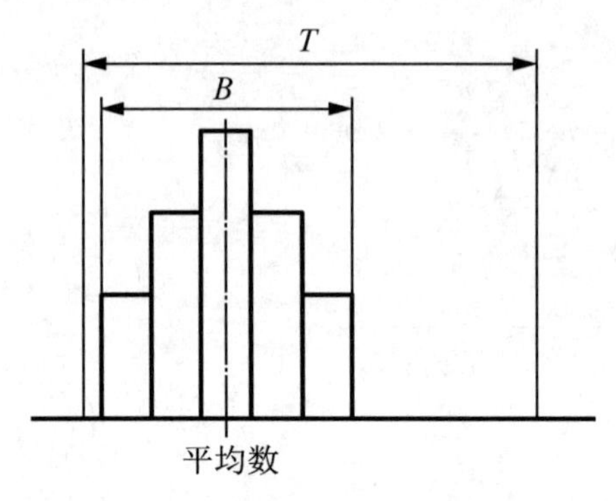

图 3.12 分布向左边偏向的偏向型直方图

(3) 过宽型直方图：B 在 T 内，但 B 宽度太大，极易出现超差现象，工序能力较差，应设法改进工序，缩小 B，如图 3.13 所示。

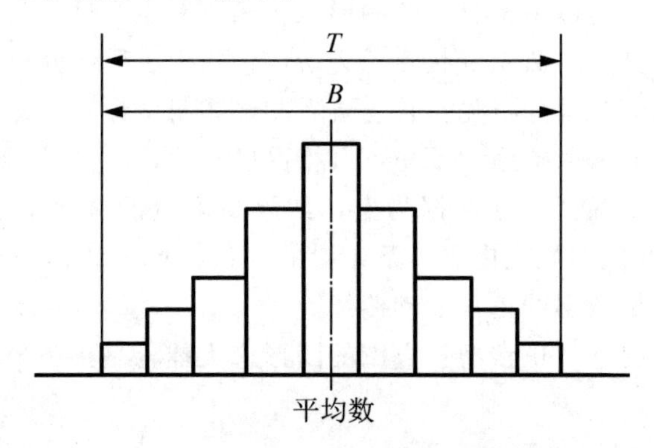

图 3.13 过宽型直方图

(4) 过窄型直方图：T 大大超过 B，对一般加工要求的产品来说，可考虑降低加工精度（如机床的精度)，对要求较高的产品可考虑缩小 T，如图 3.14 所示。

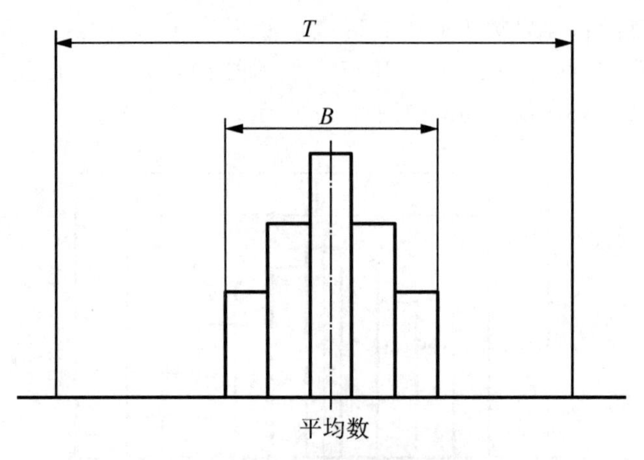

图 3.14 过窄型直方图

(5) 单边超出型直方图：B 宽度正常，但分布中心过偏，已有部分产品超过 T 成了不合格品，应采取措施纠正工序中的异常因素，如图 3.15 所示。

(6) 双边超出型直方图：分布中心无偏移，但 B 宽度过大以致两面超差，可用改变加工工艺或修改公差标准来纠正，如图 3.16 所示。

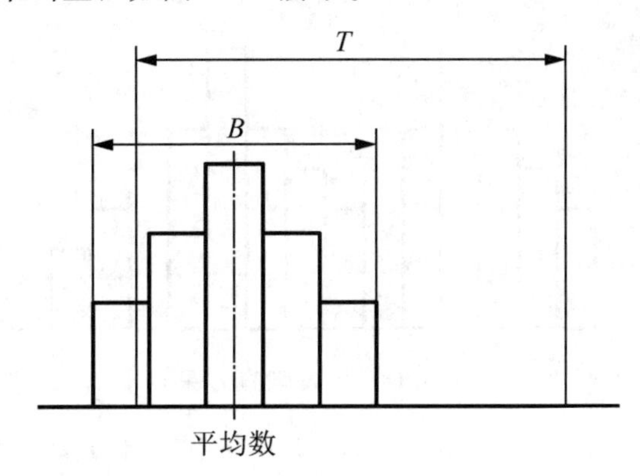

图 3.15 单边超出型直方图

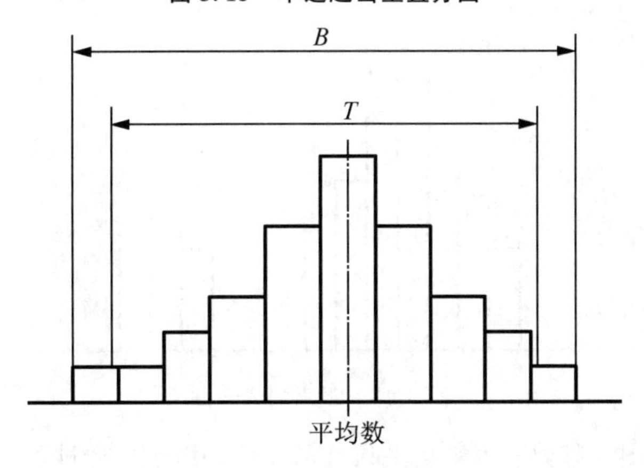

图 3.16 双边超出型直方图

2. 非正常型直方图

工业生产中很多质量分布并不是正态分布。画出这样的直方图是否属正常状态？是否有意义？这是需要具体分析的。

常见的几种非正常型直方图有以下几种。

(1) 锯齿型直方图：直方图呈锯齿状。这多因测量方法或读数有问题，也可能是整理数据时分组不当所引起的，一般是分组过多所致，如图 3.17 所示。

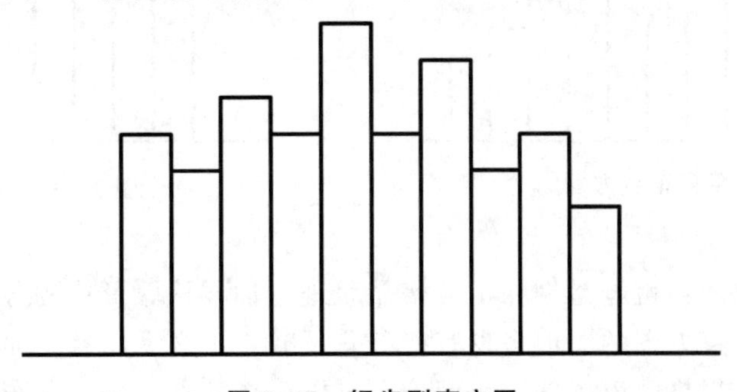

图 3.17 锯齿型直方图

(2) 双峰型直方图：直方图有两个高峰。这多是两个不同分布混在一起所致。例如，将由两批不同材质加工出来的产品或由两个工人、两台设备加工出来的产品统计在一起所画的直方图。分层不清，就会出现这种情况，如图 3.18 所示。

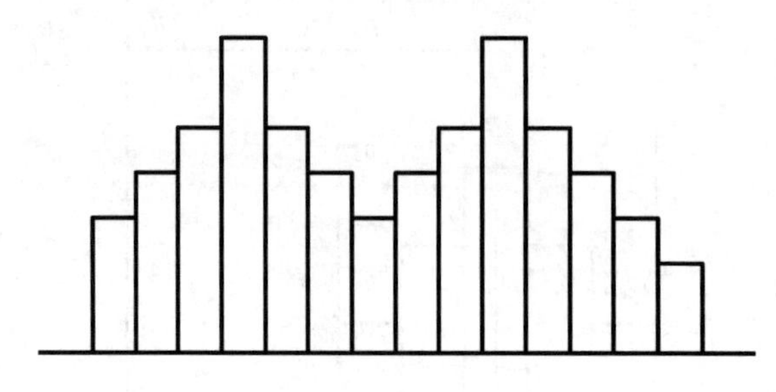

图 3.18 双峰型直方图

(3) 孤岛型直方图：在远离主分布的地方又出现小的直方图，如图 3.19 所示。这表示有某种异常情况产生，可能是加工条件有变动。例如，一时的原材料发生变化，或在短时间内有由不熟练工人替班加工的产品。

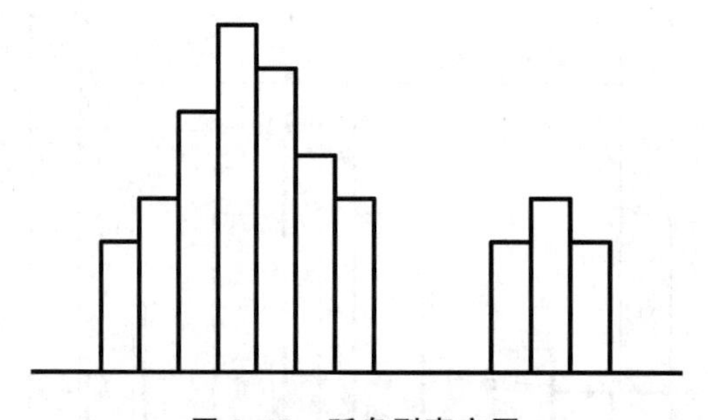

图 3.19 孤岛型直方图

(4) 平顶型直方图：频数直方图呈平顶型，往往是由于生产过程中某种缓慢的倾向在起作用造成的，如工具的磨损、操作者的疲劳等，如图 3.20 所示。

(5) 偏向型直方图：画出的频数直方图的顶峰偏向一侧，如图 3.21 所示。有时像机械加工中的几何公差，如摆差、不圆度、不直度等都属于这种分布；有时加工习惯或心理原因会造成这种分布，如机械加工时的孔加工往往偏小，轴加工往往偏大，等等。

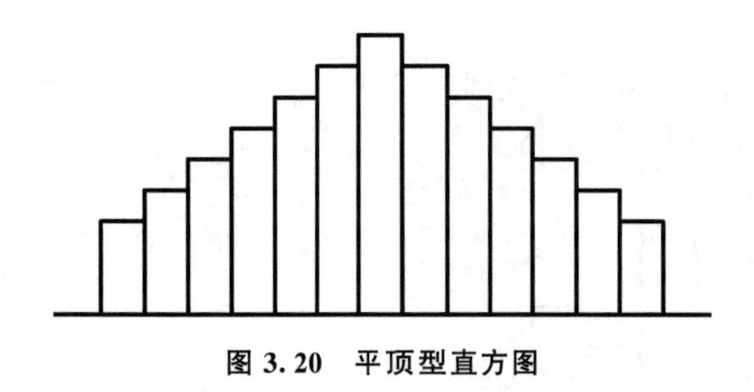

图 3.20 平顶型直方图

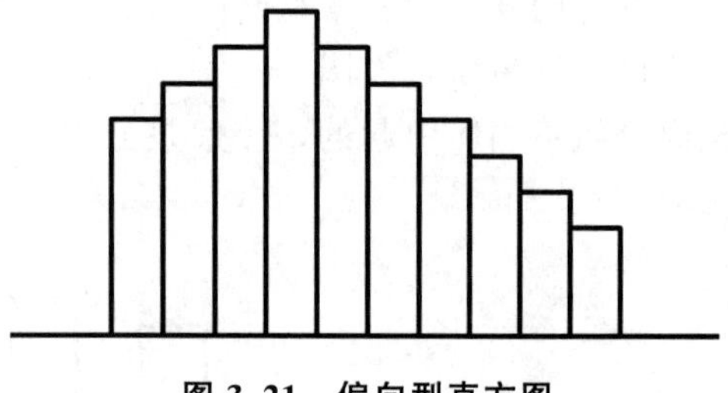

图 3.21 偏向型直方图

(6) 陡壁型直方图：可能是剔除不合格品后进行抽样检验形成的分布，如图 3.22 所示。

总之，非正常型直方图的图形多少有些参差不齐，不必太注意，而应着眼于整个图形的形状。例如，在标准规格限以内的锯齿型分布可以算作一种良好的分布；反之，越出标准规

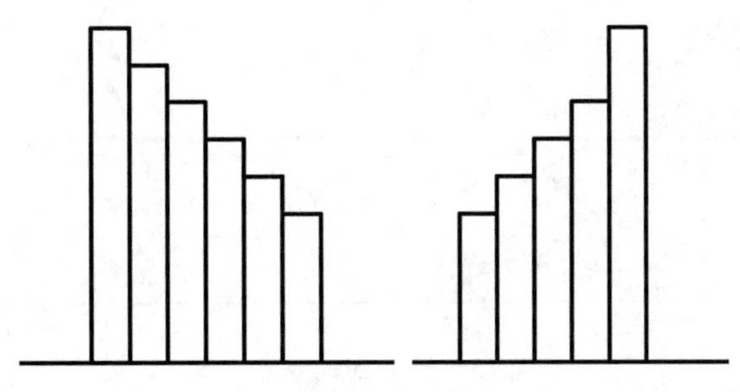

图 3.22 陡壁型直方图

格限的正态分布可能是一种坏的分布。这是因为一个平顶型、锯齿型或偏向型分布的实际效用，不一定低于一个光滑的正态分布。大部分分布图形属于纯理论研究方面的问题。

这种非正常型直方图的图形在实际中有时也适用，主要有以下理由。

（1）所有分布形状的图形都可用平均数和标准偏差来度量，重要的是实际分布与正态分布的近似程度。

（2）很多分布在工业上的应用并不特别强调数理统计分析，分布本身只作简单的图形分析之用。

（3）有些地方需要进行数理统计分析，经验证明，大量的实际分布和正态分布非常近似。

（4）当一个分布偏移得很厉害或呈其他形状时，该分布可在改进措施方面提供线索。

（5）许多对工业实际情况的分析并不十分精确，因此，实际分布的正态性并无重大关系。

（6）有些地方根本不需要用正态分布进行分析。一个有经验的人只要看一下图形的形状，就可以采取各种改正方法。

知识要点提醒

直方图在应用中的注意事项如下。

（1）要根据不同的目的来收集数据，并注意数据的分层。

（2）抽取的样本数量不可过少，过少会产生较大误差。一般样本数量应不少于50个。

（3）分组数应适当，偏大、偏小都会造成对分布状态的判断失误。

（4）直方图一般适用于计量数据。但在某些情况下也适用于计数数据，这要依据绘制直方图的目的而定。

（5）图上要做好必要的记录和标注。它们包括公差界限(T)，用点画线表示的平均数 $\bar{x}$ 的位置（不能和规格标准中心位置 M 相混淆)，图的右上角标出 N、$\bar{x}$、S 的数值。

3.6 控制图原理及应用

控制图又称管理图，它是1924年由美国贝尔电话研究所的休哈特创立的，又称休哈特控制图。

控制图是生产过程质量的一种记录图形，控制图的基本形式如图3.23所示。

图中中心线记为CL(Center Line)，上控制界限线记为UCL(Upper Control Limit)，下控制界限线记为LCL(Lower Control Limit)。中心线是控制的统计量的平均值。上、下控制界限线与中心线相距3倍标准偏差，它是用来区分质量波动究竟是由偶然因素引起，还是由

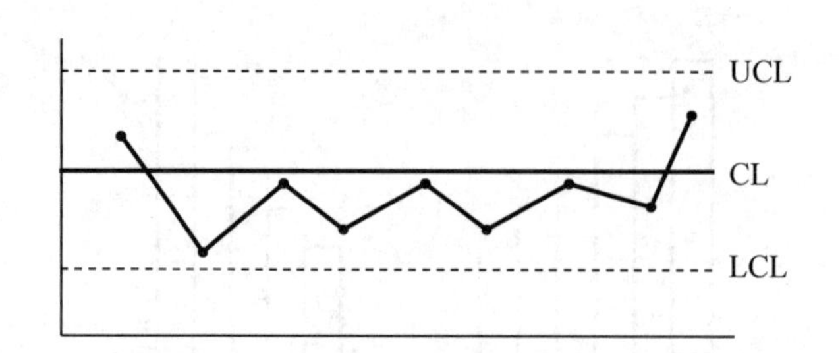

图 3.23 控制图的基本形式

系统因素引起的准则，从而判明生产过程是否处于控制状态。可见，控制图是能够提供系统因素存在的信息，便于查明系统因素和进一步采取对策的一种统计工具。

3.6.1 控制图的种类及用途

控制图数据有计量值与计数值之分，其中计数值中又有计点值与计件值之分。因而，控制图分为计量值控制图、计数值控制图，计数值控制图又分为计点值控制图与计件值控制图。各类控制图有其特点和具体应用场合，控制图分类具体内容见表 3-16。

表 3-16 控制图分类具体内容

控制图分类	控制图名称	代表符号	特点	适用范围	数据及分布
计量值控制图	平均数与极差控制图	$\overline{x}-R$	最常用，判断过程是否正常效果好，但计算工作量较大	适用于产品批量较大，且稳定、正常的过程	计量值数据正态分布
	平均数与标准偏差控制图	$\overline{x}-S$	比较常用，判断过程是否正常效果好，但计算工作量较大	适用于产品批量较大，且稳定、正常的过程	计量值数据正态分布
	中位数与极差控制图	$\widetilde{x}-R$	计算简便，但效果相对较差	适用于产品批量较大，且稳定、正常的过程	计量值数据正态分布
	单值与移动极差控制图	$x-R_s$	简便省事，并能及时判断过程是否处于稳定状态，但是不易发现过程分布中心的变化	主要用于小批生产，检验费用高、产品加工周期长、短期不易取得大量数据，控制对象为连续体、均匀体或试验与检验破坏性的工序控制	计量值数据正态分布
计数值控制图	不合格品数控制图	p_n	较常用，计算简单，操作工人易于理解	样本数量 n 相等的场合	计件值数据二项分布
	不合格品率控制图	p	计算量较大	关键件全检场合，样本数量可以不等	计件值数据二项分布
	缺陷数控制图	c	较常用，计算简单，操作工人易于理解	样本数量 n 相等的场合	计点值数据泊松分布
	单位缺陷数控制图	u	计算量较大	全检场合，样本数量可以不等	计点值数据泊松分布

在工序控制中，利用控制图判断、区分工序质量的正常波动与异常波动从而进行判断与分析的客观标准就是控制界限线。当前，我国与大多数工业国家都是根据$\pm 3\sigma$来确定控制界限线，μ和σ可由$E(x)$和$\sigma(x)$求得，因此，对于控制图来说，其控制界限线为

$$\left.\begin{aligned}\mathrm{UCL}&=E(x)+3\sigma(x)\\ \mathrm{LCL}&=E(x)-3\sigma(x)\\ \mathrm{CL}&=E(x)\end{aligned}\right\} \tag{3-12}$$

下面以$\bar{x}-R$控制图为例来求证$\bar{x}-R$控制图的控制界限线。根据控制图原理可知

$$\bar{\bar{x}}=E(x)=\mu,\ \bar{R}=d_2\sigma,\ \sigma(x)=\frac{\sigma}{\sqrt{n}}$$

则式(3-12)可变换为

$$\left.\begin{aligned}\mathrm{UCL}&=\bar{\bar{x}}+\frac{3\bar{R}}{\sqrt{n}d_2}\\ \mathrm{LCL}&=\bar{\bar{x}}-\frac{3\bar{R}}{\sqrt{n}d_2}\\ \mathrm{CL}&=E(x)\end{aligned}\right\} \tag{3-13}$$

令$A_2=\dfrac{3}{\sqrt{n}d_2}$，得

$$\left.\begin{aligned}\mathrm{UCL}&=\bar{\bar{x}}+A_2\bar{R}\\ \mathrm{LCL}&=\bar{\bar{x}}-A_2\bar{R}\\ \mathrm{CL}&=\bar{\bar{x}}\end{aligned}\right\} \tag{3-14}$$

式中　d_2、A_2控制图用系数可查表3-17。

表3-17　控制图用系数表

样本	系数											
	A_2	A_3	m_3	m_3A_2	d_2	d_3	D_1	D_2	D_3	D_4	B_4	B_3
2	1.880	2.224	1.000	1.880	1.128	0.853	—	3.686	—	3.267	3.267	0
3	1.023	1.097	1.160	1.187	1.693	0.888	—	4.358	—	2.575	2.568	0
4	0.729	0.758	1.092	0.796	2.059	0.880	—	4.698	—	2.282	2.266	0
5	0.577	0.584	1.198	0.691	2.326	0.864	—	4.918	—	2.115	2.089	0
6	0.483	0.495	1.135	0.549	2.534	0.848	—	5.078	—	2.004	1.970	0.029
7	0.373	0.429	1.214	0.509	2.704	4.833	0.205	5.203	0.076	1.927	1.882	0.113
8	0.337	0.380	1.166	4.432	2.847	4.820	0.387	5.307	0.136	1.864	1.815	0.179
9	0.308	0.343	1.223	0.412	2.970	0.808	0.546	5.394	0.184	1.816	1.761	0.232
10	0.308	0.314	1.177	0.363	3.173	0.797	0.687	5.469	0.223	1.777	1.716	0.276

类似于$\bar{x}$控制图，R控制图的控制界限线如下。

$$\left.\begin{aligned}\mathrm{UCL}&=\bar{R}+3\sigma_R\\ \mathrm{UCL}&=\bar{R}-3\sigma_R\\ \mathrm{CL}&=\bar{R}\end{aligned}\right\} \tag{3-15}$$

由 $\overline{R}=d_2\sigma$，$\sigma_R=d_3\sigma$，则式(3-15)为

$$\left.\begin{aligned}&\text{UCL}=d_2\sigma+3d_3\sigma=\left(1+3\frac{d_3}{d_2}\right)d_2\sigma\\&\text{LCL}=d_2\sigma-3d_3\sigma=\left(1-3\frac{d_3}{d_2}\right)d_2\sigma\\&\text{CL}=\overline{R}\end{aligned}\right\}\tag{3-16}$$

令 $D_4=1+3\dfrac{d_3}{d_2}$，$D_3=1-3\dfrac{d_3}{d_2}$，则式(3-16)变换为

$$\left.\begin{aligned}&\text{UCL}=D_4\overline{R}\\&\text{LCL}=D_3\overline{R}\\&\text{CL}=\overline{R}\end{aligned}\right\}\tag{3-17}$$

其他类型控制图的控制界限线的计算公式见表 3-18。

表 3-18　其他类型控制图的控制界限线的计算公式

控制图名称	代号	中心线 CL	上控制界限线 UCL	下控制界限线 LCL
平均数与极差控制图	$\overline{x}-R$	$\overline{\overline{x}}$	$\overline{\overline{x}}+A_2\overline{R}$	$\overline{\overline{x}}-A_2\overline{R}$
		$\overline{R}$	$D_4\overline{R}$	$D_3\overline{R}$
平均数与标准偏差控制图	$\overline{x}-S$	$\overline{\overline{x}}$	$\overline{\overline{x}}+A_3\overline{S}$	$\overline{\overline{x}}-A_3\overline{S}$
		$\overline{S}$	$B_4\overline{S}$	$B_3\overline{S}$
中位数与极差控制图	$\widetilde{x}-R$	$\overline{\widetilde{x}}$	$\overline{\widetilde{x}}+m_3A_2\overline{R}$	$\overline{\widetilde{x}}-m_3A_2\overline{R}$
		$\overline{R}$	$D_4\overline{R}$	$D_3\overline{R}$
单值与移动极差控制图	$x-R_s$	$\overline{x}$	$\overline{x}+2.659\overline{R}_s$	$\overline{x}-2.659\overline{R}_s$
		$\overline{R_s}$	$3.267\overline{R_s}$	不考虑
不合格品率控制图	p	$\overline{p}$	$\overline{p}+3\sqrt{\dfrac{\overline{p}(1-\overline{p})}{n}}$	$\overline{p}-3\sqrt{\dfrac{\overline{p}(1-\overline{p})}{n}}$
不合格品数控制图	p_n	$\overline{p_n}$	$\overline{p_n}+3\sqrt{\overline{p_n}(1-\overline{p})}$	$\overline{p_n}-3\sqrt{\overline{p_n}(1-\overline{p})}$
单位缺陷数控制图	u	$\overline{u}$	$\overline{u}+3\sqrt{\dfrac{\overline{u}}{n}}$	$\overline{u}-3\sqrt{\dfrac{\overline{u}}{n}}$
缺陷数控制图	c	$\overline{c}$	$\overline{c}+3\sqrt{\overline{c}}$	$\overline{c}-3\sqrt{\overline{c}}$

3.6.2　控制图的绘制及观察分析

1. 控制图的绘制步骤

(1) 确定质量特性。一般来说，质量特性已在设计文件或工艺文件中给出。

(2) 收集数据，并进行数据的分析整理。

(3) 确定控制界限线。

(4) 绘制控制图。

例题

【例3-11】 某食品加工过程中，需对某种产品质量进行控制，在生产现场抽取25组样本，每组5个样本，抽取样本的方法是定时抽取，测得它们的质量并记录在表3-19，试制作该产品的$\overline{x}$—R控制图。

解： $\overline{x}$—R控制图是最常见的控制图，应用范围广，其利用样本平均数与极差，分析与控制工序波动，是计量值质量控制的有效方法之一，$\overline{x}$—R控制图作图过程如下。

(1) 将实测数据合理分组。前面说过观察$\overline{x}$主要是观察工序的平均数变化，观察R主要是观察工序极差(离散)的变化，在图上每一组只用一个点表示，分组恰当与否将影响到对异常的判断。因此要求组内不应包含不同性质的数据，即要求组内数据：①组内仅有偶然性原因，没有系统性原因；②异常因素的作用，仅体现在组与组之间；③分组的方法从技术上考虑，应将大致相同条件下收集的数据分在同组，即把同一批、同一日或同一班组的数据分在同一组内。

(2) 计算各样本组的$\overline{x_i}$及R_i，并填入表中。

(3) 计算样本总体的平均数及其平均极差，k为样本组数。

$$\overline{\overline{x}} = \frac{\sum_{i=1}^{k} \overline{x_i}}{k} = \frac{3235}{25} = 129.4(\text{g})$$

$$\overline{R} = \frac{\sum_{i=1}^{k} R_i}{k} = \frac{338}{25} \approx 13.5(g)$$

表3-19 某产品质量数据值 (单位：g)

样本组号	抽样时间					$\overline{x_i}$	R_i
	8点	10点	14点	16点	18点		
1	140	126	132	131	121	130.0	19
2	132	133	127	134	121	129.4	13
3	135	128	130	128	124	129.0	11
4	139	124	133	131	132	131.8	15
5	130	130	121	122	133	127.2	12
6	137	120	125	124	124	126.0	17
7	139	121	137	134	130	132.2	18
8	134	130	131	126	138	131.8	12
9	144	124	122	124	125	127.8	22
10	133	124	126	129	128	128.0	9
11	133	128	130	130	131	130.4	5
12	136	125	133	135	128	131.4	11
13	134	133	120	130	131	129.6	14
14	133	120	128	125	125	126.2	13
15	142	127	129	129	125	130.4	17

（单位：g）续表

样本组号	抽样时间					$\overline{x_i}$	R_i
	8点	10点	14点	16点	18点		
16	136	135	134	125	122	130.4	14
17	140	132	124	130	130	131.2	16
18	136	124	135	123	128	129.2	12
19	146	137	134	122	125	132.8	24
20	139	130	130	132	126	131.4	13
21	133	127	126	128	127	128.2	7
22	139	124	127	124	128	128.4	15
23	132	123	126	130	127	127.6	9
24	132	128	128	123	126	127.4	9
25	133	128	122	123	130	127.2	11
合计						3235.0	338

(4) 计算 $\overline{x}$ 控制图的控制界限线的数据值：

查表3-17，当 $n=5$ 时，得 $A_2=0.577$，$D_4=2.115$。所以

$$\text{UCL}=\overline{\overline{x}}+A_2\overline{R}=129.4+0.577\times13.5\approx137.2(g)$$

$$\text{LCL}=\overline{\overline{x}}-A_2\overline{R}=129.4-0.577\times13.5\approx121.6(g)$$

$$\text{CL}=\overline{\overline{x}}=129.4(g)$$

(5) 计算 R 控制图的控制界限线数值。

$$\text{UCL}=D_4\overline{R}=2.115\times13.5\approx28.6(g)$$

LCL不考虑

$$\text{CL}=\overline{R}=13.5(g)$$

(6) 绘制 $\overline{x}-R$ 控制图，如图3.24所示。

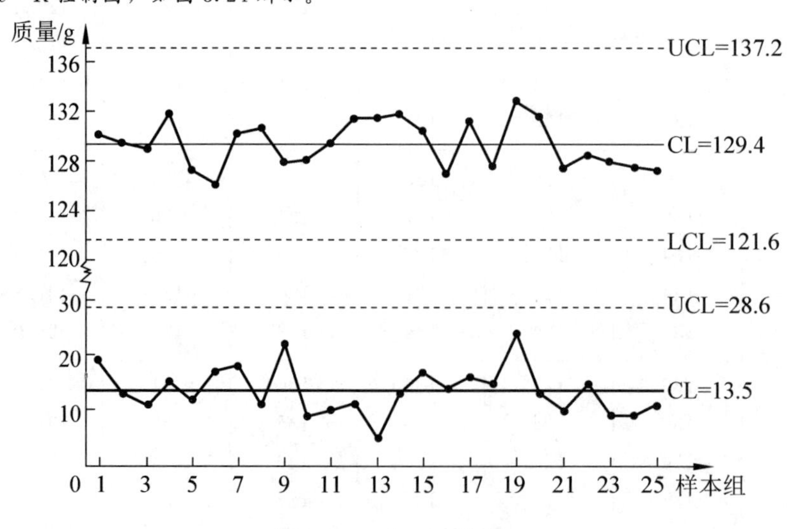

图3.24 $\overline{x}-R$ 控制图

2. 控制图的观察与分析

工序控制仅仅画出控制图是不够的，重要的是通过观察分析控制图，来判断工序是否处于控制(稳定)状态，以便确定是否有必要采取措施，消除异常因素，保证生产合格品的能力维持下去。

1）控制图的判断准则

控制图上的点子满足下述条件时，可认为生产过程处于控制状态。

(1）点子在控制界限线内(简称界内)，而且点子排列是随机的(没有异常现象)。

(2）点子排列随机的情况下，符合下列条件之一的判为处于控制状态。

① 连续 25 点在控制界限线内。

② 连续 35 点最多有 1 点出界(超出控制界限线)或在界限上(控制界限线上)。

③ 连续 100 点最多有 2 点出界或在界限上。

2）控制界限线内的点子排列异常现象

(1）点子在控制界限线内，但点子屡屡接近控制界限线。所谓接近控制界限线是指点子落在 2 倍标准偏差与 3 倍标准偏差控制界限线之间。所谓屡屡接近控制界限线为连续 3 点至少有 2 点接近控制界限线，如图 3.25 所示；连续 7 点至少有 3 点接近控制界限线；连续 10 点至少有 4 点接近控制界限线。

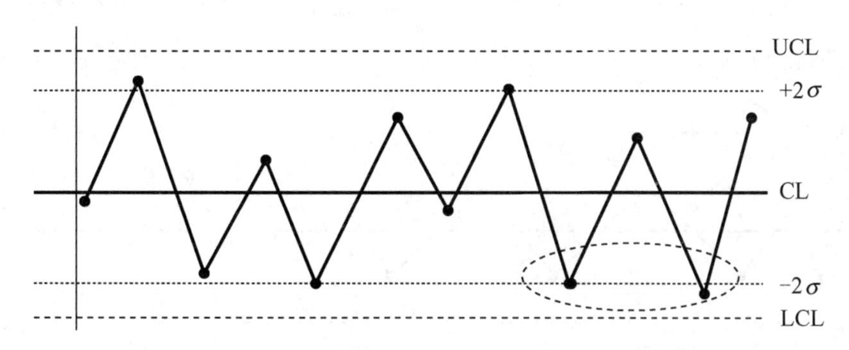

图 3.25　控制界限线内的点子接近控制界限线排列异常图

(2）链排列异常，控制图中心线一侧连续出现 7 点或更多的点子，如图 3.26 所示。

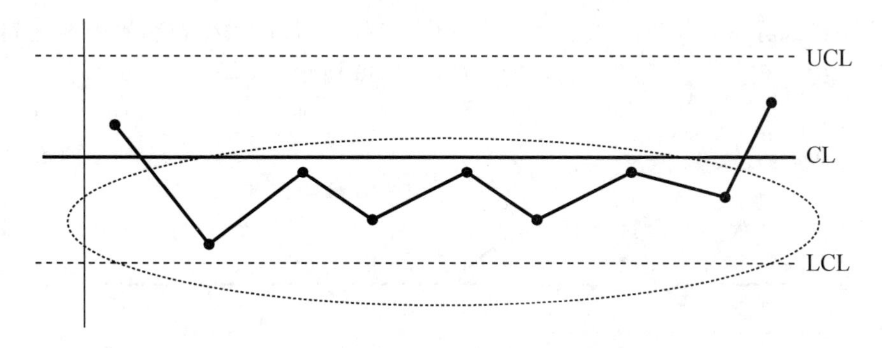

图 3.26　控制界限线内的点子链排列异常图

(3）单侧排列异常，连续 11 点至少有 10 点在中心线一侧（图 3.27)；连续 17 点至少有 14 点在中心线一侧；连续 20 点至少有 16 点在中心线一侧。

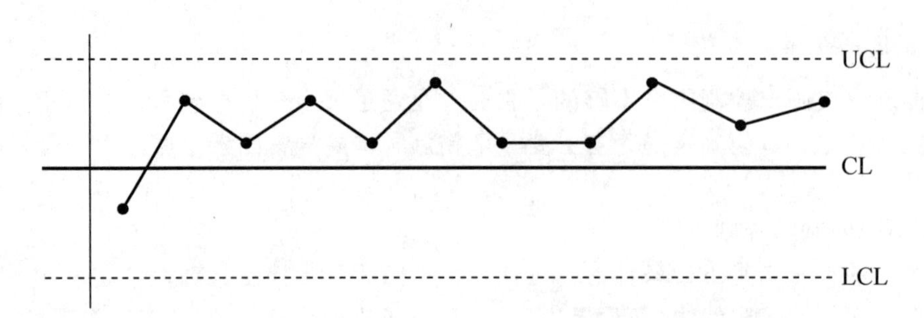

图 3.27　控制界限线内的点子单侧排列异常图

（4）趋势(倾向)排列异常，连续 7 点或更多的点子呈上升或下降的状态，如图 3.28 所示。

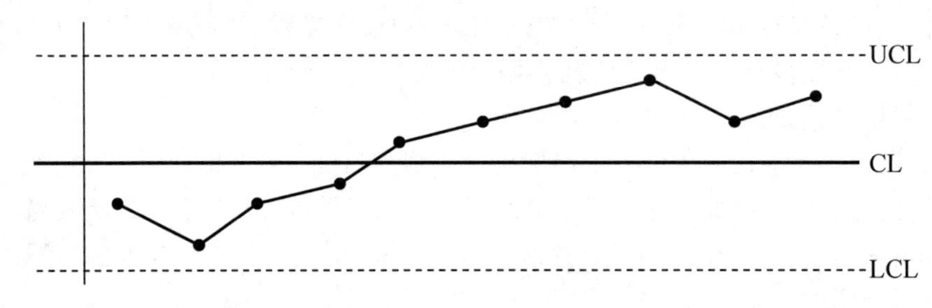

图 3.28　控制界限线内的点子趋势排列异常图

（5）周期排列异常，点子的排列随时间的推移呈周期性的变化，如图 3.29 所示。

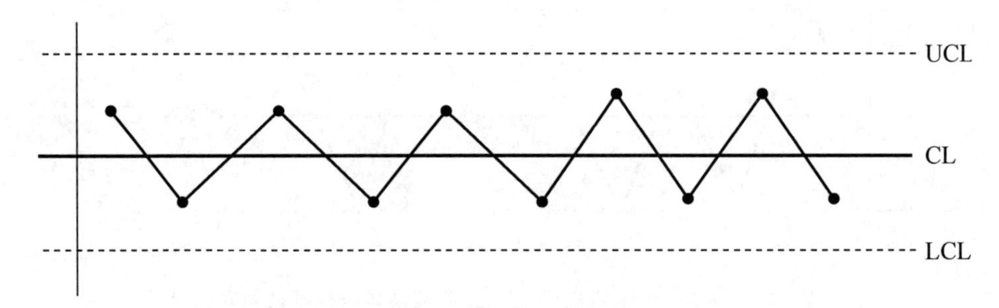

图 3.29　控制界限线内的点子周期排列异常图

（6）集中排列异常，所有的点子都集中在中心线 1 倍标准偏差控制界限线之间，这称为“好的异常”。此时企业经济效益会受影响，如图 3.30 所示。

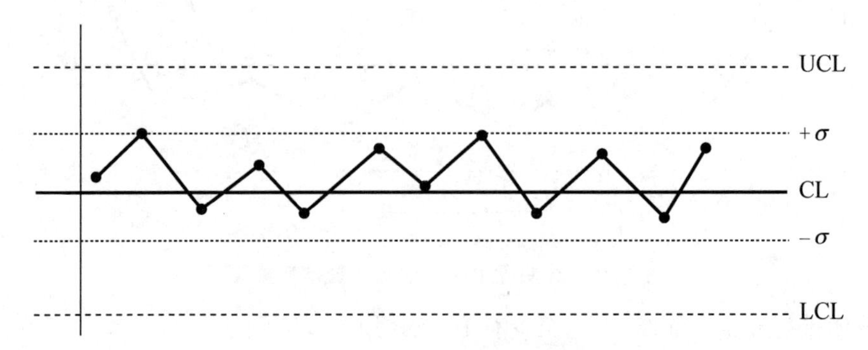

图 3.30　控制界限线内的点子集中排列异常图

3）控制图在应用中常见的错误

（1）在5M1E未加控制，工序处于不稳定状态或过程能力不足($C_p \leqslant 1$)的情况下使用控制图。

（2）当5M1E发生变化时，不及时调整控制界限线。

（3）用质量特性规格线代替控制界限线。

（4）在现场应用时，控制图的打点不做分析判断或打点不及时，失去控制图的“报警”作用。

（5）画法不规范、不完整，控制界限线和中心线的代表符号、控制图的类型、样本容量等标志不完全或有错误，控制图的类型使用不当，等等。

当前，有不少企业以质量特性规格线作为控制界限线，这不是控制图，而是质量波动图。

控制图和质量波动图有什么区别？

控制图和质量波动图有着明显的区别。

(1) 控制界限线不同。控制图的上、下控制界限线和中心线是当生产过程处于控制状态下，通过抽样检测进行计算得来的，与质量特性规格线无关。而质量波动图是直接以质量特性规格线作为上、下控制界限线，以规格中心作为中心线。

(2) 使用目的不同。控制图是应用“3σ原理”来分析和判断工序是否处于控制(稳定)状态而对工序进行质量动态的控制。当工序在生产过程中出现异常时，它可以发出“警报”，及时采取措施，防止产生大量不合格品。而质量波动图仅仅适用于观察和分析质量特性值随时间而波动的状态，以便监视其变化。它既不能用于判断工序是否处于控制状态，又不能及时发现生产过程存在异常的原因。但质量波动图能使操作者直观地了解产品质量是否符合标准规格的要求(合格或不合格)，因此，质量波动图在不少生产现场仍被采用。

3.7　过程能力

3.7.1　过程能力的概念

国际标准化组织将过程定义为一组将输入转化为输出的相互关联或相互作用的活动。过程由工序组成，工序是产品生产或服务提供过程的基本环节，是组织生产/服务过程的基本单位。从工序的组合和影响工序的因素来看，过程也是工序的过程，是操作者、机器、材料、工艺方法测量和环境等因素，在特定条件下，相互结合、相互作用的过程。

过程能力是指处于稳定状态下的过程实际加工能力。过程能力反映出工序质量的好坏，工序质量是形成产品质量的基本环节，属于制造质量的范畴，主要是指符合性质量，即产品或工艺的质量特性符合设计规格与工艺标准的程度。

与生产现场的实际能力有所不同，过程能力是对过程进行了充分而完善的管理，消除了那些不正常因素或系统性因素后确定的，或者说，是在工艺过程稳定状态下获得的。然而，在实际生产过程中，有些系统性因素并不可以完全消除，尽管如此，计算得到的过程能力，

还是反映了整个工序实际质量的主要部分，因而对指导生产或控制工艺过程的质量有着重要的作用。

产品质量的波动大小，通常是在过程处于稳定状态下，以它所形成的概率分布的方差来表示的。方差综合反映了工序六大因素(5M1E)各自对产品质量产生的影响。因此，方差是过程能力大小的度量基础，通常与测定值单位一致，用标准偏差σ来度量。

当产品的质量特性值服从平均数为μ、标准偏差为σ的正态分布时，根据正态分布的性质，质量特性值在$\mu\pm3\sigma$范围内的概率为0.9973，这一范围几乎包括了全部的质量特性值。所以，$\mu\pm6\sigma$的范围被认为是产品质量正常波动合理的最大幅度。它代表了一道工序所能达到的质量水平。因此，过程能力一般用6σ来表示。显然，σ越大，即工序质量波动越大，过程能力越小；σ越小，即工序质量波动越小，过程能力越大。

综上所述，过程能力也是在过程处于稳定状态下，加工产品质量正常波动的经济幅度，通常用质量特性值分布的6倍标准偏差来表示，记为6σ。

用数量来表示过程能力是为了计算工序符合产品技术要求的能力。过程能力是工序本身客观存在的一种性质，“工序本身并不知道公差是什么”，它与公差毫无关系。

实际上，从正常分布的性质看，$\mu\pm6\sigma$范围并不是分布范围的极限。如果取$\mu\pm4\sigma$，则在此范围内可包括全部产品的99.994%；如果取$\mu\pm5\sigma$，则包括99.99996%。这当然比$\mu\pm3\sigma$包括的更全面些。但从6σ到8σ(或10σ)，分散范围虽增加了2σ(或4σ)，但所包括产品的比例却增加得不多，从经济效果来看并不合算。因此，用6σ的幅度来表示过程能力是一个“经济的幅度”。

知识要点提醒

用6σ表示的过程能力是以过程处于稳定状态，并且服从正态分布为前提的。但在实际加工中，很多工序都存在偏离稳定状态的情况(存在某些难以排除的系统因素的影响)，因此，要从生产实际情况出发，提出某些修正系数对其加以修正。例如，在切削过程中，根据实际经验，规定过程能力一般不能定得大于公差界限的75%，即$6\sigma\leqslant0.75T$。至于一些非正态分布的过程能力，如前所述，一般来说，在一定条件下都可以用正态分布来近似，而实际加工中，这些条件基本上是满足的。

3.7.2 过程能力指数

过程能力是工序自身实际达到的质量水平，而工序的加工都是在特定的标准下进行的。自然可以想到，必须把实际存在的能力与给定的技术要求加以比较，才能全面地评价工序的加工情况。为此，将两者的比值作为衡量过程能力满足工序技术要求程度的指标，这个比值称为过程能力指数，记作C_p，则

$$C_p=\frac{T}{6\sigma} \tag{3-18}$$

式中 T——公差界限。

从式(3-18)不难看出，过程能力指数与过程能力不同。对于同一过程而言，过程能力是一个比较稳定的数值；而过程能力指数是一个相对的概念，即使是同一过程，过程能力指数也会因加工对象的质量要求的变化(T不同)而变化。

3.7.3　过程能力指数的计算

根据式(3-18)可以知道，C_p的大小是 T 与 6σ 的相对比较。T 的中心(公差中心)与 6σ 中心(分布中心)相一致的情况仅是一种理想状态，在实际生产过程中往往公差中心与分布中心不一致。所以，还须考虑在两中心不一致的情况下过程能力指数的计算。

1. 质量特性数据的分布中心与公差中心重合

质量特性数据的分布中心，一般可用样本的平均数 $\bar{x}$ 来代替总体的平均数 μ。

公差中心 M 可按式(3-19) 计算：

$$M=\frac{T_{上}+T_{下}}{2} \tag{3-19}$$

式中　$T_{上}$——公差上限；

$T_{下}$——公差下限。

分布中心与公差中心重合，就是 $\bar{x}=M$。过程能力指数的计算公式为

$$C_p=\frac{T_{上}-T_{下}}{6\sigma}\approx\frac{T_{上}-T_{下}}{6S} \tag{3-20}$$

式中　S——样本的标准偏差，近似等于总体的标准偏差 σ。

例题

【例 3-12】 某产品质量要求为(30±0.15)mm，抽样 200 件，测得 $\bar{x}=30.00$mm；$S=0.05$mm，试求 C_p值。

解： 求公差中心 M。

$$M=\frac{T_{上}+T_{下}}{2}=\frac{30.15+29.85}{2}=30.00(\text{mm})$$

因为 $M=\bar{x}=30.00$mm，公差中心与分布中心重合，所以

$$C_p\approx\frac{T_{上}-T_{下}}{6S}=\frac{30.15-29.85}{6\times0.05}=1$$

2. 质量特性数据的分布中心与公差中心不重合

产品质量总是有波动的，波动的产生可能有两方面的原因：一方面是加工时使质量特性值偏移而造成分布中心偏离了公差中心；另一方面可能是加工时精度变动造成标准偏差变大，标准偏差变大必然使分布范围变大。上述两方面原因均会使过程能力指数发生变化。

公差中心 M 与分布中心 $\bar{x}$ 的偏移量记为 $\varepsilon=|M-\bar{x}|$。

在上述情况下，公差上下限发生了变化，这意味着工序能力减低；如果仍按原先的 C_p值来衡量过程能力，显然是不符合实际的，所以必须考虑偏离程度对 C_p值的影响，对 C_p值进行修正，得到修正后的过程能力指数 C_{pk}。

$$C_{pk}=C_p(1-K) \tag{3-21}$$

式中　K——相对偏移量或偏移系数，$K=\frac{\varepsilon}{T/2}$。

式(3-21)也可写成：

$$C_{pk}=\frac{T}{6\sigma}\left(1-\frac{2\varepsilon}{T}\right)\approx\frac{T-2\varepsilon}{6S} \tag{3-22}$$

式中　S——样本的标准偏差。

从式(3-22)可知，当 $\overline{x}$ 恰好位于公差中心时，$|M-\mu|=0$ 从而 $K=0$，则 $C_{pk}=C_p$，这是“无偏”的情况，即理想状态；当 $\overline{x}$ 恰好位于公差上限或下限时，$|M-\mu|=T/2$，从而 $K=1$，C_{pk} 为 0；当 $\overline{x}$ 位于公差界限之外时，$K>1$，$C_{pk}<0$。

例题

【例 3-13】 某加工过程的零件尺寸要求为 $\phi(20\pm0.023)$mm，现经随机抽样，测得样本平均数 $\overline{x}=19.997$mm，样本的标准偏差 $S=0.007$mm，求 C_{pk}。

解：求公差中心 M。

$$M=\frac{T_上+T_下}{2}=\frac{20.023+19.977}{2}=20(\text{mm})$$

分布中心 $\overline{x}=19.997$mm，公差中心与分布中心不重合。

$$T=T_上-T_下=0.046(\text{mm})$$

$$\varepsilon=|M-\overline{x}|=|20-19.997|=0.003(\text{mm})$$

$$C_{pk}\approx\frac{T-2\varepsilon}{6S}=\frac{0.046-2\times0.003}{6\times0.007}\approx0.95$$

3. 单侧公差界限的 C_{pt}

在某些情况下，质量标准只有单侧公差界限，如材料的强度、电子元件的寿命等质量指标，通常只规定了下限标准。又如陶瓷产品的铅熔出量、某些材料的杂质的含量、机械行业中的几何公差等，往往只规定了上限标准。严格地说，只规定下限的质量指标不会达到无穷大；而只规定上限的质量指标也不会小到零。因此，这类质量指标的公差界限很难精确地确定，自然也不能确定中心位置。所以，这里也将其视作“无偏”情况下的过程能力指数加以计算。

由式(3-20)得

$$C_{pt}=\frac{T_上-T_下}{6\sigma}=\frac{T_上-\mu}{6\sigma}+\frac{\mu-T_下}{6\sigma}$$

当总体为正态分布时，一般可以认为 $T_上-\mu=\mu-T_下$，故 $C_{pt}=2\times\frac{T_上-\mu}{6\sigma}$ 或 $C_{pt}=2\times\frac{\mu-T_下}{6\sigma}$，则有

$$T_上-\mu=\mu-T_下=3C_{pt}$$

单侧公差界限下的过程能力指数为 C_{pt}，则在只控制公差上限时，有

$$C_{pt}=\frac{T_上-\mu}{3\sigma}\approx\frac{T_上-\overline{x}}{3S} \tag{3-23}$$

在式(3-23)中，如果 $T_上\leqslant\mu$，分布中心已超过公差上限，$T_上-\mu$ 为负值，故认为 $C_{pt}=0$。

在只控制公差下限时，有

$$C_{pt}=\frac{\mu-T_{下}}{3\sigma}\approx\frac{\overline{x}-T_{下}}{3S} \tag{3-24}$$

当 $\mu\leqslant T_{下}$ 时，同理，也认为 $C_{pt}=0$。

实用小窍门

上述“有偏”及“无偏”情况下，过程能力指数的计算，可用一个通用的计算公式加以概括。即

$$C_{pt}=\frac{|\mu-T_{H}|}{3\sigma}\approx\frac{|\overline{x}-T_{H}|}{3S} \tag{3-25}$$

式中　T_H——待定公差。

其取值如下。

当 $M<\overline{x}$ 时，右偏，$T_H=T_{上}$。

当 $M>\overline{x}$ 时，左偏，$T_H=T_{下}$。

当 $M=\overline{x}$ 时，无偏，T_H 可任取 $T_{上}$ 或 $T_{下}$。

例题

【例 3-14】 加工某零件，技术要求为 (100 ± 2)mm，现随机抽取 $N=100$ 件，得 $\overline{x}=101$mm，$S=0.5$mm，试求过程能力指数。

解：

(1) 用一般公式计算

$$\varepsilon=|M-\overline{x}|=|100-101|=1(\text{mm})$$

$$C_{pk}\approx\frac{T-2\varepsilon}{6S}=\frac{4-2\times1}{6\times0.5}\approx0.67$$

(2) 由简化公式计算

$$M=\frac{T_{上}+T_{下}}{2}<\overline{x}$$

$$T_H=T_{上}$$

则

$$C_{pk}\approx\frac{|\overline{x}-T_{上}|}{3S}=\frac{|101-102|}{3\times0.5}\approx0.67$$

3.7.4　过程能力分析

过程能力分析是指研究工序质量状态的一种活动，它主要包括以下 2 个方面。

(1) 根据过程能力指数的计算结果，对工序能否保证产品质量做出评价。

(2) 分析工序质量状态，对工序可能产生的不合格品率做出估计，并提出改进的方向。

过程能力分析是通过过程能力指数进行的。因为过程能力指数能较客观、定量地反映工序满足技术要求的程度，因而可根据它的大小对工序进行分析评价。

过程能力评价就是指出过程能力指数应该取什么样的值才合理。确定过程能力指数合理数值的基本准则是在满足技术要求的前提下，加工成本越低越好。

由式 $C_p=\dfrac{T}{6\sigma}$ 可知，在公差界限一定的情况下，过高的 C_p 值，意味着 σ 很小，则加工成本必然很高，出现粗活细作的情况。但 C_p 太小，说明 σ 很大，则工序所生产的产品质量波动大，必然满足不了技术要求。因此，C_p 的大小为验证工艺和修改设计提供了科学的依据，使公差界限取值更为经济合理。

从直观上看，C_p 的大小为 T 与 6σ 的比值。

$C_p=1$ 似乎最为理想，但是，生产过程稍有波动，就可能产生较多的不合格品。所以，这种工序状态没有留有余地。$C_p<1$，显然应极力避免这种情况。因为它意味着工序一般不能满足技术要求。$C_p>1$，从技术上看较为合理，但如果 C_p 过大，意味着精度的浪费，经济上不合理，自然也应改进。从我国多数企业的实际情况来看，一般 C_p 为 1～1.33 较适宜。具体取值应从生产的实际出发，综合考虑技术与经济两个方面。

过程能力分析与处置见表 3-20。

表 3-20 过程能力分析与处置

C_p(或 C_{pk})	过程能力分析	处 置
C_p(或 C_{pk})>1.67	非常充足	对于一般零件可考虑使用更经济的工艺方法，放宽检验。对一些非关键零件，也可以不检查
$1.33<C_p$(或 C_{pk})$\leqslant 1.67$	充足	可用于重要工序。对于一般工序，可以放宽检查
$1<C_p$(或 C_{pk})$\leqslant 1.33$	适宜	加强监控，以便及时发现异常波动，对产品按正常规定进行检验
$0.67<C_p$(或 C_{pk})$\leqslant 1$	不足	查明原因，采取措施，进行挑选
C_p(或 C_{pk})$\leqslant 0.67$	严重不足	追查原因，采取措施，全检

知识要点提醒

过程能力调查应注意如下问题。

(1) 调查结果的应用涉及很多方面，所以应在充分确认目的之后，选定最佳的调查方法，避免千篇一律。

(2) 要运用质量信息(市场质量信息、质量设计信息、工艺设计信息、工序质量信息、调查信息等)，选择关键工序作为调查对象。

(3) 应事先调查 5M1E 的现状，如果发现标准化程度不高或不符合要求时，能改进的项目应立即采取改进措施，然后进行调查。

(4) 要考虑公差要求与测量误差，选定精度适宜的测量工具。

(5) 应仔细研究上下工序间，以及各工序与最终工序间的关系，尽可能具体地指明测量方法。例如，测量位置、测量基准、测量次数、测量时间与测量温度等。

(6) 制订调查计划时，应就各工序特性值，明确规定调查分工的内容和日程、结果的汇总方法、处理问题的负责人等。

(7) 必须记录实际调查中发现的 5M1E 的变化情况。

(8) 要用适合于调查目的、调查特性值的工序能力评价方法。

(9) 应将过程能力数据进行汇总，以利于积累技术资料。

(10) 过程能力的调查和使用涉及很多部门时，调查结果应尽可能汇编于报告书中。

本章小结

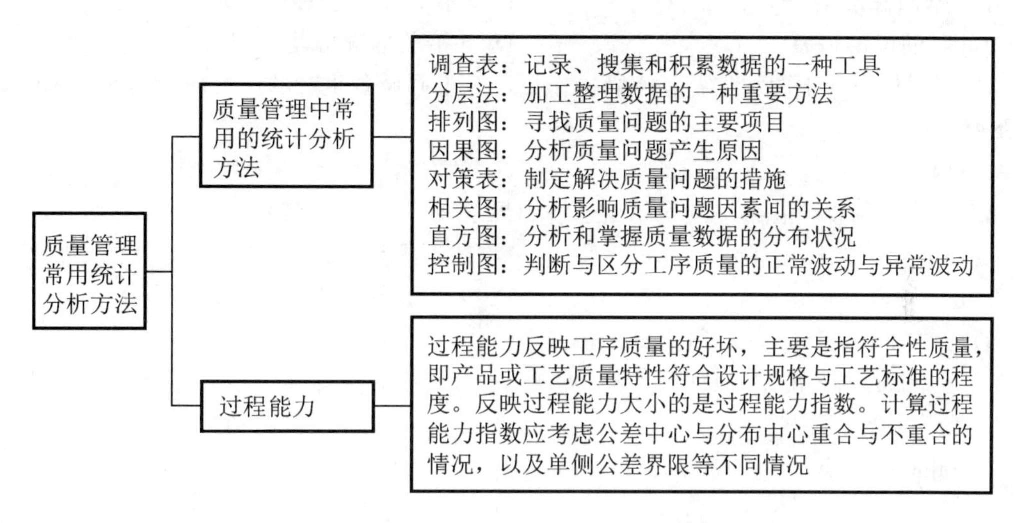

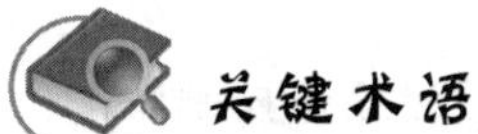

计量值

计数值

正态分布

标准偏差

频数

过程能力

习　题

1. 选择题

(1)（　　）可用于明确“关键的少数”。

A. 排列图　　B. 因果图　　C. 直方图　　D. 调查表

(2) 过程能力指数(　　)进行计算。

A. 要求在没有偶然因素下　　B. 要求在未出现重大故障状态下

C. 要求必须在稳定状态条件下　　D. 不要求必须在稳定状态条件下

(3) 数据分组过多或测量读数错误而形成的直方图形状为(　　)。

A. 锯齿型　　B. 平顶型　　C. 孤岛型　　D. 偏向型

(4) 对于同一过程而言，过程能力指数使用的样本标准偏差 S 往往(　　)在稳态下总体标准偏差 σ 估计值。

A. 大于　　B. 小于　　C. 等于　　D. 不大于

(5) 常用于寻找产生质量问题的原因的图是(　　)。

A. 直方图　　B. 排列图　　C. 因果图　　D. 散布图

(6) 控制图的控制界限，一般都取(　　)。

A. 2 倍的标准偏差　　B. 3 倍的标准偏差

C. 4 倍的标准偏差　　D. 6 倍的标准偏差

(7) 不同材料、不同加工者、不同操作方法、不同设备生产的两批产品混在一起时，直方图形状为(　　)。

A. 双峰型　　B. 孤岛型　　C. 对称型　　D. 偏向型

(8) 在控制图中，若某个点子超出了控制界限线，就说明工序(　　)。

A. 处于波动状态　　B. 处于异常状态

C. 处于正常状态　　D. 处于异常状态的可能性大

(9) 公式 $C_p = T/6S$ 的应用前提是(　　)。

A. 分布中心与标准中心重合　　B. 分布中心与标准中心不重合

C. 无论重合与否　　D. 工序不存在质量波动

2. 判断题

(1) 一系列连续提交的批平均不合格品率就是批不合格品率。(　　)

(2) 在控制图中，只要点子都在上、下控制界限线内，就说明生产过程处于控制状态。(　　)

(3) 排列图分析是质量成本分析的方法之一。(　　)

(4) 因果图的作用是确定“关键的少数”。(　　)

(5) 工序质量控制的任务就是保持正常波动，消除异常波动。(　　)

(6) 6σ 越大，说明工序能力越大。(　　)

(7) 控制图的控制界限线就是规格界限。(　　)

(8) 在稳定状态下工序就不会出现不合格品。(　　)

3. 简答题

(1) 举例说明排列图、因果图、相关图、直方图、控制图的画法及应注意的事项。

(2) 试述分层的原理。

(3) 试分析缺陷直方图、控制图产生的原因。

(4) 试述质量管理常用统计分析方法在企业质量管理中的作用。

(5) 过程能力与生产能力的区别是什么?

(6) 如何通过控制图判断工序状态?

(7) 影响过程能力指数大小的因素有哪些? 如何影响?

4. 计算分析题

(1) 某厂 2016 年 7 月废品损失按工时统计表见表 3-21。试画废品损失排列图，并说明画图方法与步骤。

表 3-21　废品损失按工时统计表

单　　位	损失工时/h	占总损失的百分比/%
一车间	1585	28.53
二车间	1868	33.62
三车间	525	9.45
四车间	505	9.09
五车间	758	13.64
其他	315	5.67
合　计	5556	100

(2) 某电阻元件厂，为了提高 RTX 电阻器的成品率，采取了一系列措施。为了分析产生废品的原因，他们对某年 10 月产生废品的原因进行了详细的记录，表 3-22 是按工序统计的废品数据。试分析他们是怎样用排列图找主要问题的。

表 3-22　按工序统计的废品数据

序　　号	工　　序	废品数/件	频率/%	累积废品数	累积频率/%
1	点焊	3262	42.4		
2	涂漆	1710	22.2		
3	铆接	1686	21.9		
4	被膜	452	5.9		
5	标志	420	5.5		
6	其他	168	2.2		
合　计		7698			

(3) 某铸造厂某年生产的柴油机缸体铸件的废品率占总废品率的 35.3%。这个问题引起了工厂的高度重视。厂领导决心解决缸体铸件废品率过高的问题，并提出了要在下一年年底使废品减半的目标，运用排列图找出气孔是关键问题，试用因果图找出气孔的主要问题。

(4) 一台组合钻床钻箱体上有两个孔，孔距要求(75±0.025)mm，组合钻床的两个主轴的中心距是 75.0105mm，而主轴中心距的变化数据见表 3-23。试作相关图并进行相关分析。

表 3-23 主轴中心距的变化数据

序号	轴间距	室温/℃	油温/℃	室温与油温温差	序号	轴间距	室温/℃	油温/℃	室温与油温温差
1	8	27.8	28.0		16	17	25.5	26.5	
2	1	24.0	23.6		17	4	27.4	26.9	
3	−17	23.3	19.1		18	18	28.6	29.8	
4	−7	26.3	23.0		19	−13	21.5	18.7	
5	−1	23.5	22.4		20	−8	28.1	25.9	
6	13	29.2	29.8		21	−1	28.0	26.5	
7	−6	24.2	21.2		22	7	20.4	20.3	
8	1	26.4	25.5		23	6	26.5	26.5	
9	26	27.0	29.2		24	−9	23.8	20.6	
10	0	25.9	24.7		25	2	22.6	22.1	
11	12	23.6	23.9		26	−7	22.4	19.4	
12	−3	22.8	20.9		27	3	21.9	21.6	
13	4	20.9	20.9		28	−6	20.9	18.1	
14	−1	24.9	23.6		29	0	21.2	20.5	
15	4	22.6	21.8		30	−2	25.3	24.7	

(5) 设某种轴套类零件的公差要求为(20±0.05)mm，通过随机抽样算得的样本标准偏差 $S=0.006$mm，试求过程能力指数。

(6) 加工某种轴类零件，要求不圆度≤0.05，通过随机抽样，计算出的样本平均数 $\overline{x}=0.01$，样本标准偏差 $S=0.011$，试求过程能力指数。

(7) 设零件的抗拉强度要求不小于 80kg/mm^2，通过随机抽样计算，得样本强度平均数 $\overline{x}=90$kg/mm^2，样本标准偏差 $S=3$kg/mm^2，试求过程能力指数。

(8) 设连杆螺栓的公差要求为 $12^{+0.35300}_{-0.10123}$mm，通过随机抽样计算，得样本分布中心 $\overline{x}=12.19238$mm，样本标准偏差 $S=0.00286$mm。试求过程能力指数。

(9) 已知轴径尺寸的技术标准为 $\phi\,0.8^{+0.10}_{+0.04}$mm，最小测定单位为 0.001mm，从加工过程中取 100 根，测得其轴径尺寸数据见表 3-24，试画直方图。

表 3-24 轴径尺寸数据 （单位：mm）

测定数据									
69	54	49	58	61	74	54	54	62	71
56	61	75	48	59	80	71	60	52	55
44	45	54	60	56	60	72	52	58	53
62	56	54	72	55	71	59	53	58	61
79	66	62	59	62	53	66	60	44	51
51	47	51	45	51	49	51	56	49	54
60	72	56	68	59	49	66	61	55	56
55	54	59	62	62	50	53	47	54	71
49	58	80	75	69	65	74	80	81	61
68	74	85	77	75	66	64	75	64	63

（10）已知某零件不合格品数统计资料见表3－25，试画不合格品数控制图（p_n控制图）。

表3－25　某零件不合格品数

组　　号	样本大小 n	不合格品数 p_n	组　　号	样本大小 n	不合格品数 p_n
1	220	17	16	220	21
2	220	18	17	220	17
3	220	18	18	220	15
4	220	21	19	220	18
5	220	18	20	220	19
6	220	13	21	220	22
7	220	17	22	220	17
8	220	19	23	220	9
9	220	11	24	220	15
10	220	14	25	220	18
11	220	16	合　计	5500	409
12	220	12			
13	220	10	平　均	220	16.36
14	220	14			
15	220	20			

（11）表3－26为某纺织厂收集的每平方米布匹上的斑点数统计，记有20个样本。试画单位缺陷数控制图（c控制图）。

表3－26　斑点数统计

组　　号	单位缺陷数 c	组　　号	单位缺陷数 c
1	5	11	4
2	4	12	7
3	3	13	1
4	5	14	8
5	6	15	2
6	4	16	2
7	7	17	3
8	3	18	7
9	2	19	4
10	3	20	4
		合　计	84

(12) 某车间收集了铁板厚度数据(表3-27)，试绘制平均数与极差控制图，以便对生产过程进行控制。

表3-27 铁板厚度数据 (单位：mm)

序号	X_1	X_2	X_3	X_4	X_5
1	2.4	2.0	2.0	2.4	1.8
2	1.6	2.3	2.0	2.3	1.9
3	2.0	2.1	2.0	1.8	1.8
4	2.1	2.0	1.9	2.2	2.3
5	2.1	2.2	1.8	1.7	2.0
6	1.9	2.0	1.9	1.8	2.2
7	2.0	2.1	2.1	2.0	1.9
8	2.2	2.4	1.7	2.1	2.1
9	2.2	2.2	2.4	1.6	2.0
10	1.8	2.0	2.4	1.9	2.2
11	1.9	2.1	2.2	2.1	1.8
12	1.9	2.5	1.7	2.1	2.0

参考答案

【实际操作训练】

1. 运用因果图分析影响学习成绩的主要原因。
2. 针对课桌表面质量情况，试用调查表描述其油漆质量状况。

怡力达公司扎实推进质量管理

怡力达公司是一家外向型高新技术企业，中国近些年的内外经济政策为其发展营造了良好的外部环境，对外开放也给人们带来很多新的管理思想。质量管理的理论和方法也可谓层出不穷，质量管理工作该如何布局、如何开展，怎样抛开浮躁的心态，如何结合自己的实际扎实有效地开展质量管理工作，是公司领导经常思考和讨论的课题。回顾过去几年的发展，这种“结合实际、注重实效、夯实基础、着眼未来”的思路，使怡力达公司在质量管理方面少走了不少弯路，为公司今天稳健、快速的发展发挥了强有力的支撑作用。以下是怡力达公司在质量管理方面的一些做法。

1. 有效利用质量管理常用统计分析工具

自2001年，怡力达公司开始着手策划系列的质量管理专业培训，陆续开展了QC（质量控制）七工具、5S、TPM（全面生产维护）、SPC(统计过程控制)、MSA(测量系统分析)、FMEA(故障模式与影响分析)、QFD(质量功能展开)、质量攻关与改进等，有的开展了数期，一切以实效为准则。

大家的体会是，开展质量管理活动，提高产品和服务的品质不一定拘泥于某种形式，关键是要有一种务实的态度，营造一种鼓励学习的氛围，培养一批掌握专业知识和工具的人才，并给大家提供一个便于发挥的舞台。

2. 跳出产品合格的思想樊篱

有什么样的思想就有什么样的行为，有什么样的行为就有什么样的结果。有效推进质量管理，扭转一些不合时宜的思想观念和思维习惯也至关重要。在过去的几年中，扭转员工中业已形成的满足于生产“合格产品”的意识也颇费周折，尤其是说服相关供方改变更加困难。

例如，怡力达公司给某顾客发出的产品在装配时配合发生问题，经过分析，发现配合尺寸分布较散，顾客产品总体设计的公差配合也较紧。因为符合设计要求，产品属于“合格产品”。当时在技术人员中产生了一些争论。如何处理？大家意见很不统一。如何教育员工正确对待这个问题？是否产品检验合格就行了呢？

总经理亲自给品质人员讲解“合格产品”和“顾客满意”的区别，强调让顾客满意才是目标。纠正部分员工只满足于做合格产品的意识。当时还发动大家进行“合格产品”和“顾客满意”的区别讨论。“合格的产品就是好产品吗?”“如何做才能赢得顾客满意?”道理虽然简单，但却反映了在员工中普遍存在的观念方面的冲突。同时，怡力达公司应用 QFD，通过各种手段收集和了解国内外顾客的质量需求，质量展开表中列出的规范化的要求质量就达 4 个层次 60 多项，然后将顾客关注的焦点分别落实到产品设计、工艺设计和过程控制中去。

当然，赢得顾客满意要从很多方面下功夫，上述事例只是一个侧面而已。

如今，在公司的各级领导和员工中已形成了这样一种意识，生产“合格产品”是最低的要求，生产“好的产品”也还不够，应尽可能多地了解顾客的需求，帮助顾客解决问题，为顾客创造最大价值，才能让顾客满意。“市场不需要我们，只有比对手更能赢得顾客满意，我们才能生存和发展”已成为公司质量文化的核心观念之一。

资料来源：根据网络资料整理。

分析与讨论：

(1) 怡力达公司在质量管理中还存在哪些不足？

(2) 针对怡力达公司的情况，如何有效发挥质量管理常用统计分析方法的作用，进一步提升产品质量？

(3) 你是怎样理解“跳出产品合格的思想樊篱”的？

第4章

质量改进

本章教学要点

知识要点	掌握程度	相关知识
质量改进的内涵	掌握	PDCA 循环
质量改进的步骤	熟悉	5W1H
质量改进的组织	熟悉	质量小组
质量改进的工具	重点掌握	新、老质量改进工具

本章技能要点

技能要点	熟练程度	应用方向
老的质量改进工具	重点掌握	调查表、分层法、因果图、相关图、直方图、排列图、控制图
新的质量改进工具	重点掌握	箭线图、关联图、系统图、KJ 法、矩阵图、矩阵数据解析法、过程决策程序图法

品质没有折扣

案例延伸

这是一个发生在第二次世界大战中期美国空军和降落伞制造商之间的真实故事。在当时，降落伞的安全度不够完美，制造商经过努力改善，使得降落伞的合格品率已经达到了99.9%，应该说这个合格品率现在许多企业也很难达到。但是美国空军却对此制造商说“No”，他们要求所交降落伞的合格品率必须达到100%。于是降落伞制造商的总经理便专程去飞行大队商讨此事，看是否能够降低这个水准。因为制造商认为，能够达到这个程度已接近完美了，没有什么必要再改。这被美国空军一口回绝，因为品质没有折扣。后来，军方要求改变了检查品质的方法。那就是从制造商前一周交货的降落伞中，随机挑出一个，让制造商负责人装备上身后，亲自从飞行中的机身跳下。这个方法实施后，不合格品率立刻变成了零。

资料来源：张公绪，1998. 新编质量管理学[M]. 北京：高等教育出版社.

质量改进是质量管理的一部分，致力于增强满足质量要求的能力。本章重点介绍了质量改进的内涵，分析了质量改进的 7 大步骤，提出了质量改进的组织结构，并介绍了质量改进的工具和技术。

4.1 质量改进概述

企业管理者应着眼于积极主动地寻求改进的机会，发动全体成员并鼓励他们参与改进活动。在开展质量改进活动时应形成一个激励机制，克服传统观念造成的故步自封和满足于现状的思想阻力，增强质量意识和改进意识。

4.1.1 质量改进的内涵

1. 质量改进的概念

质量管理活动可划分为两类：一类是维持现有的质量，其方法是“质量控制”；另一类是改进目前的质量，其方法是主动采取措施，使质量在原有的基础上有突破性的提高，即“质量改进”。

20 世纪 90 年代，质量改进已经成为质量工程领域研究与应用的重点。质量改进是 ISO 9000 族标准中的质量管理 7 项基本原则之一，是持续满足顾客要求、增加效益、追求持续提高过程有效性和效率的活动，包括了解现状、建立目标、寻找和实施解决办法、测量和验证结果、纳入文件等活动。美国质量管理学家朱兰在欧洲质量组织第 30 届年会上发表的论文中指出：质量改进是使效果达到前所未有的水平的突破过程。

2. 质量改进的类型

目前世界各国均重视质量改进的实施策略，方法各不相同。美国麻省理工学院海斯教授将其归纳为两种类型：一种称为递增型质量改进，另一种称为跳跃型质量改进。它们的区别在于质量改进阶段的划分及改进的目标效益值的确定两个方面。

1）递增型质量改进

递增型质量改进的特点：改进步伐小，改进频繁。这种策略认为，最重要的是每天每月都要改进各方面的工作，即使改进的步子很微小，但可以保证无止境地改进。递增型质量改进的优点是将质量改进列入日常的工作计划，保证改进工作不间断地进行。由于改进的目标不高，课题不受限制，所以具有广泛的群众基础；它的缺点是缺乏计划性，力量分散，所以不适合重大的质量改进项目。

2）跳跃型质量改进

跳跃型质量改进的特点：两次质量改进的时间间隔较长，改进的目标较高，而且每次改进均须投入较大的力量。这种策略认为，当客观要求进行质量改进时，企业的领导者就要做出重要的决定，集中最佳的人力、物力和时间来从事这一工作。该策略的优点是能够迈出相当大的步子，成效较大，但缺点是不具有“经常性”的特征，难以养成在日常工作中“不断改进”的观念。

知识要点提醒

质量改进的项目是广泛的，改进的目标效益值的要求相差又是很悬殊的，所以很难对上述两种策略进行绝对的评价。

企业要在全体人员中树立“不断改进”的思想，使质量改进具有持久的群众性，可采取递增型质量改进。而对于某些具有竞争性的重大质量改进项目，可采取跳跃型质量改进。

3. 质量改进项目对象的选择

质量改进活动涉及质量管理的全过程，改进的项目对象既包括产品(或服务)的质量，也包括各部门的工作质量。改进项目对象应是长期性的缺陷。本节仅对产品质量改进项目对象的选择加以讨论。

1） 质量改进项目对象

产品质量改进是指改进产品自身的缺陷，或是改进与之密切相关事项的工作缺陷的过程。一般来说，应把影响企业质量方针目标实现的主要问题，作为质量改进的选择对象。同时还应对以下情况给予优先考虑。

（1） 市场上质量竞争最敏感的项目。企业应了解众多的质量项目中用户最关切的是哪一项，因为它往往会决定产品在市场竞争中的成败。

（2） 产品质量指标达不到规定“标准”的项目。所谓规定“标准”是指在产品销售过程中，合同或销售文件中所提出的标准。

（3） 产品质量低于行业先进水平的项目。颁布的各项标准只是产品质量要求的一般水准，有竞争力的企业都执行内部标准，内部标准的质量指标要求高于公开颁布标准的指标。

（4） 产品寿命处于成熟期至衰退期的关键项目。产品处于成熟期后，市场已处于饱和状态，需要量由停滞转向下滑，用户对老产品感到不满，并不断提出新的需求项目。

（5） 其他。诸如质量成本高的项目，用户意见集中的项目，索赔与诉讼项目，影响产品信誉的项目，等等。

小思考

怎样选择质量改进项目对象?

从产品和服务的检验结果中去选择。例如，不合格品率、废品率、退货率、等级品率等。

从用户反馈的信息中去选择。例如，顾客的满意率、顾客投诉、对顾客的调查等。

从内部或外部审核的结果中去选择。例如，审核中发现的问题、审核中提出的要求等。

从员工的反映中去选择。例如，召开员工座谈会自由讨论、让员工提出改进项目、给员工提出新的工作目标等。

从竞争对手的角度去选择。例如，与竞争对手进行比较，寻找竞争对手的长处，寻找自己超过竞争对手的长处并加以发挥，开辟新的竞争领域，等等。

邀请有关专家帮助选择。例如，请有关专家视察诊断，请有关专家提出质量改进项目对象，用专家的要求对照现状以发现问题等。

2）质量改进项目对象的选择方法

质量改进项目对象的选定应该根据项目缺陷的严重程度、企业的技术能力和经济能力等方面的资料，综合分析后决定。下面介绍几种常见的选择方法。

（1）统计分析法。该方法首先运用数理统计方法对产品缺陷进行统计，得出清晰的数量报表；然后利用这些资料进行分析；最后根据分析的结果，选定改进项目对象。

（2）对比评分法。该方法是运用调查、对比、评价等手段将本企业产品质量与市场上主要畅销的同类产品的质量进行对比评分，从而找出本企业产品质量改进的重点。

（3）技术分析法。该方法是首先收集科技情报，了解产品发展趋势，了解新技术在产品上应用的可能性，了解新工艺及其实用的效果，等等；然后调查与分析科技情报；最后寻求质量改进的项目对象和途径。

（4）经济分析法。该方法首先运用质量经济学的观点，来选择质量改进项目并确定这些项目的改进顺序；然后运用“用户评价值”的概念，计算出成本效益率；最后以成本效益率来选择质量改进项目。

知识要点提醒

用户评价值是指当该项质量特性改进后，用户愿意支付的追加款额。成本效益率就是“用户评价值”与“质量改进支出”的比值，该值大于1，优先进行质量改进；该值小于1，无改进价值。该种方法的特点是，以企业收益值作为标准来进行质量改进项目对象的选择。

拓展学习

4.1.2　质量改进的基本要求

1）质量改进是以项目的方式实施的

“质量改进项目对象”在这里指的是“一个已安排解决的长期性问题”。质量改进项目对象有多种理解方式，在企业的术语表和培训手册中应当加以明确定义。

20世纪80—90年代，那些取得改进成功的企业实际实施的改进数目表明，需要改进的项目数目巨大。有些企业报告，每年的改进数目达数千项。在一些规模非常大的企业中，这一数目还会高得多，会差几个数量级。

2）质量改进是普遍适用的

在20世纪80—90年代实施的大量项目，表明了质量改进适用于制造业及服务业，生产过程及业务过程，运作活动及支持性活动，硬件及软件。

在20世纪80—90年代，质量改进应用到了包括政府、教育和医疗等领域在内的几乎所有产业中。此外，质量改进成功地应用到了企业的所有职能领域，如财务、产品开发、市场营销、法律等。某企业分管法律事务的副总裁对于质量改进在法律事务中的应用曾经存有疑问，但他在两年内把处理专利文件的周期时间减少了50%以上。

3）质量改进会影响所有参数

公开的质量改进报告表明，质量改进影响了企业的所有参数。有些项目的益处覆盖了多个参数。

知识要点提醒

质量改进影响的部分参数如下。

生产率：人均小时的产出。

运转周期时间：过程的实施所要求的时间。这里的过程，尤其指那些由依次在各个部门实施的多个步骤构成的过程。

人身安全：许多项目通过无差错措施、失效保护设计等来保护人身安全。

环境：许多项目通过减少有害排放而保护了环境。

4）遵循 PDCA 循环的科学规则

质量改进活动必须遵循科学的规则，否则将影响改进的效果和效率，这个科学的规则就是 PDCA 循环。

4.1.3 质量改进的实施

质量改进是通过产品实现的各个过程的改进来实施的，它会涉及企业的各个方面，生产经营全过程中的各个阶段、环节、层次都需要改进。质量改进是企业长期的任务，应策划、识别和确立需要改进的项目，有计划、有步骤地推进改进工作，在改进质量、降低成本和提高生产率等方面实施改进。

1）明确管理是质量改进的对象

朱兰的二八原则指出：质量问题有 80%出于领导责任，只有 20%是工人的原因造成的。由此可见管理不善是造成质量问题的主要原因，在进行质量改进时应不仅仅关注产品质量问题，更要关注管理人员的知识、能力和思想观念，从而改进管理，这样会收到事半功倍的成效。通过企业的实践看到：针对管理问题进行改进，涉及质量体系的方方面面，有时可能在产品质量上表现不出来，但可以提高效率和员工的士气，从而使企业增加活力。

特别是涉及企业方针、组织结构等方面的改进，能使企业改变面貌；针对程序的改进，可以使过程更加合理，更有保证，使质量保证能力得到增强。

2）管理人员是实现质量改进的主体

质量改进的对象主要是管理，这就决定了质量改进的主体主要是企业的管理人员，而不是工人。不论是管理的质量改进，技术的质量改进，还是涉及企业方针、程序、组织机构、沟通网络等方面的改进，都需要管理人员通过正常的权力系统实施。在 ISO 9000 族标准质量体系要素中，由管理人员直接负责的占了绝大多数；剩下的几个，管理人员也负有指导、监督、检查的责任，因此在落实每一项质量管理和改进措施时，都应得到高层领导的重视、承诺或直接参与，使企业的质量体系从深层次得到改进提高。

3）教育和培训是质量改进的前提性条件

质量改进是由企业中的所有员工进行的，每个员工都必须对质量改进有良好的认识并具备进行质量改进所需的知识、技能、方法和手段，只有这样才能认识到质量改进工作的内涵，持续进行质量改进工作。因此，教育和培训对于企业每个员工来说都是必需的，它为质量改进提供了前提性条件。

4）确定并策划质量改进项目

确定质量改进项目时，总的指导原则是花最小的代价，取得最大的改进效果。要找出改进潜力最大的项目，必不可少的工具就是排列图。运用这个工具，就可辨认出具有巨大改进潜力的，极其重要的少数几个项目，从而把它们作为质量改进的重点项目。

5）改进成果的评价与巩固

改进方案实施后，其有无改进成果，程度如何，还存在什么问题？这就需要对改进的结果进行调查和评价才能予以确认。可以利用排列图、直方图、控制图等工具，将改进前后的情况（主要包括质量、成本、交货期、生产效率、士气等，若有必要还应包括安全性等内容）对应地描绘在一起，直观地进行综合比较和评价。

4.2　质量改进的步骤和内容

质量改进包括7个步骤，即明确问题、掌握现状、分析问题的原因、拟订对策并实施、确认效果、防止再发生和标准化、总结。

4.2.1　明确问题

1）操作方法

明确问题的操作步骤如下。

（1）明确所要解决的问题为什么比其他问题重要。

（2）问题的背景是什么，现状如何。

（3）具体描述问题的后果，如产生了什么损失，并指出希望改进到什么程度。

（4）选定改进课题和目标值。

（5）选定改进任务负责人。

（6）预算改进活动所需费用。

（7）拟订改进活动时间表。

2）基本要求

企业中存在的问题很多，受人力、物力、财力和时间的限制，解决问题时必须决定其优先顺序。从众多的问题中确认最主要的问题，必须说明理由。

必须向相关人员说明解决问题的必要性。应该合理地设定目标值，即经济上合理，技术上可行。若需要解决的问题包括若干具体问题，可分解成几个子课题。应规定解决问题的期限。

4.2.2　掌握现状

1）操作方法

掌握现状的操作步骤如下。

（1）调查4个方面以明确问题的特征，即时间、地点、种类、特征。

（2）从不同角度调查，找出结果的波动。

（3）去现场收集数据中没有包含的信息。

2）基本要求

解决问题的突破口就在问题内部。例如，质量特性值的波动太大，必然在影响因素中存在大的波动，这两个波动之间必然存在关系，这是找到问题主要影响因素的有效方法。而观察问题的最佳角度会随问题的不同而不同，不管什么问题，以下4点是必须调查清楚的，即时间、地点、种类、特征。

(1) 时间：早晨、中午、晚上，不合格品率有何差异；星期一到星期五(双休日的情况下)，每天的合格品率都相同吗？当然还可以以星期、月、季节、年等不同时间段来观察结果。

(2) 地点：从导致产品不合格的部件出发。从部件的上部、侧面或下部零件的不合格情况来考虑，如烧制品在不同的窑中位置(门口附近、窗边、炉壁附近、炉的中央等)，产品不合格品率有何不同；还可以依照方位(东、南、西、北)、高度(顶部、底部)等不同角度进行分析；产品形状非常长的情况下，可从前面、中央、后部去考虑；产品形状复杂的情况下，分析不合格部位是在笔直的部位还是拐角部位；等等。

(3) 种类：同一个工厂生产的不同产品，其不合格品率有无差异；与过去生产过的同类产品相比，其不合格品率有无差异。关于种类还可以从生产标准、等级、成人还是儿童用、男用还是女用、内销还是外销等不同角度进行考虑，充分体现分层原则。

(4) 特征：以产品不合格品项目——针孔(细小的气孔)为例，发现针孔时，其形状是圆、椭圆、带角，还是其他形状；大多数针孔的排列有无特征；是笔直的，还是弯曲的；是连续的，还是间断的；等等。何种情况下，针孔的大小会发生怎样的变化；是在全部还是特定的部位出现；针孔附近有无异样的颜色或异物存在；等等。

不管什么问题，以上4点是必须调查的，另外，结果波动的特征也必须把握。调查者应深入现场，在现场可以获得许多数据中未包含的信息。

4.2.3 分析问题的原因

1）操作方法

分析问题的原因的操作步骤如下。

(1) 设立假说(选择可能的原因)。

① 为了收集关于可能的原因的全部信息，应画出因果图(包括所有可能有关的因素)。

② 运用“掌握现状”阶段掌握的信息，消去所有已确认为无关的因素，用剩下的因素重新绘制因果图。

③ 在绘出的图中，标出认为可能性较大的主要原因。

(2) 验证假说(从可能原因中找出主要原因)。

① 收集新的数据或证据，制订计划来确认可能性较大的原因对问题有多大影响。

② 综合调查到的全部信息，找出主要原因。

③ 如条件允许的话，可以有意识地将问题再现一次。

2）基本要求

到了这一阶段，就应该科学地确定原因了。考虑原因时，通常要通过讨论其理由并应用数据，来验证假说的正确性，这时很容易出现将“假说的建立”和“假说的验证”混为一谈的错误。验证假说时，不能用建立假说的材料，而需要新的材料来证明。重新收集验证假说的数据要有计划、有根据地进行。

(1) 因果图是建立假说的有效工具。因果图中所有因素都被假设为导致问题的原因，图中最终包括的因素必须是主要的，能够得到确认的。图中各影响因素应尽可能写具体。如果用抽象的语言表达，由于抽象的定义是从各种各样的实例中提炼出来的，图形可能过于庞大。例如，因果图中的结果代表着某一类缺陷，图中的要因就成为引起这一类缺陷的原因集合体，图中将混杂各种因素，很难分析。因此，结果项表现得越具体，因果图就越有效。

对所有认为可能的原因都进行调查是低效率的，必须根据数据，削减影响因素的数目。可利用"掌握现状"阶段中分析过的信息，将与结果波动无关的影响因素舍去。要始终记住：因果图最终画得越小(影响因素越少)，往往越有效。

(2) 验证假说必须根据重新试验和调查所获得的数据有计划地进行。验证假说就是核实原因与结果间是否存在关系，关系是否密切。常使用排列图、相关及回归分析、方差分析等方法。导致产品缺陷出现的主要原因可能是一个或几个，应首先对主要原因采取对策。所以，判断主要原因是重要的。

4.2.4 拟定对策并实施

1) 操作方法

拟定对策并实施的操作步骤如下。

(1) 必须将现象的排除(应急措施)与原因的排除(防止再发生措施)严格区分开。

(2) 采取对策后，尽量不要引起其他质量问题(副作用)，如果产生了副作用，应考虑换一种对策或消除副作用。

(3) 先准备好若干对策方案，调查各自利弊，选择参加者都能接受的方案。

2) 基本要求

该阶段对策有两种：一种是解决现象(结果)的对策；另一种是消除引起现象（结果）的原因，防止再发生的对策。生产出不合格品后，返修得再好也不能防止不合格品的再次出现，避免不合格品出现的根本方法是消除引起现象（结果）的根本原因。因此，一定要严格区分这两种不同性质的对策。

4.2.5 确认效果

1) 操作方法

确认效果的操作步骤如下。

(1) 使用同一种图表将对策实施前后的不合格品率进行比较。

(2) 将效果换算成金额，并与目标值比较。

(3) 如果有其他效果，不管大小都可列举出来。

2) 基本要求

本阶段应确认在何种程度上做到了防止不合格品的再发生。比较用的图表必须前后一致，如果分析问题的原因时用的是排列图，确认效果时也必须用排列图。

对于企业经营者来说，将不合格品率的降低换算成金额是重要的。对前后不合格品损失金额的比较，会让企业经营者认识到该项工作的重要性。

采取对策却没有得到预期结果时，应确认是否严格按照计划实施了对策，如果是，就意味着对策失败，重新回到"掌握现状"阶段。没有达到预期效果时，应该考虑以下两种情况。

(1) 是否按计划实施了。实施方面的问题往往有以下5种。

① 对改进的必要性认识不足。

② 对计划的传达或理解有误。

③ 没有经过必要的教育培训。

④ 实施过程中的领导、组织、协调不够。

⑤ 资源不足。

(2) 计划是否有问题。计划的问题往往有以下4种。

① 现状把握有误。

② 计划阶段的信息有误或知识不够，导致对策有误。

③ 对实施效果的测算有误。

④ 没有把握实际拥有的能力。

4.2.6 防止再发生和标准化

1) 操作方法

防止再发生和标准化的操作步骤如下。

(1) 为改进工作，应再次确认5W1H的内容，即What(什么)、Why(为什么)、Who(谁)、Where(哪里)、When(何时做)、How(如何做)，并将其标准化。

(2) 进行有关标准的准备及传达。

(3) 实施教育培训。

(4) 建立保证严格遵守标准的质量责任制。

2) 基本要求

为防止不合格品的再出现，纠正措施必须标准化，其主要原因是：没有明确的标准，不合格品问题渐渐会回复到原来的状况；没有明确的标准，新来的员工在作业中很容易出现以前出现过的问题。

标准化工作并不是制订几个标准就算完成了，必须使标准成为员工思考习惯的一部分。因此为了贯彻实施标准，对员工进行知识与技术的教育和培训也是必要的。

(1) 标准化是表示作业顺序的一种方法。有了How(如何做)规定的有关内容，不能认为是标准化了；含有4W1H[除去“Why(为什么)”]的内容，不能认为是完整的。对于完成作业的方法，没有“为什么”也许是可以接受的；但对于员工来说，“为什么”却是不可缺少的内容，他们需要了解为什么要这么做。

(2) 导入新标准时引起的混乱，其主要原因是标准没有得到充分的准备和传达，实施新标准意味着作业方法将发生改变，这时会引起许多细小的差错。尤其对于将工作划分成许多具体操作、系统性很强的作业现场来说，一部分工作做了调整，另一部分未做相应调整，问题就会出现。

(3) 反复、充分的教育培训对标准的顺利实施是必要的。否则，标准再完备也无法保证被严格遵守，无法防止产品缺陷的再次出现。

4.2.7 总结

1）操作方法

总结的操作步骤如下。

（1）找出遗留问题。

（2）考虑下一步该怎么解决这些问题。

（3）总结在降低不合格品率的过程中，哪些问题得到顺利解决，哪些问题尚未解决。

2）基本要求

要将不合格品率减少到零是很难的，但通过改进，不断降低不合格品率是可能的。同时也不提倡盯住一个目标，长期就一个题目开展质量改进活动。在开始时就应定一个期限，到时候进行总结，哪些完成了，哪些未完成，完成到什么程度，及时总结经验和教训，然后进入下一轮的质量改进活动。

应制订解决遗留问题的下一步行动方案和初步计划。遗留问题使用了相应的对策之后，若生产中仍然存在问题，就应该做下一步的打算，以求彻底地解决问题。

如果能自觉运用以上 7 个步骤，任何问题都能得到有效解决；如果善于不断总结经验，自己就能不断得到提升。

在质量小组进展会议上，工程主管向工厂经理承认还未取得进展。

“我们简直太忙了，每个人的工作都忙极了！”

经理想了一下，然后说：“如果我要求你和你的员工下周安排 1 小时时间见我，你看行吗？”

“当然可以，”工程主管回答说，“我们会准备好的。”

“那么，我希望你们把用来见我的 1 小时用于质量改进工作。从现在起，就把它看成每周一次的见面。”

花在改进过程质量上的时间，可通过改进过程质量本身而节省下来。由于大多数过程含有 40%～60% 的浪费，尤其是时间浪费，开始投入的每周 1 小时，要不了多长时间就会节省下来。

资料来源：高阳，2007. 质量管理案例分析[M]. 北京：中国标准出版社.

4.3 质量改进的组织结构

有效的质量改进过程必须涉及企业组织、企业计划、改进过程、企业员工和最后的评估。因此，建立完善的质量改进组织，对加强质量改进过程的管理，有着十分重要的影响。质量改进的组织结构分为两个层次：一是从整体的角度为改进项目调动资源的层次，这是管理层，即质量管理委员会；二是具体开展工作项目的层次，这是实施层，即质量改进团队或称质量改进小组，如图 4.1 所示。

任何企业都需要一个完善的组织，没有合适的组织就无法将事业进行下去。调查结果显示：组织内部一般会有 10%～15% 的成员坚决支持改革，这部分人员是改进的核心力量，另有 10%～15% 的人坚决反对，其余人员均持无所谓的态度。因此，企业如果要对质量改

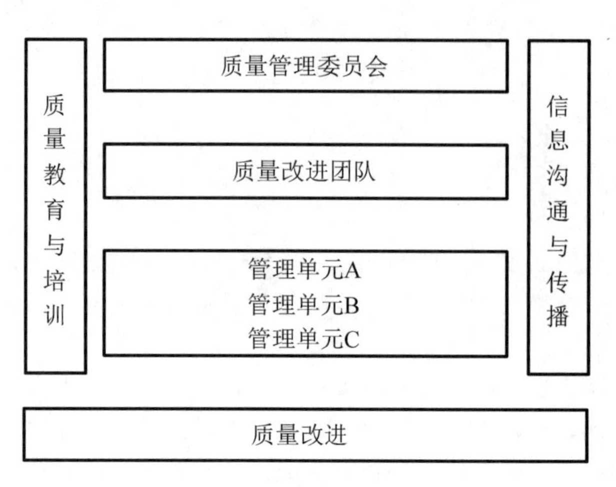

图 4.1 质量改进的组织结构

进过程实施有效的管理与控制，就应该按照“DirFoot CAT”组织模型构建组织，组建坚强的核心团队，从而确保质量改进过程朝着正确的方向进行。

知识要点提醒

DirFoot CAT 组织的英文原意为“第一次就把事情做对的改正行动小组”。为了方便记忆，将其缩写翻译为中文名，称为“脏脚猫”组织。“脏脚猫”组织的结构如图 4.2 所示，分为管理层面、执行层面、业务层面和支持层面，分别对应的组织单元为质量政策委员会(QPC)、质量小组(QIT)、创新管理单元(UMi)和质量先锋队(QPT)。

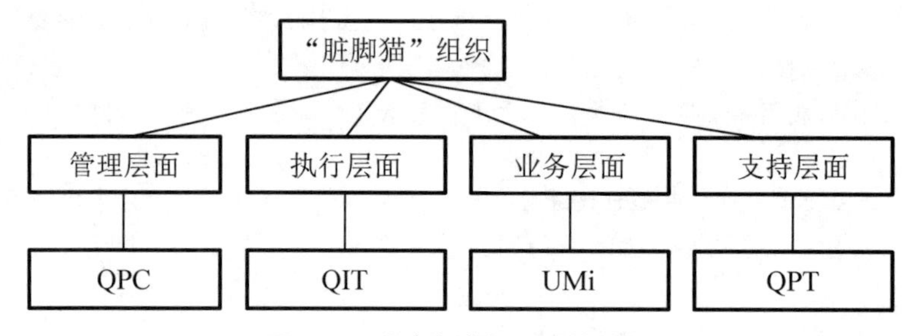

图 4.2 “脏脚猫”组织的结构

企业可以根据“脏脚猫”的组织模型设立质量政策委员会、质量小组、若干个创新管理单元和质量先锋队。其中，由企业的高层组成质量政策委员会，负责整体决策；质量先锋队由具有特殊技能的基层骨干组成，是质量改进过程中的快速反应部队。另外，质量小组不可能一开始就能胜任工作，因此还需要加强教育培训与信息沟通。

4.4 质量改进的工具和技术

日本质量管理专家在推行质量管理工作过程中，引进美国质量管理理论，开发、应用了新老 7 种工具，为开展质量改进、普及统计技术应用提供了有效的途径。老 7 种工具起源于日本科学技术联盟，20 世纪 70 年代备受日本工业界推崇，并很快在日本的质量管理中发挥了巨大作用。老 7 种工具适用于生产现场、施工现场、服务现场，用于解决质量问题和改进质量。日本质量管理专家从 1972 年开始探索、研究和实践，连续坚持了数年，不断地从运筹学、系统工程、价值工程等管理科学中吸取有益的方法，终于在 1977 年提出了质量改进新 7 种工具，包括系统图、关联图、KJ 法、矩阵图、矩阵数据解析法、过程决策程序图法及箭线图，适合管理人员决策使用，如怎样收集数据、明确问题、抓住关键、确定目标和手段、评价方案、制订切实可行的对策计划等。

4.4.1　质量改进老 7 种工具

质量改进老 7 种工具主要包括控制图、因果图、排列图等，具体内容在第 3 章中已经阐述。

4.4.2　质量改进新 7 种工具

质量改进新 7 种工具是日本质量管理专家于 20 世纪 70 年代末提出的，主要运用于质量改进 PDCA 循环的 P(计划)阶段，用系统科学的理论和技术方法，整理和分析数据资料，进行质量改进。质量改进老 7 种工具主要运用于对生产过程质量的控制，质量改进新 7 种工具与其相互补充。

1）箭线图

箭线图又称矢线图或双代号网络图，用箭线表示活动排序或任务之间的关系，活动之间用节点(称为“事件”)连接，只能表示结束-开始关系，每个活动都必须用唯一的紧前事件和唯一的紧后事件描述；紧前事件编号要小于紧后事件编号；每一个事件都必须有唯一的事件号。箭线图在某些应用领域是一种可供选择的工具。箭线图仅利用结束-开始关系及箭线表示活动间的逻辑关系。箭线图可手编，也可在计算机上实现。

学习延伸

即学即用

某项目的箭线图如图 4.3 所示。

注意这张箭线图的主要组成要素。字母 A、B、C、D、E、F、G、H、I、J 代表了项目中需要进行的活动。箭线则表示活动排序或任务之间的关系。例如，活动 A 必须在活动 D 之前完成；活动 D 必须在活动 H 之前完成；等等。

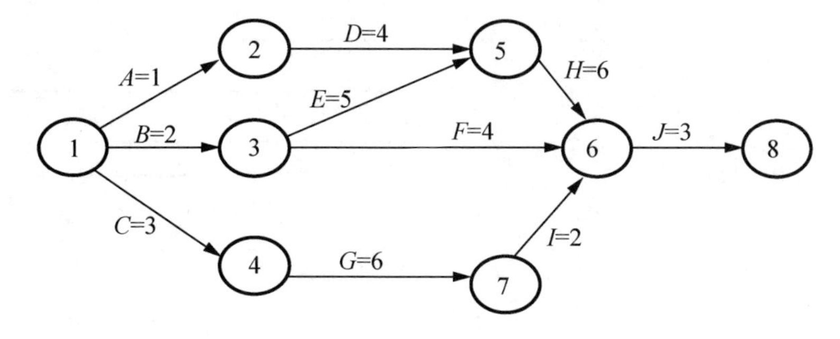

图 4.3　某项目的箭线图

2）关联图

关联图是指用一系列的箭线来表示影响某一质量问题的各种因素之间的因果关系的连

线图。质量管理中运用关联图要达到以下几个目的：制订全面质量管理活动计划；制订质量管理小组活动计划；制订质量管理方针；制订生产过程的质量保证措施；制订全过程质量保证措施。

通常在绘制关联图时，将问题与原因用○圈起，箭头表示因果关系，其基本图形如图 4.4 所示。

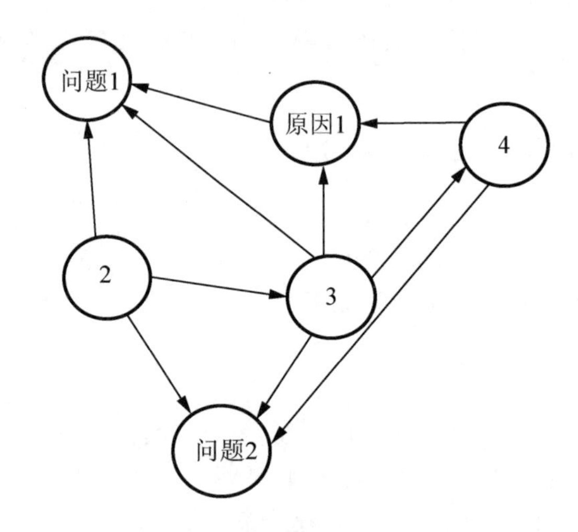

图 4.4 关联图的基本图形

3）系统图

系统图是指系统寻找达到目的的手段的一种工具，它的具体做法是将要达到的目的所需要的手段逐级深入，如图 4.5 所示。

系统图可以系统地掌握问题，寻找到实现目的的最佳手段，广泛应用于质量管理中，如质量管理因果图的分析、质量保证体系的建立、各种质量管理措施的开展等。

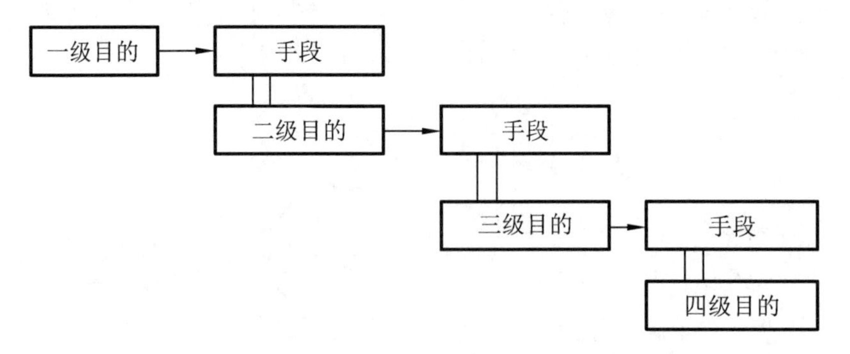

图 4.5 系统图

4）KJ 法

KJ 法的创始人是东京工人教授、人文学家川喜田二郎，KJ 是他的姓名的英文缩写。他在多年的野外考察中总结出一套科学发现的方法，即把乍看上去根本不想收集的大量事实如实地捕捉下来，通过对这些事实进行有机的组合和归纳，发现问题的全貌，建立假说或创立新学说。后来他把这套方法与头脑风暴法相结合，发展成包括提出设想和整理设想两种功能的方法。这就是KJ法。这一方法自发表以来，作为一种有效的创造技法很快得以推广，成为日本最流行的一种方法。KJ法的主要特点是在比较分类的基础上由综合求创新。KJ法中对卡片进行综合整理这一工作，既可由个人进行，又可以集体讨论。

KJ法的实施

1. 准备

主持人和与会者4～7人。准备好黑板、粉笔、卡片、大张白纸、文具。

2. 头脑风暴会议

主持人请与会者提出30～50条设想，将设想依次写到黑板上。

3. 制作卡片

主持人同与会者商量，将提出的设想概括为2～3行的短句，写到卡片上。每人写一套。这些卡片称为“基础卡片”。

4. 分成小组

让与会者按自己的思路各自进行卡片分组，把内容在某点上相同的卡片归在一起，并加一个适当的标题，用绿色笔写在一张卡片上，称为“小组标题卡”。不能归类的卡片，每张自成一组。

5. 并成中组

将每个人所写的小组标题卡和自成一组的卡片都放在一起。经与会者共同讨论，将内容相似的小组卡片归在一起，再给一个适当标题，用黄色笔写在一张卡片上，称为“中组标题卡”。不能归类的自成一组。

6. 归成大组

经讨论再把中组标题卡和自成一组的卡片中内容相似的归纳成大组，加一个适当的标题，用红色笔写在一张卡片上，称为“大组标题卡”。

7. 编排卡片

将所有分门别类的卡片，以其隶属关系，按适当的空间位置贴到事先准备好的大纸上，并用线条把彼此有联系的连接起来。如编排后发现不了有何联系，可以重新分组和排列，直到找到联系。

8. 确定方案

将卡片分类后，就能分别找出解决问题的方案。经会上讨论或会后专家评判确定方案。

5）矩阵图

矩阵图运用二维、三维等多维矩阵表格，通过多元因素分析找出问题和造成问题的原因。

二维矩阵图的基本形式如图4.6所示。

二维矩阵图中，从造成问题的因素中找出成对的因素形成$R(R_1, R_2, R_3, \cdots)$和$L(L_1, L_2, L_3, \cdots)$一列一行因素，在列R_i和行L_i的交点上表示各因素的关联程度，从而找出解决问题的着眼点。

矩阵图主要运用于寻找改进老产品的着眼点和研制新产品、开发市场的战略，以及寻找产品质量问题产生的原因，确立质量保证体系的关键环节等质量管理工作。

6）矩阵数据解析法

矩阵数据解析法就是从多维问题的事件中，找出成对的因素，排列成矩阵图，然后根据

L	R						
	R_1	R_2	R_3	…	R_i	…	R_n
L_1							
L_2							
L_3							
…							
L_i					●（着眼点）		
…							
L_n							

图 4.6　二维矩阵图的基本形式

矩阵图来分析问题，确定着眼点的方法。它是一种通过多因素综合思考、探索问题的好方法。

在复杂的质量问题中，往往存在许多成对的质量因素，将这些成对因素找出来，分别排列成行和列，其交点就是其相互关联的程度，在此基础上再找出存在的问题及问题的形态，从而找到解决问题的思路。

矩阵数据解析法运用的矩阵图的形式如图 4.7 所示，A 为某一个因素群，a_1、a_2、a_3、a_4等是属于 A 这个因素群的具体因素；B 为另一个因素群，b_1、b_2、b_3、b_4等是属于 B 这个因素群的具体因素；行和列的交点表示 A 和 B 各因素之间的关系，根据交点上行和列因素是否相关联及其关联程度的大小，可以探索问题的所在和问题的形态，也可以从中得到解决问题的启示。

A	B				
	b_1	b_2	b_3	b_4	…
a_1					
a_2					
a_3					
a_4					
⋮					

图 4.7　矩阵图的形式

矩阵图的成对因素往往是要着重分析的质量问题的两个侧面，如生产过程中出现了不合格品，需要着重分析不合格的现象和不合格的原因之间的关系，为此，需要把所有缺陷形式和造成这些缺陷的原因都罗列出来，逐一分析具体现象与具体原因之间的关系，这些具体现象和具体原因分别构成矩阵图中的行元素和列元素。

矩阵图的最大优点在于，寻找对应元素的交点很方便，而且不会遗漏，对应元素的关系也很清楚。矩阵图还具有以下几个特点：①可用于分析成对的影响因素；②因素之间的关系清晰，便于确定重点；③便于与系统图结合使用。

制作矩阵图的步骤

制作矩阵图一般要遵循以下几个步骤：①列出质量因素；②把成对因素排列成行和列，表示其对应关系；③选择合适的矩阵图类型；④在成对因素交点处表示其关系程度，一般凭经验进行定性判断，可分为3种，即关系密切、关系较密切、关系一般(或可能有关系)，并用不同符号表示；⑤根据关系程度确定必须控制的重点因素；⑥针对重点因素作对策表。

7）过程决策程序图法

过程决策程序图(Process Decision Program Chart，PDPC)法是在制订计划阶段或进行系统设计时，事先预测可能发生的障碍(不理想事态或结果)，从而设计出一系列对策措施，以最大的可能引向最终目标(达到理想结果)。该法可用于防止重大事故的发生，因此也称为重大事故预测图法。一些突发性的原因可能会导致工作出现障碍和停顿，对此需要用过程决策程序图法进行解决。

过程决策程序图法有5方面的用处，它们分别是：①制订目标管理中间的实施计划，以及确定怎样在实施过程中解决各种困难和问题；②制订科研项目的实施计划；③对整个系统的重大事故进行预测；④制订工序控制的一些措施；⑤选择处理纠纷的各种方案。

实际上过程决策程序图法在哪里都可以应用，用处远远不止这5个。只要做事情，就可能有失败，如果能把可能失败的因素提前都找出来，制订出一系列的对策措施，就能够稳步地、轻松地达到目的。

任何一件事情的调整都是很不容易的，整个生产系统就像一张巨大的网，要动一个地方就要跟着动一片。所以说，过程决策程序图法是一个系统思考问题的方法，而生产、生活的复杂性，也要求人们在办事情、做计划、干事业的时候要深思熟虑，不能马虎大意、随随便便，否则的话就会一招不慎，满盘皆输。这也是“行成于思，毁于随”的真正意义所在。

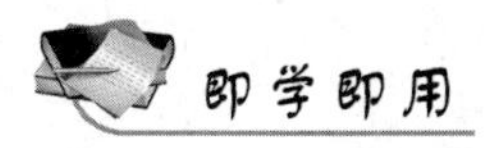

过程决策程序图法使用步骤

(1) 前期组织：成立一个团队，确定要解决的课题。

(2) 提出基本解决方案：给问题提出一个基本解决方案，可以从过程或者产品的树图开始，把它绘制在挂图或者白板上。

(3) 谈论难点：范围应尽量广泛，同时应包括不可预料的问题及风险。

(4) 记录重要内容：第一步就要回答“这一步可能出什么错”和“还有其他方法吗”。按照可能性讨论每个答案、风险和应对措施，把它们都写下来。

(5) 优化问题和应对措施：综合考虑，记录下所有问题和应对措施，指定一个完成该过程的日期。

(6) 评估：在指定的日期进行评估，继续后面的工作。

本章小结

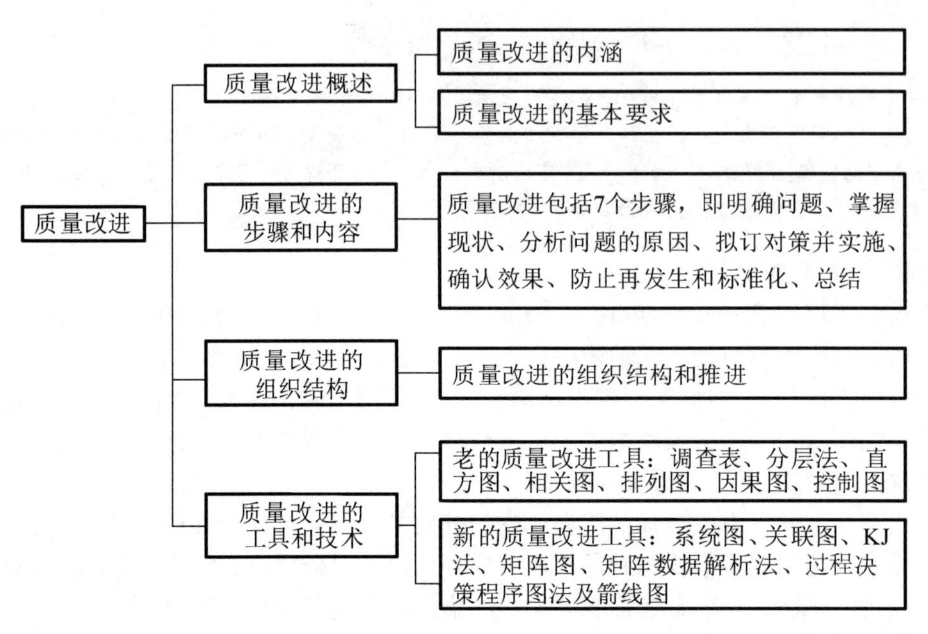

质量改进
“脏脚猫”组织
质量改进工具

习　　题

1. 选择题

(1)(　　)是质量管理的一部分，致力于增强满足质量要求的能力。

A. 质量目标　　B. 质量策划　　C. 质量保证　　D. 质量改进

(2) 质量改进是通过(　　)改进来实现的。

A. 工序　　B. 工艺　　C. 生产　　D. 过程

(3) 预防措施和纠正措施都是质量改进的(　　)。

A. 要素　　B. 目的　　C. 关键　　D. 依据

(4) 质量改进是消除(　　)的问题。

A. 偶发性　　B. 系统性　　C. 持续性　　D. 复杂性

(5) 质量改进和质量控制都是质量管理的一部分，其差别在于(　　)。

A. 一个强调持续改进，一个没有强调　　B. 一个为了提高质量，一个为了稳定质量

C. 一个是全员参与，一个是部分人参与　　D. 一个要用控制图，一个不需要

(6) 朱兰三部曲的顺序是(　　)。

A. 质量控制、质量改进、质量保证　　B. 质量计划、质量改进、质量保证
C. 质量计划、质量监测、质量改进　　D. 质量策划、质量控制、质量改进

(7) PDCA 循环计划阶段包括(　　)。

A. 制订方针　　B. 计划实施　　C. 落实对策　　D. 采取对策

(8) 质量改进项目始于质量改进机会的(　　)。

A. 组织　　B. 识别　　C. 实施　　D. 计划

(9) 质量管理委员会由(　　)担任秘书长。

A. 厂长　　B. 总工程师
C. 总质量师　　D. 质量管理部门的行政负责人

(10) 一张完整的因果图展开的层次至少应有(　　)层。

A. 2　　B. 3　　C. 4　　D. 5

2. 判断题

(1) 质量改进的基本工作程序是 PDCA 循环。(　　)

(2) 质量改进意味着质量水准的飞跃，标志着质量活动是以一种螺旋式上升的方式不断提高的。(　　)

(3) 质量改进是一个持续不断的过程，因此质量改进的项目或活动完成之后，应当立即选择和实施新的质量改进的项目和活动。(　　)

(4) 质量改进和质量控制都是为了保持产品质量稳定。(　　)

(5) 质量控制是消除偶发性问题，使产品质量保持规定的水平；而质量改进是消除系统性问题。(　　)

(6) 企业质量管理活动成绩的好坏，必须根据顾客在购买和使用该企业的产品后的满意程度加以客观评价。(　　)

(7) 质量改进定期评审的目的在于确保质量改进组织能有效地起作用。(　　)

(8) 质量改进的衡量目的是识别和判断进一步改进的机会。(　　)

(9) PDCA 循环是由策划、实施、检查、处置 4 个要素构成的一种持续改进的工作方法。(　　)

(10) 因果图的作用是为了确定“关键的少数”。(　　)

3. 填空题

(1) ________是 ISO 9000 族标准中的质量管理体系 7 项基本原则之一，是持续满足顾客要求、增加效益、追求持续提高过程有效性和效率的活动，包括了解现状、建立目标、寻找和实施解决办法、测量和验证结果、纳入文件等活动。

(2) 质量管理的一部分致力于增强满足质量要求的能力。质量管理活动可划为两类：一类是维持现有的质量，其方法是________；另一类是改进目前的质量，其方法是主动采取措施，使质量在原有的基础上有突破性的提高，即________。

(3) 美国麻省理工学院海斯教授将质量改进归纳为两种类型：一种称为________策略；另一种称为________策略。

(4) 质量改进项目的选择方法包括________、________、________和________。

(5) 质量改进活动必须遵循科学的规则，否则将影响改进的效果和效率，这个科学的规则就是________。

(6) 朱兰博士的________指出：质量问题有80%出于领导责任，只有20%是工人的原因造成的。

(7) ________是实现质量改进的主体。

(8) 质量改进包括7个步骤，即________、________、________、________、________、________、________。

(9) 分析问题的原因操作步骤包括________和________。

(10) 日本质量管理专家在1977年提出了质量管理新7种工具。新7种工具包括________、________、________、________、________、________、________，可在管理人员决策时使用，如怎样收集数据、明确问题、抓住关键、确定目标和手段、评价方案、制订切实可行的对策计划等。

4. 简答题

(1) 质量改进的含义、内容是什么？

(2) 质量改进的策略、特点、优缺点是什么？

(3) 实施质量改进工作应遵循的基本步骤是什么？

(4) 质量改进项目的选择有哪些具体方法？

(5) 比较新老质量改进工具的优缺点。

参考答案

【实际操作训练】

选择一家熟悉的企业，分析该企业所使用的质量改进工具。

WPS在中国市场

再有实力的企业如果不能不断有效地改进自己的工作，都将像妇孺皆知的故事“龟兔赛跑”中那只高傲自负、不思进取的兔子一样，被自己那原本可怜的对手赶上甚至超越。

WPS是中国人非常熟悉的文书处理软件，金山公司最先推出的基于DOS版本的WPS因为简单易用，很快取得了较大的市场份额，成为文字处理方面的老大。但是随着美国微软公司推出了Windows视窗作业系统，金山公司没有对自己的WPS进行必要的改进，没有跟上发展的潮流，推出基于视窗的系统，同时微软公司的办公软件已经完成了汉化，并且具有“所见即所得”的特点，很快占据了大部分中国市场。虽然金山公司推出了WPS 2000，但是已经无力回天，市场份额已经被蚕食得所剩无几。

资料来源：根据网络资料整理。

分析与讨论：

试用本章所学知识分析金山公司市场份额不断下滑的原因。若你是金山公司CEO，你如何进行质量改进，扭转颓势？

第5章

6σ 管理原理及应用

本章教学要点

知识要点	掌握程度	相关知识
6σ管理原理	重点掌握	底线循环、顶线循环；6σ常用度量指标
6σ管理架构	了解	6σ组织、6σ管理培训、6σ团队建设
6σ管理程序	熟悉	6σ管理策划、DMAIC模式

本章技能要点

技能要点	熟练程度	应用方向
应用DMAIC模式从事6σ改进项目	重点掌握	在组织内具体实施6σ改进项目
6σ管理培训	熟悉	6σ人员培训

太钢的6σ管理

作为特大型钢铁联合企业，太原钢铁（集团）有限公司（以下简称太钢）于2004年导入6σ管理，通过十几年的扎实推进，太钢已形成具有自身特色的6σ改进实践，6σ改进和6σ设计两大类项目分类展开。

6σ是一套系统、集成的业务改进方法体系，是旨在持续改进企业业务流程、实现顾客满意的管理方法。它通过系统、集成地采用业务改进流程，即对现有过程进行定义、测量、分析、改进、控制，消除过程缺陷和不增值流程，从而提高质量、降低成本、缩短运转周期，增强企业竞争力。6σ改进项目本质就是在解一个$Y=f(x)$的关系式，其中Y是项目团队所要解决的问题，x是造成问题的原因，f就是他们之间的关系，即找到的原因x是如何影响问题Y的，而项目团队又将采取什么样的措施。

在定义阶段，“提高不锈钢冷板板型控制能力”这一典型黑带项目，就是运用排列图对不锈钢冷板板型缺陷进行分析。“单边浪”“双边浪”“肋条纹”3种缺陷的占比达到89.8%。因此，把这3种缺陷的减少作为该项目的优先项，其他板型缺陷将不再单独列出来进行分析。这样，团队就将一个大 Y——“提高不锈钢冷板板型控制能力”转化为“减少不锈钢冷板单边浪、双边浪、肋条纹板型缺陷率”3个小 y。

在测量阶段，项目团队对不锈钢冷板板型（又叫平直度）进行了测量系统分析和过程能力分析。测量系统分析结果显示，测量系统是值得信赖的。而过程能力分析结果则显示，过程能力不足，急需提高。

在分析阶段，项目团队运用统计分析工具，对钢种不同、成品厚度不同的板型平直度是否存在明显差异进行了统计分析。首先制订了实验设计计划，实验设计为两因子两水平设计，重复2次，4个中心点，总共12次实验。团队按照计划实施了实验，并对实验结果进行了分析。根据分析结果，团队确定了参数的最优设置，并在现场进行了验证实验。

在控制阶段，项目团队制订控制计划，将对板型有显著影响的关键因子 x 按照新的要求实施质量管控，并固化到相应的作业文件和操作规范中；对板型平直度进行了设定点控制监控。团队还将所有的控制纳入太钢质量控制点管控体系中，实施有效的过程管控。团队对改善后的过程能力进行了分析、对改善效果进行了可视化管理，对财务收益进行了核算，对项目实施效果进行了总结并制订了下一步工作计划。

资料来源：戴秀东，2021. 太钢六西格玛改进项目应用实践［J］. 中国质量（8）：29－32.

案例延伸

6σ管理以顾客为关注焦点，持续进行改进，提高顾客满意度，减少缺陷，缩短运转周期，最终实现组织与顾客的双赢。6σ管理在20世纪末的美国取得了令人瞩目的成绩，21世纪以来传播到欧洲和亚洲，已经成为非常有影响力的质量管理理念。达到6σ质量水平的企业，被称为是产品、服务和交易“零缺陷”的企业。

5.1 6σ管理概述

6σ管理是一项以顾客为中心、以统计数据为基础、以追求几乎完美无瑕的质量为目标的质量管理理念和方法。它的核心过程是通过一套以统计学为依据的数学分析，测量问题、分析原因、改进优化和控制产品及过程质量，使企业的运作能力达到最优。目前，6σ管理已经演变为包含设计和改进业务流程的大量方法在内的一种管理方法。

5.1.1 6σ管理的起源

克劳斯比于20世纪60年代提出“零缺陷”的概念。他指出，“质量是免费的”，突破了传统上认为高质量是以高成本为代价的观念。他提出高质量将给企业带来高额的经济回报。质量管理意味着企业意图用最小的投入获得最高的顾客满意度，从而实现最大的市场占有率，保持客户群稳定。经过很多企业的不断实践，人们逐渐发现，高质量和低成本之间并不存在矛盾，而是可以统一的。6σ管理充分地证明了这一点。

知识要点提醒

6σ管理是一个具有挑战性的诱人目标——在100万个出现缺陷的机会中仅出现3.4个缺陷，是人类通过努力可以达到的接近完美的质量目标。

5.1.2 6σ管理与传统质量管理的关系

6σ管理是在传统质量管理基础上发展起来的，所以传统的质量管理方法和工具仍然是

6σ管理的重要工具。

1. 6σ管理与全面质量管理的比较

全面质量管理作为质量管理历程中较为辉煌的一个阶段，在20世纪后半叶为人类文明做出了卓越的贡献，有力地推动了工业化向后工业化的过渡。然而随着时代的发展，市场竞争日趋激烈，全面质量管理也显露出一些不足之处。

第一，全面质量管理通常只注重局部的改进，缺乏对整体流程的关注。质量管理活动只停留在质量管理小组的层面，缺乏中间管理层的关注。尽管名义上是全面质量管理，但实际上仅仅是产品制造部门付出了努力。

第二，领导重视、积极倡导和参与全面质量管理活动的企业，全面质量管理往往会获得极大成功，而缺乏高层领导重视的全面质量管理活动往往只能取得一些局部的成功。

第三，由于缺乏能够用来真正了解顾客需求的工具，全面质量管理无法在各个流程实现满足顾客期望的目标。全面质量管理注重企业内部的技术革新和改善，把技术视为推动企业发展壮大的动力，这种看法把顾客放在与己无关的位置，从根本上缺乏顾客驱动的理念。同时，全面质量管理缺乏跨部门的有力合作，即使在鼎盛时期，全面质量管理在大多数企业中也只是一些部门性的活动，这导致各部门的改进方案之间存在隔阂。全面质量管理随着发展，也逐渐向着跨部门的方向演变，但通常只能解决部门之间的小摩擦，并不能解决主要的对顾客有关键影响的问题。

6σ管理与全面质量管理不同，6σ管理强调对关键业务流程的突破性改进；强调流程，而不是一时一点的局部改革。它是一种通过密切关注顾客、流程管理、流程改进和合理利用数据及其事实等方法，实现和维持成功的业务管理系统。6σ管理的开展依赖于企业高层领导的重视，没有人逼着企业去做，这是由领导决策的自觉行动。在6σ目标的实现过程中，企业可以获得丰厚的回报。6σ管理强调顾客驱动，所有活动都围绕"客户之声(Voice of Customer，VOC)"进行，要让顾客明显感受到6σ管理的好处，只有顾客买单的先进技术才能推动企业的发展壮大。6σ管理通常把部门间的相互支持放在首位。无论是创建一个运作更加流畅、更有效的企业，还是减少因为相互缺少理解而造成的返工，部门间的相互支持都非常重要。在跨国公司，这种跨部门的相互协作甚至扩大到供应商和分销商。

2. 6σ管理与ISO 9001质量管理体系认证

自20世纪90年代中期以来，ISO 9001质量管理体系认证日益成为国际贸易中所要求的供方质量保证能力和水平的标志。企业如果真正得到世界权威认证机构的认证，就拿到了打开国际贸易大门的钥匙，这种说法一点也不过分。但是如果仅仅为了通过认证而认证，企业在生产过程中并没有按照ISO 9001质量管理体系规定的程序去实现，企业的质量水平就没有保证，这把钥匙照样打不开国际贸易的大门。ISO 9001质量管理体系认证并不能代替大量具体细致的质量工作，因而不能代替全面质量管理，更不能代替6σ管理。企业通过ISO 9001质量管理体系认证，说明企业已经建立了一套完整的质量管理体系，为企业的进一步持续发展奠定了良好的基础，为企业实施6σ管理奠定了坚实的基础。在企业持续发展的道路上，6σ管理为企业向精细化管理迈进提供了具体方法和步骤。通过了ISO 9001质量管理体系认证的企业，尤其是大型企业，在新时期为提高竞争能力，提高顾客满意度，获得最大利润而进行的管理举措就是6σ管理，这是世界级优秀企业的成功经验。

知识要点提醒

有关研究表明，产品面市推迟1个月利润损失3%，推迟2个月利润损失7%，推迟3个月利润损失12%，推迟4个月利润损失18%，推迟5个月利润损失25%，推迟半年利润损失33%。

6σ管理开始主要针对制造业，通过收集数据、研究分布规律、利用正态分布等分析缺陷情况。后来逐渐发展到其他所有的过程，从战略计划到顾客服务，包括生产性活动和非生产性活动。实践表明，服务业与制造业一样可以通过推行6σ管理来提高质量效益。一个组织可以从整体上全面推行6σ管理，也可以选择组织内的某几个部门或业务的某些环节先行试点，但无论何种情况，一个6σ项目要想取得成功，必须有必要的资源投入，如高层的关注、时间、资金和精力，否则难以逃脱失败的命运。

5.1.3 6σ管理的基本原则

6σ管理的基本原则主要有以下6个方面。

1）真正关注顾客

随着市场竞争的加剧，顾客成了组织和企业能否在竞争中生存的决定性因素。同类型的替代产品和服务时时刻刻在争夺着现有的和潜在的顾客，任何一次产品失效或服务差错都有可能降低顾客满意度，从而造成顾客的流失。因此企业将满足顾客需要、实现顾客的完全满意(Total Customer Satisfaction，TCS)作为经营的最终目标。在6σ管理中，关注顾客最为重要。但在实际中，典型的一个困难是顾客自述的需求和期望往往是不全面、非技术语言或含糊的。6σ管理不仅提出认真对待这一问题，而且还要求动态跟踪顾客需求的变化。

2）基于数据和事实的管理

6σ管理一开始就想方设法识别什么是影响经营业绩的关键指标，并通过收集数据和分析去理解关键变量和最优化目标，可以更加有效地发现、分析和解决问题。因此，6σ管理强调“用数据和事实说话”，使管理更具操作性。

3）对流程的关注、管理和改进

在6σ管理中，对于设计产品和服务、评价业绩、提高效率和顾客满意度，甚至整个企业的运营来说，流程都是成功的关键载体。可以说，流程就是采取措施的对象。6σ管理显著的突破之一就是说服领导者和管理者确信“过程是构建向顾客传递价值的途径”，以便在向顾客传递价值的过程中有效地建立起企业的竞争优势，从而获得巨大的收益。

4）主动性的管理

6σ管理主张在问题发生之前采取积极措施防止问题的发生，而不是事后救火式的处理和被动应付。在6σ管理中，主动性的管理意味着制订明确的目标并经常对其进行评审，设定工作明确的优先次序，重视问题的预防而非事后补救，探求做事的理由而不是盲目地遵循惯例。鉴于竞争的环境，6σ管理综合利用各种工具和方法，以动态、积极、预防性的管理风格取代被动应付的管理习惯。其原因是：主动地管理将会使企业朝着更有创造力、更有效率的方向转变，而被动地从一个危机转向另一个危机则会导致组织失控。

5）无边界合作

无边界合作是通用电气取得成功的秘诀之一。在实施6σ管理之前，通用电气一直忙于消除各部门及上下级之间的障碍，6σ管理促进了企业内部横向和纵向的合作，促使通用电气获得了许多获利机会，同时争取到了更多的顾客。因为工作流程的各个部分的相互依赖性很强，企业内部横向和纵向合作机会也很多，所以使员工个人的职责与整个企业的“远大前景”相互融合显得尤为重要。当然，6σ 管理的无边界合作并不意味着无条件的个人牺牲，而是需要确切理解最终用户及整个供应链的需求。更重要的是，它需要使有关各方同时获益，从而创造出一种能真正支持团队合作的和谐的管理环境。

6）追求完美，容忍失败

这两者看似矛盾，其实是一种互补关系。没有不推行新方法、贯彻新理念就能实施 6σ 管理的企业，但在追求完美的过程中必然存在一些风险。假如员工们具有大幅度降低成本、提供优质服务、积极创新的能力，却过分害怕失败，他们就永远不会去做新的尝试。这就要求企业有鼓励创新、容忍失败的文化氛围。通用电气的成功，在于追求完美的同时能够容忍失败。

实用小窍门

6σ 管理中业绩的测量是从顾客开始的，通过对 SIPOC(供方、输入、过程、输出、顾客)模型分析，来确定 6σ 项目。因此，6σ 管理是根据对顾客满意度所产生的影响来进行的，如果企业不是真正地关注顾客，就无法推行 6σ 管理。

5.2 6σ 管理原理与架构

无论是对于顾客还是企业来说，质量都应包括经济利益和实际效用。6σ 管理的理念指出，供求双方拥有对交易关系的任何方面进行评估的权利。这种权利对企业和顾客来说是相互的。对于企业，它意味着企业能够合理地期望在利润最高的基础上提供高质量的产品；对于顾客，它意味着顾客能够合理地期望以最低的价格获得高质量的产品或服务。6σ 管理的理念使企业可以借助尽量减少生产和交易流程中的缺陷来获得竞争优势。6σ 管理以提高利润的形式使企业获取最大价值，让顾客以最低的价钱获取所需的产品和服务。当供求双方的成本都处于最低，价值达到最大时，这个社会的交易活动的质量才是最好的。

5.2.1 6σ 管理原理概述

1. 6σ 管理原理

与经典的质量管理理论不同，6σ 管理原理不仅将目标锁定在对过程或产品性能的改善上，更重要的是，它还关注企业利润的切实增长。一方面，它致力于削减企业的成本，因而对底线(成本)有贡献。另一方面，它追求增加企业的收入，因而对顶线(收入)有贡献。两者的综合效应是使得企业财务状况两部分（成本和收入）的内容都得到改善。6σ 管理是运用有组织的改进方法对选定的过程特性进行改进，以取得改善，包括减少过程特性的波动、缩短周期和增加产出，从而实现成本的节约和利润的增加。

1）底线循环

削减成本的方法通常为人员裁减和业务重组，而 6σ 管理提供了一个全新的方法。它通过减少直接成本和周期性成本达到目标。通用电气通过推行 6σ 管理，取得了令世人瞩目的高回报：到 1999 年年底，累计节约了约 15 亿美元。

知识要点提醒

无论是生产制造过程还是交易过程都有输入和输出。任何一个过程的输入、输出总是处于波动状态，波动就是对目标值的偏离，称为过程性能波动。任何过程性能波动都可能导致额外成本，额外成本包括顾客需求变化的跟踪偏差、未能及时提供的原材料、过程性能数据偏离规定值、材料浪费、高库存等。6σ管理将这些额外成本称为不良过程性能成本。根据田口玄一的观点，不良过程性能成本与过程性能波动的平方成正比。因此，减少过程性能波动可以节省大量成本。

改进过程，就意味着改进过程性能波动、周期和产出，而过程性能波动处于核心位置，是唯一可以通过改进对其他两个方面产生正面影响的因素。

底线循环是一个自我增强的周期，能够提供真实的反馈，并促使管理层对实施6σ改进项目做出承诺。由于实现利润增长和成本节约是循环的首要目标，因此把这种循环称为底线循环。完成底线循环的要素之一是承诺，即对推行6σ战略和实施6σ改进项目的承诺。没有来自有关各方的承诺，特别是来自管理层的承诺，6σ目标对任何组织来说都是遥不可及的。因而，管理人员的重视是推行6σ改进项目不可或缺的组成部分。承诺还要求企业有关人员以一定的责任心推动和保证6σ改进项目的实施。

图5.1所示为6σ管理的底线循环，包括做出承诺、改进项目、成本降低、利润增加等过程，即通过承诺、实施项目改进，来降低成本，进而达到增加利润的目的。

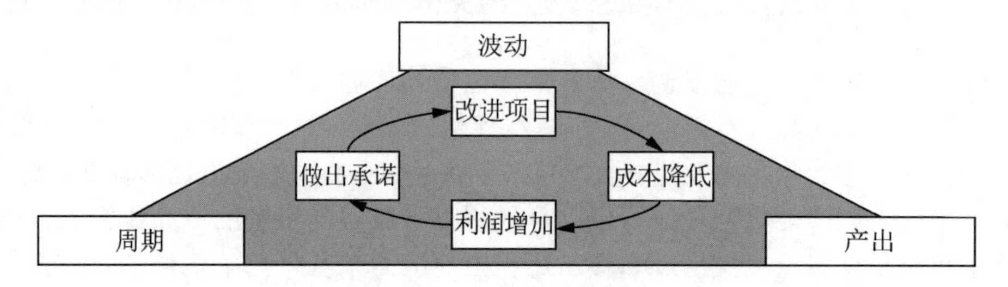

图5.1　6σ管理的底线循环

2）顶线循环

虽然6σ管理通过短期内减小过程波动重视底线循环，但从长远来看，它有能力改进顶线，即提高顾客满意度和增加企业总收入。在收入中，企业总收入是起点，即顶线，它是企业在给定的会计期限内销售的货物和服务的总价格。企业总收入水平基本上是由市场份额和企业销售产品的价格决定的，这两项在很大程度上都取决于顾客满意度。有关顾客满意度的实践和研究，在过去的20多年中，有了较快的发展。通用电气的经验表明，关注顾客会使公司的顾客满意度不断提高，并在过程性能上取得巨大的改进。

在6σ管理中，企业要致力于改进那些对顾客重要的过程特性。过程总是由顾客对产品的需求引起的，并终止于顾客满意。过程特性的任何改进都将毫无疑问地减少缺陷数。结果，越来越多的顾客要求得到满足，带来更高的顾客满意度。对周期而言，这意味着企业能很快地对顾客需求做出反应；对产出而言，这意味着企业能够更有效地利用资源。6σ改进项目可以增加顾客满意度，从而增加市场份额，最终使企业总收入增加。企业总收入增加和成本减少的双重效果是企业净利润的增加，并在全组织范围内产生了对6σ改进方法和进一步实施改进项目的承诺。这样就产生了一个不同于底线循环的轮廓线，可以称为顶线循环。

将顶线循环与底线循环合并起来，就构成了 6σ 管理的顶线循环和底线循环对波动、周期及产出的双重影响，如图 5.2 所示。从顶线循环收获结果比从底线循环收获结果要花更长的时间，这与顾客反馈的时效滞后性及其他更复杂的因素有关。

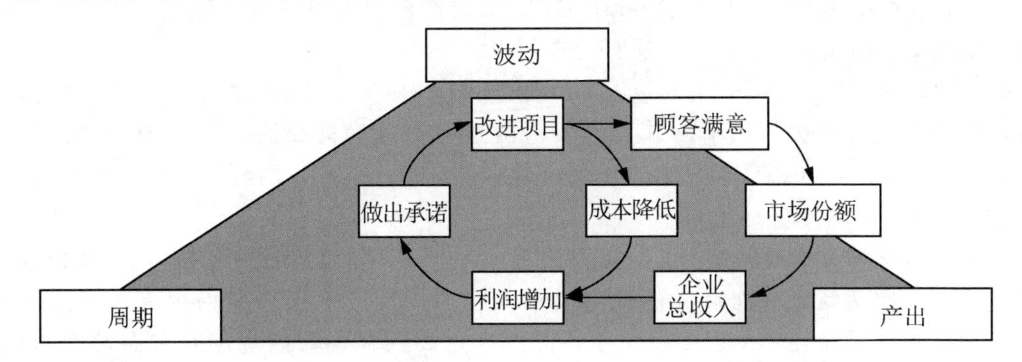

图 5.2 顶线循环和底线循环对波动、周期及产出的双重影响

2. 6σ 质量水平的含义

σ 是在质量特性值的分布服从正态分布情况下，质量特性值相对于平均数 μ 的偏离程度，称为标准偏差。全面质量管理强调“3σ 原则”，即在质量特性值的分布遵从正态分布的情况下，质量特性值落在 μ±3σ 范围内的概率为 99.73%，只有 0.27%的质量特性值会超出 μ±3σ 范围。在“3σ 原则”的指导下，控制图的上、下控制界限线分别为 UCL=μ+3σ 和 LCL=μ−3σ。

因此，“σ”之前的系数在统计学中表示概率度，即 σ 水平。σ 水平将系统中质量特性的平均数、标准偏差与系统的目标值、允许波动范围联系起来并进行比较。其中，系统的目标值为顾客要求的理想值，允许波动范围是指顾客允许的质量特性波动的范围，其界限由上规范限（Upper Specification Limit，ULS）和下规范限（Lower Specification Limit，LSL）表示。直观地说，σ 水平就是当过程输出质量特性服从正态分布且分布中心与目标值重合时，规格界限内所包含的 2σ(±σ)的个数。在没有任何位移的情况下，3σ 质量水平意味着 2700×10^{-6}的不合格率。

而 6σ 质量水平，意味着合格率达到 99.9999998%，次品率仅为十亿分之二。在过程中心增加 1.5 个 σ 的情况下，6σ 质量水平意味着 3.4×10^{-6}的不合格率，即 100 万个出现缺陷机会的过程中，实际出现的缺陷仅为 3.4 个。

在平均数偏移 1.5σ 的情况下，试比较 6σ 质量水平与 3σ 质量水平。

在平均数偏移 1.5σ 的情况下，6σ 质量水平与 3σ 质量水平比较的实例见表 5-1。

表 5-1 6σ 质量水平与 3σ 质量水平比较的实例

发生事件	3σ 质量水平	6σ 质量水平
银行的 100 万次电子结算	会有 66800 次错误交易	只会有 3.4 次错误交易产生
出版一部 30 万字的书	会有 2 万多个错别字出现	只会有 1 个错别字出现
外科医生们做的 30 万台手术	会有 2 万多台手术做错	只会有 1 台手术做错
移动通话 30 万次	会有 2 万多次通话故障	只会产生 1 次通话故障

3. 6σ管理常用度量指标

1）基于计件型数据的度量指标

(1) 首次产出率(First Time Yield，FTY)。首次产出率是指过程输出一次就达到顾客要求或规定要求的比率，也就是一次提交合格率。

(2) 滚动通过产出率(Rolled Throughput Yield，RTY)。滚动通过产出率是指构成大过程的各个子过程首次产出率的乘积，表明由这些子过程构成的大过程的一次提交合格率，即 $RTY=FTY_1\times FTY_2\times\cdots\times FTY_n$。其中，$FTY_i$是各子过程的首次产出率，$n$是子过程的个数。

度量产出率的方法通常是只要不发生报废，在产出率上就不计损失。这样就掩盖了过程输出未能一次达到要求而造成的成本增加和生产周期的延误。如果用首次产出率和滚动通过产出率度量过程，可以揭示由于不能一次达到顾客要求或规定要求而发生的返工、返修和报废情况，以及由此造成的质量、成本及交货期方面的损失，客观地反映过程运作的实际情况。

应用实例

快餐公司服务时间上下限

快餐公司为顾客提供送餐服务，顾客希望晚上6：30送到，但是顾客也会考虑到实际情况总会造成时间上出现一些误差，如送餐员送货任务的多少、交通情况等，因此双方协商达成了一个可以接受的时间区间——6：15到6：45之间送到即可。在这项服务中，6：30是顾客期望的目标值。送餐公司要采取相应的措施尽量保证准时将食物送到顾客手中，因为这样顾客感觉最满意；然而在下规范限与上规范限的时间段内送到，顾客也能接受；但是如果送达时间落到了这个区间之外，就可以说送餐公司产生了一次服务缺陷。

资料来源：苏秦，2005. 现代质量管理学[M]. 北京：清华大学出版社.

2）基于计点型数据的度量指标

单位缺陷率(Defects Per Unit,DPU)，是对质量绩效的通用度量，计算公式为

$$DPU=\frac{缺陷总数}{单位总数} \tag{5-1}$$

但是，使用单位缺陷率来度量质量也存在一定的局限性。例如，飞机生产与玻璃杯生产的复杂程度大不相同，因此飞机的单位缺陷率与玻璃杯的单位缺陷率不存在可比性。财务部门的产品是财务报表、工资单等，手机生产车间生产的是手机，这两个性质不同的过程也难以进行比较评价。因此，在6σ管理中采用百万机会缺陷数(Defects Per Million Opportunities，DPMO)进行产品质量的行业基准评价。百万机会缺陷数可将性质不同、复杂程度不同的产品或服务进行等价评价。百万机会缺陷数考虑到出错机会，排除了性质不同、复杂程度不同等因素对评价带来的影响，是对具有不同复杂程度、不同性质的产出进行公平度量的通用尺度。计算公式为

$$DPMO=\frac{缺陷总数\times 10^6}{单位总数\times 缺陷机会数} \tag{5-2}$$

3）基于连续型数据的度量指标

在使用连续型数据的情况下，6σ质量水平也可以使用过程能力指数 C_p 和 C_{pk} 来衡量，

它们之间可以使用下列公式来转换：

$$C_p = \frac{USL - LSL}{6\sigma} \tag{5-3}$$

$C_{pk} = (1-K)C_p = (1-K)\frac{T}{6\sigma}$，其中 $K = \frac{\varepsilon}{T/2} = \frac{2\varepsilon}{T}$，$\varepsilon = |M - \mu|$，$M$ 为公差中心，μ 是过程特性值的分布均值。

$$C_{pk} = \min\left(\frac{USL - \mu}{3\sigma}, \frac{\mu - LSL}{3\sigma}\right) \tag{5-4}$$

这 3 种 6σ 质量水平的度量指标：基于计件型数据(合格/不合格)的 FTY/RTY；基于计点型数据(缺陷数据)的 DPU/DPMO；基于连续型数据的过程能力指数 C_p 和 C_{pk}，基本覆盖了对产品、服务、商务、管理等所有类型的过程的度量。在 6σ 管理中常常将 3 类度量指标折算为相应的 σ 水平，这样便于对不同的过程和要求加以量化，用相应的度量指标来评价过程输出与要求之间的差异，以表明过程满足要求的能力。例如，一个 6σ 质量水平的过程转化为过程能力指数 C_p 和 C_{pk} 来衡量，分别为 2.0 和 1.5。

例题

【例 5-1】 某产品有 8 道工序，其中第 2 道工序的首次产出率为 0.955，第 5 道、第 8 道的首次产出率分别为 0.97、0.944，另外 5 道工序首次产出率为 100%，则该产品的滚动通过产出率为多少？

解： 该产品的滚动通过产出率

$$RTY = 0.955 \times 0.97 \times 0.944 \approx 87.4\%$$

【例 5-2】 财务部门出具的工资单出现了不准确的缺陷，数目为 25 个，该企业共有 1200 位员工，试求单位缺陷率。

解： 根据单位缺陷率的计算公式得

$$DPU = 25/1200 \approx 0.0208\ (个)$$

即平均每个单位的缺陷数为 0.0208 个。

【例 5-3】 例 5-2 中，假设工资单上的出错机会为 5 个，求财务部门的工资单的质量水平。

解：

$$DPMO = 25 \times 10^6/(1200 \times 5) \approx 4167(个)$$

即财务部门的工资单的质量水平是每百万个出错机会中有 4167 个错误。

【例 5-4】 某企业在召开中层干部会议时提出了两条要求：①不缺席，不迟到；②会议期间关闭手机。在最近召开的一次中层干部会议上，应到会 40 人，缺席 2 人，迟到 2 人；与会者中有 30 人有手机，有 2 人的手机没有关闭。那么，这次会议达到与会要求的 σ 水平怎样呢？

解： 首先确定是什么缺陷。如果有一个人缺席或迟到，就出现一个缺陷；如果发现有一个人没有关闭手机也记录为一个缺陷。对于本次会议来说，共出现了 6 个缺陷。对于达到与会要求来说，本次会议一共有 70 个缺陷机会(对到会来说有 40 个缺陷机会，对关闭通信设备来说有 30 个缺陷机会)。因此

$$DPMO = (6/70) \times 1000000 \approx 85714(个)$$

参照表 5-1 可知，本次会议不到 3σ 质量水平。

资料来源：马林，2004. 六西格玛管理[M]. 北京：中国人民大学出版社.

首次产出率和滚动通过产出率的应用比较

某过程由 4 个生产步骤构成。该过程在步骤 2 和步骤 4 之后设有质控点。根据生产计划部门的安排，

投料10件。经过步骤1和步骤2的加工后，检验发现2件不合格品，一件必须报废，另一件经返修处理后可继续加工，这样就有9件进入了后续的加工过程。这9件产品经过步骤3和步骤4后又有一件报废，一件返修。整个加工结束后，有8件产品交付顾客。因此，生产计划部门的统计数据是：产出率=80%。

分析：上述统计数据不能说明在这80%中，有一些是经过返修后交付的，这些返修活动增加了生产成本，延长了生产周期。如果用RTY来衡量，步骤1和步骤2的FTY_1为8/10=80%，步骤3和步骤4的FTY_2为7/9≈78%。如果投料100件，经过步骤1和步骤2，第一次就达到要求的是100×80%=80件，这些一次就达到要求的合格品经过步骤3和步骤4后，一次就能达到要求的将是80×78%≈62件。也就是100×80%×78%=100×62.4%=62.4件。而80%×78%=62.4%正是$FTY_1 \times FTY_2 = RTY$。就本例来说，只有62.4%，也就是10×62.4%≈6件的产品是一次就达到要求的，而37.6%左右的产品必须经返修或报废处理。用RTY来衡量，越是步骤多、越是技术含量高的过程，对FTY的要求就越高。从表5-2中可以看出，如果每个子过程的FTY都为99%，那么由40个子过程构成的大过程的RTY只有60.5%，即约40%的过程输出必须经返修或者报废处理。也许经过返修处理后，过程的输出可以100%地交付给顾客。用传统的产出率的统计方法，这个过程的产出率是100%。但事实上，这个过程中存在质量、成本和交货期的巨大损失，这些都是竞争力的损失。表5-2为滚动通过产出率与σ水平对照表。

表5-2 滚动通过产出率与σ水平对照表

RTY	FTY		
	FTY=99%(3.8σ)	FTY=99.379%(4σ)	FTY=99.99966%(6σ)
RTY_{10}	90.44%	93.961%	99.99660%
RTY_{20}	81.79%	88.286%	99.99320%
RTY_{30}	73.97%	82.954%	99.98980%
RTY_{40}	60.5%	73.237%	99.98300%

资料来源：宋明顺，2005. 质量管理学[M]. 北京：科学出版社.

5.2.2 6σ管理的架构

实施6σ管理，首先要在公司或组织中形成一个以6σ质量水平为目标的致力于流程改进的组织系统，这个系统是实施6σ管理的基本条件和必备资源，因此6σ组织(Organization for Six Sigma，OFSS)是6σ管理的基础，6σ管理的特点是需要一支专业化队伍。图5.3是6σ管理组织系统示意图。

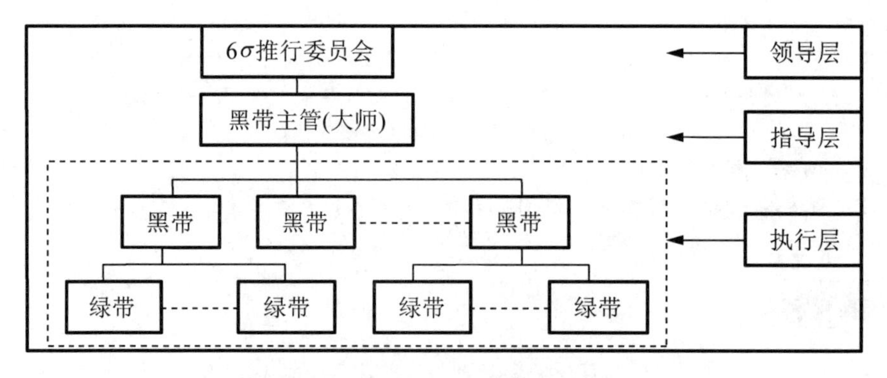

图5.3 6σ管理组织系统示意图

6σ管理组织系统的管理层次一般分为3层，即领导层、指导层和执行层。领导层通常是指由倡导者、主管质量的经理和财务主管组成的6σ推行委员会，领导层负责执行6σ管理的战略计划活动，内容包括制订6σ管理规划、提供资源、审核结果；指导层由本组织的黑带主管或从组织外聘请的咨询师组成，负责执行6σ管理的战术活动，内容包括组织培训、指导项目、检查进度；执行层由执行改进项目的黑带、绿带组成，负责执行6σ管理的作业活动。

1）倡导者

倡导者一般是企业高级管理人员，如行政执行总裁、总经理、副总经理，大多数为兼职，由一到两位副总经理全职负责6σ管理的组织和推行。倡导者的主要职责是调动和提供企业内部和外部的各项资源，确认和支持6σ管理全面推行。

2）黑带主管

黑带主管又称为黑带大师。黑带主管通常是全职管理人员，在绝大多数情况下，黑带主管是6σ专家，通常具有工科或理科背景，或者具有相当高的管理学位，是6σ管理工具的高手。黑带主管与倡导者一起协调6σ项目的选择和培训，其主要职责是理顺关系，组织项目实施，执行和实现由倡导者提出的“该做什么”的工作。在6σ管理中，决定“该如何培训黑带和为其提供技术支持，推动黑带领导的多个项目”。

3）黑带

黑带是企业推行6σ管理中最关键的力量。黑带在6σ管理的一些先驱企业中通常是全职的，他们专门从事6σ改进项目，同时肩负培训绿带的任务。为绿带和员工提供6σ管理工具和技术的培训，提供一对一的支持。也就是决定“该怎么做”。一般来说，黑带是6σ项目的领导者，负责带领6σ团队通过完整的DMAIC模式(6σ改进模型，本章后面详细介绍)，完成6σ项目，达到项目目标并为组织获得相应的收益。通常黑带的任期为两年左右，在任期内需完成一定数量的6σ项目。

为什么要用黑带这个词来命名6σ管理的重要角色?

“黑带”这个词来源于柔道或跆拳道，是对练功人“功夫”等级的一种认证。对于初学者来说，腰带是白颜色或黄颜色的，他们要学习和掌握柔道或跆拳道的基本功法，但还不具备实战能力。只有经过若干场实战并取得了一定的战绩之后，才能系上黑腰带。也只有在这时，练功者才对如何在实战中运用基本功法有自己的体验。将“黑带”这个词移用于6σ管理中，是非常贴切的。6σ管理中的黑带不是“学历”等级，而是运用6σ方法解决实际问题的“功力”等级。

4）绿带

绿带是企业内部推行6σ管理众多底线收益项目的负责人，为兼职人员，通常为企业各基层部门的骨干或负责人。在很多6σ管理的先驱企业中，很大比例的员工都接受过绿带培训。绿带的作用是把6σ管理的新概念和工具带到企业日常活动中去。绿带是6σ活动中人数最多的，也是最基本的力量。

不同层次6σ角色的管理幅度会有所不同。表5-3说明了组织中需要不同层次6σ角色的百分比。同时，表5-3也给出了不同层次角色可管理的低级别角色的幅度。对小型组织而言(如100人)，需要1个黑带主管、6～12个黑带和25～50个绿带。对大型组织而言(如100000人)，需要1000个黑带主管、6000～12000个黑带和25000～50000个绿带。这个管理幅度意味着 6σ 管理在项目中必须是从战略层面上发起的，同时也是将 6σ 管理向不同组织层级推动的关键点。

表 5-3　6σ 角色的管理幅度

等级	组织需要此等级数量占组织人员总数的比率	管理幅度
黑带主管	1%	一个黑带主管一次可指导 10 个黑带。但如果黑带主管掌握了足够的技能，并有一些熟练黑带，就可以管理更多的黑带
黑带	6%～12%	一个黑带一次可以指导 4～8 个绿带
绿带	25%～50%	

5.2.3　6σ 管理的培训

培训是推动 6σ 管理的核心内容，培训类型包括黑带培训和团队培训。

6σ 管理中要求黑带具备整合并应用各种统计技术和工具，熟练地分析和解决问题的核心能力；具备指导并训练 6σ 项目团队成员及领导团队的能力。

黑带培训的关键就是打造其核心能力。黑带的培训一般由黑带主管或专门的培训机构承担，其课程的时间安排以周为单位，大约需要 160 小时，如果是定期进行的集中培训，一般需要 4 周左右的时间，时间跨度为 4 个月，每月培训 1 周，其余 3 周是在自己的岗位上进行实践。

团队培训是 6σ 项目团队组建后开始的培训。培训的对象为团队成员，特别是绿带。培训一般由黑带主管或黑带承担。团队培训与黑带培训相较而言，内容和范围将缩小，难度和要求将降低。培训过程不仅要求受训人接受常规的课堂培训，还特别强调将本项目的实施活动纳入培训内容，使项目团队成员在实际参与项目的过程中，理论水平和实践经验都得到提高。

美国代表性的黑带培训方案

当今美国具有代表性的黑带培训方案见表 5-4。

表 5-4　黑带培训方案

第一个月	第二个月
质量管理的发展历程	数据收集方法
6σ 统计学原理	测量系统分析
6σ 改进模型	根本原因分析
6σ 项目管理	寻找质量关键点
Minitab 软件介绍	顾客满意度测评
了解顾客需求	流程分析
建立有效团队	失效模式的影响分析
绘制流程图	统计过程控制

续表

第三个月	第四个月
置信区间 假设检验 方差分析 多元回归 相关分析	6σ改进与控制概论 过程改进图表技术 简单的试验设计技术 正交试验设计 Minitab 软件中的几种试验设计技术

资料来源：韩福荣，2004. 现代质量管理学[M]. 北京：机械工业出版社.

5.2.4 6σ团队的建设

6σ团队建设的过程应包括团队使命、基础、目标、角色、职责及主要里程碑等要素，表 5－5 列出了 6σ团队组成要素。

表 5－5 6σ团队组成要素

要 素	说 明
团队使命	团队成立或存在的目的
基础	团队的使命如何与企业目标或计划配套
目标	对现状及业绩的挑战
角色	团队成员(黑带、绿带)
职责	根据项目分配每位团队成员的职责和任务
主要里程碑	项目活动时间表、项目报告日期

随着团队成员共同工作，团队逐步进入成长和成熟阶段。理解这些发展阶段对有效管理团队来说是很有价值的。这些阶段可能表现出不同的强度和持续期，这取决于团队类型、团队工作环境及构成团队的个体。团队发展阶段的一般模型如下。

阶段 1：形成期——团队首次聚在一起，随之而来的是本人个性及反应自身环境的价值观。每个团队都是一个新的经历，甚至对那些以前曾参加过团队的成员来说也是如此。每个人都小心谨慎地进入这个环境，他们在这个新的经历中对角色和业绩感到忐忑不安。因此，在形成期，团队通常要阐明其目的，确定每个成员的角色，以及制订可接受的行为准则。

阶段 2：震荡期——在此期间，团队成员对团队任务的真实情况已完全理解，但团队成员仍首先作为个体来思考，并往往根据自己的经历做出决定，而不是与其他成员协商、广泛听取建议。随着团队一起工作，他们对实现项目目标的最佳方法可能存在分歧，甚至对项目的总体目标也可能存在分歧。大家还会发现每个人在项目中的工作方法不同，这些分歧可能引起团队内的争论甚至矛盾。对于团队来讲，如果不能处理好这一阶段的问题，很可能就会导致项目最终失败。对此，团队带头人应该事先估计到这是团队组建过程中必然出现的正常阶段。他可以通过与团队成员的个别沟通，重申团队的目标，鼓励成员发表解决问题的意见等方式，带领团队跨过这一阶段，必要时可以请业务负责人出面支持。

阶段 3：规范期——在此阶段，团队成员已从关心个人问题转变为关注与团队相关的挑战，个人已融入团队中。团队成员开始就各种问题达成一致，并愿意为了团队而协商并消除分歧，因而在这个阶段团队有了更多的协商和对话。

阶段 4：执行期——在此阶段，团队已经成为一个具有高度凝聚力的整体。团队成员对他人的优缺点及他们如何完成使命了如指掌，并能够群体解决问题。

虽然发展的 4 个阶段表明了时间的逻辑结果，但每个团队的实际发展过程千差万别。例如，前进到阶段 3 或阶段 4 的团队也可能退回到阶段 1 或阶段 2。

指导 6σ 团队的技巧

面对 6σ 管理的挑战，指导 6σ 团队必须有技巧。人们希望努力工作去争取成就，但个人的成就总是有限的，团队的绩效要优于个人成就。前面已经指出黑带不仅必须具备使用统计方法与工具的能力，而且必须拥有卓越的领导力与亲和力，使 6σ 团队成员相互依存、相互帮助，项目才能取得真正的成功。那么黑带如何领导团队取得成功呢？这需要务实的团队激励方法——TARGET，具体如下。

T(Truth，事实)：团队成员必须知道事实真相，黑带应该与团队成员坦诚沟通，分享经验，这有助于建立"勇于面对事实真相"的工作环境。

A(Accountable，负责)：团队成员应该为自己的业绩负责。黑带可以通过指导，诸如审查项目计划及定期检查项目实施情况等，提高团队成员的责任感。

R(Respect，尊重)：团队成员应该本着正直与坦诚的原则，相互学习，交换心得。直接点出问题，然后制订一个了解问题、探索问题的解决方案。

G(Growth，成长)：团队成员及团队本身都必须能够经由学习而成长，以便有能力挑战更困难的工作任务。黑带可以协助团队成员认识通过 6σ 活动成长的重要性，让团队成员愿意经由学习而成长。

E(Empowered，授权)：成功的群体仍需个别的行动。黑带应协助倡导者，让团队成员取得授权，落实个别的具体行动，发挥个人的特长。

T(Trust，信任)：作为一个有效的群体，6σ 团队成员之间应该相互信任，并且同心协力完成指定的任务。黑带可以协助团队成员增进彼此间的信任。

5.3 6σ 管理的程序与步骤

6σ 管理三部曲，包括 6σ 组织(已在 5.2 节介绍)、6σ 管理策划及 6σ 改进，是实现 6σ 管理的 3 个基本要素。6σ 项目的准备阶段，需要花费较多的精力认真策划。

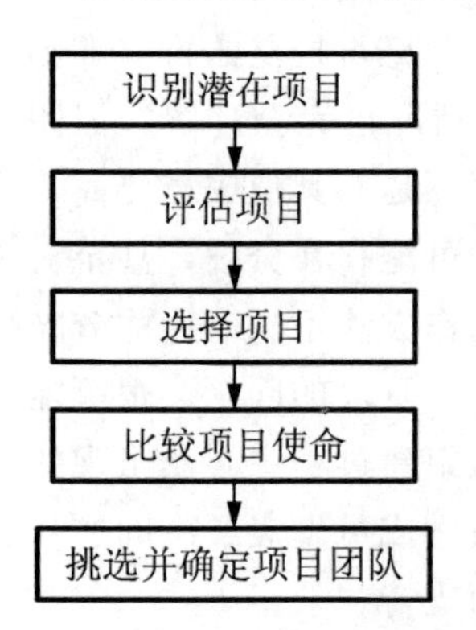

图 5.4 6σ 管理策划的主要程序

5.3.1 6σ 管理策划

6σ 管理策划(Planning for Six Sigma，PFSS)是 6σ 管理的第一个阶段，策划的目的是为项目实施指明方向。6σ 管理策划包括识别潜在项目、评估项目和选择项目等内容，其主要程序如图 5.4 所示。

在策划 6σ 项目之初，需评价一系列潜在的 6σ 项目，并从中挑选出最有希望被团队解决的项目。项目的评估应遵循以下几个方面的要求。

(1) 被挑选的项目必须是有实际意义的，项目完成后组织可获得一定收益，可从两个方面度量。第一，评价项目是否真正可使与顾客的需求和期望相关的业绩得到提高，进而让顾客满意直至忠诚。顾客的需求和期望在 6σ 管理中被称为质量关键点(Critical-to-quality，CTQ)。第二，评价项目是否在降低成本方面具有很大的潜力，可使组织减少隐含成本损失，提高财务效益。轻而易举就能解决的问题，或需要对现状做彻底改变才能解决的问题，都不宜作为 6σ 项目；经过努力，可以争取改进的项目才是 6σ 管理认为有意义的项目。

(2) 项目的可行性。项目的可行性是指组织在可配置和可调动的资源条件下，项目成功的可能性。应了解项目所需的资源，包括人力资源、财务资源、所需的专门技术及关键部门的协作要求，并与组织自身的资源能力进行比较，做出是否可行的决策。被挑选的项目应该是组织资源可支持的，项目的规模应该能使团队有能力完成，便于管理。

(3) 项目的影响。项目的影响是指项目成功后对组织的员工和部门产生的积极影响。评价项目是否可使组织的各部门在项目实施的过程中得到交叉职能的训练，使员工学到新的知识，提升组织的现代化管理水平。

在项目选择过程中经常会出现以下问题或错误。

① 项目欲解决的问题与企业发展重点或质量关键点等没有联系，因此体现不出项目价值，无法得到管理层的支持和承诺，此类问题不适合选为 6σ 项目。

② 项目改进内容不是针对质量关键点，项目实施后看不到对输出结果的改善，不见成效，此类问题也不适合选为 6σ 项目。

③ 没有对输出结果进行分析、分解，直接将输出结果作为 6σ 项目。由于影响输出结果的因素太多，项目太大，抓不住重点，项目很难达到目标，应该将输出结果分解成若干个具体的 6σ 项目。

④ 欲解决的问题原因已经明确，行动措施已经初步确定，此种问题应该立即采取行动，而不需要再选作 6σ 项目，避免浪费时间。

⑤ 项目衡量指标不明确或项目目标没有挑战性，此类问题浪费资源、无意义，不适合选为 6σ 项目。

⑥ 项目改善空间太小，预期收益太低，企业得不到适当的回报，此类问题也不适合选为 6σ 项目。

总之，选择合适的项目是企业 6σ 管理成功的关键。初次导入 6σ 管理的企业多花一些时间考虑是非常必要的。

知识要点提醒

在确定项目时通常要考虑以下问题。

(1) 确定项目。确定项目的方式有两种：一种是直接将质量关键点确定为 6σ 项目，如将改进顾客关心的某个产品质量特性作为改进项目；另一种是通过矩阵图，找出影响质量关键点的相关流程，将一个或几个流程的改善作为改进项目。

(2) 进行完整的问题陈述。言简意赅，定义问题并使之量化。

(3) 确定项目主题名称。

(4) 项目目标描述要做到 SMART，即明确性(Specific)、可测性(Measurable)、可达成性(Attainable)、相关性(Relevant)和时限性(Time-based)。

5.3.2 6σ改进模型——DMAIC模式

20世纪90年代，许多世界级的企业开始了6σ管理的实践。各个企业在6σ管理过程中都有自己的操作方法。6σ管理的创立者摩托罗拉公司就提出了著名的实现6σ管理的六步法。通用电气总结了众多企业实施6σ管理的经验，系统地提出了6σ改进的DMAIC模式。DMAIC模式现在被广泛认可，被认为是实施6σ管理更具操作性的程序。DMAIC由定义(Define)、度量(Measure)、分析(Analyze)、改进(Improve)和控制(Control)5个英文单词的首写字母组成，这5个词语也代表了DMAIC模式的步骤。依照DMAIC模式的5个步骤，6σ团队可以紧紧围绕公司目标，完成项目使命。DMAIC模式的实施步骤如图5.5所示。

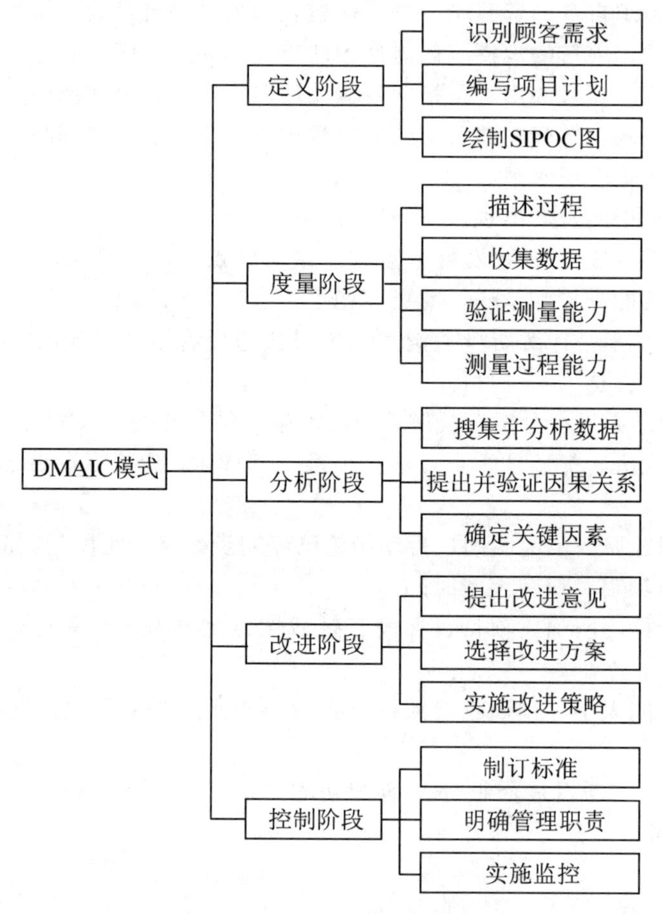

图5.5 DMAIC模式的实施步骤

1) D——定义

DMAIC模式的第一个步骤是定义阶段。在这个阶段，6σ团队必须明确的问题是：正在做什么？为什么要解决这个特定的问题？顾客是谁？顾客需求是什么？过去是怎样做这项工作的？实施改进将获得什么收益？等等。

定义阶段的内容包括以下几个方面。

(1) 制定DMAIC任务书，明确团队任务，确定目标和资源。各企业、各6σ项目的DMAIC任务书不尽相同，但主要内容有：为什么要选择实施这个6σ项目？本项目要解决的问题是什么？项目的目标是什么？解决这个问题涉及的范围和限制条件是什么？团队成员及其职责是什么？预期的DMAIC各阶段的时间安排是什么？

（2）识别顾客并明确其需求。顾客只有在其需求得到充分理解并获得期望的质量后，才会成为满意和忠诚的角色。关注顾客需求的企业应该建立一个能持续测评顾客满意度指数(Customer Satisfaction Index，CSI)的系统。

（3）界定缺陷。6σ质量的含义十分明确，即产品质量特性满足顾客的需求；在此基础上避免任何缺陷(或差错)，即在满足顾客需求的前提下，将缺陷控制在3.4×10^{-6}的水平。因此在定义阶段应该确定产品或过程质量水平的度量指标。可以采用3种度量指标——DPMO、RTY和C_p来衡量。

（4）考虑质量成本指标。质量成本参见第9章相关内容。

2）M——度量

度量是6σ管理分析的基础工作，通过度量收集质量关键点的基本数据，使量化管理成为可能，使统计技术与方法的应用成为可能。为了获取真实、准确、可靠的数据，需要对度量的系统进行校准。度量阶段需要收集整理数据，为量化分析做好准备。数据收集需要运用到一些方法，如抽样技术、检查表等。度量阶段的结果是得到初始的σ测量值作为改进的基准线。

3）A——分析

分析阶段主要是运用多种统计分析方法找出存在问题的根本原因。可以运用第3章中的统计分析方法，如排列图、因果图、相关图、直方图、控制图等，从人员、机器设备、物料、环境、测量、方法6个方面，寻找结果或问题的可能原因，确定过程的关键输入变量和关键输出变量。

4）I——改进

改进阶段需要确定影响y的主要原因x，寻求x与y的关系，建立x的允许变动范围。改进阶段需要使用第3章中介绍的质量改进的工具与技术，如相关回归分析等，用这些统计方法找到要改进的环节和方案再加以实施。在推行改进方案时必须要谨慎进行，应先在小规模范围内试行该方案，以判断可能会出现的错误并加以预防。试行阶段注意收集数据，以验证结果。根据方案的试行结果，修正改进方案，使之程序化、文件化，以便于实际实施。

小思考

降低缺陷率的措施有哪些？

可以采取下列措施降低缺陷率：简化工作任务，加强员工培训，提供书面的工作指导材料或其他现场指导，将程序及格式标准化，群策群力开发并使用更有效的操作方法，等等。

5）C——控制

控制阶段应努力将主要变量的偏差控制在许可范围。对流程进行一定的改进之后，必须注意要坚持，避免回到旧习惯和旧流程是控制阶段的主要目的。在为项目的改进做出不懈努力并取得相应的效果以后，团队的每一位成员都希望能将改进的结果保持下来，使产品或过程的性能得到彻底的改善。但是许多改进工作往往因为没有很好地保持控制措施，而重新返回原来的状态，使6σ团队的改进工作付之东流。所以控制阶段是一个非常重要的阶段。当然，6σ团队不能一直围绕着一个改进项目而工作，在DMAIC模式流程结束后团队和成员应开始其他的工作。因此，在6σ团队将改进的成果移交给日常工作人员前，要在控制阶段制订好严格的控制计划帮助他们保持成果。

DMAIC模式不是一次性的直线过程，在运用当中有些技术与方法会被反复使用。DMAIC模式各阶段的活动要点及工具见表5-6。

表5-6 DMAIC模式各阶段的活动要点及工具

阶段	活动要点	工具
D定义阶段	项目启动 寻找 $y=f(x)$	头脑风暴法、亲和图、树图、流程图、SIPOC图、因果图、质量成本分析、项目管理
M度量阶段	确定基准 测量 y，x_n	排列图、因果图、散布图、过程流程图、过程能力指数、故障模式分析、PDCA循环分析、直方图、趋势图、检查表、测量系统分析
A分析阶段	确定主要原因 确定 $y=f(x)$	头脑风暴法、因果图、水平对比法、5S法、质量成本分析、试验设计、抽样检验、回归分析、方差分析、假设检验
I改进阶段	消除主要原因 优化 $y=f(x)$	试验设计、质量功能展开、正交试验、测量系统分析、过程改进
C控制阶段	维持成果 更新 $y=f(x)$	控制图、统计过程控制、防差错措施、过程能力指数分析、标准操作程序、过程文件控制

拓展阅读

财务部门月度财务报表制作的6σ项目

某企业高层管理者指派一个6σ团队评审财务部门月度财务报表的制作情况，并将其作为一个可能的6σ项目。

(1) 定义阶段：包括确定项目的需求(与其他可能项目的相关性)、项目的成本和收益、项目所需要的资源和项目的进度计划。在经过SIPOC分析和VOC分析之后，6σ团队确认：高层管理者希望月度财务报表在7天之内完成(正常完成时间为7天，有1天的标准差)。同时6σ团队也确认月度财务报表完成时间不能低于4天(相关信息收集不完全)，也不能超过10天。6σ团队成员定义项目的目标如下。

减少(方向)周期(测量)的偏差以便制作准确无误的财务报表(系统)，在2004年2月10日前(完成时间)，从当前的7天水平之上加上或减去3～7天，达到加上或减去1.5天(目标)。

(2) 度量阶段：团队成员对周期内的变量进行可操作性定义，以便所有相关人员都同意这个定义(如明确界定计算时间周期的起点和终点)。然后，团队成员再进行统计研究，确定周期内变量的测量系统的有效性。最后，收集变量的基准数据，并用统计方法分析以对当前情况进行清楚的描绘。

(3) 分析阶段：包括用流程图确定每个质量关键点的可追溯变量 (X_S)。可追溯变量是影响质量关键点的因素。对质量关键点进行量化表述：$CTQ=f(X_1,X_2,\cdots,X_i)$，其中，$X_i$=假设对质量关键点有影响的可追溯的第 i 个变量。团队成员使用流程图确定所有的输入变量和系统变量，它们具体分别是：

X_1=A项目数据从请求到收到的天数

X_2=B项目数据从请求到收到的天数

X_3=C项目数据从请求到收到的天数

X_4=D项目数据从请求到收到的天数

X_5=重新排列项目数据到准备报告的天数

X_6=准备报告的天数

X_7=财务书记员(Mary或Joe)准备报告的天数

X_8=报告的错误数

X_9=修正报告的天数

X_{10}=财务主管(Harry或Sue)审核报告的天数

X_{11}＝报告发布之前所需的签名数

报告发布之前所需的签名数(X_{11})可能会影响制作报告的平均时间，或财务书记员准备报告的天数(X_7)可能会对制作报告时间的可变性造成很大影响。然后，团队成员对X_S进行可操作性定义并对如何确定测量系统有效性进行统计研究。接下来，成员需要收集基准数据并使用控制图确定X_S的当前状态。最后，成员对数据进行研究，并对X_S和CTQ的关系进行假设检验。X_1(A项目数据从请求到收到的天数)，X_3(C项目数据从请求到收到的天数)，X_7[财务书记员(Mary或Joe)准备报告的天数]和X_{10}[财务主管(Harry或Sue)审核报告的天数]可能对CTQ更为重要。而其他X_S不直接对CTQ产生影响。

(4) 改进阶段：团队成员进行试验确定分析阶段已经确定的关键X_S的水平，以便减少做财务报告时发生的偏差。试验揭示了成员必须与负责A产品线与C产品线的工作人员一起努力减少将产品清单送到制作报告的部门的天数的平均数和标准差。并且，试验还揭示了准备报告的书记员与审核报告的财务主管之间的关系。分析显示，如果Mary准备报告，则最好是由Sue来审核报告，如果Joe准备报告的话，就由Harry来审核报告。制作财务报告的修订系统的试验运行显示，它最终制作出了平均数为7天的正态稳定分布，标准差为1.5天。

(5) 控制阶段：团队成员采用风险管理和防错法来确定潜在问题和方法，并且根据X_1、X_3、X_7、X_{10}变量来避免这些问题。例如，他们建立程序来保证系统中的财务书记员和财务主管之间的连接，进行数据收集来确定和解决系统将来会出现的问题。新系统要标准化并在手册中详细记录。此时，成员就可以把修订好的系统交给过程所有者，便可以庆祝了。而过程所有者就继续把当前水平的过程持续不断地向修订好的过程改进。制作报告的天数分布已经改进到平均数为7天、标准差为1.5天的稳定的可预测的正态分布。

资料来源：尤建新，张建同，杜学美，2003. 质量管理学[M]. 北京：科学出版社.

本章小结

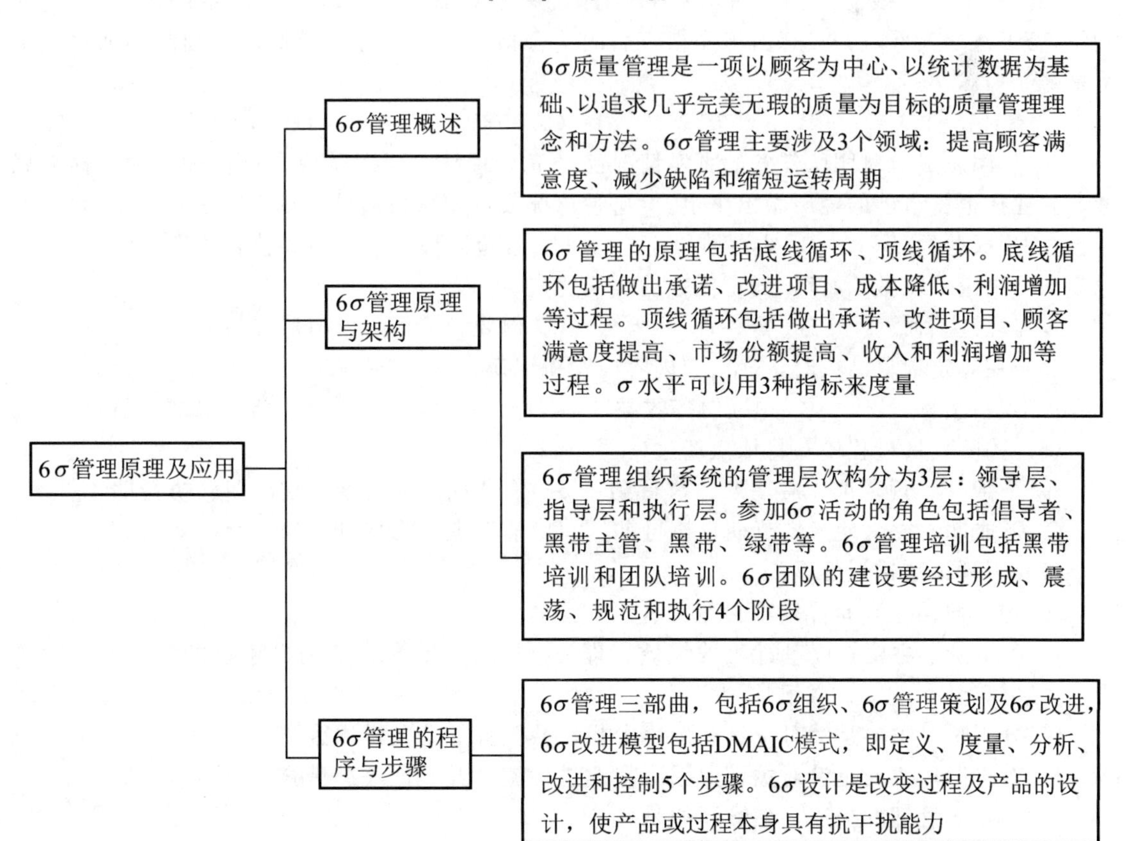

底线循环
顶线循环
滚动通过产出率
缺陷机会数
百万机会缺陷数
DMAIC 模式

习　　题

1. 选择题

(1) 当过程的平均数与规格的中心一致时，6σ 质量水平意味着(　　)。

A. 10 亿次的缺陷发生机会中发生 2 次缺陷

B. 100 万次的缺陷发生机会中发生 3.4 次缺陷

C. 100 万个产品中发生 2 个不良

D. 10 亿个产品中发生 2 个不良

(2) 一个生产线有 3 道工序，每道工序的一次产出率分别为 $FTY_1=95\%$，$FTY_2=90\%$，$FTY_3=98\%$，假设每道工序结束后的不合格品都不能返工或返修，则滚动通过产出率是(　　)。

A. 83%　　B. 83.79%　　C. 90%　　D. 87%

(3)“团队成员对团队任务的真实情况已经完全理解，但团队成员仍首先作为个体来思考，并往往根据自己的经历做出决定。”这种情况表示团队目前处于哪个阶段？(　　)

A. 形成阶段　　B. 震荡阶段　　C. 规范阶段　　D. 执行阶段

(4) 决定“该做什么”，确定任务的实施优先顺序是(　　)的任务。

A. 黑带主管　　B. 黑带　　C. 倡导者　　D. 绿带

(5) 在界定项目结束时，(　　)内容应当得以确定。(多选题)

A. 项目目标　　B. 预期财务收益　　C. 主要过程　　D. 项目参加人员

(6) 团队发展过程中，将依次经过(　　)。

A. 形成期、规范期、震荡期、执行期　　B. 震荡期、形成期、规范期、执行期

C. 形成期、震荡期、规范期、执行期　　D. 震荡期、形成期、执行期、规范期

(7) 下列说法错误的是(　　)。

A. 定义阶段主要是界定项目范围、组成团队

B. 度量阶段主要是度量过程的绩效，即 y，在度量前要验证测量系统的有效性，找到并确认影响 y 的关键原因

C. 分析阶段主要是针对 y 进行原因分析，找到并验证关键原因

D. 改进阶段主要是针对关键原因寻找改进措施，并验证改进措施

(8) 对 6σ 管理的描述，最恰当的是(　　)。

A. 仅为解决质量问题的方法　　B. 整体业务改进的管理模式

C. 一种统计解决问题的方法　　　　　　D. 能解决所有问题的万能方法

(9) 在 6σ 管理的组织结构中，陈述正确的是(　　)。

A. 黑带应当自主决定改进的项目

B. 绿带的数量和素质是推行 6σ 管理获得成功的关键因素

C. 倡导者对 6σ 活动整体负责，确定前进方向

D. 以上都不是

(10)(　　)不是评价 6σ 项目的选定正确性时必须考虑的标准。

A. 问题的严重性　　　　　　B. 事业上的影响度

C. 课题的紧急性　　　　　　D. 是否具备可测量的数据

2. 判断题

(1) 定义阶段中的 SIPOC 是未来理想的过程。　(　　)

(2) 底线是指账面上的利润，是产品/服务的销售成本和费用的函数。　(　　)

(3) 黑带是企业内部推行 6σ 管理众多底线收益项目的负责人，为兼职人员，通常为企业各基层部门的骨干或负责人。　(　　)

(4) 倡导者是指来自企业各个部门，经过 6σ 改进过程和工具的全面培训，熟悉 6σ 改进过程，具有较强的组织与协调能力，指导或领导 6σ 改进项目的人员。　(　　)

(5) 质量关键点就是满足关键的顾客要求或过程要求的产品或过程特性。　(　　)

(6) 缺陷是不满足质量关键点规范的任何事件。　(　　)

(7) 计点型数据是指通过计数得到的不能连续取值的离散型数据。　(　　)

(8) 连续型数据是指通过测量得到的可任意取值的连续型数据。　(　　)

3. 简答题

(1) 6σ 管理的原则是什么？

(2) 6σ 管理涉及的主要领域有哪些？

(3) 6σ 管理团队成员有哪些？

(4) 6σ 改进模型是什么？

(5) 6σ 管理与全面质量管理及 ISO 9001 质量管理体系认证的关系是什么？

4. 计算题

(1) 产品须经过 5 道子过程，产品流程及每个子过程的首次产出率 FTY 如下。

工程(FTY)：A(93.4%)→B(75.5%)→C(89.2%)→D(94.7%)→E(92.8%)

计算该过程的 RTY 是多少？

(2) 计算下面顾客服务的缺陷率。

职能：顾客服务　产品：热线电话　缺陷：顾客对回答不满意　缺陷数：126

单位：每次电话　单位数：3000　出错机会数：1

计算 DPU 与 DPMO。

【实际操作训练】

1. 计算某一过程的 RTY 和 σ 水平。

2. 确定高等教育的质量关键点。

参考答案

通用电气塑料公司 6σ 管理的成功实践

1992 年，伊梅尔特是通用电气塑料公司的经理，他在塑料公司竭力推广 6σ 管理，将其运用到 3000 多个革新项目中，取得了 1.37 亿美元的回报，在通用电气 6σ 管理实施中留下了光辉的一页。伊梅尔特后来能成为韦尔奇的接班人与他在塑料公司大力实施 6σ 管理不无关系。这也证实了要想在通用电气得到重用和提拔，就看是否在 6σ 管理方面有所建树的说法。

通用电气塑料公司的聚合物部是一个经销热塑树脂的部门。塑料公司一个最大、最有利可图的客户对塑料公司发难："你们运送的产品被污染得太多，无法继续合作。"实际上很久以来客户经常收到受损产品，尽管可以将这些受损产品向塑料公司退货，但客户在这方面花的时间和人力已经让人感到沮丧。统计数据表明，从 1997 年 1 月到 6 月 30 日的半年里，聚合物部共向所有客户发送了 124967 吨的产品，其中有 80 吨的产品受到污染。这表明聚合物部的送货质量水平只有 4.7 个 σ，DPMO 为 680。聚合物部很快意识到问题的严重性和解决问题的迫切性，他们向客户做出承诺：非常关注此问题，将尽快找到解决方案。

1）聚合物部的"定义"阶段

聚合物部的界定表见表 5-7。

表 5-7　聚合物部的界定表

项目名称	项目描述
客户	最终客户是购买聚合物部产品的企业
CTQ	无损害交货
缺陷	客户反馈产品受损或货仓确认受损
单位	运送的每一吨产品
质量成本	受损产品的处理、折旧和库存成本

选择流程的质量关键点，确定绩效标准，确定绩效目标，设立基准。

2）聚合物部的"度量"阶段

6σ 团队决定从货运产品的货仓开始，仔细地逐个检查 10 个货仓，试图确定损害发生地点，结果发现 Maumee 和 Piedmont 产生的残次品最多；同时发现 Brampton 达到了 6σ 质量水平。

经过计算得出，在 10 个货仓所在地中，共有 50 条不同的产品线、14 种不同的包装，以及 100 个运载工具，这样有可能引发质量问题的变量组合大约有 700000 种。

(1) 确定流程生产率。

(2) 校验评价系统。

(3) 收集初始数据。

(4) 影响质量关键点的因素是什么？

(5) 发生缺陷的频率是多少？

(6) 描述并画出流程图。

3）聚合物部的"分析"阶段

6σ 团队聚焦于 Maumee 和 Piedmont 两个问题最多的货仓。他们发现 95%的受损包装在一边的底部有两个小孔，引起产品泄漏；87%的损害发生在集装箱被叉车堆叠起来或装入货车的时候。通过相关分析发现室内受损集装箱数与客户收到的受损产品有密切关联，还发现产品包装方式与损害发生类型之间也有较强的相关性。

(1) 缺陷发生在何时、何地?

(2) 对测量所获数据进行统计分析。

(3) 确认对质量关键点影响最大的关键因素。

(4) 有缺陷的工艺与流程是否相关?

在现场让6σ团队困惑的是为什么包装在地面上摩擦竟然没事，而在用叉车处理时会受损。后来发现叉车的前叉比箱底要突出15.24～22.86厘米，所以当前叉车深深插在要起出的集装箱下面时，后面的集装箱被刺破了。但是Brampton货仓使用相同的叉车，却为什么能达到6σ水平? 在众多的分析中，最有价值的解释是司机操作叉车的经验和控制能力是关键。3个货仓的比较见表5-8。

表5-8　3个货仓的比较

地　　点	司机平均工作年数	集装箱室内受损率(DPMO)
Brampton	20年	0
Maumee	5.8年	995
Piedmont	4年	4628

4) 聚合物部的“改进”阶段

(1) 进一步明确要解决的问题。

(2) 对那些确定的关键问题进行改进。

(3) 研究制订改进的实施方案。

方案一：公司花费高昂的代价雇用有丰富经验的叉车司机在Maumee和Piedmont工作。

方案二：对Maumee和Piedmont的司机开展大量培训。

方案三：安装稍短些的前叉，消除前叉的突出。

6σ团队通过比较，选择了方案三。

5) 聚合物部的“控制”阶段

控制阶段的任务就是保证流程稳定运行。在通用电气，任何6σ项目在完成之前都必须通过数据点验证。数据点可以显示时间间隔，能够反映在给定时间内某个事件发生的频率。数据点还可以是重量单位、长度单位等。在聚合物部的例子中，数据点是一段时间，可以是2周，也可以是2个月。黑带必须证明他们的项目在这段时间里可以提供实用的、耐久的解决方案。控制阶段要考虑的问题：解决方案是否有效? 改进过程是否会引起新的问题?

资料来源：何晓群，2003. 六西格玛及其导入指南[M]. 北京：中国人民大学出版社.

企业展示

分析与讨论：

(1) 为什么通用电气塑料公司实施6σ管理能获得令人瞩目的成绩?

(2) 从中可以得到什么启发?

第6章

抽样检验原理与应用

本章教学要点

知识要点	掌握程度	相关知识
抽样检验	了解	全数检验与抽样检验
批质量判断过程	掌握	一次抽样检验方案，二次抽样检验方案，多次抽样检验方案
抽样检验特性曲线	熟悉	抽样检验的两种风险，N、n、c 对 OC 曲线的影响，接收概率
抽样检验方案	重点掌握	计数抽样检验方案和计量抽样检验方案

本章技能要点

技能要点	熟练程度	应用方向
计数标准型一次抽样检验方案	重点掌握	可用于(但不限于)下述各种产品(产出物)：最终产品、零部件和原材料、维修操作、数据或记录、管理程序
计数调整型抽样检验方案	掌握	适用于连续多批的产品检验，包括成品、部件和原材料、库存品等

案例延伸

抽样检验的发展

美国的道奇和罗米格于1929年联合发表了关于挑选型抽样体系的抽样检验表，开始了利用数理统计方法制订抽样检验方案的研究。此后，抽样检验的发展较快，特别是在第二次世界大战期间，军用产品检验的迫切需要，促进了抽样检验的发展，1942—1944年美国陆军研制出抽样检验标准——ASF表，1948年，美国国防部将此表改为“JAN－STD－105方案”。后经美国、英国、加拿大联合修订，形成ABC－STD－105方案。1974年，国际标准化组织将它作为国际标准。与此同时，还研究编制出适用于不同情况的各种类型抽样检验表达数十种。

日本从20世纪50年代初到20世纪70年代初，先后制定出10种抽样检验标准，其他一些工业发达的国家都有自己的抽样检验标准。

我国已发布多项统计抽样检验国家标准，主要有GB/T 2828.1—2012(计数型)和GB/T 6378.1—2008(计量型)等。

在一定条件下，抽样检验方法是一种既经济又可靠的检验方法，虽然只有七八十年的历史，但得到了广泛的应用。

资料来源：陈国华，陈斌，2001. 新编质量管理[M]. 南昌：江西高校出版社.

6.1　抽样检验概述

产品的质量检验是企业质量管理工作的一个重要组成部分。所谓产品的质量检验，就是用某种方法对产品进行测定，将测定的结果同质量标准相比较，从而判断一件产品或一批产品是否合格。对于不同的检验对象，在不同的情况下，可以采取不同的质量检验方式。选择的原则是既要保证质量，又要便于生产，还避免增加检验的工作量。在企业实际工作中，质量检验方式分类见表6－1，要根据具体情况加以选择。

拓展阅读

表6－1　质量检验方式分类

分类标志	质量检验方式	
按工作过程的次序分	进货检验	
	工序检验	首件检验
		中间检验
		完工检验
	成品检验	
按检验地点分	固定检验	
	流动检验(巡回检验)	
按检验数量分	全数检验	
	抽样检验	

从既要保证质量，又要提高经济效益的原则出发，若制造质量低于检验质量，则应进行全数检验；若制造质量等于检验质量，则应进行抽样检验；若制造质量超过检验质量，则可以不进行检验，而是通过加强质量管理的办法来保证质量。

6.1.1　全数检验与抽样检验

在工业企业的生产过程中，为了防止不合格的半成品流入下道工序或防止不合格品出厂，需要对产品进行检验。

判定整批产品质量好坏的方法有两种。

1）全数检验

全数检验是对提交检验的一批产品逐个进行试验或测定，将其划分为合格品或不合格品的检验。

2）抽样检验

抽样检验，就是从一批产品中随机抽取一部分进行检验，通过这部分产品检验来对整批产品的质量进行评价，并对这批产品做出合格与否的结论。

抽样检验与全数检验相比，检验的产品数量少，检验费用低，但抽样检验不是对交检批的全部产品进行测量，所以即使判定检验批合格，其中也或多或少地含有一些不合格品。

知识要点提醒

拓展阅读

全数检验一般适用于以下情况。

(1) 检验费用低。

(2) 检验项目少。

(3) 检验是非破坏性的。

(4) 绝对不允许存在不合格品。

抽样检验一般适用于以下情况。

(1) 破坏性的检验。

(2) 测定对象是连续体(如铁水等)。

(3) 产品数量多。

(4) 检验项目多。

(5) 希望检验费用低。

(6) 想促进生产者加强质量管理。

全数检验退给生产者的只是不合格品，而抽样检验退给生产者的是不合格批，由于不合格批中含有相当比率的合格品，不论如何处置，其损失都很大。因此，对于生产者来说，只有提供高于批质量标准的产品批才有利，因此，采用抽样检验，可以刺激生产者加强质量管理工作，进一步提高产品质量。

人们往往认为，只有通过全数检验，产品质量才有保证，抽样检验不可靠。因此，我国各工业部门对具有非破坏性的产品质量检验，很多仍采取全数检验的方法。而实践证明，这种做法是不经济的，当产品数量很大时，全数检验并不能保证产品百分之百都是合格品，这是因为检验工长时间地进行检验，容易产生疲劳，不可避免出现错检或漏检现象。例如，某厂对一批电子元件进行 4 次全数检验，结果第一次剔除的不合格品为总数的 68%；第二次为 18%；第三次为 8%；第四次为 4%；最后还有不合格品总数的 2%残留在合格品中。

正确地采用抽样检验，可以把交检批中的不合格品数控制在允许的范围之内，因此，在产品检验中，应大力推广抽样检验方法。

6.1.2 抽样检验中常用的名词术语

(1) 单位产品。这是为了实施抽样检验而划分的单位体或单位量。

对于按件制造的产品来说，一件产品就是一个单位产品，如一批螺母中的每个螺母，一批机床中的每台机床。但是，对于有些产品来说，单位产品的划分不是很明确，如铁水、钢水是连续性产品，很难自然地划分为单位产品，因此，这类产品的单位产品的划分带有任意性。像钢水，由于要求不同，可以将一炉钢水作为单位产品，也可以将一勺钢水作为单位产品。

(2) 批，又称交检批或提交批，是指作为检查对象而汇集起来的一批产品。

批的形式有稳定批和流动批两种。前者是将整批产品存放在一起，即批中所有单位产品是同时交检的；后者则不同，流动批中的各单位产品一个一个地从检查点通过。

如果条件许可，最好采用稳定批的形式。稳定批的优点是容易进行抽样检查，但有时需要较大的存放地点，这是它的不足之处。而这一点又恰恰是流动批形式的优点。因此，成品检查常用稳定批形式，工序间的检查可用流动批形式。

一个批应当由基本相同的制造条件下、大约相同的时期内所制造出来的同种单位产品构成。换句话说，一批内不能混合来源不同或进料批次不同的原材料所生产的单位产品；不能混合不同班次、不同工人制造的单位产品；不能混合不同形状、不同式样、不同时期生产的单位产品；等等。因为如果将混合不同质量的产品组成批，就难以判别产品的质量，会给用户带来不便。

(3) 批量。批量是指交检批中包含的单位产品总数。

一个工厂内部的产品(原材料、半成品或成品等)检查采用的批量，应当因时而变、因地制宜。体积小、质量稳定的产品，批量宜大些，但是不宜过大。批量过大不易取得具有代表性的样本，同时，这样的批一旦被拒收，经济损失大。

(4) 单位产品缺陷。凡是单位产品不符合产品技术标准、工艺文件、图样等规定的技术要求中的任何一点，即构成单位产品的一个“缺陷”。按照单位产品不符合技术要求的严重程度，缺陷又可分为致命缺陷、严重缺陷和轻微缺陷3个等级。

(5) 不合格品与合格品。有一个或一个以上缺陷的单位产品称为不合格品。根据不合格品的缺陷不同，又可分为以下几种。

① 致命不合格品。有一个或一个以上致命缺陷，也可能还有严重缺陷或轻微缺陷的单位产品称为致命不合格品。

② 严重不合格品。有一个或一个以上严重缺陷，也可能还有轻微缺陷但不包括致命缺陷的单位产品称为严重不合格品。

③ 轻微不合格品。有一个或一个以上轻微缺陷，但不包括致命缺陷或严重缺陷的单位产品称为轻微不合格品。

不包括上述任何一种缺陷的单位产品称为合格品。

(6) 批不合格品率。批不合格品率是指批中不合格品数占整个批量的百分比，即

$$P=\frac{D}{N}\times 100\% \tag{6-1}$$

式中 P——批不合格品率；

D——批中不合格品数；

N——批量。

批不合格品率是衡量批产品质量水平的一个重要指标，在抽样检查中经常用到。亦可用批的每100个单位的缺陷数来表示批产品质量水平，这时可用式(6-2)计算。

$$批的每100个单位的缺陷数=\frac{100C}{N} \tag{6-2}$$

式中　C——一批中的缺陷数。

(7) 过程平均不合格品率。过程平均不合格品率是指数批产品在初次(不包括第一次不合格经过返工再次提交的批)检查时发现的平均不合格品率，即

$$\bar{P}=\frac{D_1+D_2+\cdots+D_k}{N_1+N_2+\cdots+N_k}\times 100\%=\frac{\sum_{i=1}^{k}D_i}{\sum_{i=1}^{k}N_i}\times 100\% \tag{6-3}$$

式中　$\bar{P}$——过程平均不合格品率；

N_i——第 i 批产品的批量；

D_i——第 i 批产品中的不合格品数；

k——批数。

在实践中，$\bar{P}$ 值是不易得到的，怎么办？可以利用抽样检查的结果来估计。

假设，从上述 k 批产品中顺序抽取含量为 n_1，n_2，…，n_k 的 k 个样本。k 个样本中出现的不合格品数依次为 d_1，d_2，…，d_k。其计算公式为

$$\bar{P}=\frac{d_1+d_2+\cdots+d_k}{n_1+n_2+\cdots+n_k} \tag{6-4}$$

在这里，$\bar{P}$ 称为样本的平均不合格品率，它是过程平均不合格品率的一个良好的估计值。

知识要点提醒

如果采用二次抽样检验，在计算过程平均不合格品率时只能使用第一个样本。计算过程平均不合格品率的目的，是估计在正常情况下所提供的产品不合格品率。

如果生产条件稳定，过程平均不合格品率可用来预测最近将要交检的产品不合格品率。不正常情况下获得的检查数据应当剔除。经过返工或挑选后再次交检的批产品的检查数据，不能用来计算过程平均不合格品率。

用于计算过程平均不合格品率的批数，一般不应少于20批。如果是新产品，开始时可以用5～10批的抽查结果进行计算，以后应当至少用20批。一般来讲，在生产条件基本稳定的情况下，用于计算过程平均不合格品率的产品数越多，检查的单位产品数量越大，对产品质量水平的估计越可靠。

6.2　批质量判断过程

抽样检验的对象是一批产品，而不是单个产品。在交检批中，允许有一部分不合格品，可用批不合格品率 P 作为衡量批质量好坏的指标。

在抽样检验的实践中，为了适应各种不同的情况，已经形成了许多具有不同特点的抽样检验方案。

6.2.1　一次抽样检验方案

一次抽样检验方案，即只需从批量 N 中抽取一个样本，根据样本的检验结果来判定批合格与不合格，决定接收或拒收的抽样检验方案。

例题

【例 6-1】有一个一次抽样检验方案：批量 $N=2000$，样本含量 $n=80$，合格判定数 $c=2$，不合格判定数 $R=3$，试设计一次抽样检验方案的检验程序。

解：一次抽样检验方案的检验程序如图 6.1 所示。

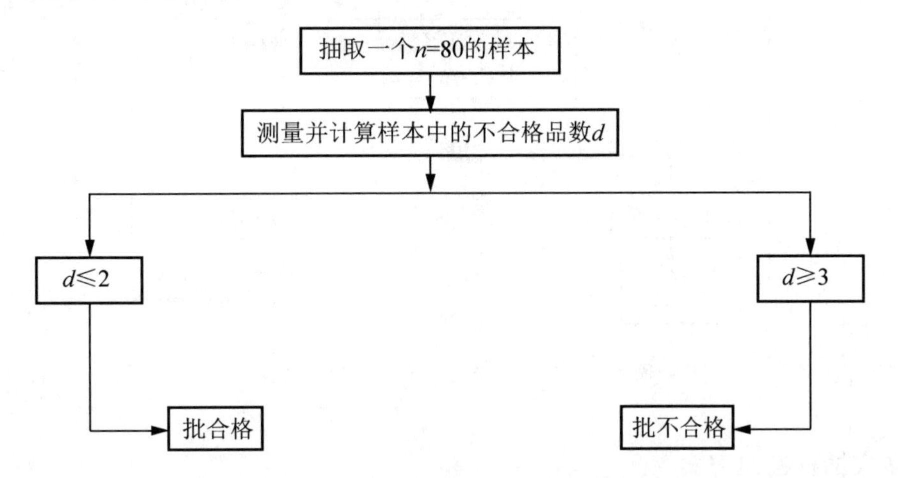

图 6.1　一次抽样检验方案的检验程序

6.2.2　二次抽样检验方案

二次抽样检验方案，是从批量 N 中最多抽取两个样本之后，就应做出批合格与否判断的抽样检验方案。

二次抽样检验方案的特点是，规定最多抽取两个样本，但是，这并不是说每次都必须抽两个样本，只要第一次能做出合格与否的判断，就不需要再抽取第二个样本。

例题

【例 6-2】有一个二次抽样检验方案，见表 6-2。试设计二次抽样检验方案的检验程序。

表 6-2　二次抽样检验方案

抽样次	样本含量 n	累计样本含量 $\sum n$	合格判定数 c	不合格判定数 R
第一次抽样	80	80	2	5
第二次抽样	80	160	6	7

解：二次抽样检验方案的检验程序如图 6.2 所示。

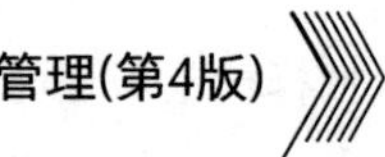

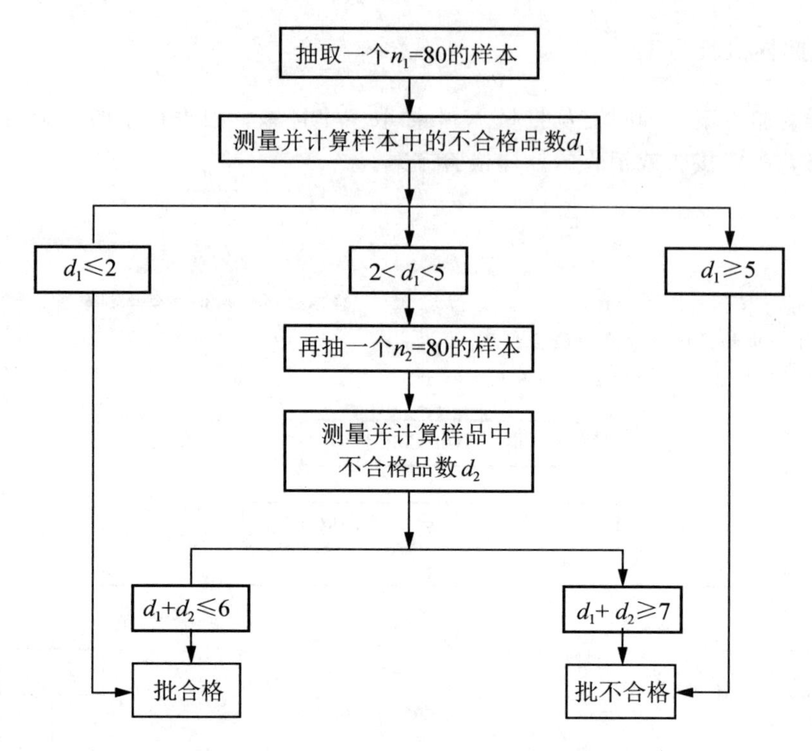

图 6.2　二次抽样检验方案的检验程序

6.2.3　多次抽样检验方案

多次抽样检验方案即从批量 N 中抽取多个样本之后，才能对批产品质量做出合格与否判断的抽样检验方案。

例题

【例 6-3】 有一个五次抽样检验方案，见表 6-3，试设计多次抽样检验方案的检验程序。

表 6-3　五次抽样检验方案

抽样次	样本含量 n	累计样本含量 $\sum n$	合格判定数 c	不合格判定数 R
第一次抽样	200	200	0	4
第二次抽样	200	400	1	6
第三次抽样	200	600	3	8
第四次抽样	200	800	5	9
第五次抽样	200	1000	9	10

解：五次抽样检验方案的检验程序，如图 6.3 所示。

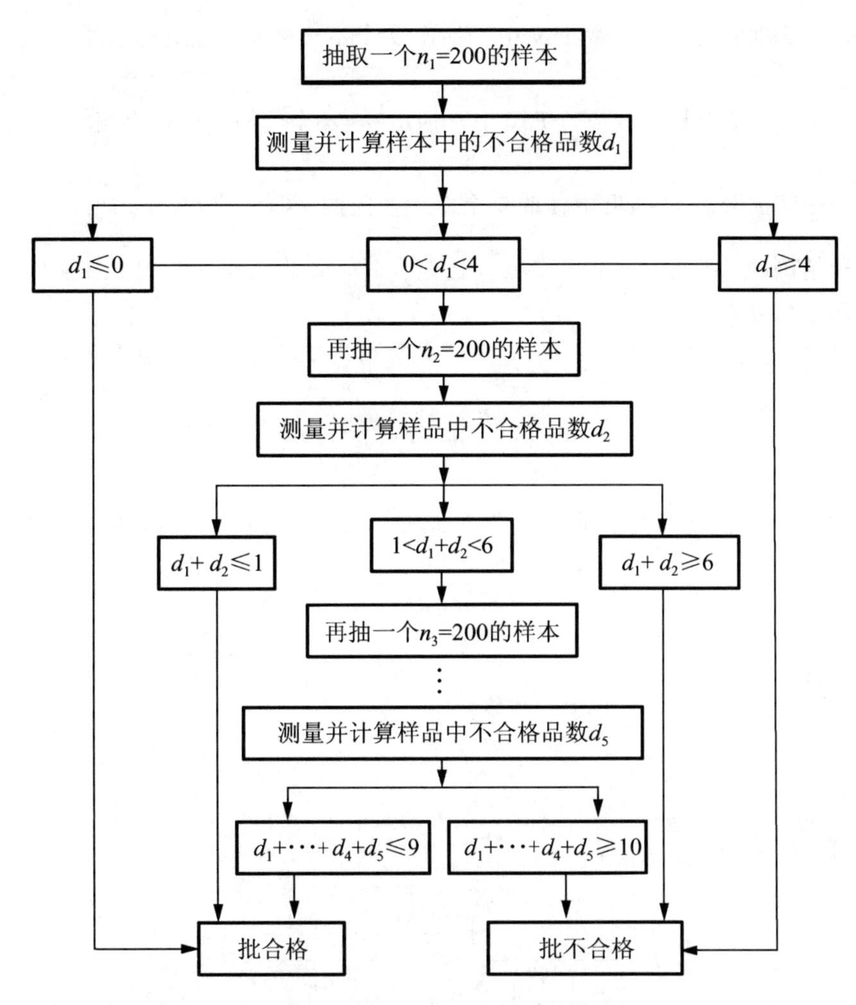

图 6.3　五次抽样检验方案的检验程序

6.3　抽样检验特性曲线

6.3.1　样本中不合格品出现的概率

从批量为 N、不合格品率为 P 的一批产品中，随机抽取含量为 n 的样本，样品中出现的不合格品数将是一个随机事件，其出现的可能性可用概率来描述。

一般来说，样本中出现不合格品数 d 的概率遵循超几何分布，即

$$P_{(d)}=\frac{\binom{PN}{d}\binom{N-PN}{n-d}}{\binom{N}{n}} \tag{6-5}$$

式中　$P_{(d)}$——样品中出现不合格品数 d 的概率；

$\begin{pmatrix}PN\\d\end{pmatrix}$——从批的不合格品数 PN 中，抽出 d 个不合格品的所有组合数；

$\begin{pmatrix}N-PN\\n-d\end{pmatrix}$——从批的合格品数 $N-PN$ 中，抽出 $n-d$ 个合格品的所有组合数；

$\begin{pmatrix}N\\n\end{pmatrix}$——从批量为 N 的批中抽取 n 个单位产品的所有组合数。

这是一种精确的计算方法。但当 N、n 比较大时，计算工作量较大。在实际工作中可借助阶乘对数表进行计算。

如果批量 N 远远大于 $n(N/n\geqslant 10)$，上述计算可用二项分布式作近似计算：

$$P_{(d)}=\begin{pmatrix}n\\d\end{pmatrix}P^d\,(1-P)^{n-d} \tag{6-6}$$

如果批的不合格率在10%以下，批量 N 远远大于 $n(N/n\geqslant 10)$，则可用泊松分布式作近似计算：

$$P_{(d)}=\frac{(nP)^d}{d\,!}\mathrm{e}^{-nP} \tag{6-7}$$

其中，e=2.7183。

例题

【例 6-4】 已知 $N=100$，$n=10$，$P=0.05$，求 $d=1$ 的概率是多少？

解： 用式(6-5)计算本例，其结果如下。

$$P_{(d=1)}=\frac{\begin{pmatrix}5\\1\end{pmatrix}\begin{pmatrix}100-5\\10-1\end{pmatrix}}{\begin{pmatrix}100\\10\end{pmatrix}}=\frac{\frac{5!}{1!\times 4!}\times\frac{95!}{9!\times 86!}}{\frac{100!}{10!\times 90!}}\approx 0.3394$$

用式(6-6)计算本例，其结果如下。

$$P_{(d=1)}=\begin{pmatrix}10\\1\end{pmatrix}\times 0.05\times(1-0.05)^{10-1}=\left(\frac{10!}{1!\times 9!}\right)\times 0.05\times 0.95^9$$
$$\approx 10\times 0.05\times 0.630249\approx 0.3151$$

用式(6-7)计算本例，其结果如下。

$$P_{(d=1)}=\frac{(10\times 0.05)^1}{1!}\times 2.7183^{-10\times 0.05}=\frac{0.5}{1}\times 2.7183^{-0.5}\approx 0.5\times 0.60653\approx 0.3033$$

6.3.2 接收概率及其计算

所谓接收概率，是根据规定的抽样检验方案，对具有一定质量水平的产品批进行抽样检验，其结果判为合格而被接收的概率，它是批不合格品率 P 的函数，一般写为 $L_{(P)}$。

对 $C(n,c)$ 这样的抽样检验方案抽检，其接收概率 $L_{(P)}$ 如何计算？

由上可知，样品中出现的不合格品数为0，1，2，…，c 时，均判定该批合格。

根据样本中不合格品出现概率计算公式，很容易推导出接收概率的计算公式。

1）超几何分布计算法

$$L_{(P)} = P_{(d=0)} + P_{(d=1)} + \cdots + P_{(d=c)}$$

$$= \frac{\binom{PN}{0}\binom{N-PN}{n-0}}{\binom{N}{n}} + \frac{\binom{PN}{1}\binom{N-PN}{n-1}}{\binom{N}{n}} + \cdots + \frac{\binom{PN}{c}\binom{N-PN}{n-c}}{\binom{N}{n}} \quad (6-8)$$

$$= \sum_{d=0}^{c} \frac{\binom{PN}{d}\binom{N-PN}{n-d}}{\binom{N}{n}}$$

【例 6-5】 已知 $N=1000$，$n=30$，$c=3$，如 $P=5\%$，求该批产品的接收概率。

解： 用式(6-8)进行计算：

$$L_{(P)} = L_{(5\%)} = \sum_{d=0}^{3} \frac{\binom{50}{d}\binom{1000-50}{30-d}}{\binom{1000}{30}}$$

$$= \frac{\binom{50}{0}\binom{950}{30}}{\binom{1000}{30}} + \frac{\binom{50}{1}\binom{950}{29}}{\binom{1000}{30}} + \frac{\binom{50}{2}\binom{950}{28}}{\binom{1000}{30}} + \frac{\binom{50}{3}\binom{950}{27}}{\binom{1000}{30}}$$

$$\approx 0.210 + 0.342 + 0.263 + 0.128 = 0.943$$

$L_{(P)}=0.943$，其含义是，如果有 100 批进行抽样检验，将有 94 批可能为合格被接收，还有 6 批可能被判定为不合格而被拒收。

2）二项分布计算法

当 $N/n \geqslant 10$ 时，接收概率 $L_{(P)}$ 可以用式(6-9)计算：

$$L_{(P)} = \sum_{d=0}^{c} \binom{n}{d} P^{d} (1-P)^{n-d} \quad (6-9)$$

【例 6-6】 已知 $N=3000$ 的一批产品提交检查，若使用(30，1)的抽样检验方案，当 $P=1\%$时，试求 $L_{(P)}$。

解： $L_{(P)} = L_{(1\%)} = \sum_{d=0}^{1} \binom{n}{d} P^{d} (1-P)^{n-d}$

$$= \binom{30}{0}(0.01)^{0}(0.99)^{30} + \binom{30}{1}(0.01)^{1}(0.99)^{29}$$

$$\approx 0.7397 + 0.2242 = 0.9639$$

实际工作中，为了简化计算，$L_{(P)}$ 值可查二项分布累计概率表。

3）泊松分布计算法

当 $P\leqslant 10\%$，$N/n\geqslant 10$ 时，接收概率 $L_{(P)}$ 可用下式计算：

$$L_{(P)}=\sum_{d=0}^{c}\frac{(nP)^d}{d!}e^{-nP} \tag{6-10}$$

式(6－10)是计点抽样检验计算接收概率的精确公式。

例题

【例 6－7】 有一批产品，$N=10$ 万个，采用(100，15)的抽样检验方案，求当 $P=10\%$ 时的接收概率 $L_{(P)}$。

解：

$$L_{(P)}=L_{(10\%)}=\sum_{d=0}^{15}\frac{(nP)^d}{d!}e^{-nP}$$

$$=\frac{(10)^0}{0!}e^{-10}+\frac{(10)^1}{1!}e^{-10}+\frac{(10)^2}{2!}e^{-10}+\cdots+\frac{(10)^{15}}{15!}e^{-10}\approx 0.951$$

由于应用泊松分布的累积概率曲线查得的 $L_{(P)}$ 值误差较大，实际工作中 $L_{(P)}$ 值还可以查泊松分布累积概率表。

6.3.3 抽样检验特性曲线

1. 理想的抽样检验方案

什么是理想的抽样检验方案呢？如果规定，当批不合格品率 P 不超过 P_t 时，这批产品是合格的，那么一个理想的抽样检验方案应当满足：当 $P\leqslant P_t$ 时，接收概率 $L_{(P)}=1$；当 $P>P_t$ 时，接收概率 $L_{(P)}=0$。理想的抽样检验特性曲线(OC 曲线)如图 6.4 所示。

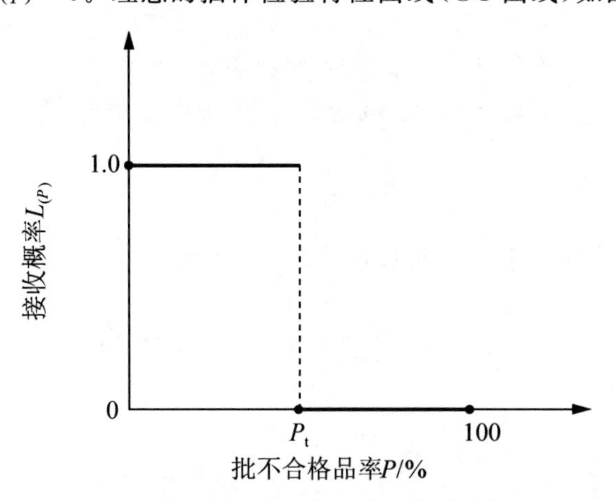

图 6.4 理想的抽样检验特性曲线（OC 曲线）

但是，由于抽样中存在两类错误，这样的理想方案实际上是不存在的，就是采用百分之百的全数检验，也会有错检、漏检之处，也不能肯定地得到理想的抽样检验方案。

2. 实际的抽样检验方案

既然上述理想的抽样检验方案不存在，我们可以这样来对产品质量提出要求：规定两个批不合格品率 P_0 和 P_1($0<P_0<P_1<1$)，当批不合格率 $P\leqslant P_0$ 时，认为产品质量是较好的，愿以高概率接收这批产品；反之，当 $P\geqslant P_1$ 时，认为质量较差，允许以小概率接收这批产品。

下面举例说明：设有一批产品，批量 $N=10$。采用抽样检验方案(1，0)来验收这批产品。也就是说，从这批 10 个产品中随机抽取 1 个产品进行检查，如果它是合格品，则判断这批产品合格，予以接收；如果它是不合格品，则判断这批产品不合格，予以拒收。这样很容易得到表 6-4 的结果。

表 6-4 抽样检验方案举例

批中不合格品数 d	批不合格品率 $P/\%$	接收概率 $L_{(P)}$
0	0	1.00
1	10	0.90
2	20	0.80
3	30	0.70
4	40	0.60
5	50	0.50
6	60	0.40
7	70	0.30
8	80	0.20
9	90	0.10
10	100	0.00

在这个例子中，显然当 $P=50\%$时，接收概率仍有 0.5，也就是说，当这批产品的质量已经坏到含有一半的不合格品时，两批中仍有一批可被接收，如图 6.5 所示。可见，这种抽样检验方案对批质量的判别能力和对用户的质量保证都是很差的，其抽样检验特性曲线是很不理想的。

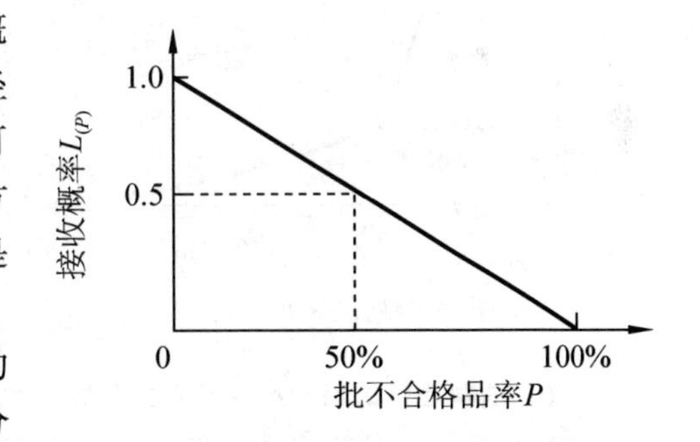

图 6.5 该抽样检验方案的抽样检验特性曲线

设有一批产品，批量为 1000，用(30，3)的抽样检验方案对它进行验收，利用上述计算法分别求出 $P=5\%$，$P=10\%$，$P=15\%$，$P=20\%$的接收概率 $L_{(P)}$，列于表 6-5 中，用表中的数据也可以画出该抽样检验方案的抽样检验特性曲线。

从这个例子可以看出，当 $P\leqslant5\%$时，接收概率为 94%左右，但是随着 P 的增加，接收概率迅速减小，当 $P=20\%$时，接收概率只有 12%左右。

表 6-5 $N=1000$，$n=30$，$c=3$ 的接收概率

d	P			
	5%	10%	15%	20%
0	0.210	0.040	0.007	0.0001
1	0.342	0.139	0.039	0.009
2	0.263	0.229	0.102	0.032
3	0.128	0.240	0.171	0.077
$L_{(P)}$	0.943	0.648	0.319	0.119

现在对上述两个抽样检验方案的抽样检验特性综合分析一下：理想的抽样检验方案是不可能存在的；方案(1，0)的抽样检验特性曲线又很不理想；方案(30，3)的抽样检验特性曲线比方案(1，0)的抽样检验特性曲线好得多，而且也比较接近理想方案。

知识要点提醒

一个好的抽样检验方案应当是：当这批产品质量较好，比如 $P \leqslant P_0$ 时，以高概率判断它合格，予以接收；当批产品质量坏到某个规定界限，如 $P \geqslant P_1$ 时，则以高概率判断它不合格，予以拒收；当产品质量变坏，如 $P_0 < P < P_1$ 时，接收概率迅速减小。

任何一条抽样检验特性曲线都代表一个抽样检验方案的特性，对一批产品的质量都能起到一定的保证作用。接近于理想抽样检验方案的抽样检验特性曲线对批质量的保证作用相对较大，反之，对质量的保证作用相对较小。

6.3.4 抽样检验的两种风险

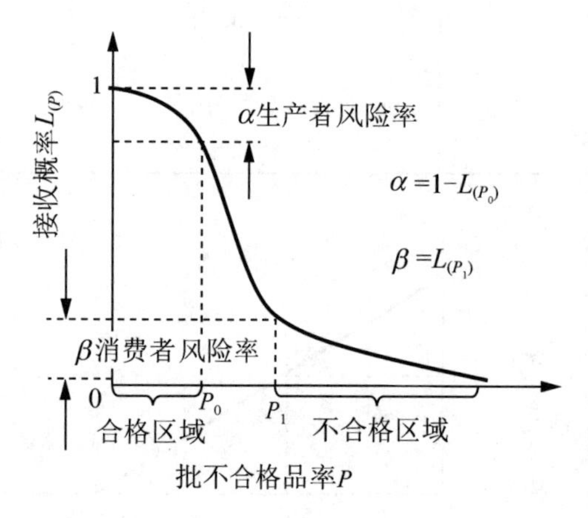

图 6.6 抽样检验的两种风险及有关参数

抽样检验的误差，可能会使优质批被错判为不合格批，这对生产者不利，这种错判的可能性称为“生产者风险率”，一般用 α 表示；同样，劣质批可能会被错判为合格批，这对用户不利，故称这种错判的可能性为“消费者风险率”，一般用 β 表示。在制订抽样检验方案时，必须考虑到这两种风险及有关参数，如图 6.6 所示。

(1) 生产者风险率(α)，即一个抽样检验方案将优质批错判为劣质批而拒收的概率，一般取值为 0.01～0.1，与表示批质量水平的数值联系在一起表达。

(2) 可接受质量水平(Acceptable Quality Level，AQL)，即认为可以接受的连续批的过程平均不合格品率(或每百个单位缺陷数)的上限。当生产者提交的批的过程平均优于 AQL 值时，抽样检验方案应以很高的概率予以接收。其接收概率越大，生产者风险率越小。

(3) 消费者风险率(β)是指一个抽样检验方案，将不合格品率很高的劣质批错判为合格批而接收的概率，一般取值为 0.1、0.05 等。

(4) 批允许不合格品率(Lot Tolerance Percent Defective，LTPD)，是批不合格品率水平已高到令人不允许的程度，因而按抽样检验方案应以很高概率加以拒收的批的不合格品率的下限。其拒收概率越高，消费者风险率越小。

6.3.5 *N*、*n*、*c* 对 OC 曲线的影响

1. *n*、*c* 固定，*N* 变化对 OC 曲线的影响

固定 $n=20$，$c=2$，设 $N=60$、80、100、200、400、600、1000、∞，分别计算出它们的接收概率 $L_{(P)}$，见表 6-6。

表 6-6　$n=20$，$c=2$ 的接收概率

N	60	80	100	200	400	600	1000	∞
N/n	3	4	5	10	20	30	50	∞
$L_{(P=5\%)}$	0.966	0.954	0.947	0.935	0.929	0.928	0.927	0.925
$L_{(P=15\%)}$	0.362	0.375	0.378	0.394	0.400	0.401	0.403	0.405
$L_{(P=25\%)}$	0.053	0.063	0.069	0.080	0.086	0.088	0.089	0.091

根据表 6-6 中，画出 $N=60$、400、∞时，各自的 OC 曲线，可得 N 变化对 OC 曲线的影响，如图 6.7 所示。

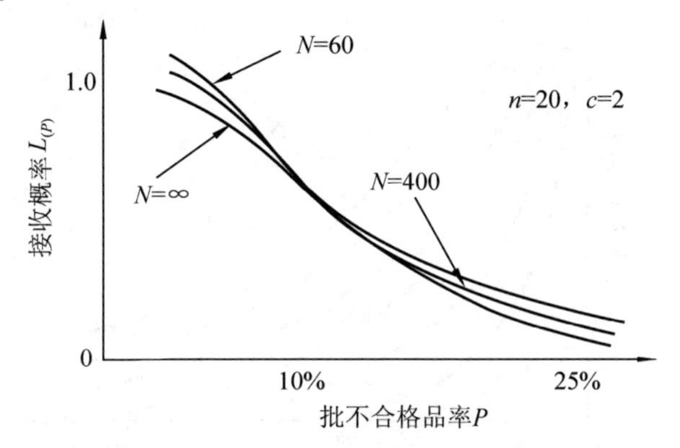

图 6.7　N 变化对 OC 曲线的影响

从图 6.7 中可看出，N 的变化对 OC 曲线的斜率影响不大。一般当 N 比较大，且有 $N \geqslant 10n$ 时，可以把批量 N 看作无限。这时可以认为抽样检验方案的设计与 N 无关，因此一般只用(n, c)来表示抽样检验方案。但是，不能由此认为，既然 N 的变化对 OC 曲线的斜率影响不大，而 N 越大，单位产品中分摊的检查费用越小，那么可以任意加大 N 值。应当认识到，N 取值太大时，若一批产品不合格，则不论对生产者还是对消费者所造成的经济损失都是巨大的。

2. N、c 固定，n 变化对 OC 曲线的影响

固定 $N=1000$，$c=1$，设 $n=5$、10、20、30、50，分别画出它们的 OC 曲线，如图 6.8 所示。

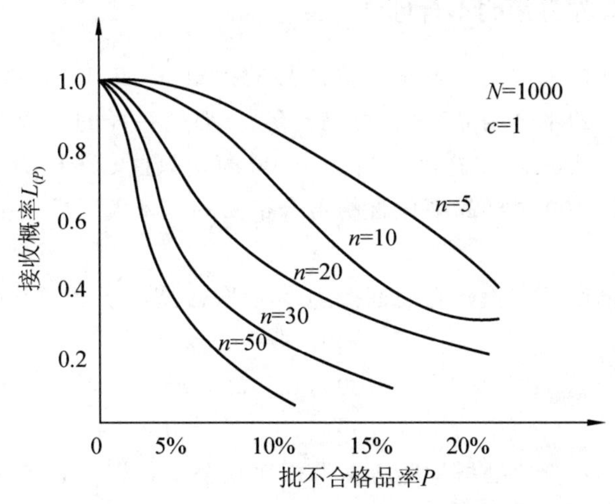

图 6.8　n 变化对 OC 曲线的影响

可见，当 N、c 固定，n 增加时，OC 曲线急剧倾斜，越来越陡峭，致使生产者风险率 α 增加而消费者风险率 β 减少。因此，大样本抽样检验方案，对于区分优质批和劣质批的能力是比较强的，即接收劣质批和拒收优质批的概率都比较小。

3. N、n 固定，c 变化对 OC 曲线的影响

固定 $N=2000$，$n=50$，设 $c=0$、1、2、3、4、5，分别画出它们的 OC 曲线，如图 6.9 所示。

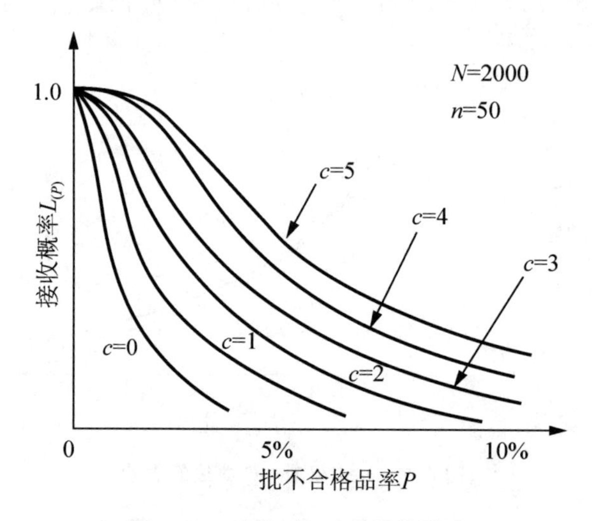

图 6.9 c 变化对 OC 曲线的影响

可见，c 越大，OC 曲线越平缓，接收概率变化越小；c 越小，OC 曲线越陡峭，接收概率变化越大。这样，容易得出结论：值得采用 $c=0$ 的抽样检验方案。其实这是一种误解。因为只要 n 适当地取大些，即使 $c\neq 0$，亦可使 OC 曲线变得比 $c=0$ 的 OC 曲线还要陡峭。另外，许多生产者和消费者对于样本中只有 1 个不合格品就遭到拒收的抽样检验方案($c=0$ 的抽样检验方案)心理上较反感。因此，通常认为，采用较大的样本含量 n 和较大的合格判定数 c 是比较好的。

6.3.6 百分比抽样检验方案的不合理性

什么是百分比抽样检验方案？就是不论产品的批量 N 如何，均按同一个百分比抽取样品，而在样品中可允许的不合格品率(合格判定数 c)都是一样的。例如，按 5%的比率抽样检验，当 $N=2000$ 时，抽 100 个样品；当 $N=100$ 时，只抽 5 个样品，并且规定只允许有 1 个不合格品，则前一批 100 个样品中包含的不合格品的概率大于后一批 5 个样品中包含的不合格品的概率。

有批量不同的 3 批产品交检，它们都按 10%抽取样品，于是有下列 3 种抽样检验方案。

$$N=900,\ n=90,\ c=0$$
$$N=300,\ n=30,\ c=0$$
$$N=90,\ n=9,\ c=0$$

表面上看，这种“百分比抽样检验方案”似乎很公平合理，其实是一种错觉。因为当这 3 批产品的不合格品率均相同时，则有：

$$L_{900(P)}=\binom{90}{0}P^0(1-P)^{90-0}$$
$$=(1-P)^{90}$$
$$L_{300(P)}=\binom{30}{0}P^0(1-P)^{30-0}=(1-P)^{30}$$
$$L_{90(P)}=\binom{9}{0}P^0(1-P)^{9-0}=(1-P)^9$$

式中 $L_{900(P)}$——抽样检验方案(90，0)的接收概率，依此类推。

因为 $0\leqslant 1-P\leqslant 1$，所以 $(1-P)^{90}\leqslant(1-P)^{30}\leqslant(1-P)^9$，$L_{900(P)}\leqslant L_{300(P)}\leqslant L_{90(P)}$。

这 3 个百分比抽样检验方案的 OC 曲线如图 6.10 所示。

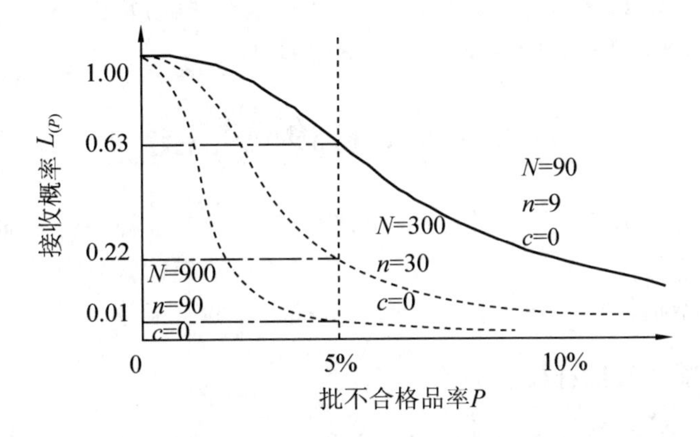

图 6.10 3 个百分比抽样检验方案的 OC 曲线

由图 6.10 可知，当 $P=5\%$ 时，$L_{900(P=5\%)}=1\%$，$L_{300(P=5\%)}=22\%$，$L_{90(P=5\%)}=63\%$。可见，在批不合格品率相同的情况下，批量越大，方案越严；批量越小，方案越松。这等于对批量大的交检批提高了验收标准，而对批量小的交检批降低了验收标准。因此，百分比抽样检验方案是不合理的。

例题

【例 6-8】 有 3 批产品，批量和实际批不合格品率分别为 10 件，10%；100 件，1%；1000 件，0.1%。如果都按 10%抽取样品，具体情况见表 6-7。

表 6-7 抽样检验统计表

批号	批不合格品率	批量	抽样百分比	抽取样品数	合格数值	接收可能性
1	10%	10 件	10%	1 件	9 组	90%
2	1%	100 件	10%	10 件	9 组	90%
3	0.1%	1000 件	10%	100 件	9 组	90%

解： 计算结果见表 6-7，虽然 3 批产品质量水平是不同的，但按百分比抽样检验方案得出的接收可能性是一样的。按理说，第三批产品的批不合格品率低，其接收可能性应较大；但由于均按同一百分比(10%)抽样，等于把产品分为 10 组，3 批产品中全部合格的只有 9 组，所以尽管批不合格品率不同，但接收的可能性却相同。可以看出，百分比抽样检验方案存在以小批量检验就容易通过的弊病，不能很好地起到正确鉴别和保证质量的作用。

如何克服百分比抽样检验方案的不合理性?

为了克服百分比抽样检验方案的不合理性，可以采用双百分比抽样检验方案，即让合格判定数随样本含量的变化而成比例地变化。假设 $n=a_1N$，$c=a_2n$，$P\leqslant 0.1$，则双百分比抽样检验方案的抽样检验特性函数可表达为

$$L_{(P)}=\sum_{d=0}^{a_1a_2N}\frac{(a_1NP)^d}{d!}\mathrm{e}^{-a_1NP} \tag{6-11}$$

式中　a_1、a_2——百分数。

根据式(6-11)，很容易验证双百分比抽样检验方案仍然未克服百分比抽样检验方案的缺点；对大批量的交检批过严，对小批量的交检批较松，因此它也是不合理的。

6.4 抽样检验方案

抽样检验方案可分为两大类：计数抽样检验方案和计量抽样检验方案。计数抽样检验方案又可分为计数标准型一次抽样检验方案、计数调整型抽样检验方案等。计量抽样检验方案又可分为计量标准型抽样检验方案和计量调整型抽样检验方案等。

6.4.1 计数标准型一次抽样检验方案

计数标准型一次抽样检验方案是依据《不合格品百分数的计数标准型一次抽样检验程序及抽样表》(GB/T 13262—2008)执行的。GB/T 13262—2008 标准规定了以批不合格品率为质量指标的计数标准型一次抽样检验的程序与实施方法，适用于单批质量保证的抽样检验。GB/T 13262—2008 标准适用于检验批的批量大于 250，且批量与样本量之比大于 10 的情形。GB/T 13262—2008 标准提供的抽样检验方案可用于(但不限于)下述各种产品(产出物)——最终产品、零部件和原材料、维修操作、数据或记录、管理程序。

1. 计数标准型一次抽样检验方案的特点

计数标准型一次抽样检验方案，就是按照供需双方共同制订的 OC 曲线对孤立的一批产品进行抽样检验的一种方案，它具有以下特点。

(1) 仅从交检批中抽取一次样本即可判定批合格与否。

(2) 选定的抽样检验方案能同时满足供需双方的质量保护要求。一般对于生产者通过确定 P_0、α 来提供保护；对于消费者则通过确定 P_1、β 来提供保护，它的 OC 曲线同时通过 (P_0, α)和(P_1, β)这两点。

(3) 它不要求提供交检批的事前情报(例如，批的制造过程平均不合格品率，生产过程是否稳定等)。

(4) 不要求对不合格批做全数挑选，所以也适用于不能进行全数检验的场合。

下面介绍这种抽样检验方案的抽样检验表的构成和抽样检验方案的具体实施。

2. 计数标准型一次抽样检验方案的具体实施

1) 抽样检验表的构成

附表 1 为计数标准型一次抽样检验表，给出了 P_0、P_1、α、β 和 n、c 关系表，附表 1 是根据式(6-12)计算出来的，它适用于 $N \geqslant 250$，$N/n \geqslant 10$ 的情况。此标准是在规定 $\alpha = 0.05$、$\beta = 0.10$ 的条件下编制出来的，因此只适用于 $\alpha = 0.05$、$\beta = 0.10$ 的情况，其他情况应按式(6-12)求得。只要知道 P_0、P_1，就可以用附表1求出样本含量 n 和合格判定数 c。

附表1由下列内容组成（附表1中的 p_0、p_1 与本书正文中的 P_0、P_1 所述含义一致）。

（1）P_0 值是从 0.091%～0.100%（代表值 0.095%）至 10.1%～11.2%（代表值 10.50%），共分42个区间。P_1 值是从 0.71%～0.80%（代表值 0.75%）至 31.6%～35.5%（代表值 34%），共分34个区间。

（2）考虑到使用方便，将样本含量 n，取209级，分别是5，6，…，1820，2055。

此表是用二项分布式计算的，因此适用于 $N/n > 10$ 的情况，若 $N/n \leqslant 10$，则抽样检验方案宜用超几何分布计算。

（3）因为以区间形式表示 P_0、P_1 值，而且 n 值也是阶梯状变化，所以求得的抽样检验方案(n, c)同所期望的抽样检验特性可能略有不同，但一般来讲不妨碍实际应用。

（4）此表 P_0 所对应的 α 基本控制在 0.03～0.07 范围内，P_1 所对应的 β 基本控制在 0.04～0.13 范围内，其中心值 $\alpha = 0.05$，$\beta = 0.1$。

如果想求出 P_0、P_1 所对应的 α、β 值，就可以解下面的联立方程：

$$\begin{cases} 1 - \alpha = \sum_{d=0}^{c} \binom{n}{d} P_0^d (1 - P_0)^{n-d} \\ \beta = \sum_{d=0}^{c} \binom{n}{d} P_1^d (1 - P_1)^{n-d} \end{cases} \tag{6-12}$$

GB/T 13262—2008 标准适用于检验批的批量大于250，且批量与样本含量之比大于10的情形。当批量小于250或批量与样本含量之比不大于10时，则由本标准检索出的抽样检验方案是近似的，一般按《不合格品百分数的小批计数抽样检验程序及抽样表》（GB/T 13264—2008）中规定的方法确定抽样检验方案，如附表2～附表4所示（附表中变量含义请参考标准内容，与本书有区别）。

GB/T 13262—2008 与国际标准不兼容，因此，不能在国际贸易中使用。

2）抽样检验的程序

（1）确定质量标准。对于单位产品，应明确规定判断合格品与不合格品的标准。

（2）确定 P_0、P_1 值。P_0、P_1（$P_0 < P_1$）值应由供需双方协商决定。作为选定 P_0、P_1 值的依据，一般来说，生产者风险率 $\alpha = 0.05$，消费者风险率 $\beta = 0.10$，当 α、β 值确定后，选定 P_0、P_1 值将是决定抽样检验方案的关键。

决定 P_0、P_1 值时，要综合考虑生产能力、制造成本、质量要求及检验费用等因素。一般不使用公式之类的方法机械求出。

消费者应将可允许的最大批不合格品率定为 P_1，批不合格品率 P 大于 P_1 的批属于“劣质批”，在抽样检验中经常被判为不合格批，并尽量把批不合格品率为 P_1 的批的接收概率控制在10%左右。这样，消费者可通过控制 P_1 和 β 值，使产品质量得到保证。

生产者也应提出一个基本合格的批不合格品率标准 P_0，批不合格品率 P 小于 P_0 的批属于“优质批”，在抽样检验中经常被判为合格批，并尽量把批不合格品率为 P_0 的批的拒收概率控制在5%左右。这样生产者可以通过控制 P_0 和 α，使大多数合格批顺利通过检验。

另外，决定 P_0、P_1 值时，还需要考虑 P_1 和 P_0 应拉开一定距离，当 $P_1 > P_0$，P_1/P_0 过

小(小于3)时，会增加样本含量n，使检验费用增加；但P_1/P_0过大(大于20)，又会放松对质量的要求，对消费者不利。一般将P_1/P_0控制在4～10的范围内为宜。

(3) 批的组成。同一批里的产品应当是在同一制造条件下生产的。

检查的批量越大，分摊到每个产品的检验费用越小。然而批量过大时，一旦发生错判，对生产者或消费者造成的额外损失也越大，所以不得随便增大批量。

(4) 确定抽样检验方案(n，c)。确定抽样检验方案是利用附表1来进行的，方法如下。

① 根据选定的P_0、P_1值，在附表1中找到P_0所在的行与P_1所在的列。

② 行与列相交栏中的数字，左边的是n值，右边的是c值。

例题

【例6-9】 已知$P_0=0.5\%$，$P_1=10\%$，$\alpha=0.05$，$\beta=0.1$。试确定抽样检验方案(n，c)。

解： 在附表1上，$P_0=0.5\%$所在的行是0.451%～0.500%，$P_1=10\%$所在的列是9.01%～10.0%，行列相交栏左侧数为$n=44$，右侧数为$c=1$。

【例6-10】 求$P_0=0.38\%$，$P_1=1.80\%$的抽样检验方案(n，c)。

解： 在附表1上，$P_0=0.38\%$所在的行是0.356%～0.400%，$P_1=1.80\%$所在的列是1.61%～1.80%，行列相交栏左侧数为$n=490$，右侧数为$c=4$。

【例6-11】 若批量为$N=50$，规定$P_0=10\%$和$P_1=60\%$，试求可用的一次抽样检验方案。

解： 前面说过，GB/T 13262—2008标准是适用于检验批的批量大于250，且批量与样本含量之比大于10时的情形。当批量小于250或批量与样本含量之比不大于10时，由GB/T 13262—2008标准检索出的抽样检验方案是近似的，应按GB/T 13264—2008标准中规定的方法确定抽样检验方案。

由于$N=50$，小于250，故本例应采用GB/T 13264—2008标准确定抽样检验方案。从附表3中查找，批量为50的表列找到表值$P_0=8.4\%$和$P_1=57\%$，它们分别小于并且最接近规定的P_0和P_1值，由这一对表值所在的行，向左可以找到所需的样本含量为5，又由于这一对表值是在附表3中找到的，故取接收数Ac=1，这样，就找到一个接近符合质量要求的一次抽样检验方案$n=5$，Ac=1。

若需降低检验费用，希望样本含量再小些，必须重新规定P_0和P_1值，如规定$P_0=11\%$，$P_1=67\%$，由附表3可见，此时相应的一次抽样检验方案为$n=4$，Ac=1。

6.4.2 计数调整型抽样检验方案

调整型抽样检验方案的特点是使用者可以根据过去检查的历史资料，调整抽样检验方案的宽严程度。经过初次检查认为生产者提供的批质量较好时，可采用放宽检查以资鼓励；反之，如认为批质量较差，则可以用严格检查促使生产者迅速提高产品质量。总之，此方案可以充分利用“调整”这一特点使实际的抽样检验特性曲线尽量接近理想的抽样检验特性曲线。

目前，世界各工业国家都采用计数调整型抽样检验方案。我国在吸取国际先进标准的基础上，于1987年发布了GB/T 2828—1987《逐批检查计数抽样程序及抽样表（适用于连续批的检查)》，现已废止。2012年我国发布了GB/T 2828.1—2012《计数抽样检验程序　第1部分：按接收质量限(AQL)检索的逐批检验抽样计划》。

本节主要介绍我国标准《计数抽样检验程序　第1部分：按接收质量限(AQL)检索的逐批检验抽样计划》(GB/T 2828.1—2012)（附表5～附表7)的基本内容和用法。

1. GB/T 2828.1—2012标准的特点及适用范围

(1) 在考虑过程平均的基础上，确定一个“可接受质量水平”，它是整个抽样检验方案设计的基础。从连续交检批看，一个合理的调整型抽样检验方案，可以保证得到有可接受质量水平的平均质量的产品。

(2) 对于一个确定的质量要求，它不是固定采用一个方案，而是采用一组方案进行动态转换。

(3) 有利于生产方提高产品质量，采取了保护生产者利益的接收原则。当生产者提供了等于或优于可接受质量水平的产品质量时，则应当全部接收。

(4) 当生产者提交的产品批的质量劣于可接受质量水平时，抽样检验方案中拟定应将正常检验转为加严检验，从而保护了消费者的利益。

(5) 当生产者提交的产品批的质量一贯优于可接受质量水平时，可以采用放宽检验。放宽检验的样本含量，一般为正常检验样本含量的40%。因此，这既给了生产者鼓励，又节约了检验费用。

(6) 缺陷分类也是这种抽样检验方案的特点。对于严重缺陷类，可接受质量水平可以选得低些，而对于轻缺陷类，可接受质量水平可以选得高些。

(7) 更多地根据实践经验，而不是依据数理统计来确定批量与样本含量之间的关系。

(8) 适用于连续多批的产品检验，包括成品、部件和原材料、库存品等。

2. GB/T 2828.1—2012标准的抽样检验程序

(1) 规定质量特性。质量特性是产品、过程或体系与要求有关的、固定可区分的特征。在产品技术标准或合同中，必须明确单位产品的质量特性。

(2) 确定不合格品种类。明确单位产品合格或不合格，划分不合格(或缺陷)品的种类。

(3) 规定可接受质量水平。可接受质量水平是可接收的过程不合格品率(或每百单位缺陷数)的上限，它是可接收的过程平均和不可接收的过程平均之间的分界线。当生产者提交的产品批的平均质量和可接受质量水平一样时，可以认可这种产品批基本是可以使消费者满意的。当生产者提交的产品批的平均质量优于可接受质量水平时，消费者就会更满意，此时抽样检验方面应以很高的概率予以接收。上述各种抽样检验方案表都是按照可接受质量水平来设计的。所以确定可接受质量水平是调整型抽样检验方案的基础。

可接受质量水平，一般按缺陷种类或不合格品种类分别予以规定。例如，可以规定重不合格品的可接受质量水平为1.5%，轻不合格品的可接受质量水平为4.0%。

知识要点提醒

确定可接受质量水平，一般使用以下方法。

① 按消费者要求的质量决定可接受质量水平。当消费者根据使用的技术、经济条件提出了必须保证的质量水平时，则应将该质量要求定为可接受质量水平。但可接受质量水平不能定得太高，否则，当生产者提交的产品批质量低于可接受质量水平而被判批不合格时，为了达到消费者的要求，必须进行全数挑选，往往影响工期和成本。

② 依据过程平均决定可接受质量水平，即根据大部分生产者的现有平均质量水平决定，并促进他们提高质量。

③ 供需双方协商决定可接受质量水平。为使消费者要求的质量与生产者的生产能力协调，消费者与生产者直接协商确定可接受质量水平，也是常用的方法之一。彼此信赖，共同协商，可以给出合理的可接受质量水平，这样可以减少由可接受质量水平引起的一些纠纷。

④ 根据检验项目决定可接受质量水平。同一级的检验项目有多个时(如同属重缺陷的检验项目有3个),所取的可接受质量水平应比只有一个时的可接受质量水平大一些。

当缺乏历史质量情报而难以确定合适的可接受质量水平时,可以先暂定一个可接受质量水平,然后根据实际情况考虑修正。

GB/T 2828.1—2012标准(附表5~附表7)中给出的可接受质量水平都是优先值,如果采用的可接受质量水平不是优先值,则不能用这些表。

(4) 决定检验水平。GB/T 2828.1—2012标准中规定7个检验水平,即一般检验水平Ⅰ、Ⅱ、Ⅲ和特殊检验水平S-1、S-2、S-3、S-4。可根据需要从中选取适当的检验水平,而最常用的是一般检验水平Ⅱ。

在3个一般检验水平中,水平Ⅲ需要的样本含量最多,水平Ⅱ次之,水平Ⅰ最少,它们的样本含量比例约为1.6∶1∶0.4。但检验水平高(如水平Ⅲ)时,辨别优质批与劣质批的能力强,而检验水平低(如水平Ⅰ)时,辨别能力弱,但检验水平的变化对α的影响不大,对β的影响比较大。因此,检验水平的确定对用户来说是个重要的问题。

检验水平的确定,一般要考虑产品的复杂程度、价格、检验费用、生产的稳定程度,以及保证可接受质量水平的重要性等因素。

(5) 选定抽检方式。GB/T 2828.1—2012标准中规定有一次抽检、二次抽检和多次抽检,当批量大小、检验水平及可接受质量水平相同时,不论选用哪种抽检形式,其批合格概率都几乎相同。从平均抽样的样本含量来看,多次抽检最小,二次抽检居中,一次抽检最多。从管理难易程度看,多次抽检复杂,二次抽检一般,一次抽检最简单。一般选用二次抽检。

(6) 确定样本含量字码。按批量和检验水平确定的用于表示样本含量的字母称为“样本含量字码”。用A、B、C到R中的16个字母表示。样本含量字码表中批量N的分档是根据优先数列确定的。批量范围的所在行及检验水平的所在列,两者交汇格文字即样本含量字码。样本含量字码表的用途是确定样本含量。当已经知道批量范围并确定了检验水平后,由表6-8给出相应的字码,由此字码可以确定抽样检验方案表中的样本含量。

表6-8 样本含量字码

批量范围	特殊检验水平				一般检验水平		
	S-1	S-2	S-3	S-4	Ⅰ	Ⅱ	Ⅲ
2~8	A	A	A	A	A	A	B
9~15	A	A	A	A	A	B	C
16~25	A	A	B	B	B	C	D
26~50	A	B	B	C	C	D	E
51~90	B	B	C	C	C	E	F
91~150	B	B	D	D	D	F	G
151~280	B	C	D	E	F	G	H
281~500	B	C	D	E	F	H	J

续表

批量范围	特殊检验水平				一般检验水平		
	S-1	S-2	S-3	S-4	Ⅰ	Ⅱ	Ⅲ
501～1200	C	C	E	F	G	J	K
1201～3200	C	D	E	G	H	K	L
3201～10000	C	D	F	G	J	L	M
10001～35000	C	D	F	H	K	M	N
35001～150000	D	E	G	J	L	N	P
150001～500000	D	E	G	J	M	P	Q
500001 及以上	D	E	H	K	N	Q	R

（7）确定抽样检验的宽严程度。GB/T 2828.1—2012 标准中规定有正常检验、加严检验、放宽检验方案。一般无特殊规定，检验先从“正常检验”开始，根据正常检验的结果，再按图 6.11所示的转移规则考虑转移至放宽检验、加严检验、暂停检验或继续进行正常检验。

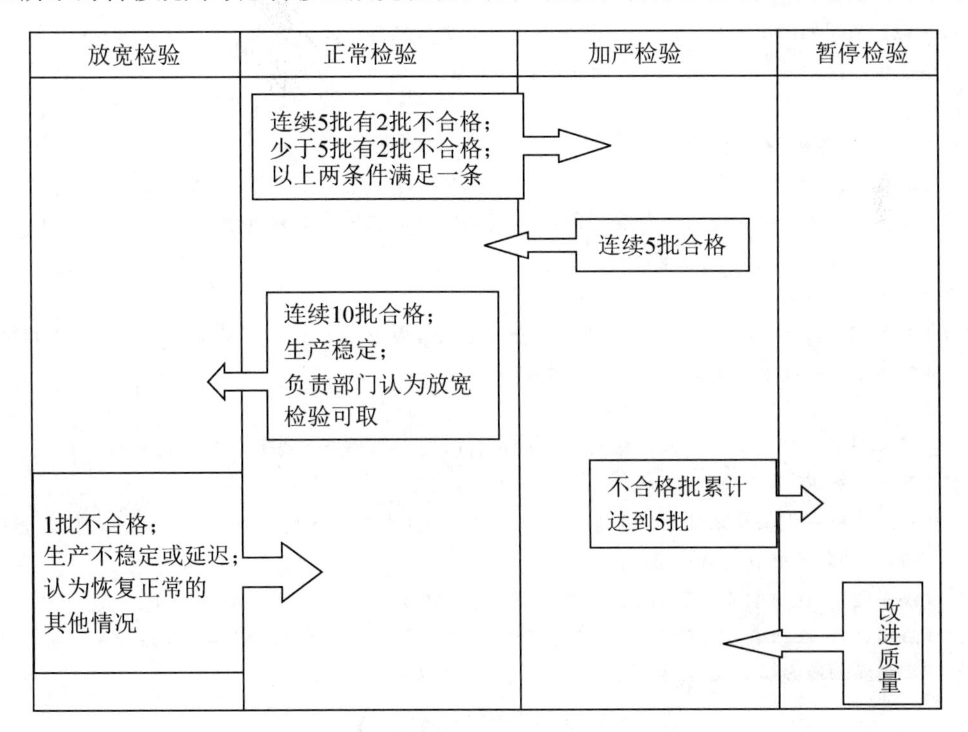

图 6.11 抽样检验宽严程度的调整步骤框图

暂停检验发生后，允许生产厂采取改进质量的措施。当用户认为产品质量确有改善时，可以恢复检验，但须从加严检验开始。

加严检验主要是在不增加样本含量 n 的同时，减少接收数 Ac。一般比正常检验低 2 级。而当样本含量字码相同时，放宽检验的合格判定数比正常检验低 1～2 级。

如果放宽检验不合格，必须再进行特宽检验。对于特宽检验的合格批，应同其他检验的合格批一样看待。经过特宽检验，不论合格与否，均应由放宽检验转入正常检验。

(8) 形成交检批并决定批量大小。交检批应尽可能由相同条件下制造出来的产品组成。批量越大，其样本含量越大。从抽样检验的观点看，大批量能得到大样本，因而能提高区别优质批与劣质批的能力。但是也不应使批量太大，否则，遭受错判会使双方蒙受很大的损失。

(9) 确定抽样检验方案(N、n、Ac、Re)。具体步骤如下。

① 根据批量 N 和检验水平从样本含量字码表，即表 6-8 中查得样本含量字码。

② 根据抽样检验方式和宽严程度选出合适的抽样检验表。

③ 在抽样检验表中根据样本含量字码和可接受质量水平查出样本 n、接收数 Ac 和拒收数 Re。

(10) 抽取样本。

(11) 测量，按照确定的测量方法测试样品，统计不合格品数或缺陷数。

(12) 判定批是否合格。

(13) 根据初步结果，考虑调整宽严程度。

例题

【例 6-12】 采用 GB/T 2828.1—2012 标准对某产品进行抽样验收。试求：AQL=0.40%，检验水平为一般检验水平Ⅱ，批量为 800 时的正常检验一次抽样方案。

解：

(1) 查表 6-8 得样本含量字码为 J。

(2) 查附表 5，从样本含量字码 J 行中得 $n=80$，但 J 行与 AQL=0.40%列相交栏内为箭号“↓”。这时，在附表 5 中应沿箭号方向向下找到最先出现 Ac 和 Re 值的栏。于是得到 Ac=1，Re=2。再由这一栏找所对应的行，得 $n=125$，样本含量字码为 K。

于是，得检验方案为 $n=125$，Ac=1，Re=2。

【例 6-13】 用 GB/T 2828.1—2012 标准对某产品进行抽样验收。试求：批量 $N=2000$，采用 AQL=0.65%，检验水平为一般检验水平Ⅱ的一次调整检验方案。

解：

(1) 在样本含量字码表中，找到包含 $N=2000$ 的行(1201～3200)与检查水平所在的列，其行、列相交栏的样本含量字码为 K。

(2) 从正常检验一次抽样方案中，在附表 5 找到相对于样本含量字码 K 的样本大小 $n=125$，再从该行与 AQL=0.65%相交栏中查出 Ac=2，Re=3。

(3) 方法同(2)，在附表 6，可以查出加严检验一次抽样方案为 $n=125$，Ac=1，Re=2。

(4) 方法同(2)，在附表 7，可以查出放宽检验一次抽样方案为 $n=50$，Ac=1，Re=2。

(5) 一次调整检验方案见表 6-9。

表 6-9 一次调整检验方案

宽严程度方案参数	正常	加严	放宽
n	125	125	50
Ac	2	1	1
Re	3	2	2

【例 6-14】 采用 GB/T 2828.1—2012 标准对某产品进行抽样检验。试求：AQL=1.5%，批量 $N=1500$

和检验水平为一般检验水平Ⅱ的正常检验一次抽样方案。

(1) 在样本含量字码表中找到包含 $N=1500$ 的行（1201～3200），从这一行与一般检验水平Ⅱ所在列的相交栏得到样本含量字码 K。

(2) 因为是正常检验一次抽样，所以采用附表 5。

(3) 从表知样本含量字码 K 所对应的 $n=125$，再从该行与 AQL＝1.5％列的相交栏可查得 Ac＝5，Re＝6。

因此，检验方案为

$$N=1500,\ n=125,\ \mathrm{Ac}=5,\ \mathrm{Re}=6$$

从 1500 个产品中随机抽取 125 个产品为样本进行测试，如果不合格品数 $d \leqslant \mathrm{Ac}=5$，则接收产品批，如果 $d \geqslant 6$，则拒收产品批。

如采用每百单位缺陷数进行检查，则将样本中的缺陷数(一个不合格品可能有不止一个缺陷)同 Ac 及 Re 进行比较。

本 章 小 结

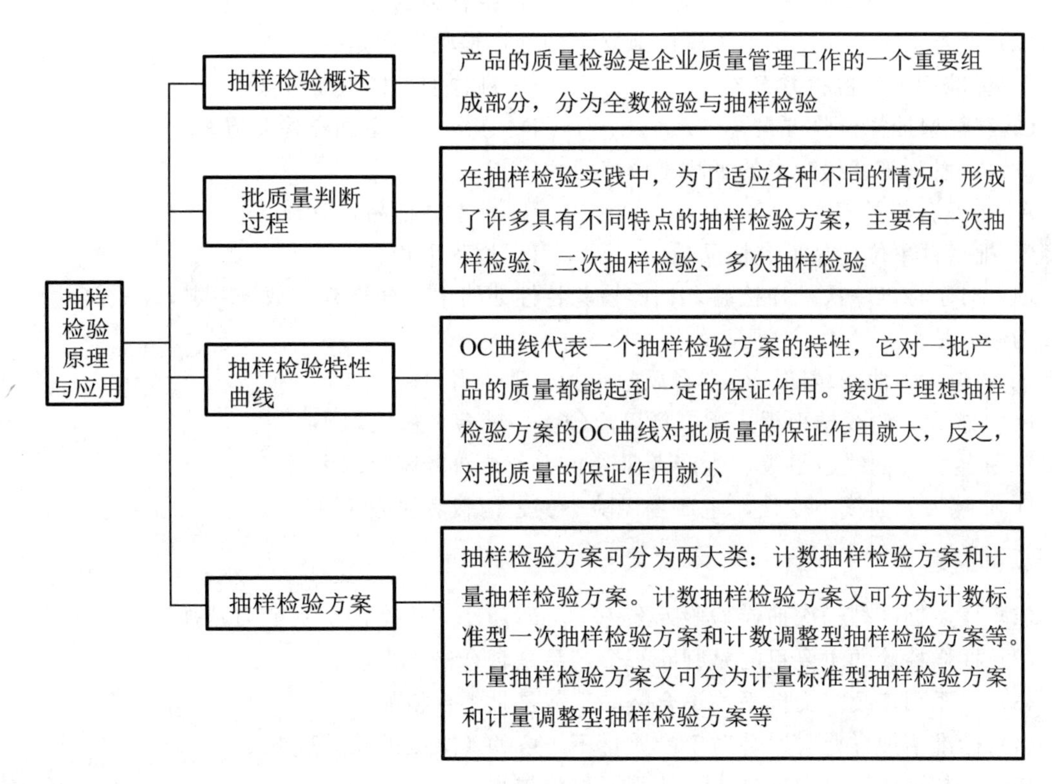

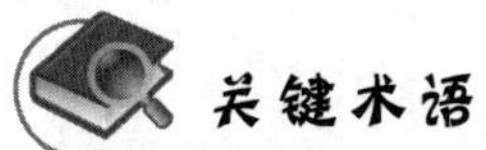

全数检验
抽样检验
交检批
接收概率

OC 曲线
合格判定数
生产者风险率（α）
消费者风险率（β）
检验水平
可接受质量水平
抽样检验方案

习　　题

1. 选择题

（1）在抽样检验中，可接收的和不可接收的过程平均的分界线，称为(　　)。

A. 抽样检验水平　　B. 可接受质量水平
C. 平均出厂质量极限　　D. 抽样检验方案

（2）适合于对产品质量不了解的孤立批的抽样检验方案是(　　)。

A. 标准型抽样检验方案　　B. 挑选型抽样检验方案
C. 调整型抽样检验方案　　D. 连续生产型抽样检验方案

（3）一系列连续提交批的平均不合格品率是指(　　)。

A. 批不合格品率　　B. 批不合格品百分数
C. 批每百单位产品不合格品数　　D. 过程平均

（4）对于标准一次抽样检验，抽样检验特性曲线中，合格判定数 c 一定，样本含量 n 对曲线的影响是(　　)。

A. n 越大，曲线越陡，生产者风险越大，消费者风险越小
B. n 越大，曲线越平缓，生产者风险越大，消费者风险越小
C. n 越大，曲线越平缓，生产者风险越小，消费者风险越大
D. n 越大，曲线不变化，生产者风险不变，消费者风险不变

2. 判断题

（1）计数标准型一次抽样检验方案中 P_1/P_0 越小，方案的辨别能力越强。(　　)
（2）抽样检验的主要目的是判断每个产品是否合格。(　　)
（3）一系列连续提交批平均不合格品率就是批不合格品率。(　　)
（4）标准型抽样检验适合对产品质量不了解的孤立批的检查验收。(　　)
（5）计数抽样检验中 n 越小，使用者风险越小。(　　)
（6）调整型抽样检验中，“一般检验水平”的Ⅰ、Ⅱ、Ⅲ级的样本大小依次递减。(　　)
（7）全数检验的错误率一定比抽样检验的小。(　　)
（8）可接受质量水平是指在抽样检验中，认为满意的连续提交批的过程平均的上限值。(　　)
（9）调整型抽样检验是由正常检验、放宽检验、加严检验 3 种宽严程度不同的方案和一套转移规则组成的抽样体系。(　　)

3. 简答题

(1) 什么情况下宜采用抽样检验?

(2) 试述全数检验与抽样检验的优缺点及其适用范围。

(3) 什么是生产者风险和消费者风险?如何尽量避免?

(4) 为什么说百分比抽样检验方案不合理?

(5) 影响OC曲线的因素主要有哪些?

(6) 试述计数抽样检验方案的特点。

(7) 什么是检验水平?如何确定检验水平?

4. 计算分析题

(1) 某电子厂生产的电子元件,规定交检批不合格品率 $P_0 \leqslant 1\%$,而 $P_1 \geqslant 5\%$时为不合格批,试求标准型一次抽样检验方案($\alpha=0.05$,$\beta=0.10$)。

(2) 设有一批交检批产品,$N=50$ 件,其中不合格品率为6%,计数标准型一次抽样检验方案为(5,3)。试求这批产品的接收概率。

(3) 设 $\alpha=0.05$,$\beta=0.10$,试求其计数标准型一次抽样检验方案,其中:① $P_0=4\%$,$P_1=8\%$;② $P_0=0.1\%$,$P_1=30\%$;③ $P_0=0.4\%$,$P_1=1.2\%$;④ $P_0=0.5\%$,$P_1=3\%$;⑤ $P_0=2\%$,$P_1=10\%$;⑥ $P_0=5\%$,$P_1=10\%$;⑦ $P_0=1.5\%$,$P_1=4\%$;⑧ $P_0=2\%$,$P_1=4\%$。

(4) 查表求出如下抽样检验方案。

① $N=30$,检验水平为特殊检验水平S-2,AQL=0.4%。求计数调整型一次抽样检验方案。

② $N=1000$,检验水平为一般检验水平Ⅱ,AQL=1.0%。求计数调整型一次抽样检验方案。

(5) 设有一批产品,批量为5000件,供需双方协定AQL=1.5%,检验水平为一般检验水平Ⅱ,试求其一次抽样检验方案。若按此方案进行正常抽样检验,连续10批初检均合格,并且10批中总不合格批数只有16件,问从第11批开始是否可由正常检验转为放宽检验?为什么?

(6) 设有一批产品,批量为8000件,现规定AQL=1.0%,检验水平为一般检验水平Ⅲ,试求其一次抽样检验方案。若按此方案进行放宽检验,发现一批产品中不合格数为5件,问此批产品是否可以判为合格批?为什么?下一批产品是否需要转为正常检验?

【实际操作训练】

1. 分析抽样检验方案的"宽"和"严"对生产者和消费者利益的影响。

2. 根据熟悉的单位的情况,选择一种产品,设计该产品的抽样检验方案。

第二汽车厂对计量抽样检验方案的运用

第二汽车厂在组织计数抽样检验方案的基础上,于1985年进行计量抽样检验方案的运用,确定试检零件是半轴,检验项目是硬度。

根据厂标和检验工艺的规定，半轴硬度列为100%检验的项目，但存在4个主要问题。

(1) 检查工作量大，劳动强度大，每根轴20.9kg，每个检查员每班的劳动量在4t以上。

(2) 检查工作量大，速度快，劳动量大，检查员的体力、视力容易疲劳，检查的准确性得不到保证，检查后依然存在0.28%的不合格品。

(3) 不安全，不卫生。

(4) 拼人力、体力，不适应创优质能力的要求。

将半轴硬度项目由100%检验改为计量抽样检验，样本较小。基本做法是抽样检验与100%检验同时进行，进行对照验证。将过去使用的非标准硬度计改为标准硬度计，将目测压痕改为用25倍直筒式放大镜测量压痕，经历两个月的试验，证明了抽样检验对质量的保证能达到100%检查的效果。

抽样检验虽有科学的依据、严格的程序，但在实施中若不能按照标准执行，也达不到应有的效果，所以在真实运用之前，检查科和热处理车间都制订了严格的考核办法，以保证实施的有效进行。

1. 实施过程

1) 与控制图联合使用

控制图是通过抽样检验的信息，判断生产过程是否稳定正常，而计量抽样检验是通过抽样检验信息，来判断生产的产品质量是否合格，二者的目的不同。

在实施过程中，把抽样检验的$\overline{x}$和S，直接在$\overline{x}-S$控制图上打点，实际上是在图上对批质量做统计推断。在不增加检查、计算工作量的前提下，既验收了产品质量，又把质量状况形象地描绘在控制图上，这种动态质量波动信息，对计量抽样检验起到了良好的促进作用。

利用控制图对生产过程进行监控，能及时发现引起质量波动的异常因素，以尽早查明原因，采取措施，把异常因素消灭在萌芽状态之中，维持生产稳定，保证多出合格品。

2) 制订计量抽样检验程序

(1) 确定质量标准。半轴调制硬度HB为229～269，压痕直径$d=3.7\sim4.0$mm。MIL-STD-414检验方式分s法、σ法及R法三种。选定检查方式：因过程标准偏差未知，故采用s法。根据技术标准对质量的要求，需要同时控制上、下规格限的不合格品率，故采用双侧规格限。

(2) 规定检查水平。检查水平的确定关系到样本含量的大小。在没有特殊要求的情况下，通常使用一般检验水平Ⅱ。但对半轴正式实施前的两个月的试验中，为减少样本含量的大小，采用一般检验水平Ⅰ可以满足质量要求。

(3) 规定可接受质量水平。由于可接受质量水平是抽样表设计的重要依据，它又是调整型抽样体系的基础，所以规定合理的可接受质量水平极其重要。

(4) 规定抽样方案的严格性。调整型抽样检验规定一套加严、放宽的转移规则，如果对所有的零件都同等对待，则不合理。根据控制图反映的产品质量实际波动情况，灵活掌握转移规则，则可减少抽样检验的误转率。如果从正常检验转为加严检验，连续5批有2批出现不合格，但如果根据控制图已发现质量不稳定，又有可靠数据证明检查批质量劣于可接受质量水平拒收一批后，就可转为加严检验。实际上，可把控制图信息作为对转移规则的补充。

(5) 提交产品。单位产品按批形式提交，根据生产的实际情况把整批划成子批陆续提交，以$N=281\sim500$为一批。

(6) 检索抽样方案。根据批量$N=281\sim500$，查表一般检验水平Ⅱ的样本含量字码为H，再根据AQL=2.5%，查表得3种抽样方法，如表6-10所示。

表6-10 抽样方法

正常检查	加严检查	放宽检查
n Ac Re	n Ac Re	n Ac Re
50 3 4	50 2 3	20 2 3

(7) 抽取样本。由于半轴处理连续进行，待形成批量后再抽取样本很不方便，因此采用系统抽样法，根据实际生产情况，大约每半小时从子批抽一次样，每次一件，抽足50件样本后集中检查。

(8) 检查样本。把抽取的样本放在标准的布氏硬度计上进行检测，并记录在计量调整型抽样检验记录表上。

(9) 判断是否接收。计算 $\overline{x}$ 和 S，若 $\overline{x} \geqslant 4.0$ 或 $\overline{x} \leqslant 3.7$，不接收该批，但需计算 S，并描在 S 控制图上。若 $3.7 < \overline{x} < 4.0$，则计算上、下质量统计量 Q_U、Q_L。

若 $Q_U \geqslant K_U$ 且 $Q_L \geqslant K_L$，则接收该批；否则，不接收该批。根据计算得出的 $\overline{x}$ 和 S，画出 $\overline{x}-S$ 控制图。

(10) 处理检查批。对判为接收的批次，应整批接收，但样本中的不合格品应剔除。对不接收的批次，要进行100%的硬度测试。生产厂方不得不加任何处理就再次提交检查。

对判为不接收的批次，可以进行筛选、挑选、修复或报废，剔除所有不合格品或修复后，可以再次提交检查。

3) 组织质量管理小组活动

让工人关心质量，随时观察图的变化，进行分析，采取相应的措施，防止不合格的发生。

4) 执行抽样检验的考核办法

把抽样检验是否认真实施与经济责任制紧密联系起来。

2. 实施效果

经过3个月的实施，取得以下效果。

(1) 不合格频率降低，产品质量提高。抽样检验达到100%的检验效果，主要项目的检验合格率保持在100%。

(2) 经济效益提高。提高劳动效率33.3倍，节约电13000kW·h，并节约了标准硬度块、砂轮等。

(3) 提高了工人对产品质量的重视程度。

资料来源：罗国勋，2005. 质量管理与可靠性[M]. 北京：高等教育出版社.

分析与讨论：

(1) 抽样检验在质量管理中的地位和作用是什么？

(2) 第二汽车厂在抽样检验方案设计方面有何可进一步改进之处？

第7章

现场质量管理

本章教学要点

知识要点	掌握程度	相关知识
质量控制点	重点掌握	质量控制点的设置及设置原则
质量检验	了解	质量检验的程序与方法
质量改进	掌握	质量改进的程序和方法
质量管理小组	熟悉	质量管理小组的组建与活动开展

本章技能要点

技能要点	熟练程度	应用方向
质量控制点的设置	重点掌握	工序质量控制
质量检验方法	掌握	工序和产品质量检验
质量管理小组活动开展	掌握	改善管理，改进质量

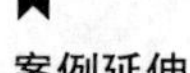
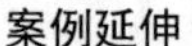
案例延伸

现场质量管理三部曲

现场质量管理是实现质量目标的重要保证。其目的是经济合理地生产符合设计要求的产品，或提供质量标准服务目标，保证和提高产品质量。加强以保证产品质量为目标的现场质量管理，具有重大的现实意义。现场质量管理应“奏”好“三部曲”。

1. 第一部曲：培养三种意识

一是自检意识。产品质量是制造出来的，而不是检验出来的。生产质量控制的秘诀：让每个人做好自己的产品。要求员工对自己生产的产品进行自我检验，只有自己认为合格的产品，才可以流向下道工序或车间，在自我检验中发现的不合格品，要自己做好标识并把它分开放置。

二是互检意识。对于上道工序或车间流过来的产品，员工不要看都不看，就着急往下做，要检验认为是合格品后，才可以进行生产，对查到的上个工序或车间的质量问题，要及时反馈。坚决做到不制造不良品，不接收不良品，不传递不良品。

三是专检意识。员工都在自检和互检，作为专职的检验员，就更应该有强烈的质量控制意识。

2. 第二部曲：加强三个控制

在管理中，大家都看重结果，如果没有过程，哪来的结果呢？没有好的过程，就难有好的结果。对于品质的控制，只有紧跟了过程控制，才可控制住品质。

一是首检控制。在产品上线前，必须要求班组长、品检人员和员工，对要投入生产的物料，都仔细核实；要使用的工装配备，要确认性能是否稳定完好。然后小批量生产三只产品，确认产品是否合格。合格后再上线生产，不合格要查找原因，直至合格才能批量生产。

二是巡检控制。在生产过程中，管理人员和检验员要对产品进行抽查，要用80%的精力关注生产中的薄弱环节，如生手员工、关键设备、关键岗位等。

三是终检控制。在收线时，对于最后的产品，要重点控制，往往此时员工的心态都比较急躁。曾有过这样一个事例，一位员工在快下班时，还缺一只产品装箱，他就找一只不合格品，叫人返修一下，没经过检验人员检验就直接装箱。

3. 第三部曲：利用两个工具

生产过程中的品质控制，不是在上升，就是在下降。如果要实现品质管理的“长治久安”，管理人员就必须用好两个工具：“明刀”和“暗箭”。

第一个工具：“明刀”——“三分析三不放过”活动。每天生产早会上，都要分析昨日生产中出现和碰到的质量问题，深入分析这些质量问题的危害性，使大家充分认识到不合格品一旦出厂，不仅会对企业造成巨大的负面影响，而且将损害用户利益；接下来分析产生这些质量问题的原因，层层追溯，明确质量责任，找出漏洞；在此基础上，分析应采取的措施并付诸实施，及时改进不足。整个活动过程要真正做到“原因未查清不放过，质量责任未明确不放过，纠正措施未落实不放过”。管理者每人手握“明刀”，每天追求质量提高一点点。

第二个工具：“暗箭”——人员质量意识试验法。俗话说“暗箭难防”，在品质控制中，如果没有这把“暗箭”，怎能杜绝员工麻痹大意的思想。人员质量意识试验法的实施过程是这样的：管理者不定期地找一些质量缺陷不明显的不合格品，记下编号或做好标志后，将其混入一大堆同类产品中间，看员工能否把它们及时、如数地检查出来。那些质量意识不强、工作不细致的员工，在碰到这种事先不打招呼，且随时随地都可能举行的“考试”时，就往往很难得到高分。所以，要想经受住“暗箭”的考验，只有一个办法，那就是在工作中时刻保持高度的警惕心和责任心，“不接收来自上道工序的不合格品，不把不合格品传递给下道工序”。

资料来源：根据 https://baijiahao.baidu.com/s?id=1748621478624795234&wfr=spider&for=pc 资料改编。

7.1　现场质量管理概述

7.1.1　现场质量管理的目标和任务

1. 现场质量管理的概念

现场质量管理是生产第一线的质量管理，又称制造过程质量管理、生产过程质量管理，是全面质量管理中一种重要的方法。它是在从原材料投入产品形成的整个生产现场所进行的质量管理活动。由于生产现场是影响产品质量的5M1E诸要素的集中点，因此搞好现场质量管理可以确保生产现场生产出稳定和高质量的产品，使企业增加产量，降低消耗，提高经济效益。国内外许多企业通过应用现场质量管理这一方法，取得了稳定和提高产品质量的效果。现场质量管理是实现质量目标的重要保证，也是企业管理中最经常、最大量和最活跃的质量管理工作。通常，现场质量管理的主要内容有工序的选择与控制、质量控制点、检验、质量改进和质量管理小组活动等。

2. 现场质量管理的目标

现场质量管理是质量管理的一个重要组成部分，它的工作和活动的重点大部分在生产现场。所谓生产现场，是指从事产品生产、制造或提供生产服务的场所。在我国工业企业中，习惯把生产现场称为车间、工场或生产第一线。质量管理中的很多问题必然会在生产现场得到反映，如通过鉴定符合质量标准的新产品，批量生产后，能否保证达到质量标准，能否加工出优质产品，这在很大程度上取决于有关部门的现场质量管理水平。

现场质量管理的目标，就是要生产符合设计要求的产品，或提供符合质量标准的服务。一个企业有了能正确体现用户适用性要求的设计图纸和标准，并不等于就能生产出优质、合格的产品，或提供优质服务。如果企业的生产和服务现场等有关部门的技术水平和管理不能满足现场质量管理的要求，同样不能经济合理地生产出优质产品和提供优质服务。由此可以看出，加强以保证符合性质量为目标的现场质量管理，具有重大的现实意义。

3. 现场质量管理的任务

根据现场质量管理的特点和要求，为了达到质量目标，稳定、经济地生产出用户满意的产品，现场质量管理的任务有以下4个方面。

(1) 质量缺陷的预防。质量缺陷指的是产品加工后出现的不符合图样工艺、标准的情况。产品出现了质量缺陷，就会造成产品报废、返修等情况，不仅给企业带来经济损失，而且有可能使企业生产处于被动局面。因此，要做好质量缺陷的预防工作，把产品质量缺陷消除在出厂之前，这是现场质量管理的重要途径之一。

(2) 质量维持。质量维持即维持现有的质量水平，利用科学的管理方法和技术措施及时发现并消除质量下降或不稳定的趋势，把产品质量控制在规定的水平上。通常，企业可采取的措施有两种：一是补救性措施，如返工、返修等；二是预防性措施，如开展预防缺陷发生的活动等。

(3) 质量改进。质量改进即不断提高产品质量，指企业运用质量管理的科学思想和方法，经常不断地去发现可以改进的主要问题，并组织实施改进，使产品合格率从已经达到的水平向更高的水平突破。例如，使产品合格率从已经达到的90%提高到99%的过程，就是质量改进的过程。它有助于企业不断地改进产品质量，提高产品在市场的竞争能力。

(4) 质量评定。质量评定指企业组织有关人员评定产品符合设计、工艺及标准要求的程度。它与单纯的检验把关不同。单纯的检验把关，是指从加工出的产品中挑出不合格的产品，使不合格品不流入下道工序、不入库或不出厂，而被挑出来的不合格品所造成的经济损失和对正常生产活动的影响已成事实，无法避免。质量评定则是在单纯检验把关的基础上加以扩展，不仅要把关，而且要预防质量缺陷的产生，以维持现有质量水平和在现有质量水平上为进行质量改进提供有价值的信息。

7.1.2 现场质量管理工作的内容

现场质量管理以生产现场为对象，以对生产现场影响产品质量的有关因素和质量行为的控制和管理为核心，通过建立有效的管理点，制订严格的现场监督、检验和评价制度以及现场信息反馈制度，进而形成强化的现场质量保证体系，使整个生产过程中的工序质量处在严格的控制状态，从而确保生产现场能够稳定地生产出合格品和优质品。现场质量管理是产品质量形成过程中的重要环节，生产或服务现场的管理人员、技术人员和生产工人(包括服务人员)都要执行现场质量管理的任务。但是，由于各类人员所处的地位、承担的责任以及在质量管理活动中应发挥的作用各不相同，所以他们执行任务的具体内容也不一样。

1. 管理人员、技术人员在现场质量管理中的工作内容

管理人员、技术人员在现场质量管理中的工作内容有以下几种。

(1) 为生产工人稳定、经济地生产满足规定要求的产品提供必要的物资、技术和管理等条件。

(2) 编制合格的工艺规程、作业指导书等技术文件。

(3) 研究与分析工序能力。

(4) 组织均衡生产，编制生产作业进度计划。

(5) 组织质量改进和攻关活动。

(6) 加强对设备与原材料的管理。

(7) 掌握工序质量的波动规律。

(8) 抓好安全生产，改善劳动条件，等等。

2. 生产工人在现场质量管理中的工作内容

生产工人在现场质量管理中应该了解和从事的具体工作内容有以下几个。

(1) 掌握产品质量波动规律，预防、控制异常波动。产品在生产过程中存在质量波动规律，使得一批产品的质量特性值不会完全一样。但是，在一定的生产条件下，它们都服从一定的分布规律。因此，许多产品的质量标准都规定了允许波动的公差范围。产品的质量特性值的波动只要在规定的公差范围，就可以认为是合格品；超出了规定的公差范围，就是不合格品。

在现场质量管理中，要预防、控制不合格品，就必须掌握产品质量波动规律的性质和特点，把正常的波动控制在公差允许范围内，及时预防和消除异常原因引起的异常波动。

(2) 参与现场的整理整顿，做好定置管理。定置管理，就是通过整理，把不用的东西去掉，通过整顿，使需要用的东西随手可得或能方便地找到。其核心是使人与物在现场的结合关系和结合状态科学化、规格化、标准化。可以说，定置管理是对人、物、场所结合状态的管理，如果人、物、场所三者结合不好，物无定处，人忙于找物，就不能形成正常生产秩序，会影响正常生产。

定置管理的目的就是在保证质量要求的前提下，通过整理整顿，将各种物品分类定置，让操作者使用时方便、顺手、省力。

(3) 在现场管理中的职责。生产工人是产品的直接制造者，他们对生产工序和产品质量状况了解最具体、最清楚。每一个生产工人都担负着一定的工序加工任务，他们的技术水平

和工作质量是影响产品质量的直接因素。为此，要广泛发动生产工人积极参与质量管理，使生产工人认真执行本职岗位的质量职责，把保证工序加工的符合性质量作为自己必须完成的任务，以最佳的工作质量保证产品质量，使上、下道工序或用户满意。

(4) 及时提供信息，严格遵守工艺纪律。在现场质量管理活动中，质量缺陷的预防、质量维持、质量改进及质量评定都离不开正确的质量动态信息、质量指令信息和质量反馈信息。所谓质量动态信息，是指生产现场的质量检验记录，各种质量报告，工序控制记录，原材料、外协件、配套件的质量动态等；质量指令信息是指上级管理部门发出的各种有关质量工作的命令；质量反馈信息是指执行质量指令过程中与规定的目标、标准和要求相比较后产生的偏差信息。生产工人和检验人员应按规定认真做好原始记录，对各种需要的数据进行收集、整理、传递和处理，为管理人员提供必要的质量动态信息和质量反馈信息，为他们制订质量指令信息提供第一手依据资料。

同时，为了使员工严格遵守工艺纪律，要建立考察工艺纪律遵守情况的奖惩责任制，经常性地进行检查，并给予必要的奖励与惩罚。

7.1.3 现场质量管理的要求

1. 对操作者的要求

现场质量管理中对操作者的要求有以下几个。

(1) 学习并掌握现场质量管理的基本知识，了解现场与工序所用数据记录表和控制图或其他控制手段的用法及作用，懂计算数据和打点。

(2) 清楚地掌握所操作质量控制点要求。

(3) 熟记操作规程和检验规程，严格按操作规程(作业指导书)和检验规程(质量控制点表)的规定进行操作和检验，做到以现场操作质量来保证产品质量。

(4) 掌握本人操作工序管理点的支配性工序要素，对纳入操作规程的支配性工序要素认真贯彻执行；对由其他部门或人员负责管理的支配性工序要素进行监督。

(5) 积极开展自检活动，认真贯彻执行自检责任制和质量控制点管理制度。

(6) 牢固树立下道工序是用户、用户第一的思想，定期访问用户，采纳用户的正确意见，不断提高本工序质量。

(7) 填好数据记录表、控制图和操作记录，按规定时间抽样检验、记录数据并计算打点，保持图、表和记录的整洁、清楚和准确，不弄虚作假。

(8) 在现场中发现工序质量有异常波动(点越出控制界限线或有排列缺陷)时，应立即分析原因并采取措施。

2. 对检验员的要求

现场质量管理中对检验员的要求有以下几个。

(1) 应把建立质量控制点的工序作为检验的重点，除检验产品质量外，还应检验、监督操作者执行工艺及质量控制点的规定，对违章作业的工人要立即劝阻，并做好记录。

(2) 检验员在现场巡回检验时，应检查质量控制点的质量特性及该特性的支配性工序要素，如发现问题应帮助操作者及时找出原因，并帮助其采取措施解决。

(3) 熟悉所负责检验范围现场的质量要求及检测试验方法，并按检验指导书进行检验。

（4）熟悉现场质量管理所用的图、表或其他控制手段的用法和作用，并通过抽样检验来核对操作者的记录及控制图是否正确。

（5）检查操作的自检记录，计算他们的自检准确率，并按月公布和上报。

（6）按制度规定参加质量控制点工序的质量审核。

7.1.4　现场质量管理制度

为了更好地开展质量管理活动，应建立一系列现场质量管理制度。现场质量管理制度会因行业和企业规模等特点不同而有所不同，下面以机械制造业为例介绍几种主要的现场质量管理制度。

1. 技术交底制度

为避免不必要的返工和提高产品质量，按照ISO 9001质量管理体系的要求建立技术交底制度。

（1）技术交底主要分为图样会审交底、设计变更交底、分厂及外协加工的交底，以及产品概况、产品特点、产品检验计划等内容的交底。

（2）各道工序的开展必须由技术人员向品质部门以及生产线班组长进行详细的技术交底，没有经过技术交底，不得盲目生产。

（3）各工序技术交底的内容应包括生产准备、产品工艺、质量要求、质量通病的预防、成品保护、应注意的安全事项等内容。

（4）技术交底的交底人和被交底人必须履行签字手续，技术交底一式两份，交底人和被交底人各执一份，并留存。

（5）检验阶段主要采用限度样板进行技术交底，技术交底必须得到生产和客户的认可。

2. 质量例会制度

为及时通报产品质量信息，通过奖优罚劣促进产品质量的提高，品质部门应建立质量例会制度。

（1）品质部门召开质量例会。

（2）质量例会由品质部门负责人主持，品管人员对日常检查和例行检查情况进行通报，所有生产线班组长和技术人员必须参加。

（3）在质量例会上针对检查中发现的质量通病，研究对策，采取相应的纠正预防措施，并由技术工程师对采取的纠正预防措施进行交底。

（4）在质量例会上对生产质量较好的班组给予表扬，对生产质量较差的班组给予批评，并给予相应的奖励和处罚。

3. 质量检查制度

为及时发现生产过程中的质量隐患，确保产品质量，建立质量检查制度。

（1）品质部门负责人组织质量管理人员、技术人员及有关班组长定期进行例行检查，并形成检查记录，将检查情况上报上一级主管部门。

（2）品质部门负责生产过程中的日常检查工作，并做好日常检查记录，检查情况向品质

部门负责人汇报，同时在质量例会上进行通报。

（3）品质部门根据例行检查和日常检查结果，给予相应的奖励和处罚。

（4）品质部门应对检查结果进行统计分析，针对出现的质量通病和潜在的质量隐患，制订相应的纠正预防措施，不断改进产品质量。

4. 工序交接“三检”制度

“三检”制度的目的就是在现场实现“三个不”，即不制造不良品、不传递不良品、不接收不良品。通过自检，消除人为的错误，达到自身完美无缺的状态；通过互检，消除并拒绝他人的失误，相互督促；通过专检，提升检验水准，确保产品符合标准。

知识要点提醒

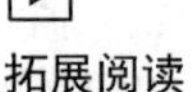

拓展阅读

“三检”制度应注意的事项如下。

（1）在本工序完成后，由班组长对本工序质量进行自检。

（2）在自检合格的基础上进行互检，填写工序质量检查互检记录，互检记录由互检班组分别签字并各自留存。

（3）各班组相互检查合格后，形成相关记录，合格后贴上合格标签，进入下一道工序。若不合格，根据批量大小填写品质异常联络单，通知班组填写不合格品处置报告，由相关部门进行质量评审，评审后进入下一道工序。

（4）专项产品由质检员组织专项人员进行专检，并形成相关检验记录，合格后贴上合格标签，再进入下一道工序的生产。

（5）在“三检”过程中，尤其要加强对质量记录的确认，通过质量记录把握一线员工的作业状态。

7.2 质量控制点

7.2.1 质量控制点的含义

任何一种产品或服务总是包含着许多项的质量特性要求，它们对产品使用的影响程度是不同的。那些对产品使用的影响程度大的需要严格要求，如汽车的制动系统，如果失灵，后果可能是致命的。对产品使用影响程度较小的，如椅子的尺寸，就没有必要要求尺寸完全一模一样，因为，只要尺寸相差不大，一眼看不出来，用户还是能够接受的。因此，对于质量特性要求重要程度不同的产品或服务活动，就没有必要也不可能采用同样的管理措施，而应当抓重点、抓关键。只要把主要的质量特性控制住，确保产品质量在允许的技术要求的标准范围内波动，就可以长期稳定地生产出合格的产品。为此，需要建立质量控制点。

质量控制点又称“质量管理点”，是指生产现场或服务现场在一定时期内、一定的条件下对需要重点控制的质量特性、关键部位、薄弱环节及主导因素等采取特殊的管理措施和方法，实行强化管理，使工序处于良好的状态，保证产品达到规定的质量要求。质量控制点是全面质量管理中的“关键的少数，次要的多数”原理在质量控制中的具体运用。

7.2.2　质量控制点的设置及设置原则

1. 质量控制点的设置

质量控制点的设置就是指确定质量控制点的对象。一个质量控制点的对象，可以是一道工序的产品或零件的某一项加工特性值，如性能、精度、光洁度、硬度、成分中某种元素的含量等；也可以是一道工序的关键特性或主要工艺条件，如化工产品的反应温度、压力、时间，陶瓷烧成的温度，陶瓷泥料的水分，等等。一般来说，确定质量控制点的对象的工作主要在产品研制、设计和制造工艺阶段进行。设计、工艺部门根据产品质量的要求，运用技术、经济分析，对产品(或零件)质量特性的重要性，以及对缺陷的严重性加以分类、分级。

知识要点提醒

质量特性一般分为3类。

(1) 关键特性，指该特性如果失效或损坏，可能导致危及人身安全或产品无法执行规定的任务。

(2) 重要特性，指该特性如果失效或损坏，可能迅速导致或显著影响最终产品不能完成要求，但不会发生危及人身安全的后果。

(3) 一般特性，指除关键特性、重要特性之外的其他所有特性。

缺陷一般分3级，即A级——致命缺陷；B级——重要缺陷；C级——轻缺陷。

分级、分类以后都要在技术文件、图样上给予明显的标记。这就为制造现场进一步落实和实施质量控制点提供了技术依据。

2. 质量控制点的设置原则

在什么地方设置质量控制点，需要对产品的质量特性要求和制造过程中的各个工序进行全面分析来确定。设置质量控制点时一般应考虑以下原则。

(1) 对产品的实用性(性能、精度、寿命、可靠性、安全性等)有严重影响的关键质量特性、关键部位或主要影响因素，应设置质量控制点。

(2) 对工艺上有严格要求，对上下工序的工作有严重影响的关键特性、部位，应设置质量控制点。

(3) 对质量不稳定、出现不合格品多的项目，应设置质量控制点。

(4) 对用户反馈的重要不良项目应设置质量控制点。

(5) 对紧缺物资或可能对生产安排有严重影响的关键项目应设置质量控制点。

一种产品在制造过程中需要设置多少质量控制点，应根据产品的复杂程度，以及技术文件上标记的特性分类、缺陷分级要求而定。质量控制点一般可分为长期性和短期性两种。对有设计、工艺要求的关键重要项目是必须长期重点控制的；而对工序质量不稳定，不合格品多或用户反馈多的项目，以及因为材料供应、生产安排等在某一时期有特殊需要的项目应设置短期质量控制点。当技术改进项目的实施、新材料的代用、控制措施的标准化等经过一段时间被验证有效后，可以相应撤销质量控制点，转入一般的质量控制。

如果一种产品的关键特性、关键部位和重要因素都设置了质量控制点，得到了有效控制，则这种产品的符合性就有了保证。同时，质量控制点还可以收集大量有用的数据、信息，为质量改进提供依据。所以，设置质量控制点、加强工序管理是企业建立生产现场质量管理体系的基础环节。

7.2.3 质量控制点的实施

质量控制点确定以后接着进入实施阶段。这时，要针对关键特性，运用因果图等方法找出主要因素，再把主要因素逐渐展开，可展开二次、三次或更多次，直至能够采取对策措施，便于控制为止。然后，需要建立管理办法，规定这些主要因素的管理项目及其允许的界限，并通过管理这些主要因素来保证其在标准范围内波动。随着某项技术改进项目的实施、新材料的选用、控制的标准化等，经过一段时间的有效性验证，过程能力指数或产品合格率会不断提高。当其达到企业规定的工序质量水平时，可以将质量控制点转入日常的管理。

质量控制点实施内容主要有以下几个。

(1) 确定质量控制点。质量控制点明细表见表 7－1。明细表上应标明各个质量控制点的名称、技术要求、检验方式、检测工具、检测频次、质量特性分级及其控制手段等。

表 7－1　质量控制点明细表

<table>
<tr><th rowspan="2">序号</th><th rowspan="2">产品(零件)号及名称</th><th rowspan="2">工序号</th><th rowspan="2">控制点编号</th><th colspan="3">质量控制点明细表</th><th rowspan="2">检测工具</th><th rowspan="2">检测频次</th><th colspan="3">质量特性分级</th><th rowspan="2">控制手段</th></tr>
<tr><th>名称</th><th>技术要求</th><th>检验方式</th><th>A</th><th>B</th><th>C</th></tr>
<tr><td></td><td></td><td></td><td></td><td></td><td></td><td></td><td></td><td></td><td></td><td></td><td></td><td></td></tr>
<tr><td></td><td></td><td></td><td></td><td></td><td></td><td></td><td></td><td></td><td></td><td></td><td></td><td></td></tr>
<tr><td></td><td></td><td></td><td></td><td></td><td></td><td></td><td></td><td></td><td></td><td></td><td></td><td></td></tr>
<tr><td></td><td></td><td></td><td></td><td></td><td></td><td></td><td></td><td></td><td></td><td></td><td></td><td></td></tr>
</table>

(2) 设计绘制“质量控制点流程图”。在流程图上明确建立质量控制点的工序、控制点序号、控制内容、技术要求、检验方式、检验次数等。

(3) 进行工序分析。找出影响工序质量特性的主导因素及各因素间的相互关系。实际上工序分析就是对要建立控制点的工序开展调查、试验分析，应用因果图等方法进行整理，找出影响工序质量特性的主导因素，以及特性之间的相互关系。

知识要点提醒

工序分析的顺序如下。

① 对拟建立质量控制点的质量特性、关键部位或薄弱环节确定责任部门和人员，进行调查核实。

② 掌握质量控制点的现状，明确改善目标。

③ 应用因果图、相关图等进行具体的工序分析。

④ 拟定试验方案，对策计划(确定控制标准草案)。

⑤ 试验或试行方案，找出质量特性和影响因素的确定性关系，经审查、签订，确认试验结果。

⑥ 确定控制标准和规划等。

(4) 编制“工序质量表”，对各个影响质量特性的主导因素规定出明确的控制范围和有关控制要求。

（5）编制“质量控制点的作业指导书(或工艺操作卡)”和“自检表”，以上技术文件均应按企业规定的程序，经审定批准后执行。

（6）编制“设备定期检修记录表”“夹具定期检修记录表”“量、检具周期定期汇总表”“检验指导书”。

（7）计算并绘制质量控制点所有的控制图和记录表。

（8）起草“质量控制点的管理办法和工序管理制度”，将其纳入企业的“质量责任制”，并与“经济责任制”挂钩，经批准后由生产车间和有关责任部门组织实施。

（9）组织操作工人、检验人员学习有关质量控制点的文件和制度。

（10）组织有关部门提供质量控制点所需要的实施条件，如补充测量工具、工位工具、应用图表、人员配备等。

（11）组织人员正式验收质量控制点，对符合规定的要求并达到预期控制目标的质量控制点给予合格标志。

7.3 质量检验

7.3.1 质量检验概述

质量检验是全面质量管理的重要环节，是保证和提高产品质量必不可少的手段。企业在生产经营的过程中都必须十分注意加强质量检验工作。

1. 质量检验的含义

质量检验是人们借助某种手段或方法，测定产品的质量特性，然后把测定的结果同规定的质量标准比较，从而判断该产品合格或不合格的活动。

一般来说，质量检验有以下3个方面的含义。

（1）质量检验是人们借助某种手段或方法，测定产品的质量特性。

（2）把测定的结果同规定的质量标准进行比较，从而判断该产品合格或不合格。

（3）在产品不合格的情况下还要做出适用或不适用的判断。

通常判断产品合格与否的过程叫作符合性判断；在不合格情况下做出适用或不适用的判断，叫作适用性判断。在企业内部，符合性判断一般由检验员或操作员负责执行，而适用性判断一般由企业管理部门或专门组成的委员会负责执行。

2. 质量检验的程序

质量检验是生产制造过程中的一个工序，也是生产制造过程的组成部分，一般包括如下工作步骤。

（1）明确质量要求。根据产品技术标准，明确检验的项目和每个项目的要求。在抽样检验情况下，还要明确采用什么样的抽样检验方案，使检验员和操作员明确什么是合格品或合格批，什么是不合格品或不合格批。

（2）测试。规定用适当的方法和手段测试产品，以得到正确的质量特性值和结果。

（3）比较。将测试得到的数据同规定的质量标准相比较。

(4) 判定。根据比较的结果判定单个产品是合格品或不合格品，批量产品是合格批或不合格批。

(5) 处理。处理包括如下几个方面。

① 单个产品合格则放行，不合格则打上标记，隔离存放，另行处置。

② 对批量产品进行接收、拒收、筛选、复检等。

③ 记录测试得到的数据和判定的结果，将其反馈给有关部门，以便有关部门改进质量。

在质量检验中，检验员和操作员必须按规定对所测得的数据进行认真记录。原始数据记录不准、不全，便会影响对产品质量的全面评价和进一步改进提高。

3. 质量检验的职能

质量检验的职能概括地说就是严格把关，反馈数据，预防产品质量缺陷，监督和保证产品的质量，促进产品质量的提高。具体地说，有如下3项职能。

(1) 保证职能。也就是把关的职能，严格贯彻执行“五不”(不合格的原材料不投料、不合格的半成品不流向下道工序、不合格的零部件不装配、不合格的产品不出厂、没有标准的产品不能生产)。通过对原材料、半成品及成品的检验、鉴别、分选，剔除不合格品，并决定该产品或该批产品是否接收。

(2) 预防职能。通过首件检验或工序中规定频次的抽样检验，及时发现质量问题，为及时采取纠正措施以防止同类问题再发生提供依据，预防或减少不合格项目或不合格品的产生。

(3) 报告职能。把在检验中收集的数据、信息做好记录，进行分析和评价，并及时向上级和有关部门进行报告，为加强管理、改进设计、提高产品质量提供必要的依据。

长期以来，传统的观念往往把质量检验仅仅看成把关，而忽视了预防职能和报告职能是与之紧密相连、互为相关的统一体。

7.3.2 质量检验的种类

按照质量检验在企业整个生产过程中所处的不同阶段，以及工作过程的次序，检验工作一般可分为进货检验、工序检验和成品检验3种，下面分别叙述。

1. 进货检验

进货检验是对原材料、外购件和外协件等进货物质进行的质量检验。目的是确保产品质量和生产的正常进行。因此，进货检验是在货物入库或投入生产之前进行的，它包括两个内容，即首批样品检验和成批进货检验。

(1) 首批样品检验。首批样品检验是对供应单位的样品检验。它是外协件管理的重要组成部分，在一定意义上可以说是对供应单位进行质量认证，其目的在于审核供应单位有无质量保证的能力，同时也为以后成批进货的质量水平提供衡量的依据。

(2) 成批进货检验。成批进货检验是在供应单位正常交货时对成批物质进行验收的检验，其目的是防止不符合质量要求的原材料、外购件和外协件等进入生产过程，并为稳定的秩序和成品质量提供必要的条件，这也是对供应单位质量保证能力的连续性评定的重要手段。

2. 工序检验

工序检验是指工序在加工中的检验，其目的是防止产生大批不合格品，防止不合格品流入下道工序。它一般有 3 种方式：首件检验、巡回检验和完工检验。

(1) 首件检验：在生产开始时或工序因素调整后，对制造的第一件或前几件产品的检验。

(2) 巡回检验：在生产现场按一定的时间间隔或加工产品的一定数量间隔对有关工序的产品质量进行的检验。

(3) 完工检验：对一批产品中最后制造的产品的检验。

3. 成品检验

成品检验也称最终检验或出厂检验，是对完工后的产品质量进行检验，其目的是保证不合格的成品不出厂，以确保用户利益和企业自身的信誉。

成品检验也是质量信息反馈的一个质量来源，检验员应该把检验中发现的一切故障记录下来，并依次整理、分类，及时向有关部门报告。

7.3.3 质量检验的方法

在质量检验中，准确地判断该产品合格或不合格是十分重要的。而要做好这一点，须恰当地运用质量检验方法。通常，企业采用的质量检验方法有以下几种。

1. 单位产品检验法

单位产品就是组成产品总体的基本单位，如一台收音机、一平方米布等。单位产品的质量是用质量特性来度量的。

单位产品的质量检验就是借助于一定的检测方法，测出产品的质量特性，然后把测出的结果同产品的技术标准比较，从而判断产品是合格品还是不合格品。

单位产品检验法有理化检测和感官检测两种。理化检测就是指采用物理或化学方法对产品进行检测，如用量具、仪器、仪表等对单位产品进行检测；感官检测则是指靠人的感觉器官对产品进行检测，如产品的外观质量(色、香、味等)可用这种方法检测。

2. 批产品检验法

批产品是指在一定条件下生产出来的一定数量的产品。它是由若干个单位产品组成的产品总体。

批产品的质量水平是用批的不合格品率或每百单位产品的缺陷数来度量的。

批产品的质量指标，通常为正常情况下的批不合格品率。当一批产品的不合格品率小于或等于正常情况下的批不合格品率时，则该批产品合格，予以接收；当一批产品的不合格品率大于正常情况下的批不合格品率时，则该批产品不合格，予以拒收。这里，正常情况下的批不合格品率为企业的质量标准。

3. 抽样检验法

抽样检验就是根据事先确定的方案，从一批产品中随机抽取一部分进行检验，并通过检验结果对该批产品的质量进行估计和判断的过程，具体内容见第 6 章。

7.4 质量改进

为了使企业的产品质量和服务质量稳定并不断提高，以保证企业在竞争中得到生存和发展，企业必须开展现场质量维持和质量改进活动，不断提高企业经济效益和社会效益。

7.4.1 质量维持与质量改进的概念

工业企业和服务部门的质量管理是要在最低消耗和最大限度满足规定需要的条件下，把企业内各部门的维持质量和提高质量的活动组成一个有效体系，其活动的本质可分为两类：一类是通过质量控制，保证已达到的质量水平，称为“维持”；另一类是将质量提高到一个新的水平，这个实现提高的过程，称为“改进”或“突破”。

质量维持和质量改进是相互联系的改进质量的活动，涉及面广，关系到各部门，既包括提高设计质量，又包括提高制造质量和维修服务质量等。本节将从生产现场活动的角度讨论提高符合性质量的问题。在现场质量管理活动中，质量维持的重点是充分发挥现有的质量保证能力，维持已经达到的符合性质量水平；而质量改进的重点则是提高质量保证能力，使符合性质量达到一个新的水平。工业企业的生产和服务都应该通过质量维持、质量改进活动不断提高质量，降低成本，增加经济效益。

7.4.2 现场质量管理中的故障

所谓的故障就是缺陷，在质量管理中易出现偶发性故障和经常性故障。

(1) 偶发性故障又称急性质量故障。偶发性故障是指由系统性原因造成的质量突然恶化，需要通过“治疗”使其恢复原状。例如，加工过程中刀具突然损坏造成的质量故障；使用不同批次的材料引起的质量故障；等等。这种质量故障的特点：原因明显，对产品质量影响很大，要求有关部门立即采取强有力的纠正措施消除这种故障，使生产过程恢复到原来的状态，保证达到规定的符合性质量水平。国外把消除这种偶发性故障的措施称为“救火式”的应急措施。现场生产人员或管理人员发现偶发性故障后，应立即查明突然恶化的原因（如使用了不恰当的材料或刀具的过度磨损、错误操作等），然后立即采取措施纠正，使工序质量恢复到原有的水平。这种发现故障和排除故障的过程就是质量控制，也就是质量维持活动。

(2) 经常性故障又称慢性质量故障，即质量现状长期处于“不利”的状态，需要采取一些措施来改变现状使之达到新的水平。例如，某零件的不合格品率长期处于较高的水平，经技术分析或与先进单位比较发现的问题（加工中操作工艺不良等）就属于慢性质量故障。这种质量故障的特点：原因不明，其影响不易被人发觉，不立即采取纠正措施也觉得过得去，但天长日久，会严重影响企业的经济效益。例如，一个工厂的不合格品率已经从5%减少到1%，看起来过得去了。但只要仔细分析就可以发现，即使是1%的不合格品率，若当年产量为100万件，每件不合格品损失为2元，按5年计算，这笔费用将达10万元。如果习以为常，就看不到这笔损失。而这笔损失恰恰是工厂中的一些慢性质量故障造成的。

对于质量管理来说，迅速解决偶发性故障是重要的；解决经常性故障的难度较大，需要认真地计划并采取组织实施。表7-2是两种故障的对比。

表 7-2　两种故障的对比

比较项目	偶发性故障	经常性故障
有形的经济损失	较小	较大
引起重视的程度	相当小，能引起领导和上层管理部门的重视	很小，易被忽视，有关方面认为“不可避免”“无法解决”
解决后的状况	恢复原状	改变原状，达到新水平
分析信息资料	较少，只需显示质量趋向的简单资料	需要较多的资料
资料来源	现场记录报表	特殊试验或调查
谁来分析	生产现场人员	工人、技术人员、质量管理小组和有关部门领导
分析的频数	很频繁，可能每小时、每批或每天	不频繁，可能要积累几个月的数据资料
分析的方式	通常是简单的	错综复杂，也许需要相关分析、差异分析等
实施人员	生产现场人员	生产现场人员，攻关、质量管理小组及技术人员

7.4.3　质量改进的程序和方法

1. 质量改进的一般程序

质量改进是一个比较复杂的突破过程，一般应依照以下程序进行。

（1）课题选定。

（2）质量改进的必要性论证。

（3）取得上级领导的核准。

（4）组成质量改进的组织，确定人员。

（5）进行诊断，找出原因，制订改进措施。

（6）克服阻力，实施改进措施。

（7）验证改进效果。

（8）在新水平上进行控制，巩固成果。

2. 质量改进的基本工作方法

PDCA 循环是科学管理的工作方法，质量改进工作应遵从这种方法，其内容在第 2 章中已讲述。

7.5　质量管理小组

质量管理小组，是群众性质量管理组织，最早产生于日本，此后东南亚及欧美国家也先后建立了质量管理小组。现在，世界上有许多个国家和地区开展质量管理小组活动，我国许多企业在1979年以后也成立了质量管理小组，并得到了很大的发展。我国正在逐步演变成世界制造基地，这是一个机遇，更是一个挑战。世界制造基地需要我国所有制造型企业在质量管理方面有一个质的提升。质量管理小组活动在我国企业创新思维、开发智力、提高质量、降低消耗、增加效益等各个方面都发挥了日益重要的作用。树立质量意识，开展质量管理小组活动，不断改进工作流程，是企业创新的基础，更是企业发展的秘密武器。

7.5.1 质量管理小组概述

1. 质量管理小组的概念

质量管理小组是指在生产或工作岗位上从事各种劳动的员工，围绕企业的方针目标和现场存在的问题，运用质量管理的理论和方法，以改进质量、降低消耗、提高经济效益和人的素质为目的组织起来，运用质量管理的理论和方法开展活动的小组。

质量管理小组与行政班组两者之间是有区别的。行政班组是企业按照专业分工划分的一种劳动组织形式，也是企业进行日常生产活动的基础组织，行政班组的主要目的是组织完成上级下达的各项生产任务。

2. 质量管理小组的作用

质量管理小组既是质量管理活动组织，又是学习组织。开展质量管理小组活动，不仅可以提高产品的质量，而且可以增强员工的质量意识，使员工自觉地提高工作质量。

质量管理小组的作用

当前，从我国开展质量管理小组活动的实践来看，质量管理小组的作用主要有以下几方面。

(1) 有利于改变旧观念、旧的管理习惯。通过开展质量小组活动，把全面质量管理的思想、方法引进班组活动，这有助于改变重产量轻质量等旧观念和旧的管理习惯，增强全体员工的质量意识。

(2) 有利于开拓全员管理的途径。质量管理小组是全面质量管理的重要组成部分，是实现全员参加民主管理的有效形式。通过质量管理小组的活动，不仅可以把员工发动起来，提高全员的质量意识，还可以普及全面质量管理知识，从组织上、技术上为全员参加质量管理疏通了渠道。

(3) 有利于推动产品创优活动。质量管理小组围绕产品升级创优来选择活动课题，组织技术攻关和质量改革，对产品质量的大幅度提高做出了贡献。从对工业企业优质产品的抽样统计来看，有相当一部分优质产品都是质量管理小组攻关活动的结果。

(4) 有利于传播现代管理思想和方法。质量管理小组要很好地开展活动，就必须普及全面质量管理的基本知识，运用全面质量管理的理论和方法，解决生产中的实际问题。因此，质量管理小组活动可以使广大群众直接看到现代管理技术和方法带来的好处，从而增强其自觉学习和运用现代管理技术和方法的积极性。

(5) 有利于提高企业的经济效益。质量管理小组是以提高质量、降低消耗、提高经济效益和人的素质为宗旨建立起来的。它的一切活动都直接或间接地与企业的经济效益紧密联系。质量管理小组活动围绕企业存在的问题开展，这些问题的存在会影响企业的经济效益，解决了这些问题，企业的经济效益也就得到了提高。

(6) 有利于促进精神文明建设。质量管理小组通过各种活动，把周围的员工紧紧团结起来，改善了人与人之间的关系，开发了人的智慧和能力，提高了人的素质，培养锻炼了不少人才。随着质量管理小组活动在各个领域的开展，后勤、服务、商业、运输等系统出现了各种各样的文明单位，促进了精神文明建设。

3. 质量管理小组活动的特点

质量管理小组活动不同于行政班组的日常活动，具有以下5个特点。

(1) 明显的自主性。一般以员工自愿参加为基础，实行自主管理，以自我学习、自我控制、自我提高为主，不受行政命令的制约和班组岗位的限制。

(2) 明确的目的性。质量管理小组活动是紧紧围绕企业的方针目标、本单位的问题点，以改善管理、预防和改进为目标开展活动的，有明确的目的性。

(3) 严密的科学性。质量管理小组活动是依靠科学的管理技术，按PDCA循环的工作程序、数理统计方法等科学方法实事求是地进行工作的。

(4) 广泛的群众性。质量管理小组活动是群众性的质量管理活动，其成员是非常广泛的，有工人、技术人员、干部和管理人员。

(5) 高度的民主性。质量管理小组从成立到课题完成，都体现了高度的民主性，如自愿参加、民主选举，依靠群众出主意、想办法、集思广益、协同作战，不压制不同意见等。

7.5.2　质量管理小组的组建

1. 质量管理小组组建的原则及形式

组建质量管理小组要注意从实际出发，结合本企业和单位的特点，遵循自愿结合、形式多样、方便活动、易出成果的原则。

由于企业的特点不同，以及企业内部各部门的生产、岗位性质不同，质量管理小组的组建形式也不同。一般有以下几种类型。

(1) 按劳动组织建立质量管理小组。它主要是指以班组、岗位、工种、部门为基础，在共同劳动(工作)中，以技术骨干和全面质量管理积极分子为主，自愿结合形式的小组。

(2) 按工作性质建立质量管理小组。它主要是指以工人为主，以稳定和提高产品质量，降低消耗为目的的“现场型”质量管理小组；以“三结合”为主，以攻克技术关键为目的的“攻关型”质量管理小组；以科室职能部门为主，以提高工作质量为目的的“管理型”质量管理小组。

(3) 按课题的内容建立质量管理小组。它主要是指同活动课题有关的人员采取自愿结合和行政组织的方式而建立的质量管理小组，围绕某一课题开展活动，课题完成就转入下一活动课题，或更新人员，或自行解散。

2. 人员组成

质量管理小组能否开展活动，能否出成果，关键在于小组成员的质量意识、技术水平和事业心。因此，对参加质量管理小组的人员要有严格的要求。要求他们牢固树立“质量第一”的思想，作风正派、工作认真积极、善于思考、努力学习，熟悉本岗位的技术、业务，并能经常积极参加活动。

不同类型的质量管理小组可以由不同的人员建成。班组内的质量管理小组，基本上应以工人为主，同时要考虑每个人的爱好、兴趣、志向和彼此关系，以利于团结和统一活动；车间部门的质量管理小组，可以实行领导干部、技术人员和工人“三结合”的形式，以利于指导和协调。

3. 注册登记

质量管理小组成立以后，要按照不同级别的活动范围，向上一级质量管理部门注册登记。这样便于上级掌握小组的基本情况。

对于已经注册登记的质量管理小组，每年要进行一次重新登记和检查验收，没进行重新登记的小组，以前的注册登记自行失效。

已注册登记的质量管理小组，如果半年内没有开展活动，一年内没有成果，也应视为自动解散或由质量管理小组管理部门实行一次性注销。

7.5.3 质量管理小组活动内容

质量管理小组建立后，关键是要抓好活动这一环节。通常质量管理小组活动有以下内容。

1. 选择活动课题

质量管理小组的活动课题是小组在一个时期内的奋斗目标和活动内容，关系到活动的有效性，需认真加以选择。

知识要点提醒

一般质量管理小组选择活动课题时应注意以下问题。

(1) 选择依据要充分。主要有工厂的方针目标和发展规划、生产中的关键问题或薄弱环节、用户的需要这3个依据，质量管理小组以此为依据来选题。

(2) 课题类型要合理。常见的有现场型、攻关型、管理型和服务型4类。组建了质量管理小组就应注意以下5个原则：先易后难，完成时间不宜过长；要适应小组的能力，不要脱离实际；目标要明确具体；共同关心关键问题和薄弱环节；大中小相结合，以小为主。

(3) 选择范围要适宜。质量管理小组活动课题的选择范围很广，几乎涉及企业的各个方面。通常，选题范围主要包括质量、成本、设备、效率、节能、环保、安全、管理、班组建设、服务10个方面。

2. 掌握活动程序

质量管理小组的基本活动程序就是质量改进的活动程序，即PDCA循环。质量管理小组从选择课题开始，就应自觉地按PDCA循环的4个阶段开展活动。

在质量管理小组的活动中，PDCA循环的4个阶段是缺一不可的，但是具体活动步骤可根据需要而定，避免生搬硬套。

3. 搞好成果发表工作

成果发表，是指各级质量管理部门或质量管理小组在内部定期召开成果发表会，让那些取得成果的小组或个人发表成果。成果发表是质量管理小组的一个特点，只要有成果，任何质量管理小组都可以在适当的场合发表。发表成果的内容主要有：发表全过程活动及其成果；在活动的某一特定阶段，发表阶段性的活动成果。不管是哪种类型成果的发表，都要求内容精练，扣紧主题，抓住中心矛盾，不要写流水账。

拓展阅读

成果发表的作用有哪些？

成果发表的作用，主要有以下3个方面。

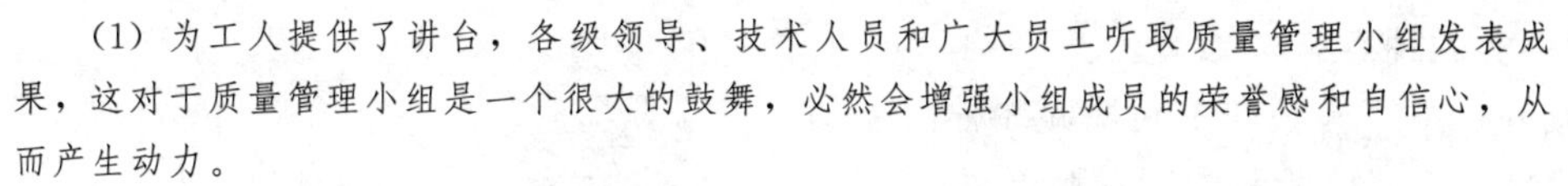

(1) 为工人提供了讲台，各级领导、技术人员和广大员工听取质量管理小组发表成果，这对于质量管理小组是一个很大的鼓舞，必然会增强小组成员的荣誉感和自信心，从而产生动力。

(2) 通过发表成果，质量管理小组之间可以相互交流经验，从中学习他人的长处，做到取长补短。

(3) 通过成果评选，逐级推荐优秀质量管理小组，通过树立先进，促进质量管理小组的深入发展。

本章小结

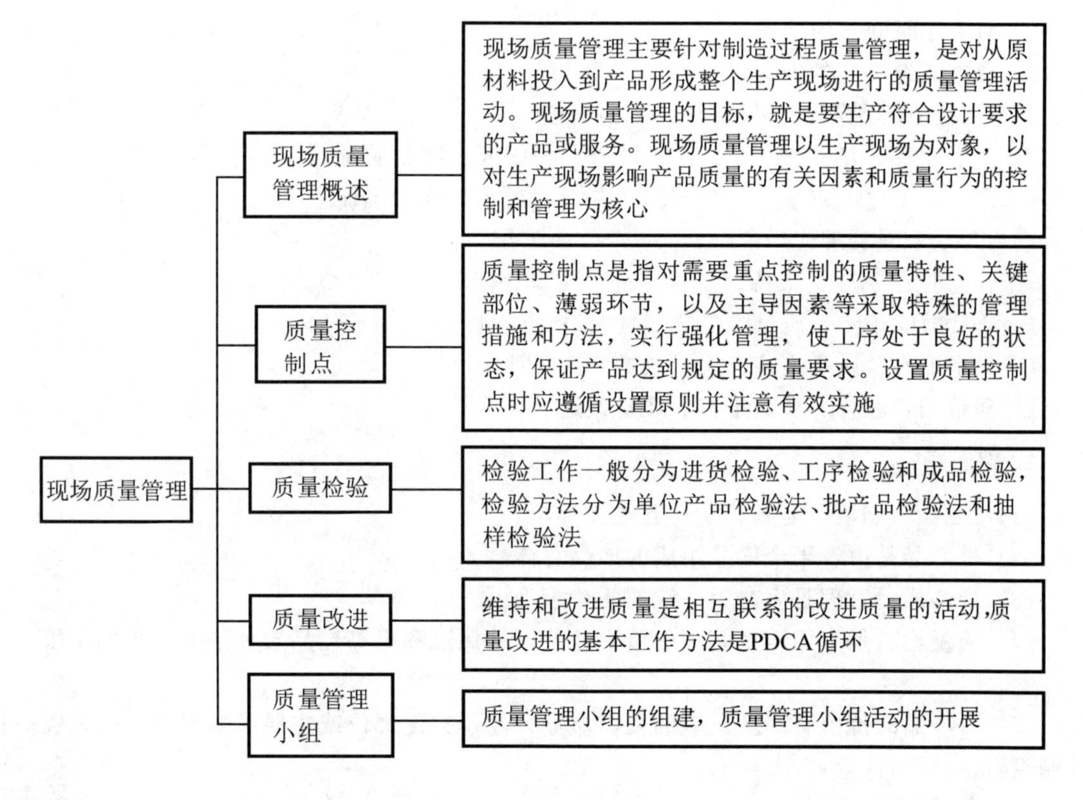

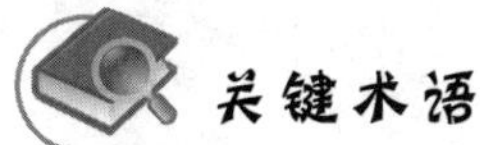

现场质量管理

质量控制点

质量检验

质量改进

质量维持

习　题

1. 选择题

(1) 质量检验的种类有(　　)。

A. 入厂检验、工序检验和中间检验3种

B. 进货检验、工序检验和中间检验3种

C. 进货检验、工序检验和成品检验3种

D. 工序检验、成品检验和出厂检验3种

(2) 设置质量控制点考虑的原则之一是(　　)。

A. 对产品的实用性有严重影响的关键质量特性、关键部位或主要影响因素

B. 对质量工作有严重影响的质量特性

C. 对工序时间长的项目

D. 顾客满意度高的产品

(3) 定置管理是(　　)所结合状态的管理。

A. 人、工序、场　　　B. 人、物、质量

C. 产品、工序、质量　　　D. 人、物、场所

(4) 现场质量管理应做好(　　)4个方面工作。

A. 质量控制、质量维持、质量改进、质量评定

B. 质量缺陷预防、质量维持、质量改进、质量评定

C. 质量提高、质量维持、质量改进、质量评定

D. 质量培训教育、质量维持、质量改进、质量评定

2. 判断题

(1) “三检”制度，是指自检、互检、巡检。(　　)

(2) 批产品是由若干个样品组成的产品总体。(　　)

(3) 现场质量管理是生产第一线的质量管理。(　　)

(4) 质量检验是全面质量管理的重要环节，是保证和提高产品质量必不可少的手段。(　　)

(5) 对产品的价值有严重影响的关键质量特性、关键部位或主要影响因素，应设置质量控制点。(　　)

(6) 质量管理小组的基本活动程序就是PDCA循环。(　　)

3. 简答题

参考答案

(1) 搞好现场质量管理的意义是什么?

(2) 现场质量管理的任务是什么?

(3) 如何开展质量管理小组活动?

(4) 现场质量管理中，为什么要设置质量控制点?

(5) 质量控制点的设置及其设置原则是什么?

【实际操作训练】

1. 如何设置质量控制点？
2. 自己设计一些质量改进项目，组成质量管理小组进行质量改进活动。

上汽通用汽车有限公司基于5M1E法的质量管理改进

随着我国社会经济的不断发展，保证并提升产品质量已经成为目前企业不容忽视的问题。2014年5月，习近平总书记明确指出，要推动中国制造向中国创造转变，中国速度向中国质量转变，中国产品向中国品牌转变。同年9月15日，在首届中国质量大会上，李克强总理强调，提升质量是中国发展之基、兴国之道、强国之策。党的二十大报告指出，未来五年是全面建设社会主义现代化国家开局起步的关键时期，经济高质量发展取得新突破是主要目标任务之一。这说明中国未来将把发展的立足点转到提高质量和效益上，而这基于企业对其产品的重视。

汽车是我们出行必不可少的交通工具之一，其质量与顾客的生命财产安全紧密关联，故而汽车质量的有效管理，将会对社会经济生活产生很大的推动作用。

上汽通用汽车有限公司（简称为上汽通用）基于5M1E法在人、机、料、法、测、环生产现场管理六要素中所做出质量管理改进，提升上汽通用在质量管理过程中的能力。

1. 以人为中心，建立企业文化体系

1）以顾客为中心

产品在使用过程中难免发生故障，产品发生故障后消费者、产品生产者的利益都会受到损失。降低产品故障率的重要措施之一就是加强售后服务。为消除安全隐患，上汽通用积极召回范围内汽车，主动联系顾客并安排免费检修事宜，公布召回详细信息并且通过质量热线接收反馈意见，这些行为体现了上汽通用完善的售后服务及其优秀的经营战略——既增加商品信誉、提升用户信任度，又通过热线反馈，直接了解顾客要求，从而设计出更好的产品。它体现了上汽通用高标准要求的售后服务与区域营销，反映出上汽通用“以顾客为中心，以市场为导向”的经营理念。

2）企业质量文化建设

上汽通用的企业文化经过多年发展，已形成了其独有的、优秀的企业文化，如“三不”原则和“三全”质量文化。

“三不”原则指的是“不接受、不制造、不传递缺陷”的质量价值观，“三全”质量文化指的是“全员、全时、全程追求卓越质量”的核心质量文化，再加上“人人都是质量第一责任人”的质量管理理念等思想，这些构成了上汽通用的优秀企业质量文化。同时，上汽通用通过宣讲、培训、建言、激励等方式强化质量理念，让质量文化建设形成了长效机制。

这些企业质量文化思想加强了员工对质量的认识，激励着员工提升个人素质，对企业产品质量和效益起到了明显的推动影响，为上汽通用竞争力的发展起到重要的支撑作用。

2. 以生产设备为手段，实现技术先进

先进的制造设备及生产工艺在提高生产效率与产品质量的同时，降低了对员工体力的消耗与产品质量成本，是企业进行生产和制造质量管理的重要部分。

3. 完善全业务链质量保障体系，强化材料控制

产品正式投产后，是否能达到设计质量标准，在很大程度上取决于制造部门的技术能力及生产制造过

程中的质量管理水平。上汽通用具有良好的战略管理机制和流程。它将质量文化建设向供应链延伸，从源头上加强质量控制，进一步完善全业务链质量保障体系，不断提升产品的质量表现。上汽通用以通用汽车全球制造系统为基础，采用全球领先的精益生产制造系统。在生产过程中，生产部门通过自检、100% 全检、过程抽检等多种手段实施全过程控制。

全过程控制加强了原材料的进厂检验和厂内自制零部件的工序和成品检验，从而在材料上保证了产品的质量。此外，选择合适的供应商，与供应商建立战略合作伙伴关系，同时做好供应商的质量改进，也是上汽通用减少因材料不合格而导致的产品质量异常问题的战略性管理机制的内容之一。

4. 打造信息化建设平台，实现柔性方法制造

信息化建设是上汽通用柔性化生产的一个必需条件，因为在柔性化生产中，需要清晰地定义不同系统间的信息流程，使各系统有效地协同运作，没有出色的信息化建设，柔性化生产就无法发挥它应有的作用。上汽通用的柔性化生产，是指在同一条生产线上同时共线生产多种不同平台、不同车型的车辆，从而快速灵活地响应订单需求及贯彻精益生产。柔性化生产能够提高企业生产效率，具有时间和成本方面的优势。在日益激烈的企业竞争中，能让企业获得更强的竞争力。

与柔性化生产相适应的是柔性化质量管理，柔性化质量管理将管理与技术充分结合，满足了顾客对产品质量的要求，并推动了企业持续发展，不断前进。

5. 建立制造质量管理系统，提高测量水平

上汽通用的精益制造是其质量管理体系的一大优势。上汽通用贯彻和实施精益制造的工具和体系是全球制造系统，而制造质量管理系统则是用来衡量全球制造系统实施水准和制造质量水平的一种精益制造标准。制造质量管理是指在制造工序中求质量，将质量引入工序中的方法，通过这些方法可以检测到缺陷的存在，从而实施对策以防止同样的缺陷再次出现。制造质量管理的系统化，构成了“制造质量管理系统”，是质量管理中非常关键且实用的一种系统。制造质量管理系统达到先进、一流水平后也为测量任务提供了便利，更容易达到所要求的测量准确度，以避免测量的异常波动导致质量问题。

6. 重视本质安全化，优化生产环境

生产环境对于产品质量具有一定程度上的影响，因为汽车生产工艺较复杂，对环境有更严格的要求。除了达到温度、湿度等一般汽车生产环境要求及规范员工行为，上汽通用还不断改善作业现场环境、完善设备本质安全化以降低事故发生概率与严重度。本质安全是指操作失误时，设备能自动保证安全；当设备出现故障时，能自动发现并自动消除故障，能确保人身和设备的安全。本质安全化就是使设备达到本质安全而进行的研究、设计、改造和采取各种措施的一种最佳组合。本质安全化是对生产环境的一种改进，既保证了员工人身安全，也确保了设备的安全和企业产品质量的稳定。

上汽通用分别从现场管理六要素的角度，逐步对上汽通用的质量管理改进进行了分析。通过这些分析，我们不难看出，上汽通用实际上是在进行企业的全面质量管理，即一种以质量为中心，以全员参与为基础，目的在于通过顾客满意和本组织所有成员及社会受益而达到长期成功的管理途径。上汽通用全面质量管理的主要特点如下。

1）全员性

上汽通用营造了一种优秀的企业文化体系，通过其中包含的“三不”“三全”等质量文化教育提高了全体员工对于生产质量的关心程度和职业素养，人人关心质量，人人做好本职工作，这样生产出来的产品才能够让顾客满意、放心。

2）预防性

产品质量是制造出来的，而不是检验出来的，之前分析所提到的上汽通用的全过程控制和制造质量管理都体现出其“预防为主、不断改进”的思想。

3）服务性

该公司的服务性表现在它能够迅速识别顾客需求，并满足顾客的需要。其“以顾客为中心”的经营理念与柔性化生产等过程，都很好地表现了它为顾客服务、对顾客负责的态度。

4）全面性

从质量职能的角度看，要保证与提高产品质量，就必须将分散到企业各部门的质量职能充分发挥出来。上汽通用为了制造出高质量、令顾客满意的产品，一直在加强对各部门的协调，不断地完善自己的质量管理体系以构成一个有效的整体。

5）科学性

上汽通用运用出色的信息化建设来进行质量管理，如其柔性化质量管理能充分地满足质量和用户的要求。只有将先进的科学现代化技术与先进的科学管理方法相结合，才能进行真正高效、科学的管理。优秀的质量文化建设、有效的质量管理体系、专业的员工队伍建设与科学的技术和管理方法令上汽通用的质量工作能够高效开展，很大地提高了该企业的质量管理水平。

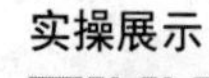

资料来源：根据网络资料改编。

分析与讨论：

（1）上汽通用质量文化的特点是什么？

（2）上汽通用如何保证并提升产品质量？

第8章

服务质量管理

知识要点	掌握程度	相关知识
服务与服务质量	重点掌握	服务的特征和分类、实体产品与服务的区别、服务质量的内容与要求
服务过程质量管理	熟悉	服务市场细分、服务定位
服务质量测评	掌握	顾客满意度、顾客满意管理技术系统、服务质量差距

技能要点	熟练程度	应用方向
顾客满意度模型	重点掌握	顾客满意度测评
市场细分	掌握	目标市场
服务定价	掌握	定价方法

导入案例

案例延伸

旅游服务质量稳中有升
推动旅游业高质量发展

党的二十大报告指出，高质量发展是全面建设社会主义现代化国家的首要任务。旅游业是现代服务业的重要组成部分，与广大人民群众的美好生活需要紧密相关，旅游服务质量是旅游业高质量发展的制约因素，持续提升旅游服务质量对于推动旅游业高质量发展具有重要意义。

旅游业是现代服务业的重要组成部分，提升旅游服务质量是推动旅游业高质量发展的有力举措。近年来，全国旅游服务质量水平稳中有升，为旅游业高质量发展提供了有力支撑。

服务质量提升政策体系进一步健全。以《文化和旅游部关于加强旅游服务质量监管　提升旅游服务质量的指导意见》年度工作要点为纲，以各省级旅游服务质量提升工作领导小组为机制保障，以第三方评估为监测手段，以鼓励质量创新为导向的质量提升体系进一步完善。

服务质量主体责任进一步压实。旅游服务品牌发展能力进一步增强。人工智能、大数据、云计算等技术广泛应用，旅游企业数字化转型加快。“首席质量官”“标杆服务员”等质量提升制度的引领作用充分发挥。

服务质量提升工作基础进一步夯实。相继出台国家标准、行业标准，立项行业标准。开展金牌导游评选、红色旅游五好讲解员培养，持续优化政、校、企等多方参与的人才培养方式，服务质量人才队伍素质进一步提升。不断完善旅游服务质量评价体系，12个省（区、市）有序开展旅游服务质量评价。

信用体系建设迈入深化应用新阶段。构建《文化和旅游市场信用管理规定》1个部门规章和失信主体信用修复工作指南等多项配套制度的“1＋N”信用制度体系。

质量监管和综合执法效能进一步提升。以“双随机、一公开”监管和“互联网＋监管”为基本手段、以信用监管为基础的新型监管机制持续完善。开展未经许可经营旅行社业务、“不合理低价游”、养老诈骗专项整治行动，旅游市场秩序得到有效维护。探索多元化解投诉纠纷机制，回应游客合理诉求，游客权益保护力度进一步加大。

资料来源：朱宁宁，2023. 服务质量提升政策体系进一步健全[N]. 法治日报，07-04(7).（有改编）

8.1 服务质量概述

8.1.1 服务概述

1. 服务的定义

“服务”一词，被广泛用于经济社会的各个领域，几乎每一个人对“服务”一词都不会陌生，甚至有人认为我们已经进入服务经济时代。那么，什么是“服务”呢？“服务”也和“管理”一样，不少学者给它下过定义。但由于服务的特性难以简单概括，所以直到今天，还没有一个权威的定义能为人们所广泛接受。“服务”在古代是“侍候、服侍”的意思，随着时代的发展，“服务”被不断赋予新意，如今，“服务”已成为整个社会不可或缺的人际关系的基础。社会学意义上的服务，是指为别人、为集体的利益而工作或为某种事业而工作，如“为人民服务”。经济学意义上的服务，是指以等价交换的形式，为满足企业、公共团体或其他社会公众的需要而提供的劳务活动，它通常与有形的产品联系在一起。

美国市场营销协会最先给服务下的定义为：“用于出售或者是同产品连在一起进行出售的活动、利益或满足感。”

斯坦顿指出：“服务是一种特殊的无形活动。它向顾客或工业用户提供所需的满足感，与其他产品销售和其他服务并无必然联系。”

莱特南认为：“服务是与某个中介人或机器设备相互作用并为顾客或工业用户提供满足的一种或一系列活动。”

当代市场营销学泰斗科特勒给服务下的定义是：“一方提供给另一方的不可感知且不导致任何所有权转移的活动或利益，它在本质上是无形的，它的生产可能与实际产品有关，也可能无关。”

格鲁诺斯给服务下的定义是："服务是以无形的方式，在顾客与服务职员、有形资源等产品或服务系统之间发生的，可以解决顾客问题的一种或一系列行为。"

国际标准化组织对服务的定义是："至少有一项活动必须在组织和顾客之间进行的组织的输出。"

本书认为服务就是本着诚恳的态度，为顾客着想，为顾客带来利益或满足感的行为。

服务的提供可涉及如下内容。

(1) 在有形产品(如维修的汽车)上所完成的活动。

(2) 在无形产品(如为准备税款申报书所需的收益表)上所完成的活动。

(3) 无形产品的交付(如知识传授方面的信息提供)。

(4) 为顾客创造氛围(如在宾馆和饭店)。

(5) 品质差异性。

(6) 不可储存性。

(7) 所有权的不可转让性。

按照上述对"服务"的描述可以看出一些规律。美国市场营销协会的定义是建立在传统营销观念之上的，它将服务视为实体产品的一种附属物，这个概念带有明显的时代烙印。到了20世纪70年代，服务概念已经趋向于独立的"活动"，而且已经触及服务深层的内容——所有权与服务对象的状态变化问题。20世纪80年代以后，服务概念彻底摆脱了"商品"的"影子"，日趋科学化和完善化。特别是格鲁诺斯对服务概念的界定，拓展了服务的内涵和外延，服务被认为是打造企业竞争优势的重要工具。总之，不同学者对服务概念的描述虽有差异，但对服务的本质特征认识基本上是一致的，如服务的无形性、异质性、易逝性、生产与消费同时性等。

2. 实体产品与服务的区别

实体产品和服务都可以看作一个"输入—转换—输出"的过程，但这两种不同的转换过程以及它们的产出结果有很多区别，如表8-1所示。主要表现在以下几个方面。

表8-1　实体产品与服务的区别

特　性	实体产品	服　务
输出品的形态	有形的产品	无形的服务
产品/服务的储藏	可以储藏	无法储藏
生产/运作设施规模	大规模	小规模
生产/运作场地数	少	多
生产资源的密集度	资本密集	劳动密集
生产和消费	分开进行	同时进行
与顾客的接触频度	少	多
受顾客的影响度	低	高
对顾客需求的响应时间	长	短
质量/效率的测量	容易	难

1）输出品的形态不同

实体产品是有形的，可以储藏、运输，以用于未来的或其他地区的需求。因此，在实体产品的生产中，企业可以利用库存和改变生产量来调节与适应需求的波动。而服务提供的产品是一般无形的，是不能预先生产出来的，也无法用库存来调节顾客的随机性需求。

2）顾客参与程度不同

实体产品生产过程基本上不需要顾客参与，而服务则不同，顾客一般需要在运作过程中接受服务，有时顾客本身就是运作过程的一个组成部分。

3）对顾客需求的响应时间不同

企业所提供的实体产品可以有数天、数周甚至数月的交货周期，而对于服务企业来说，必须在顾客到达的几分钟内做出响应。由于顾客是随机到达的，就使得短时间内的需求有很大的不确定性。因此，服务企业要想保持需求和能力的一致性，难度是很大的。从这个意义上来讲，实体产品制造企业和服务企业在制订其运作能力计划及进行人员与设施安排时，必须采用不同的方法。

4）运作场所的集中性和规模不同

实体产品制造企业的生产设施可远离顾客，从而可服务于地区、全国甚至国际市场，比服务业组织更集中、设施规模更大、自动化程度更高、资本投资更多，对流通、运输设施的依赖性也更强，而对服务企业来说，服务不能被运输到异地，其服务质量的提高有赖于与最终市场的接近与分散程度。设施必须靠近其顾客群，从而使一个设施只能服务于有限的区域范围，这导致服务业的运作系统在选址、布局等方面有不同的要求。

5）在质量标准及度量方面不同

实体产品是有形的，所以其产出的质量易于度量。而对于服务来说，大多数产出是不可触的，无法准确地衡量服务质量，顾客的个人偏好也影响对质量的评价。因此，对质量的客观度量有较大难度。

6）退货或转售

顾客在购买实体产品后不满意，可以退货、赠送或转售他人。服务一般由顾客亲自消费，不能转让或退货，顾客不满意时只能采取补救措施，通过某种方式让顾客得到补偿。服务的这种特点，使服务企业要更加注重员工素质及员工对企业的满意度，只有员工满意了，才有顾客的满意。

3. 实体产品与服务的联系

实体产品一般可以分为3个层次，即核心产品、形式产品和延伸产品。核心产品是指整体产品提供给顾客的直接利益和效用形式产品；形式产品是指产品在市场上出现的物质实体外形，包括产品的品质、特征、造型、商标和包装等；延伸产品是指整体产品提供给顾客的一系列附加利益，包括运送、安装、维修、保证等好处。

服务是由一系列或多或少具有无形特征的活动构成的能够为顾客带来一定经济附加值的一种互动过程，它不是完全意义上的商品。

实体产品与服务存在一定联系，很多情况下服务与实体产品是交融在一起的。实体产品与服务的联系表现在以下方面。

1）目标一致

实体产品和服务都是顾客通过消费来满足自身利益的产品，两者都是为了满足顾客的需求。

2）依附性

服务往往依附于有形的实体产品，而实体产品里面也包含有服务的成分。

3）具有使用价值和交换价值

无论是实体产品还是服务，都具有一定的功能。对于实体产品来说，其使用价值是很明显的，如汽车能载人运货，将人或物从一个地方运送到另一个地方；而服务也是一样，如公共交通同样可以将人或物从一个地方运送到另一个地方，达到相同的目的。交换价值是指它们可以在市场上自由交易，它们都是商品，可以在市场上进行买卖，购买实体产品得到的是产品本身，购买服务得到的则是结果。

8.1.2 服务的特征和服务业的分类

1. 服务的特征

服务的特征表现在以下5个方面。

1）无形性

服务是无形的，无法像实体产品一样能看到、尝到、感觉到、听到或嗅到。

2）不可分割性

不可分割性是指服务和消费一般会同时产生，难以分割，即服务提供者在提供服务的同时往往会和顾客互动。

3）异质性

服务提供者可以对服务的流程、操作进行规范，但是服务的提供会因人、因时、因地而发生变化，表现为异质性。因此，服务水平要保持稳定并不容易，当服务对象众多时，服务品质的控制就更加困难。

4）易逝性

实体产品可以事先予以储存，顾客亦可以事先购买以备不时之需，然而，服务与实体产品不同，它只在提供时存在，无法储存且容易消失。当服务面临较多需求时，便无法满足顾客的期望，进而影响顾客对服务品质的评估。

5）知识性

知识性是指在服务中知识的分量越来越高，如信息服务的主要特征就是知识性。

2. 服务业的分类

一般认为服务业就是第三产业，是除农业和工业之外的其他产业。我国的第三产业包括4个层次：流通部门(含交通运输仓储业、邮电通信业、批零贸易和餐饮业等)、为生产和生活服务的部门(含金融保险业、房地产业和地质勘探业等)、为提高居民素质和科学文化水平服务的部门(含文教艺术业、广播电视电影业、卫生体育和社会福利业等)和为社会公共需要服务的部门(含国家机关、党政机关和社会团体等)。

1）根据服务对象分类

根据服务对象把服务业分为4类：

① 流通服务，指从生产到消费的最后一个阶段中间的服务，如通信业、运输业、仓储业、网络服务业、广告业及商业的批发和零售业；

② 生产服务，指那些与生产直接相关的服务，如银行、信托及其他金融业、保险业、房地产、工程和建筑服务业、会计和出版业、咨询信息、法律服务等；

③ 社会服务，是指与社会公共需要相关的服务，包括仪表和保健业、医疗服务、教育业、福利和宗教服务、非营利机构、邮局及其他专业化服务；

④ 个人服务，指与个人消费相关的服务，包括家庭服务、修理服务、旅馆和饮食业、洗衣服务业、理发与美容业、旅游业、娱乐与休闲及其他个人服务等。

2）根据设备或劳动密集分类

按照设备或劳动密集，以及低互动标准化或高互动顾客化，将服务分为：①工厂型服务；②专卖型服务；③大众型服务；④专业型服务。

3）根据产品或服务过程分类

根据产品或服务过程将服务分成：①专业性服务；②专卖店式服务；③大众化服务。

服务推广有哪些类型？

服务推广类型如下。

（1）高接触性服务：顾客在服务推广过程中参与其中全部或者大部分的服务，如电影院、娱乐场所、公共交通、学校等部门所提供的服务。

（2）中接触性服务：顾客只是部分或在局部时间内参与其中的服务，如银行、律师、地产经纪人等所提供的服务。

（3）低接触性服务：在服务推广中顾客与服务的提供者接触较少的服务，其间的交往主要是通过仪器设备进行的，如邮电通信业等提供的服务。

8.1.3　服务质量的内容与要求

服务质量是指服务能够满足规定和潜在需求的特征和特性的总和。服务质量表现在以下三方面：一是服务工作满足顾客需求的程度；二是企业为使目标顾客满意而提供的最低服务水平；三是企业保持这一预定服务水平的连贯性程度。

1. 服务质量的内容

鉴于服务过程的顾客参与性和生产与消费的不可分离性，服务质量必须经顾客认可，并被顾客所识别。服务质量的内涵应包括以下内容：服务质量是顾客感知的对象；服务质量既要有客观方法制订标准和加以衡量，又要按顾客主观的认识加以衡量和检验；服务质量发生在服务生产和交易过程之中；服务质量是在服务企业与顾客交易的真实瞬间实现的；服务质量的提高需要内部形成有效的管理和支持系统。服务质量的特性可以归纳为如下方面。

1）功能性

功能性是指企业提供的服务具备作用和效能，是服务质量特性中最基本的一个。

2）经济性

经济性是指顾客为得到一定的服务所需要的费用应合理。这里所说的费用是指在接受服务的全过程中所需的费用，即服务周期费用。经济性是相对于所得到的服务质量而言的，即经济性是与功能性、安全性、时间性、舒适性等密切相关的。

3）安全性

安全性是指企业保证服务过程中顾客的生命不受危害，健康和精神不受到伤害，其货物不受到损失。安全性包括物质和精神两方面，改善安全性重点在于物质方面。

4）时间性

时间性是指服务工作在时间上能够满足顾客的需求。时间性包含了及时、准时和省时3个方面。

5）舒适性

在满足了功能性、经济性、安全性和时间性等方面的需求的情况下，顾客通常期望服务过程舒适。

6）文明性

文明性属于服务过程中为满足顾客精神需求的质量特性。顾客期望得到一个自由、亲切、受尊重、友好、自然和谅解的气氛，有一个和谐的人际关系。在这样的条件下满足的物质需求，就是文明性。

2. 服务质量的要求

（1）对服务企业贯彻标准的要求。服务组织应制订切实可行的服务提供规范、质量控制规范，建立健全服务质量体系结构，编写企业服务质量手册，对提供服务的所有阶段的服务质量进行有效的控制、评价和改进。

（2）对服务企业提供服务设施的要求。服务设施应具备方便、舒适、安全、卫生等良好的使用性能。

（3）对服务企业提供服务质量的要求。服务质量须有明确的质量标准或服务规范，最大限度满足顾客的期望。

（4）对服务企业提供服务人员、服务方式的要求。服务人员须经过严格的上岗培训，应具有良好的仪容仪态、职业道德、服务技能、应答能力。

（5）对服务企业提供的服务费用的要求。服务企业应以有竞争力并符合国家物价收费标准的价格，来获得顾客的信任，不准以任何方式向顾客索取财物，收取小费。

（6）对服务企业违反管理办法的处理要求。技术监督部门应会同有关部门，按照法律、法规给予必要的行政处分和经济处罚。

某酒店服务质量要求

某酒店服务质量的基本要求如下。

(1) 仪容仪表要求。

① 服务人员的仪容仪表端庄、大方、整洁。服务人员应佩戴工牌，符合上岗要求。

② 服务人员应表情自然、和蔼、亲切，提倡微笑服务。

③ 举止文明，姿态端庄，主动服务，符合岗位规范。

(2) 语言要求。

① 语言要文明、礼貌、简明、清晰。

② 提倡讲普通话。

③ 对顾客提出的问题无法解决时，应予以耐心解释，不推诿和应付。

(3) 业务能力与技能要求。

① 服务人员应具有相应的业务能力和技能，并能熟练运用。

② 服务质量保证体系应具备适应本酒店运行的、有效的整套管理制度和作业标准，有检查、督导及处理措施。

8.2　服务过程质量管理

8.2.1　消费者习惯和态度

消费者习惯是指人们对于某类产品或某种品牌长期维持的一种消费需要。它是个人的一种稳定性消费行为，是人们在长期的生活中慢慢积累而成的，反过来它又对人们的购买行为有着重要的影响。

消费者态度是指消费者对客体、属性和利益的情感反应，即消费者对某件商品、某个品牌或企业经由学习而有一致的喜好或不喜欢的反应倾向。消费者对产品、品牌或企业形成某种态度，并将其储存在记忆中，需要的时候，就会将其从记忆中提取出来，以应对或帮助解决当前所面临的购买问题。

消费者习惯和态度分析需要消费者的使用和购买习惯信息，消费者对产品和品牌的态度方面的信息，以及各品牌在市场上的竞争态势方面的信息。有了这些信息，企业就可以科学地解决下述营销管理问题。

(1) 为现有产品或新产品寻找市场机会。

(2) 有效地细分市场，选择目标市场和确定产品定位。

(3) 制订营销组合策略。

(4) 评价企业的市场营销活动。

8.2.2　服务市场细分

服务市场细分是指企业根据消费者需求的差异，按照细分变数将某一整体服务市场划分为若干个消费者群体，每一个消费者群体都是一个具有相同需求或欲望的细分子服务市场，从而找出适合本企业为之服务的一个或几个细分子服务市场的过程。

1. 人口统计和社会经济细分

人口统计细分变量包括年龄、性别、家庭人数、生命周期等。

社会经济细分变量主要是指收入水平、教育程度、社会阶层和宗教种族等。

这些变量和需求差异性之间存在密切的因果关系。不同年龄、不同教育程度的消费者，会有不同的生活方式，因而对同一产品和服务必定会产生不同的消费需求；而收入水平的不同，则会导致人们对某一产品和服务在质量、档次等方面的需求差异。在实际工作中，某些行业一直按照一个变量来细分市场。比如，化妆品行业一直就是按照性别细分市场的；而汽车、旅游等行业则是按照收入水平来进行市场细分的。但是，也有许多企业使用“多变量细分”的方式，即依据两个或两个以上的变量来细分市场。

2. 心理细分

心理细分指根据消费者的生活方式或个性特点，将消费者划分为不同的群体。即使是在同一人口统计或社会经济细分群体中的人也可能表现出差异极大的心理特征。因此，当用人口统计和社会经济变量难以清楚划分细分市场时，心理变量就特别有用。心理细分是有关消费者的生活方式、态度和个性三个方面的分析。企业可以用下面三个尺度来衡量消费者的生活方式。

(1) 活动，指消费者的工作、假期、娱乐、体育、购物、人际交往等活动。

(2) 兴趣，指消费者对家庭、食物、服装款式、传播媒介、事业成就等的兴趣。

(3) 意见，指消费者对社会、政治、经济、产品、文化教育、环境保护等问题的意见。

企业可以通过市场调查研究，了解消费者的活动、兴趣、意见，据此将消费者划分为不同生活方式的消费者群体。

3. 地理细分

地理细分即根据消费者工作和居住的地理位置进行市场细分。受地理环境、自然气候、文化传统、风俗习惯和经济发展水平等因素的影响，同一地区人们的消费需求具有一定的相似性，而不同地区的人们又会形成不同的消费习惯和偏好。

4. 消费者利益细分

消费者之所以购买某项服务是因为他们能够从中获得某种利益。因此，可以根据消费者在购买过程中对不同利益的追寻进行市场细分。这种方法与前面几种方法不同，它侧重于消费者的反应，而不是产品的消费者本身。消费者往往因为各自有不同的购买动机，追求不同的利益，所以购买不同的产品和品牌。正因为这样，企业可以根据不同的消费者购买产品时所追求的不同利益来细分消费者市场。企业可根据自己的条件，权衡利弊，选择其中某一个追求某种利益的消费者群体为目标市场，设计和生产目标市场需要的产品或服务，并且用适当的广告媒体和广告词句，把这种产品的信息传达到追求这种利益的消费者群体中去。

5. 消费者使用细分

消费者使用细分就是根据消费者对产品的使用方式及其程序进行细分。据此消费者大体上可以被分为经常使用者、一般使用者、偶尔使用者和不使用者。服务企业往往关注那些经常使用者，因为他们比偶尔使用者的使用次数要多得多。同时，许多产品的市场还可以按照消费者对某种产品的使用率(如大量使用者、中量使用者、少量使用者)来细分。这种细分战略又叫数量细分。大量使用者往往在实际和潜在消费者总数中所占比重不大，但他们所消费的产品数量在产品消费总量中所占比重却很大。

6. 促销反应细分

促销反应细分是根据消费者对促销活动的反应进行市场细分。不同的消费者对不同的促销活动的反应是不同的。根据消费者的忠诚模式可以把消费者分成以下四类。

(1) 专一的忠诚者，始终购买同一品牌。

(2) 动摇的忠诚者，同时喜欢两种或两种以上的品牌。

(3) 转移的忠诚者，不固定忠于某一品牌。

(4) 犹豫不定者，从来不忠于任何品牌，可能追求减价品牌，或追求多样化，喜新厌旧。

每个市场都不同程度地同时存在上述四类消费者，企业对自己市场的消费者类型进行分析，可以发现营销中存在的问题，及时采取相应的措施。比如，分析专一的忠诚者，可以知道自己的目标市场的消费者情况；分析动摇的忠诚者，可以发现哪些品牌是主要竞争者，以便采取相应措施；研究转移的忠诚者，可以了解营销工作中的弱点，从中改进；研究犹豫不定者，可以考虑采用奖励等促销办法来吸引他们。

7. 服务要素细分

服务要素细分是根据消费者对企业服务的反应进行细分。虽然从某种意义上说，它可以归入消费者利益细分，但是仍有单独论述的必要。企业利用服务要素进行细分时通常要考虑如下三个问题。

(1) 是否存在拥有同种服务要求的消费者群体。

(2) 企业能否使自己的产品差异化。

(3) 是否所有的产品都需要同一水平的服务。

通过测定消费者的反应，企业会更加有的放矢地为不同的细分市场提供最佳服务，满足消费者的愿望和要求。

知识要点提醒

服务市场细分应具备以下几个基本条件。

1) 可衡量性

一方面，可衡量性是指当消费者对服务的需求具有不同的偏好，对所提供的服务、价格、广告宣传等具有不同的反应时，才值得对市场进行细分。相反，如果消费者对服务的需求差异不大，就不必费力去进行市场细分。另一方面，可衡量性是指消费者的特征信息应易于获取和衡量，否则也难以细分。在实践中，有许多消费者的特征是不易衡量的，所以，这些特征不适宜作为细分市场的标准。

2) 可接近性

这是指企业应容易进入细分市场。一方面，被选定细分市场的消费者能有效地了解企业的服务，并对服务产生购买行为，能通过各种销售渠道购买到服务；另一方面，企业应可以通过营销努力，诸如广告和人员推销等达到被选定的细分市场。否则，就不值得去细分这些市场。

3) 有效性

有效性主要指市场细分要有适当的规模和发展潜力，同时有一定的购买力。对企业来说，细分市场必须具有一定的规模和相当的发展潜力。如果细分市场的规模小，市场容量有限，细分工作烦琐，成本花费大，获利低，就不值得去细分。

总之，细分市场恰当，才能使企业准确地选择目标市场，提高经济效益。

8.2.3 服务定位与服务定价

1. 服务定位

服务定位包括以下内容。

(1) 服务的功能属性定位。服务主要是满足消费者什么样的需求？对消费者来说其主要的服务属性是什么？

(2) 服务的基本营销策略定位。确定服务的基本策略——做市场领导者、挑战者、跟随者还是补缺者？以及确定相应的服务价格策略、沟通策略与渠道策略。

(3) 服务的品牌属性定位。主要审视服务基本策略决定的品牌属性是否与企业的品牌属性存在冲突，如果存在冲突，如何解决或调整？

2. 服务定价

可供服务业选择且实用的定价方法并不多，下面介绍几种在实践中最常用的定价方法。

1) 成本导向定价法

成本导向定价法是指企业依据其提供服务的成本决定服务的价格。这种方法的优点：一是比需求导向定价法更简单明了；二是在考虑生产者合理利润的前提下，当消费者需求量大时，能使服务企业维持在一个适当的盈利水平，并降低消费者的购买费用。其具体的方法有利润导向定价法和政府控制价格法。

2) 竞争导向定价法

竞争导向定价法是指通过与竞争者各方面的实力进行对比，以竞争者的价格作为定价的主要依据，以在竞争环境中的生存和发展为目标的定价方法，主要包括通行价格定价法和主动竞争型定价法两种。

3) 需求导向定价法

需求导向定价法着眼于消费者的态度和行为，服务的质量和成本则配合价格进行相应的调整。

知识要点提醒

常规的价格研究的分析方法如下。

(1) 价格敏感度测试法。该分析方法引入了价格区间的概念，将研究个体对价格的感受做了进一步细化，由此出现了正常价格、价格昂贵的程度可接受、价格便宜的程度可接受等若干个价格区间，通过研究个体的心理感受，可以得到可接受价格区间、最优价格点和无差异价格点。这种方法比较完善。

(2) 组合分析。组合分析是一种基于调查的统计技术，用于市场研究，有助于人们评估构成个别产品或服务的不同属性（价格、特征、功能、效益）。组合分析是确定哪一种属性组合对受访者的选择或决策最有影响力。通过将一系列产品或服务展示出来从而对受访者进行调查，并分析他们如何在这些产品或服务之间根据偏好进行选择，可以确定构成产品或服务的各个元素的隐性估价。这些隐性估价可用于创建估计新设计的市场份额、收入甚至盈利能力的市场模型。

(3) 需求价格弹性测量。需求价格弹性是指需求量对价格变动的反应程度，是需求量变化的百分比除以价格变化的百分比。

(4) 离散选择模型。离散选择模型在实验设计的基础上，通过模拟所要研究产品/服务的市场竞争环境，来测量消费者的购买行为，从而获知消费者如何在不同产品/服务属性水平和价格条件下进行选择。

这些方法兼顾了其他因素(如服务要素、品牌等)对购买决策的影响，如需求价格弹性测量系统将市场主要品牌和不同价格水平组合为多个测试样品由受访者选择，借此模拟价格发生变动对研究个体的品牌取向产生的影响。

8.2.4 服务测试

服务测试是在目标市场使用或模拟使用后，征求他们对服务的真实评价，以检验服务与现实市场需求的差距，为进一步改进服务提供有力的依据。

根据被测试服务的发展阶段或其所处生命周期的不同阶段，服务测试的目的也不同。总体而言，服务测试的目的主要如下。

（1）发现现有服务的缺点。

（2）评价商业前景。

（3）评价其他服务产品。

（4）发现服务对各个细分市场的吸引力。

（5）获得营销计划其他元素的创意。

（6）研究如何使服务的属性特征最优化从而更吸引消费者。

（7）研究如何识别竞争服务的优势和劣势，来确定服务在目标市场中的位置。

（8）发现与竞争对手相比，服务在哪些特性上更加吸引消费者。

（9）发现目前就服务属性而言，是否吸引消费者。

（10）研究是否在某些属性上还可以改进。

（11）研究改进后的服务是否真的比改进前的好。

（12）研究消费者能否区分改进后的服务与改进前的服务。

8.2.5 满意度调查

满意度调查主要有以下基本目的。

（1）确定影响满意度的关键决定因素。

（2）测定当前的消费者满意度。

（3）发现提升服务的机会。

（4）从消费者的意见和建议中寻找解决消费者不满的办法，为管理者提供建议。

通过满意度调查，最终的结果将描述竞争环境的定量轮廓，可获得的主要结果如下。

（1）评估层面上的满意度得分和排序。

（2）主要影响因素。

（3）竞争的强点和弱点。

（4）指标的横向比较。

（5）改进方案的实际效果。

知识要点提醒

满意度调查过程如下。

（1）消费者意见调查。

① 市场部门每年进行一次消费者意见调查，调查对象为一年内有订单往来的消费者，但如果消费者对调查时间间隔有特别要求，市场部门将按消费者要求进行定期调查，如消费者无要求则按一年为调查间隔。

② 消费者意见调查的方式可以是传真问卷表、电话访问、面谈、走访等。

(2) 消费者抱怨和建议。

消费者抱怨和建议处理按“纠正和预防措施控制程序”的要求进行原因分析和改善。

8.3 服务质量测评

8.3.1 服务质量测评概述

服务质量的测评是服务企业对顾客感知服务质量的调研、测算和认定。从管理角度出发，优质服务必须符合以下标准。

(1) 规范化和技能化。

(2) 态度和行为。

(3) 可亲近性和灵活性。

(4) 可靠性和忠诚感。

(5) 自我修复。

(6) 名誉和可信性。

在六个标准中规范化和技能化与技术质量有关，名誉和可信性与形象有关，它可充当过滤器的作用。而其余四项标准（态度和行为、可接近性和灵活性、可靠性和忠诚感、自我修复）显然都与过程有关，代表了职能质量。

与服务感知质量相关的服务监督是可感知控制。如果顾客对消费毫无控制能力，他们就会感到不满足。例如，如果厂商剥夺了顾客的监督控制权力，那么在其他情况下可以忍受的拥挤和等待也会引起“火山爆发”。顾客想有这样一种感觉——他对服务交易有一定的控制能力，不会总是受到厂商摆弄。如果这种需求得以满足将大大提高满意程度。管理者应该认真考虑建立监督控制机制。

可感知控制和自我修复之间的关系是显而易见的。如果有突发事件发生，如航班因技术原因晚点，由于缺少监督，候机乘客丧失对局势的控制能力，很快会形成一种紧张不安的气氛。如果航空公司员工能够迅速、及时、有效地向候机乘客说明缘由，并告知晚点的准确时间，候机乘客即使不喜欢这种事件，但是毕竟对情况有所了解，也有了一定的控制能力，这要比他们一无所知好得多。自我修复，就不单是告诉候机乘客困境，至少也要为候机乘客解决必要的生活问题。

知识要点提醒

影响顾客对服务质量评价的因素如下。

(1) 企业的市场形象。

(2) 其他顾客的口头宣传。

(3) 顾客的需要与愿望。

(4) 以往的经验。

(5) 企业的广告宣传。

(6) 顾客自身的知识、能力和素养。

8.3.2 顾客满意度测评

顾客满意度测评的基本意义是：一种以顾客满意为核心，以信息技术为基础，以顾客满意指标和顾客满意度为主要工具而进行的一种企业经营管理，是企业管理的一种基本形式。

顾客满意研究兴起于20世纪70年代。早期的研究大量摄取了社会学、心理学方面的理论，直到现在，大部分的理论仍然是以认知理论作为研究的理论基础。目前，顾客满意研究在欧美国家已日趋成熟。

1. 顾客满意度概述

1）顾客满意

顾客满意是指顾客对其要求已被满足的程度的感受，是顾客通过对产品或服务的可感知效果与他的期望值相比较后，所形成的愉悦或失望的感觉状态。然而，即使顾客的愿望得到满足，也不一定确保顾客很满意。与顾客满意对应的是顾客抱怨，顾客抱怨是一种满意程度低的最常见的表达方式，但没有抱怨并不一定表明顾客很满意。

2）顾客满意度

顾客满意度是指对顾客满意的定量描述。顾客满意度是顾客消费后对消费对象和消费过程的一种个性、主观的情感反映，也是顾客满意水平的量化指标。顾客满意度从顾客对产品或服务的质量评价中抽取潜在变量，突破传统的、具有物理意义的产品或服务的质量评价标准，使不同的产品或服务之间具有了质量上的可比性。

3）顾客满意度指数

顾客满意度指数是使用计量经济学的理论来处理顾客满意度测评模型中多变量的复杂总体，全面、综合地度量顾客满意度的一种指标。顾客满意度指数是根据顾客对企业产品和服务质量的评价，通过建立模型计算而获得的一个指数，是一个测量顾客满意度的经济指标。

需要注意的是顾客满意度与顾客满意度指数有所区别。

第一，顾客满意度测量的是顾客直接对某产品或服务的满意程度；顾客满意度指数是对各种类型和各个层次具有代表性的顾客满意度进行综合的评价指数，它通过统计方法将所测量的指标转换为最终的顾客满意度指数，反映了顾客对产品或服务满足自身需求程度的总体态度。

第二，在实际中顾客对产品或服务满意度的表述可分为静态和动态两种情况。

顾客满意度与时间无关，调查时收集的是时点数据。例如，所有受调查者(样本)在某一时刻，对某一产品或服务基础指标、调查项目、企业、行业的平均满意度。

而顾客满意度指数与时间有关、随时间变化，调查时收集的是时序型数据。例如，同一产品或服务至少需要连续进行两次调查，考察顾客满意度的相对变化，这才是顾客满意度指数。

知识要点提醒

顾客对服务质量的衡量有五种维度：可靠性、响应性、安全性、移情性、有形性。

(1) 可靠性就是可靠地、准确地履行服务承诺的能力。

(2) 响应性就是帮助顾客并迅速有效提供服务的能力。

(3) 安全性指员工具有相关的知识、礼节以及使顾客信任的能力。

(4) 移情性就是设身处地地为顾客着想和对顾客给予特别的关注。

(5) 有形性是指有形的设施、设备、人员和书面材料等。

2. 顾客满意度测评理论基础

1) 顾客满意理论的发展变迁

顾客满意理论经过几十年的社会实践和理论研究，特别是近 20 年的社会实践，越来越被社会认可和接受，已经成为世界性的潮流。如今，顾客满意成为一个重要的理论在现代组织管理中被认可和推行。关于顾客满意理论，国内外很多学者和专家各抒己见，提出许多原创性的观点。20 世纪 80 年代末到 90 年代中期，企业又将目标放在顾客身上（顾客可以是一个人，一个群体，也可以是一个单位），实质是以顾客的需求为中心。

2) 顾客满意基础构成要素

(1) 外部顾客满意基础构成要素。

① 与服务产品有关的项目，包括价格、质量、优缺点等。

② 与印象有关的项目，包括顾客对经营实际状况的评价、对服务产品的评价以及对企业形象方面的看法。

③ 与服务有关的项目，包括企业给顾客提供的人员服务、产品服务，以及有关增进与顾客关系的种种活动设计。

(2) 内部顾客满意基础构成要素。

① 工作权责，指有关工作的权力与责任是否划分清楚，员工是否授权进行自主决策，这份工作是否还有学习及发展的机会，同事共同努力的程度，以及其他与工作相关的事项。

② 工作条件，包括工资福利待遇是否合理，收入水平是否与外界相一致，员工的收入与支出能否平衡，工作上能否得到同事的帮助，等等。

③ 组织管理，是指组织与工作设计是否妥当，工作绩效评估标准的量化与公平性和客观性，有没有较多的晋升机会和接受教育训练的机会，等等。

④ 企业环境，指是否有经营理念，企业振兴的有利背景与机会，企业对公益活动的兴趣，建立员工信念、信心的努力程度，等等。

⑤ 个人状况，包括家庭状况和工作经验的增长，自身努力和成熟程度，等等。

内部顾客满意的内容很多，只有把员工当成内部顾客，关心自己的员工，才能让员工获得满意感，才能进而使其提供优质服务。

3) 顾客满意度测评理论

顾客满意度测评理论主要如下。

(1) 期望模型。期望模型是期望-不一致模型的简称。20 世纪 70 年代，奥尔沙夫斯基、米勒、安德森等人，通过对社会心理学和组织行为学的研究提出了期望-不一致模型。期望模型认为，满意是通过一个二阶段的过程实现的。在购买前，顾客会对产品的绩效，即产品将会提供的各种利益和效用，形成“期望”；顾客进行购买后，则会将消费产品所获得的真实绩效水平与购买前的期望进行比较，由此形成二者之间的差距，也称为“不一致”，这是第一阶段。在第二阶段，顾客由“不一致”的不同情况做出不同的“满意”反应：当实际绩效与期望相同，即“不一致”为零时，顾客产生“适度的满意”；当实际绩效超过期望，即“不一致”为正时，导致“满意”；而当实际绩效达不到期望，即“不一致”为负时，导致“不满意”。因此，期望模型中包括期望、不一致和满意三个基本的变量。期望是顾客对产品绩效的预期；不一致是实际绩效与期望之差，其中实际绩效是顾客所获得的利益；满意则是顾客的最终态度和评价。期望模型是顾客满意理论的基础。

（2）绩效模型。绩效通常指顾客所获得的产品效用的总和。在期望模型中，期望是满意形成的基本前因，实际绩效则是与期望进行比较的一项标准，它不是一个独立的变量。而在绩效模型中，绩效则是满意的主要前因，此时的期望对满意仍有影响，但这种影响相对小得多。绩效模型认为，产品的属性为顾客带来的利益，即满足顾客需要的程度，直接决定了顾客的满意水平。因此，产品绩效越高，顾客就越满意，反之则顾客越不满意。关于期望模型和绩效模型在不同行业和产品中的不同适用情况，有学者研究发现，绩效的信息相对于期望越强越清晰，则感知绩效对满意的正面影响就越大；相反，绩效的信息越弱越含糊，则期望对满意的作用就会增大，例如，耐用品绩效的信息比其他产品更为强烈，因此绩效的作用也更强。此外，绩效模型经常被用于整体满意水平测量体系的研究，因此是各行业满意度指标体系建立的理论基础。

（3）公平模型。在社会学、心理学和组织行为学中，公平是一个受到了相当关注的概念。随着顾客满意理论的发展，部分学者开始将公平作为一个起因变量纳入顾客满意的形成过程。顾客对产品是否满意，不仅取决于期望与绩效之间的比较，还取决于顾客是否认为交易公平合理。当顾客感到自己获得的效用与投入之比与产品供应商的这一比例相同时，就会感到公平和满意。公平程度越高，顾客就越满意；反之，公平程度越低，顾客就越不满意。尽管在理论上，公平的重要性已得到认可，但将这样一个高度抽象的概念量化却存在困难。与期望模型和绩效模型相比，公平模型更加关注顾客的投入部分，从而使顾客满意的概念与“价值”有了密切的关系。

（4）需求满足理论。需要满足理论的基础是动机理论，其基本观点是：当人们有了需要之后就会产生满足需要的动机，当需要得到满足之后人们就会感到满意，这时就达到了一种心理平衡。需求满足理论包括多种不同的学派，如马斯洛需求层次理论、赫茨伯格双因素理论、奥尔德弗 ERG 理论等。

3. *顾客满意度测评方法*

1）顾客满意率

顾客满意率是指在一定数量的目标顾客中表示满意的顾客所占的百分比，是用来测评顾客满意度的一种方法。其计算公式为

$$\text{顾客满意率}=\frac{\text{满意顾客数}}{\text{顾客总数}}\times 100\% \tag{8-1}$$

该指标适用于单项简单指标的顾客满意度测评，但不易全面反映顾客对产品的需求和期望。

2）服务质量量表模型

服务质量量表（Service Quality，SERVQUAL）模型衡量服务质量的五个尺度：有形性、可靠性、响应性、安全性和移情性。

服务质量量表模型是 20 世纪 80 年代末由美国市场营销学家帕拉休拉曼等学者依据全面质量管理理论在服务行业中提出的一种新的服务质量评价体系，其理论核心是“服务质量差距模型”，即服务质量取决于顾客感知的服务水平与顾客期望的服务水平之间的差别程度。因此，又称为“期望-感知”模型。

服务质量量表模型如图 8.1 所示。

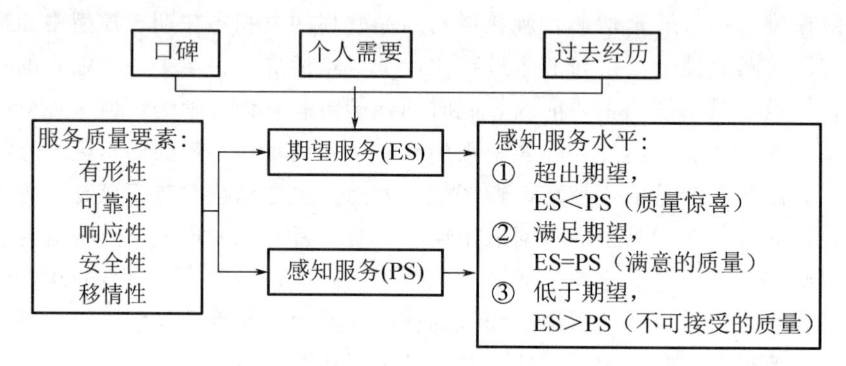

图 8.1 服务质量量表模型

3）Kano 模型

受行为科学家赫兹伯格的双因素理论的启发，东京理工大学教授狩野纪昭提出了 Kano 模型。Kano 模型是对顾客需求分类和优先排序的有用工具，以分析顾客要求实现率对顾客满意的影响为基础，体现了产品性能和顾客满意之间的非线性关系，如图 8.2 所示。

Kano 模型定义了三个层次的顾客需求：基本型需求、期望型需求和兴奋型需求。这三种需求根据绩效指标分类就是基本因素、绩效因素和激励因素。

4）四分图模型

四分图模型（图 8.3）又称重要因素推导模型，是一种偏于定性研究的诊断模型。它首先通过调研和访谈列出企业产品和服务的所有绩效指标，对每个绩效指标设重要度和满意度两个属性，根据顾客对该绩效指标的重要度及满意度的打分，将影响顾客满意度的各因素归入四个象限，企业可按归类结果对这些因素分别处理。如果企业需要，还可以汇总得到一个企业整体的顾客满意度值。

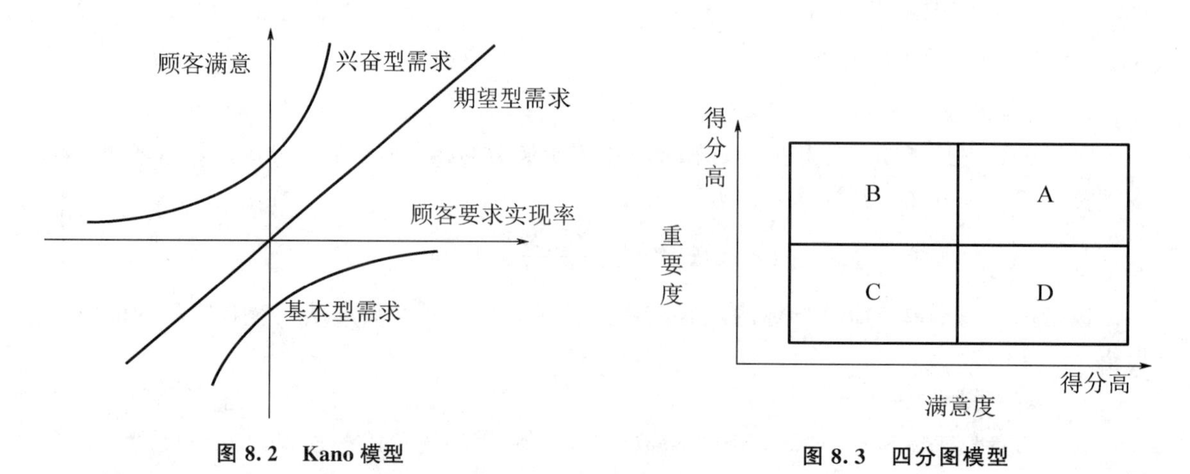

图 8.2 Kano 模型

图 8.3 四分图模型

5）层次分析法

层次分析法是美国运筹学家萨蒂于20世纪70年代初提出的一种层次权重决策分析方法。层次分析法是将一个复杂的多目标决策问题作为一个系统，将目标分解为多个目标或准则，进而分解为多指标(或准则、约束)的若干层次，通过定性指标模糊量化方法算出层次单排序(权数)和总排序，以作为目标(多指标)、多方案优化决策的系统方法。

基于层次分析法的顾客满意度评价的主要步骤：一是构建层次结构模型，形成顾客满意度层次结构的测评指标体系；二是构造判断矩阵；三是通过计算确定各指标的相对优先级；四是根据顾客评价，计算出评价结果。

6）质量功能展开分析法

质量功能展开是一种立足于产品开发过程中最大限度地满足顾客需求的系统化、用户驱动式的质量保证与改进方法。它于20世纪70年代初起源于日本。20世纪80年代以后逐步得到欧美各发达国家的重视并得到广泛应用。

利用质量功能展开分析法评价顾客满意度，首先通过对影响总体顾客满意度的多个指标进行调查，进行分析确定关键测评指标，利用矩阵图表中的关系矩阵和相关矩阵对关键测评指标与影响这些指标的主要因素之间的关系，以及各主要影响因素之间的关系进行量化分析。这种分析过程通过直观形象的质量屋来实现。

7）模糊综合评判法

综合评判是对多种属性的事物，或者说总体优劣受多种因素影响的事物，做出一个能合理地综合这些属性或因素的总体评判。模糊综合评判法是一种基于模糊数学的综合评价方法，根据模糊数学的隶属度理论把定性评价转化为定量评价，即用模糊数学对受到多种因素制约的事物或对象做出一个总体的评价。它具有结果清晰、系统性强的特点，能较好地解决模糊的、难以量化的问题，适合各种非确定性问题的解决。

模糊综合评判法主要步骤如下。

第一，确定评判顾客满意度的向量评语集，其中包含若干个评语。例如，很不满意、不满意、满意、基本满意、很满意。

第二，建立二层因素集。第一层为主因素层，评价指标包含理念满意、行为满意、视听满意、服务满意。再将每一个主因素细分，作为第二层，这时每个主因素对应一个子集。例如，将主因素“理念满意”细分为“经营哲学满意”“经营宗旨满意”“价值观满意”和“组织精神满意”。

第三，建立权重集。确定权重是为了显示各项指标在测评指数体系中的不同的重要程度。根据每一层中各个因素在顾客满意度评价中所起的作用和重要程度，分别给每一因素赋以相应的权值且权数归一化。

第四，一级模糊评价。对每一个主因素进行综合评价。首先求每一子集中的因素隶属于各评语的程度，为每个主因素求得一个模糊评价矩阵。然后结合子集因素的权重，通过关系合成运算求出该主因素的一级评价向量。

第五，二级模糊综合评价。对满意度进行综合评价，首先将所有主因素的一级评价向量合并构成满意度评价矩阵。然后归一化处理该矩阵，可以得到顾客满意度的评价结果。

8）顾客满意度指数法

顾客满意度指数是根据顾客对企业产品和服务质量的评价，通过建立模型计算而获得的一个指数，是一个测量顾客满意度的经济指标。

福内尔博士提出把顾客期望、购买后的感知、购买的价格等方面因素组成一个计量经济学模型，即福内尔逻辑模型。这个模型把顾客满意度的数学运算方法和顾客购买商品或服务的心理感知结合起来。以此模型运用偏微分最小二次方求解得到的指数，就是顾客满意度指数。美国顾客满意度指数也依据此指数而来，它是根据顾客对在美国本土购买、由美国国内企业提供或在美国市场上占有相当份额的国外企业提供的产品和服务质量的评价，通过建立模型计算而获得的一个指数，是一个测量顾客满意度的经济指标。

Kano模型应用

在进行新产品和服务项目开发时，产品设计者往往需要列举出一系列产品功能属性，以满足现有用户和潜在用户的需求。通常，产品设计者会进行多次复杂的用户需求分析研究，以获得尽可能丰富的用户需求清单。然而，当大量的用户需求摆在面前时，产品设计者通常会遇到一个问题，即我的最终产品中，应该包含哪些产品功能属性。Kano模型是与产品质量有关的顾客满意度模型。Kano分析技术是一种科学合理地识别产品属性并进行产品功能性概念类别划分的技术，目前正在被越来越多的产品设计者应用。

Kano模型通过把产品或服务的具体特性转化为顾客的期望预期，依据质量因素的详细分类，寻求和理解顾客对于这些期望预期的态度，从而指导企业相关决策的制订，进行顾客的细分，开发新产品，最大限度地满足顾客需求。Kano模型采用问卷调查的方法，具体步骤如下。

步骤一：根据质量特性是否满足顾客需求设计问卷。利用Kano模型进行数据采集时，需要询问被访者一组配对问题，以“电脑有没有防水键盘”这一需求为例，询问的配对问题如下。如果电脑拥有防水键盘，您感觉如何？1. 我喜欢；2. 它理应如此；3. 无所谓；4. 我能忍受；5. 我不喜欢。如果电脑没有防水键盘，您感觉如何？1. 我喜欢；2. 它理应如此；3. 无所谓；4. 我能忍受；5. 我不喜欢。

步骤二：针对每个需求的配对问题，每个被访者可以得到5×5种可能的回答组合。每一种回答组合对应一个分类定义，即：A=魅力属性；M=必备属性；O=一维属性；I=次要属性(无关属性)；R=与假设相反的看法；Q=有问题的回答。

步骤三：对照Kano分析的属性分类表，确定属性的类型，然后确定需求类型。所有后期的数据分析，都将依靠合理的属性分类表（表8-2）来进行。

表8-2 Kano分析的一种典型属性分类表

		产品不提供此功能				
		我喜欢	它理应如此	无所谓	我能忍受	我不喜欢
产品提供此功能	我喜欢	Q	A	A	A	O
	它理应如此	R	I	I	I	M
	无所谓	R	I	I	I	M
	我能忍受	R	I	I	I	M
	我不喜欢	R	R	R	R	Q

步骤四：确定各需求的重要度权重k。权重k确定标准如下：5——至关重要，近期可能导致业务的损失；4——非常重要，忽略可能导致业务损失；3——一般，不能被忽略，但相对较低；2——不重要，大家都会意识到，特别是很容易解决；1——很不重要。结合上步确定的需求类型，剔除次要属性、与假设相反

的看法和有问题的回答；而魅力属性、必备属性及一维属性的权重在3～5之间，经讨论确定具体值。

资料来源：杜娟，2012. 基于Kano模型的客户满意度研究[J]. 中国证券期货(4)：261.

4. 顾客满意度指数模型

1）模型变量

（1）顾客期望。顾客期望是指顾客在购买和使用某种产品或服务之前对其质量的估计。顾客期望来源于以前的经验、广告宣传、他人的评价等，是以往产品质量水平的综合表现。决定顾客期望的观察变量有3个：产品顾客化(产品符合个人特定需要)预期、产品可靠性预期和对产品质量的总体预期。

（2）感知质量。感知质量是指顾客在使用产品或服务后对其质量的实际感受，包括对产品顾客化的感受、对产品可靠性的感受和对产品质量总体的感受。

（3）感知价值。感知价值体现了顾客在综合产品或服务的质量和价格以后对他们所得利益的主观感受。感知价值的观察变量有2个，即“给定价格条件下对质量的感受”和“给定质量条件下对价格的感受”。顾客在给定价格条件下对质量的感受，是指顾客以得到某种产品或服务所支付的价格为基准，通过评价该产品或服务质量的高低来判断其感知价值。

（4）顾客抱怨。决定顾客抱怨这个结构变量的观察变量只有1个，即顾客的正式或非正式抱怨。通过统计顾客正式或非正式抱怨的次数可以得到顾客抱怨这一结构变量的数值。

（5）顾客忠诚。顾客忠诚是模型中最终的因变量。它有2个观察变量：顾客重复购买的可能性和对价格变化的承受力。顾客如果对某产品或服务感到满意，就会产生一定程度的忠诚，表现为对该产品或服务的重复购买或向其他顾客推荐。

2）变量之间关系

在顾客期望、感知质量、感知价值这3个输入变量的共同作用下产生了顾客满意度、顾客抱怨、顾客忠诚3个变量。当顾客的事后实际感知低于事前期望时，顾客满意度低，就容易产生顾客抱怨；当顾客的事后实际感知高于事前期望时，顾客满意度高；当顾客的事后实际感知远远高于事前期望时，就会形成顾客忠诚。基于这样的因果关系，我们称前3个变量为原因变量，后3个变量为结果变量。

原因变量与结果变量之间的关系为因果关系，原因变量决定结果变量。其中，感知质量、感知价值与顾客满意度为正相关关系，即感知质量、感知价值高，顾客满意度也高。而顾客期望与顾客满意度为负相关关系，即顾客期望越高，顾客满意度会越低。模型变量相关关系如表8-3所示。

表8-3　模型变量相关关系

模型变量	顾客期望	感知质量	感知价值	顾客满意度	顾客抱怨	顾客忠诚
顾客期望	—	—	—	—	—	—
感知质量	负相关	—	—	—	—	—
感知价值	负相关	正相关	—	—	—	—
顾客满意度	负相关	正相关	正相关	—	—	—
顾客抱怨	不相关	不相关	不相关	负相关	—	—
顾客忠诚	不相关	不相关	不相关	正相关	视处理措施而定	—

3）具体的顾客满意度指数模型

（1）瑞典顾客满意度指数模型是最早建立的全国性顾客满意度指数模式。它提出了顾客满意度弹性的概念。顾客满意度弹性是指顾客忠诚对顾客满意度的敏感性，即顾客满意度提高一个百分点，顾客忠诚将提高多少个百分点，这样就可以从量化的角度来研究不同程度的顾客满意度对顾客忠诚的影响及其非线性关系。顾客满意度的前导变量有两个：顾客对产品/服务的感知价值及顾客对产品/服务的期望。顾客满意度的结果变量是顾客抱怨和顾客忠诚。顾客忠诚是模型中最终的因变量，可以作为顾客保留和企业利润的指示器。模型中的这些隐变量都是通过显变量来间接衡量的，如图 8.4 所示。

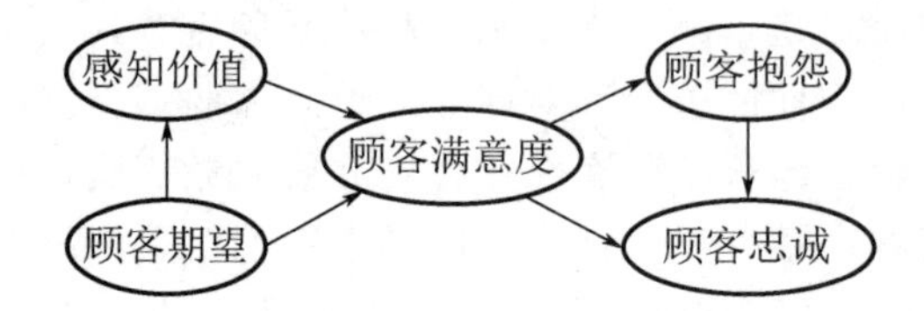

图 8.4　瑞典顾客满意度指数模型结构

（2）美国顾客满意度指数模型是一种衡量经济产出质量的宏观指标，是以产品和服务消费过程为基础，对顾客满意度的综合评价指数，由国家整体满意度指数、部门满意度指数、行业满意度指数和企业满意度指数 4 个层次构成，是目前体系最完整、应用效果最好的一个国家顾客满意度理论模型。美国顾客满意度指数模型是福内尔等人在瑞典顾客满意度指数模型的基础上创建的顾客满意度指数模型。美国顾客满意度指数模型结构如图 8.5 所示。

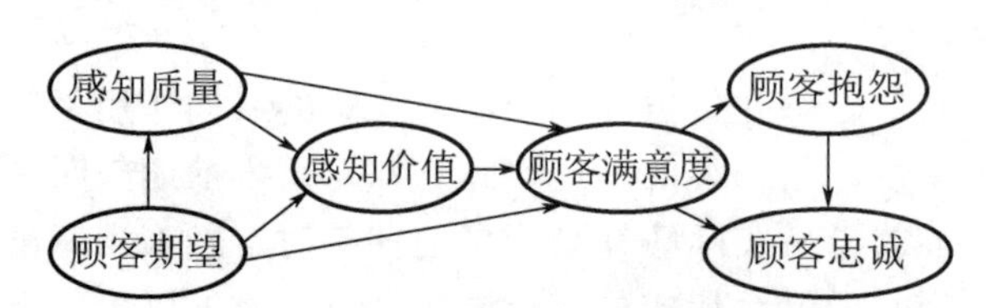

图 8.5　美国顾客满意度指数模型结构

（3）欧洲顾客满意度指数模型。在瑞典顾客满意度指数模型和美国顾客满意度指数模型的基础上，欧洲质量组织和欧洲质量管理基金会等共同建立了欧洲顾客满意度指数模型。该模型由 7 个结构变量、20 个观测变量和 10 对因果关系构成，其模型结构如图 8.6 所示。

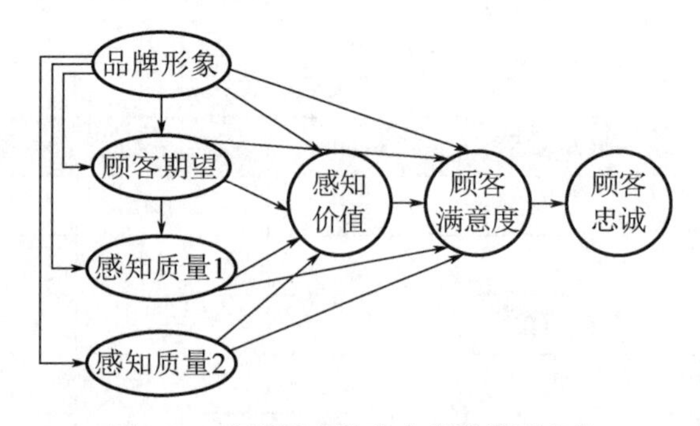

图 8.6　欧洲顾客满意度指数模型结构

（4）中国顾客满意度指数模型。2005 年 5 月，由中国标准化研究院与清华大学合作组建的中国标准化研究院顾客满意度测评中心（简称测评中心）正式成立。测评中心拥有自

1995年开始的中国标准化研究院与清华大学合作开展的顾客满意度的研究成果积累，其中包括开发的具有国际先进水平并符合中国国情的中国顾客满意度指数模型。中国顾客满意度指数模型结构如图8.7所示。

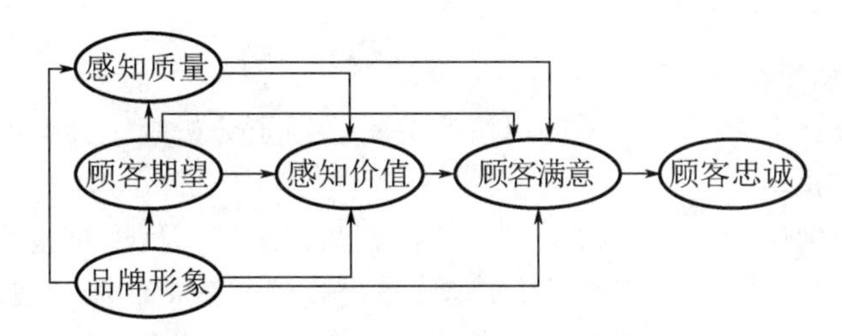

图8.7 中国顾客满意度指数模型结构

5. 顾客满意度指数测评指标体系

顾客满意度指数测评指标体系的构建包括指标初选、预调查、指标体系检验与优化和测定指标体系权重值确定等过程。

1）指标初选

(1) 明确要求。建立顾客满意度指数测评指标体系首先要明确要求，具体要求如下。

① 建立的顾客满意度指数测评指标，顾客必须认为是重要的，以确保选择顾客认为最关键的测评指标。

② 测评指标必须能够控制。

③ 测评指标必须是可测量的。

④ 应将竞争者所采用的测评指标都纳入测评指标体系中。

(2) 统一认识。要及时向员工及主要顾客公布企业进行顾客满意度指数测评的目的，广泛宣传开展顾客满意度指数测评对企业本身和顾客的意义，请求予以配合。

(3) 内部调研。测评人员要与企业的负责人、销售人员、接待服务人员和有关营销技术人员进行座谈，深入访谈，了解顾客的真实要求和期望，了解顾客对企业提供的产品质量、服务质量的反映，同时阅读分析有关顾客的意见资料和相关信息，在此基础上，根据测评指标体系设定的原则，初步形成顾客满意度指数测评指标体系的基本内容。

(4) 外部调研。从企业的众多顾客中，选择不同类型、不同层次、有代表性的顾客，访问他们或与其进行座谈，了解他们的需求和期望，听取他们对企业所提供的产品/服务的意见和建议，了解他们对企业的竞争者的印象或态度。在广泛调查研究的基础上，修改初步设定的指标体系，并使用顾客易于理解的语言，包括词汇及特殊专业用语来表述。

(5) 确定测评指标体系框架。通过深入访谈、座谈会、邮寄调查和电话访问等，对在内部和外部调研基础上提出的测评指标体系框架，进行取舍、增减、筛选和调整，要避免出现指标的相互排斥或重复使用，从而形成初步的测评指标体系。

(6) 专家论证和组织复审。通过专家论证，顾客、员工复审调研，修改、改进指标，最终确定顾客满意度指数测评指标体系。

2）预调查

测评指标体系初步建立后，根据问卷设计的原则和方法、被测评对象本质特征，以及顾客的消费心理和行为特征，将初步形成的测评指标转化为预调查问卷上的问题。预调查不同

于正式调查，它只需要较少的样本量，只需选取30～50个样本。预调查尽量采用面访的形式进行，这样除了可以详细了解顾客对产品或服务的态度，还可以了解顾客对问卷本身的看法。根据预调查结果，通过信度分析、因子分析对收集到的数据进行处理，对问卷测评指标进行修改和完善。

3）指标体系检验与优化

在得到了预调查数据之后，需要运用信度分析、因子分析等统计方法对收集到的数据进行指标体系检验与优化。

(1) 指标体系的信度分析。就顾客满意度指数测评来说，信度是指顾客满意度指数测评反映顾客评价的可靠度。如果指标设计有偏差(易得高分或易得低分等情况)，指标体系的信度就会很低。在顾客满意度指数测评中，通常使用克朗巴哈信度系数法来检验指标体系的信度。计算公式为

$$\alpha=\frac{K}{K-1}\left(1-\frac{\sum_{i=1}^{K}\sigma_i^2}{\sigma_{\mathrm{T}}^2}\right) \tag{8-2}$$

式中 K——指标总数；

σ_i^2——第 i 个测评指标满意度得分的方差；

σ_{T}^2——测评指标总得分方差。

一般情况下，α 在0.7以上，指标体系的信度较高。如果 α 过小，可以结合因子分析结果来改善信度。

(2) 指标体系的因子分析。为了检验测评指标设计的合理性，要求对每一项测评指标对顾客评价结果的影响程度进行检验，同时也要对测评指标分类的合理性进行检验。影响顾客评价结果的因素可能有很多，可以归为若干类，通常将同一属性问题归为一个大类，可以对预调查收集到的数据应用因子分析方法来分析，以识别测评指标设计的合理性，并根据分析结果对测评指标加以调整。设预调查样本资料矩阵为

$$\boldsymbol{X}_{n\times p}=\begin{bmatrix} X_{11} & X_{12} & \cdots & X_{1p} \\ X_{21} & X_{22} & \cdots & X_{2p} \\ \vdots & \vdots & \vdots & \vdots \\ X_{n1} & X_{n2} & \cdots & X_{np} \end{bmatrix}_{n\times p} \quad (n\text{ 为被调查样本数，}p\text{ 为测评指数})$$

指标体系因子分析步骤如下。

① 由样本资料矩阵 $\boldsymbol{X}$ 计算样本相关矩阵，记为 $\boldsymbol{R}$。

② 求 $\boldsymbol{R}$ 的特征值和标准化特征向量。设 $\lambda_1\geqslant\lambda_2\geqslant\cdots\geqslant\lambda_p\geqslant0$ 为 $\boldsymbol{R}$ 的特征值，相应的单位正交特征向量为 $\boldsymbol{f}_1$，$\boldsymbol{f}_2$，…，$\boldsymbol{f}_p$。

③ 求因子模型的因子载荷矩阵。

④ 计算测评指标共同度。

⑤ 对各因子做解释。

⑥ 测评指标分类的合理性检验。

4）测评指标体系权重值确定

权重值的实质是每个指标应以多大比例反映测评对象的总体顾客满意度。权重值的确定

方法比较多，可采用经验法、测量法、专家法、移植法、层次分析法和顾客调查表法等。一个企业生产的产品、提供的服务，终究由顾客消费，那么企业所提供的产品/服务对顾客来说，其种种特性的相对重要性，由顾客的消费感受来确定。因此，采用顾客调查法来确定权重，客观性比较强，值得推荐。

（1）需要对调查因素的重要性级度赋予权数时。

第一步：给因素的重要性级度赋予权数，权数可按表8－4给出。

表8－4 因素重要性级度权数

级度 X	很重要 X_1	重要 X_2	一般 X_3	不重要 X_4	很不重要 X_5
权数	ω_{X_1}	ω_{X_2}	ω_{X_3}	ω_{X_4}	ω_{X_5}
权数值	1.0	0.8	0.6	0.3	0

注：$\omega_{X_j}=[0,1]$，$j=1,2,3,4,5$。

第二步：将顾客对产品/服务的某一层次指标重要程度调查结果进行统计，设被调查的顾客总数为 N，n_{ij} 为对第 i 个调查因素(项目)选择 X_j 级度的顾客数，显然

$$N=\sum_{j=1}^{5}n_{ij} \tag{8-3}$$

将顾客对指标级度选择的统计结果列入表8－5中。

表8－5 顾客对指标级度选择的统计结果

级度因素	X_1	X_2	X_3	X_4	X_5
K_1	n_{11}	n_{12}	n_{13}	n_{14}	n_{15}
K_2	n_{21}	n_{22}	n_{23}	n_{24}	n_{25}
…	…	…	…	…	…
K_m	n_{m1}	n_{m2}	n_{m3}	n_{m4}	n_{m5}

第三步：可按下列公式计算权重。

$$K_i=\sum_{j=1}^{5}\omega_{ij}n_{ij}\quad(i=1,\cdots,m) \tag{8-4}$$

$$\overline{\omega_i}=\frac{K_i}{N}\quad\left(N=\sum_{j=1}^{5}n_{ij}\right) \tag{8-5}$$

$$\omega_i=\frac{\overline{\omega_i}}{\sum_{i=1}^{5}\overline{\omega_i}}\quad\left(N=\sum_{j=1}^{5}n_{ij}\right) \tag{8-6}$$

式中 ω_i——第 i 个指标相对于上一层次指标的相对权重；

ω_{ij}——因素的重要性级度权数。

（2）不需要对调查因素的重要性级度赋予权数时。

第一步：顾客对某一层次的调查因素打分，设被调查的顾客总数为 N，A_{ij} 为第 j 个顾客对第 i 个调查因素所给出的分值(建议采用100分制)，顾客对指标级度选择的统计结果见表8－6。

表 8-6　顾客对指标级度选择的统计结果

级 度 因 素	1	2	3	…	N
K_1	A_{11}	A_{12}	A_{13}	…	A_{1N}
K_2	A_{21}	A_{22}	A_{23}	…	A_{2N}
…	…	…	…	…	…
K_m	A_{m1}	A_{m2}	A_{m3}	…	A_{mN}

第二步：计算顾客对产品/服务某层次的调查因素 K_i 的相对权重。各因素相对权重为

$$\omega_{K_i} = \frac{K_i}{N} \quad \left(N = \sum_{j=1}^{5} n_{ij} A_{ij};i = 1,2,\cdots,m;\ 0 \leqslant A_{ij} \leqslant 100\right)$$

注：产品/服务的其他层次的调查因素的相对权重按以上方法求出，之后进行权重折算，可得出指标层各要素对目标的权重。

基于 Kano 模型的网络购物商业模式满意度测评

拓展阅读

本例以上海地区大学生为例，基于 Kano 模型，将网络购物商业模式满意度评价指标归类，结果发现，顾客的基本型需求和期望型需求是提升其满意度的基石，兴奋型需求则是促使满意度提升的催化剂；并且较大的优惠力度、较快的发货速度、良好的信誉才是迅速提升顾客满意度的关键，商品信息介绍详尽、支付安全、保护顾客隐私及售后服务有保障是迅速降低不满意度的关键。

1. 满意度评价指标构建

通过文献回顾可知，文化、家庭等外部环境因素及以往的网购经验、人口特征等顾客内在因素都是不可控的，而价格、网站设计等市场因素都是企业可控的。企业只有找到这些可控因素中的关键因素，才能更好地掌握顾客的消费动向，提高满意度。因此，本例主要依据可控的市场营销因素，再基于营销学的 4P 理论和 4C 理论，综合前人研究成果，总结得到以下 24 个网络购物商业模式影响因素，具体见表 8-7。

表 8-7　网络购物商业模式影响因素

影响因素	
商品评价高(X_1)	网页设计美观(X_{13})
商品信息介绍详尽(X_2)	售后服务有保障(X_{14})
商品种类丰富(X_3)	商家信誉好(X_{15})
商品销量大(X_4)	客服态度好(X_{16})
商品价格低(X_5)	送货人态度好(X_{17})
经常性商品促销活动(X_6)	包装完好(X_{18})
优惠力度大(X_7)	支付方式多样化(X_{19})
商家联系方式多(X_8)	网站结构和导航清晰(X_{20})
商家有线下实体店(X_9)	网页信息呈现速度快(X_{21})
支付安全(X_{10})	配送信息查询方便(X_{22})
个人隐私保护(X_{11})	购物流程简单(X_{23})
发货速度快(X_{12})	可提供个性化服务(X_{24})

2. 顾客满意度测评

1) Kano 模型问卷的设计

问卷的设计分为两部分：顾客基本信息及对满意度指标的评价。根据 Kano 模型，对 24 个网络购物影响因素分别设置正反问题，如表 8-8 所示，并将每个问题在满意度方面分为我喜欢、它理应如此、无所谓、我能忍受、我不喜欢 5 个等级，根据李克特量表设计原则，这 5 个程度副词在具体量化分析中对应得分分别为 5、4、3、2、1。

表 8-8 Kano 模型问卷问题设计形式

		我喜欢	它理应如此	无所谓	我能忍受	我不喜欢
影响因素（任意一个即可）	（正向问题）如果提供此项服务，您感觉如何？	5	4	3	2	1
	（反向问题）如果不提供此项服务，您感觉如何？	5	4	3	2	1

2) 问卷的回收

本次问卷调查采用在线调研和人工实地发放问卷两种形式。在线调研是通过问卷星平台提供的问卷回收功能，利用各种社会网络平台、即时通信工具等分享问卷链接，共收回问卷 116 份；在上海四所高校进行了实地发放问卷，每所学校发放 100 份，共 400 份，收回 400 份。两种调研形式共收回问卷 516 份，经处理剔除不完整及无效问卷后，有效问卷为 489 份，有效率为 94.77%。

3) 结果分析

由图 8.8 可知这 24 个影响因素归属的类别，具体如下：经常性商品促销活动(X_6)、优惠力度大(X_7)、支付方式多样化(X_{19})、可提供个性化服务(X_{24})这 4 个影响因素落入了第二象限，属于魅力因素(A)。可见，"满 100 元减 20 元""买两件打八折" 等各种促销和优惠政策；货到付款、网上第三方支付等多种支付方式，以及根据顾客搜索的信息为其提供精准推荐成为提升顾客满意度与忠诚度、赢得回头客的关键。

一维因素(O)包括商品评价高(X_1)、商品信息介绍详尽(X_2)、商品销量大(X_4)、商品价格低(X_5)、支付安全(X_{10})、个人隐私保护(X_{11})、发货速度快(X_{12})、售后服务有保障(X_{14})、商家信誉好(X_{15})、客服态度好(X_{16})、送货人态度好(X_{17})、包装完好(X_{18})。一维因素即顾客期望型需求，如果这 12 个要素全部得到满足，那么顾客满意度会大大提升，反之，迅速下降。因此，一维因素即竞争因素，如果网络商家想要在竞争中立于不败之地，就必须满足顾客这 12 个期望型需求。

必备因素(M)包括商品种类丰富(X_3)、网页设计美观(X_{13})、网站结构和导航清晰(X_{20})、网页信息呈现速度快(X_{21})、配送信息查询方便(X_{22})、购物流程简单(X_{23})。这些指标的 better 值较低，而 worse 值较高，说明若网络商家提供此功能，顾客的满意度不会提升，但若不提供，他们的满意度会大幅度降低，即落入第四象限的指标为顾客最基本的需求，网络商家首先应该全力以赴地满足顾客此类需求。

商家联系方式多(X_8)、商家有线下实体店(X_9)落入了第三象限，属于无差异因素(I)，better 及 worse 值都较低，说明无论提供或不提供这些功能，顾客的满意度都不会改变，换句话说，顾客并不在意此类功能。这说明商家联系方式的多少及有无线下实体店并不影响顾客的满意度。

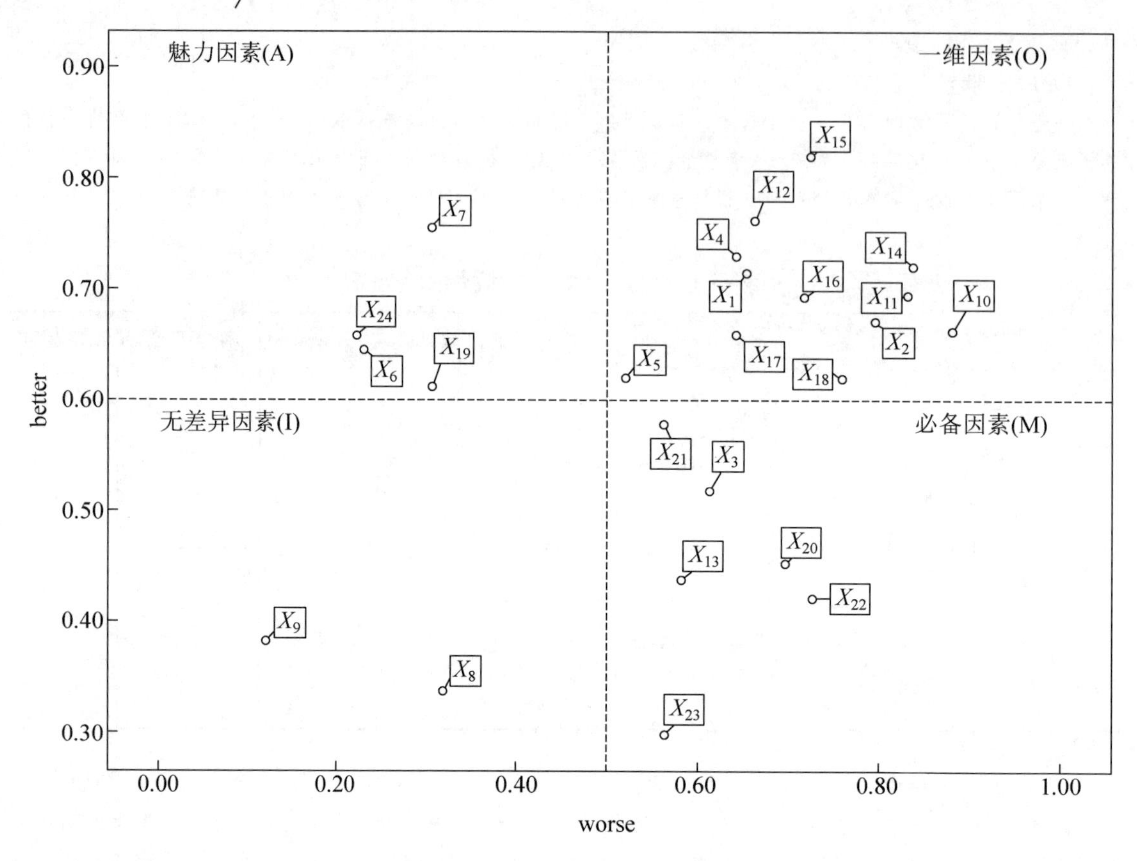

图 8.8　better - worse 散点图

另外，根据表 8-9 中影响因素的 better 值及 worse 值可知，优惠力度大(X_7)、发货速度快(X_{12})、商家信誉好(X_{15})的 better 值较大，分别为 0.76、0.76、0.82，这说明如果网络商家要迅速提升顾客的满意度，就必须在这三方面多下功夫；商品信息介绍详尽(X_2)、支付安全(X_{10})、个人隐私保护(X_{11})、售后服务有保障(X_{14})的 worse 值较大，均不小于 0.8，这说明若网络商家不提供这四个方面中的任何一个，顾客的不满意度就会迅速提升。

表 8-9　影响因素的 better 值及 worse 值

影响因素	X_1	X_2	X_3	X_4	X_5	X_6	X_7	X_8	X_9	X_{10}	X_{11}	X_{12}
better	0.71	0.67	0.51	0.73	0.62	0.65	0.76	0.34	0.38	0.66	0.69	0.76
worse	0.65	0.8	0.61	0.64	0.52	0.23	0.31	0.32	0.12	0.88	0.84	0.66
影响因素	X_{13}	X_{14}	X_{15}	X_{16}	X_{17}	X_{18}	X_{19}	X_{20}	X_{21}	X_{22}	X_{23}	X_{24}
better	0.44	0.72	0.82	0.69	0.66	0.62	0.61	0.45	0.58	0.42	0.3	0.66
worse	0.58	0.84	0.72	0.71	0.64	0.76	0.31	0.69	0.56	0.72	0.56	0.22

本例通过实证调研，以大学生这一消费者群体为例，对网络购物满意度展开了深入研究。基于 Kano 模型，通过分析 better - worse 系数值对满意度影响因素进行分类。由分类结果可知，虽然网上的商品价格比实体店价格低，这也是消费者选择网上购物最直接的理由，但一味地降低价格已不再是提升顾客满意度

的关键，较大的优惠力度、较快的发货速度、良好的信誉才是迅速提升顾客网络购物满意度的关键，并且商品信息介绍详尽、支付安全、个人保护隐私及售后服务有保障是迅速降低顾客不满意度的关键。

从实际应用的角度上看，结合本例实证结果，网络商家应该首先全力以赴地满足消费者最基本的需求；之后应尽力满足消费者的期望型需求，提高其竞争力；最后，在实现期望型需求后，通过向消费者提供额外的服务或功能，比如本例实证结果得到的经常性商品促销活动、提高优惠力度等，使其商品和服务在优于竞争对手的同时兼具差异化，强化印象，提升忠诚度。可见，基本型需求和期望型需求是提升满意度的基石，兴奋型需求则是促使满意度提升的催化剂。

资料来源：蔡寿松，顾晓敏，2015. 基于KANO模型的网络购物商业模式满意度测评[J]. 统计与决策(18)：95-97.

本章小结

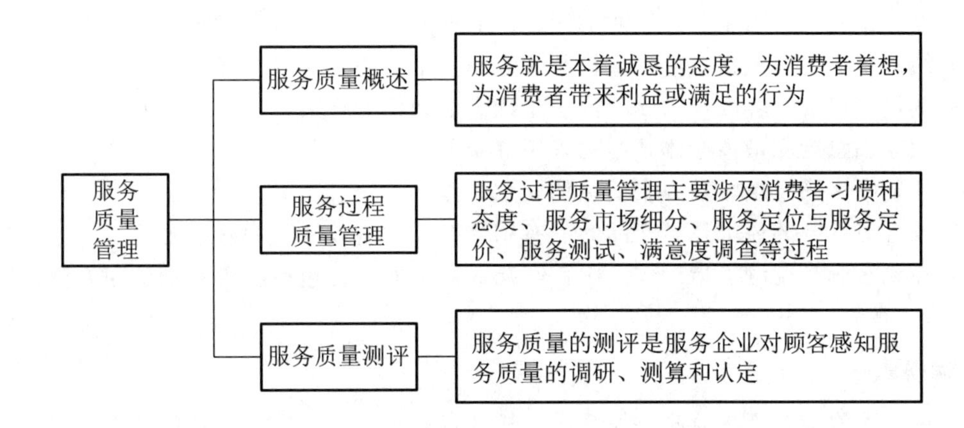

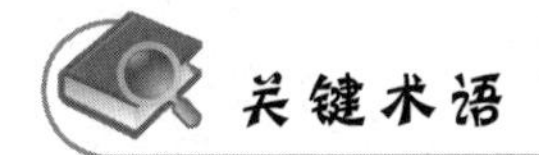

服务
服务质量
服务测评
顾客满意度
顾客满意度指数

习　　题

1. 选择题

(1) 实体产品与服务的联系表现在(　　)。

A. 形态性　B. 依附性　C. 价值性　D. 目标性

(2) 实体产品与服务的区别是(　　)。

A. 物质形态不同　B. 生产参与程度不同

C. 生产响应时间不同　D. 以上均是

(3) 如果可感知效果与期望相匹配，期望得到满足，顾客就(　　)。

A. 满意　　B. 抱怨　　C. 忠诚　　D. 不满意

(4) Kano模型中，(　　)对应的是顾客潜在的需求。

A. 必备属性　　B. 一维属性　　C. 魅力属性　　D. 基线质量

(5) 不同阶层的人对某个产品评价不相同，反映了顾客满意的(　　)。

A. 主观性　　B. 层次性　　C. 相对性　　D. 阶段性

(6) 中国顾客满意度指数是我国研究并建立的一种新的宏观经济指标和(　　)指标。

A. 经营评价　　B. 质量评价　　C. 服务评价　　D. 体系评价

2. 判断题

(1) 顾客满意是指顾客对其期望已被满足的程度的感受。(　　)

(2) 绩效指标不会因企业或行业不同，产品或服务相异而有所不同。(　　)

(3) 绩效指标一般包括质量、供货及时性和技术服务配套等指标。(　　)

(4) 测量与评价顾客满意的核心内容是确定消费信心指数。(　　)

(5) 顾客满意度测量指标体系结构采用逐层分析结构。(　　)

(6) 识别顾客满意度驱动因素的评估模型工作是调查。(　　)

(7) 顾客对服务的要求是与产品的“有用性”及“有效性”相联系的。(　　)

(8) 在顾客满意度测量指标体系中，与购买有关的指标包括获得的难易和方便程度。(　　)

3. 简答题

(1) 中国顾客满意度指数测评模型中结构变量是什么？目标变量是什么？

(2) 服务质量对服务企业的服务人员、服务方式的要求有哪些？

(3) 服务要素进行细分时通常要考虑的问题有哪些？

(4) 顾客满意度测评主要理论有哪些？

(5) 顾客满意度测评方法有哪些？

【实际操作训练】

1. 针对通信行业进行顾客满意度调查。
2. 自己组成一个小组，针对某一服务项目进行顾客满意度测评。

ZH机械制造公司顾客满意度调查

ZH机械制造公司聘请第三方咨询机构对其生产的YX牌机械产品进行全国满意度调查，此次顾客满意度调查由品牌形象、预期质量、感知质量、感知价值、顾客满意、顾客忠诚6个结构变量构成测评模型。顾客满意度调查问卷部分问题见表8-10。

表 8-10　顾客满意度调查问卷部分问题

序号	评　价　项	非常不满意→非常满意									
		1	2	3	4	5	6	7	8	9	10
1	在您购买前，您感觉该公司的规模、信誉等能够满足您的要求吗?										
2	在您购买前，您感觉该公司的产品质量等能够满足您的要求吗?										
3	在您购买前，您感觉该公司的服务如何?										
4	根据您的实际使用，您感觉该公司的总体产品质量如何?										
12	您感觉该公司销售和服务人员的态度、能力能否满足您的要求?										
13	就该公司产品质量来看，您感觉其价格是否合适?										
14	就该公司产品的价格来看，您感觉其产品及服务质量如何?										
15	综合产品、服务、价格等，您对该公司产品的满意程度如何?										
16	相对期望值来说，您对该公司产品的满意程度如何?										
17	相对于竞争对手来说，您对该公司产品的满意程度如何?										
21	假如现在让您选择购买一个品牌的矿山机械产品，没有任何约束条件，您仍然选择 YX 牌机械产品的可能性是多少?	0%～10%，11%～20%，21%～30%，31%～40%，41%～50%，51%～60%，61%～70%，71%～80%，81%～90%，91%～100%									
22	假设其他品牌的矿山机械产品价格不变，而 YX 牌机械产品价格上涨，价格上涨多少您就不再购买了?	0%～10%，11%～20%，21%～30%，31%～40%，41%～50%，51%～60%，61%～70%，71%～80%，81%～90%，91%～100%									

资料来源：根据 https：//wenku. baidu. com/view/ebebbac1ef3a87c2 资料改编。

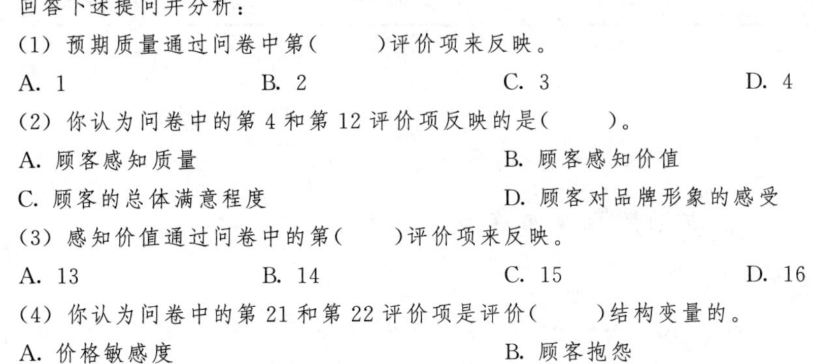

回答下述提问并分析：

(1) 预期质量通过问卷中第(　　)评价项来反映。

A. 1　　B. 2　　C. 3　　D. 4

(2) 你认为问卷中的第 4 和第 12 评价项反映的是(　　)。

A. 顾客感知质量　　B. 顾客感知价值

C. 顾客的总体满意程度　　D. 顾客对品牌形象的感受

(3) 感知价值通过问卷中的第(　　)评价项来反映。

A. 13　　B. 14　　C. 15　　D. 16

(4) 你认为问卷中的第 21 和第 22 评价项是评价(　　)结构变量的。

A. 价格敏感度　　B. 顾客抱怨

C. 顾客满意　　D. 顾客忠诚

第9章

质量经济性分析

本章教学要点

知识要点	掌握程度	相关知识
质量成本的定义	了解	质量成本、其他生产成本
质量成本的构成	重点掌握	内部损失成本、鉴定成本、预防成本和外部损失成本
最适宜的质量成本	重点掌握	质量成本模型
质量经济分析方法	掌握	开发设计过程、制造过程、使用过程的质量经济分析方法

本章技能要点

技能要点	熟练程度	应用方向
质量成本管理	掌握	在具体企业实施质量成本管理
质量经济分析方法的应用	掌握	应用质量经济分析方法分析实际管理问题

适宜的质量等级意味着高收益

1. 钢材事件

案例延伸

20世纪80年代，ABC公司进口一批特种钢材，已按合同支付了30%的预付款，300多万美元。但是，在货到验收时发现超差了0.1个单位，根据合同的规定，予以拒收。这下问题大了，供货商为加工和运送这批钢材，贷款300多万美元。现在，本来可以收回的70%余款收不到了，不仅还不了贷款，还要退还原来已收的货款，以及需要冒着索赔的风险；不合格的钢材在码头的保税仓库里，如果不及时处理，还要增加更多的仓储费用；把钢材运回来更不可能，供货商已无力再承担运输费用。供货商最后不得不选择向该国政府提出破产保护的申请，并决定马上将钢材就地拍卖。ABC公司其实也面临着严重的问题。ABC公司等着这批钢材加工，以完成其供货合同。现在，ABC公司也面临其客户的索赔和合同信誉问题。如果ABC公司向供货商提出索赔，不仅已没有指望得到赔款，就连讨回预付款都很难了。而且，ABC公司已知道，要在短时间里从其他途径获得同样的特种钢材的可能性已没有。最终，供货商的质量问题导致了供货商破产，ABC公司的生产经营活动也受到严重的影响。

2. 配件问题

某摩托车配件厂生产一种配件，由于缺乏详细研究，加之为了确保摩托车的质量，对该配件提出了很高的质量要求，过去一直把该配件的表面粗糙度定为6级。由于质量要求很高，工厂的合格品率一直很低，很难形成批量生产，质量成本上升，致使工厂连年亏损。工厂在深化质量管理，尤其是开展质量成本管理的时候，对这一问题进行了认真研究，并会同摩托车总装厂一起会诊，研究结果表明，该厂连年亏损的一个根本原因是对产品的表面粗糙度提出了过高的要求。总装厂经过反复试验后认为，该配件的表面粗糙度定为3级便完全可以满足质量要求。放松配件的表面粗糙度指标后，该配件厂很快扭亏为盈，且利润开始逐年上升。

资料来源：倪福夏，王虹，吴福生，1992. 质量经济管理[M]. 上海：上海交通大学出版社.

质量与经济密切联系，提高资本增值盈利的重要途径在于提高质量，而加强质量管理又必须着眼于经济效益，注重经济性。但在相当长的一个时期里，企业在产品质量经济性方面，存在两种倾向：一种是忽视产品质量，废次品率高，造成大量厂内、厂外损失，给企业、社会造成极大的浪费，如导入案例“钢材事件”；另一种是不惜工本，片面追求精益求精的高质量，脱离企业和消费者实际需要，不讲质量成本和质量效益，如导入案例“配件问题”中配件厂规定过高的内控标准，对产品某些次要性能进行高精度、高标准的技术工艺要求，其结果是质量功能过剩，质量成本上升，而这样不为消费者需要的过剩质量造成的损失和浪费，往往不容易被人们发现和重视。

可见，产品质量差是社会生产中的极大损失和浪费，同样，超过消费者实际需要，生产过高的产品质量，也是极大的损失和浪费。因此，讲求质量的层次性、经济性，在满足消费者对产品特定使用需求的前提下，使质量成本最低，资本增值利润最大，是质量经营的目标和精髓。

在现代质量管理工作中，经济性已成为产品质量特性的一个重要方面，脱离经济性来谈提高产品质量已缺乏实际意义。质量的经济性研究是质量管理学科的重要组成部分，质量经济性分析贯穿质量形成全过程。

9.1　质量经济性

质量经济性是指质量与经济的关系，以及质量对经济产生影响的特性。质量与经济的关系是商品经济社会内固有的特性，而质量对经济产生影响则不是其固有的特性。

9.1.1　质量效益与质量损失

加强质量管理，提高产品(服务)质量，提高企业竞争力，其最终目的是降低质量成本，实现质量的经济效益，进而最大限度地提高企业的资本增值水平。

1. 质量效益

1）质量效益的概念

质量效益是质量经济效果与质量成本的比值，它反映了质量方面产出与投入之间的关

系，表现了质量工作和质量管理的效率。其计算公式为

$$质量效益=\frac{质量经济效果}{质量成本} \tag{9-1}$$

当这个比值大于1时，说明投入的为改善质量而发生的费用能产生经济效益，反之，则没有经济效益。

提高经济效益的巨大潜力蕴藏在产品质量之中。“向质量要效益”也反映了质量与效益之间的内在联系。质量效益来源于消费者对产品的认同及其支付。

2）质量效益的构成

提高产品质量、开发新产品、增加产品品种、加强质量管理、提高工作质量将会给企业带来各种经济收益。例如：

（1）稳定质量，减少三包等损失费用；

（2）树立质量形象，扩大市场份额，带来收益的增加；

（3）减少不良品损失带来的收益；

（4）提高质量、提高商品附加值带来的收益；

（5）提高设备运转率；

（6）减少库存损耗；

（7）减少检查费用；

（8）管理费用的节约；

（9）产品寿命周期内用户维护修理费用的节约；

（10）用户生产率的提高和成本的降低。

知识要点提醒

质量经济效果是指由质量因素(特别是质量改进因素)导致的经济上的有益结果。它表现在以下两个方面。

第一，由于产品质量和工作质量提高，产品合格品率增加，不良品率降低，废品率降低，产品等级提高，可靠性增强，寿命延长，从而可以使产品的生产成本降低，价值增大，利润增长；由于可维修性提高，维修费用降低，从而可以使使用成本和维护成本降低，使消费者在获得高质量享受的同时减少其费用支出。对社会而言，总体质量水平提高，总体费用相对降低。

第二，由于产品质量创新、改善，功能增加、增强，市场销售量增加，企业市场扩大，销售收入增长，利润增长；生产规模扩大，可获得规模经济效益，同时可以提高企业的商誉，增加其无形资产。对社会而言，市场经济总量增大。

质量经济效果的主要指标有新开发产品产值、质量改进产品产值、产品品种结构改善的收益、销售收入增加额、利润增加额、市场占有率、企业商誉、产品品牌价值等。

2. 质量损失

质量管理大师朱兰认为“在次品上发生的成本等于一座金矿，可以对它进行有利的开采”。质量损失，是指产品在整个生命周期过程中，由于质量不满足规定的要求，对生产者、使用者和社会所造成的全部损失之和。它存在于产品的设计、制造、销售、使用，直至报废的全过程中，涉及生产者、使用者和整个社会的利益。

1）生产者损失

因质量问题而造成的生产者损失既有出厂前的，也有出厂后的；既有有形损失，也有无形损失。

另外，不合理地追求过高的质量，使产品质量超过使用者的实际需求，通常称为剩余质量，剩余质量会使生产者花费过多的费用，造成不必要的损失。

2）消费者损失

产品在使用中因质量缺陷而使消费者蒙受的各种损失称为消费者损失。消费者损失的表现形式很多，如维修次数多、维修费用高、产品使用中能耗和物耗的增加，以及因产品质量而导致频繁停工、停产、交货误期等。按我国的有关法律规定，对消费者的损失，生产者要给予部分甚至全部的赔偿。在消费者损失中也存在无形损失，主要表现为构成产品的零部件的功能不匹配、使用寿命不一致。

3）资源损失

资源损失是由于产品的缺陷对社会造成污染或公害引起的损失，对社会环境的破坏和资源的浪费造成的损失；等等。由于这类损失的受害者并不十分确定，难以追究赔偿，生产者往往不重视。超标排放尾气的汽车是个典型的例子，受大气污染之害的对象不容易确定，生产者的责任也难以界定。

9.1.2　质量波动与质量损失

质量波动源于生产过程的系统性因素和以5M1E为代表的偶然性因素，这两方面的因素是始终存在的，因此质量波动是不可避免的。质量波动大不利于质量控制，严重时会使不良品率上升，质量损失增加。日本质量专家田口玄一提出了损失函数的表达式

$$L(y)=k(y-m)^2 \tag{9-2}$$

式中　$L(y)$——质量特性值为 y 时的质量损失；

y——实际测定的质量特性值；

k——比例常数；

m——质量特性的标准值，$\Delta=y-m$ 为偏差。

这是一个二次曲线的表达式，损失函数曲线形状如图9.1所示。

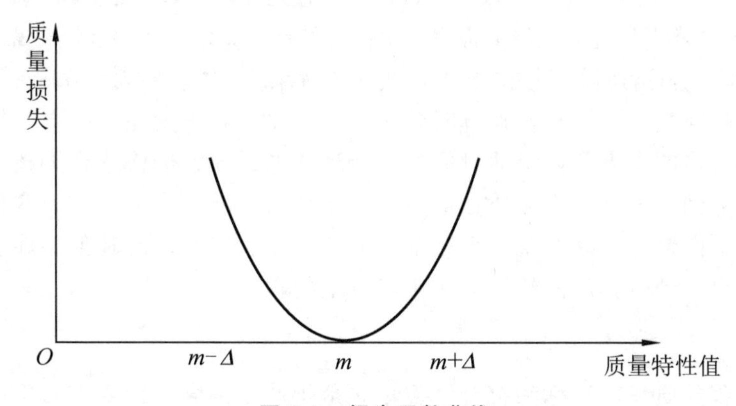

图9.1　损失函数曲线

由图9.1可知，当质量特性值正好等于质量特性的标准值 m 时，质量损失为零，随着

偏差的增加，质量损失逐步变大。损失函数为质量的技术经济分析提供了方便而易于操作的工具，具有良好的实用价值。如果工序或生产系统处于统计控制状态，即消除了异常因素的影响，而只受随机因素的作用，则质量特性值(主要指计量值)大多数服从正态分布。当质量特性值服从正态分布时，能使产品质量具有较好的经济性。

例题

【例 9-1】 若加工某一零件，尺寸的偏差 Δ 超出 $\pm$ 5μm 时，则规定要求返修，其损失为 600 元，求损失函数。

解：根据式(9-2)有

$$600=k\,(y-m)^2$$

经整理得

$$k=\frac{600}{(y-m)^2}=\frac{600}{25}=24$$

故得损失函数为

$$L(y)=24\,(y-m)^2$$

9.1.3 提高质量经济性的途径

质量经济性是指产品寿命周期全过程的经济性，产品的寿命周期包括 3 个时期：开发设计过程、制造过程、使用过程。

1. 提高开发设计过程的质量经济性

在产品的开发设计中，不仅要注意技术问题，而且要注意它的经济性，做到技术和经济的统一。其主要内容如下。

(1) 做好市场需求的预测。由于产品的质量水平与市场需求有紧密的关系，因此要对产品在市场上的需求量及变化规律进行科学的预测。每一个产品从进入市场到最后退出市场，都有一个发展过程，可以分为试销、旺销、饱和及衰退 4 个阶段。一般要进行市场调查，了解产品的目标市场，顾客关心的是产品的适用性及使用成本的费用，因此在产品的开发设计阶段就必须考虑到这些因素。

(2) 综合地考虑质量的社会经济效益。设计中要有完善的技术经济指标，要对总体方案进行可行性分析，做到技术上先进、经济上合理、生产上可行。此外，还要运用可靠性工程、价值工程、正交试验设计、鲁棒性设计等先进技术，实现产品各组件质量特征参数指标的优化设计。

(3) 注意质价匹配。质量和价格有时是矛盾的，要提高质量往往就会增加质量成本，成本增加又会引起价格的提高。如果质量成本不恰当增加，导致价格过高，超过社会的一般购买力，产品就会滞销。反之，产品质量低劣，即使价格再低，也会没有人购买。

(4) 力求功能匹配。产品的某一个零部件失效又无法替换，而其他部件运行正常，最后也不得不整机丢弃或销毁，从而给顾客带来经济上的损失。

2. 提高制造过程的质量经济性

产品制造过程的质量，又称为符合性质量，是指产品符合设计要求的质量。符合性质量水平对批量生产具有重要意义，它不仅是产品质量的重要标志，而且是经济性的重要标志，通常用批量生产的合格品率来表示。

从损失函数的形式可以看出，在制造过程中严格采取措施控制质量特性值的稳定性及减小质量特性值的分散程度，就可以减小质量损失。

3. 提高使用过程的质量经济性

产品寿命周期费用不仅与设计和制造成本有关，还与使用成本有关。产品使用过程的质量经济性，是指在产品的使用寿命期间的总费用。使用过程的费用主要包括两部分。

(1) 产品使用中，由于质量故障带来的损失费用。对可修复性产品而言一般是停工带来的损失，而对不可修复的产品而言（如宇宙飞行、卫星通信、海底电缆、火箭导弹等），则会有重大的经济损失。

(2) 产品在使用期间的运行费用。运行费用包括使用中的人员管理费、维修服务费、运转动力费、零配件及原料使用费等。

9.2　质量成本管理

9.2.1　质量成本的定义

质量成本的概念是由美国质量专家费根堡姆在20世纪50年代提出来的。其定义是为了确保和保证满意的质量而发生的费用及没有达到满意的质量所造成的损失，是企业生产总成本的一个组成部分。他将质量预防和鉴定费用，与产品质量不符合企业自身和顾客要求所造成的损失一并考虑，形成质量报告，为企业高层管理者了解质量问题对企业经济效益的影响，进行质量管理决策提供重要依据。此后人们充分认识了降低质量成本对提高企业经济效益的巨大作用，从而进一步提高了质量成本管理在企业经营战略中的重要性。

质量成本包括两个主要方面：控制成本和控制失效成本。这是生产者的质量成本。控制成本包括预防成本和鉴定成本；控制失效成本包括内部损失成本和外部损失成本。质量成本在时间上涉及整个产品寿命周期。

9.2.2　质量成本的构成

根据质量成本的定义，质量成本由两部分组成：一部分是为确保和保证达到满意的质量而发生的费用，即预防成本和鉴定成本，一般将这部分质量成本看作投入；另一部分是由于没有达到质量要求所造成的损失，即内部损失成本和外部损失成本，有时统称为质量损失成本。质量成本构成如图9.2所示。

质量成本
- 内部损失成本
- 鉴定成本
- 预防成本
- 外部损失成本

图9.2　质量成本构成

1) 内部损失成本

内部损失成本又称内部故障成本。它是指产品交货前因不满足规定的质量要求而支付的费用，主要包括废品损失费用、返修损失费用和复试复验费用、停工损失费用、处理质量缺陷费用、减产损失及产品降级损失费用等。

2）鉴定成本

鉴定成本是指评定产品是否满足规定的质量水平所需要的费用，主要包括进货检验费用、工序检验费用、成品检验费用、质量审核费用、保持试验和检验设备精确性的费用、试验和检验损耗费用、存货复试复验费用、质量分级费用、检验仪器折旧费，以及计量工具购置费等。

3）预防成本

预防成本是指用于预防产生不合格品与故障等所需的各种费用，主要包括质量计划工作费用、质量教育培训费用、产品评审费用、工序控制费用、质量改进措施费用、质量管理活动费用、质量奖励费、专职质量管理人员的工资及其附加费等。

4）外部损失成本

外部损失成本是指产品交货后因不满足规定的质量要求，导致索赔、修理、更换或信誉损失等而支付的费用，主要包括申诉受理费用、保修费用、退换产品的损失费用、折旧损失费用和产品责任损失费用等。

质量成本与其他的生产成本有什么关系？

质量成本属于企业生产总成本的范畴，但它又不同于其他的生产成本，诸如材料成本、运输成本、设计成本、车间成本等。概括起来质量成本具有以下特点。

(1) 质量成本只是针对产品制造过程的符合性质量而言的。在设计已经完成、标准和规范已经确定的条件下，才开始进入质量成本计算。因此，它不包括重新设计、改进设计及用于提高质量等级或质量水平而支付的费用。

(2) 质量成本是那些与制造过程中出现不合格品密切相关的费用。例如，预防成本就是预防出现不合格品的费用；鉴定成本是为了评定是否出现不合格品的费用；内部和外部损失成本是因成品不合格而在厂内阶段或厂外阶段产生的损失费用。

(3) 质量成本并不包括制造过程中与质量有关的全部费用，而只是其中的一部分。这部分费用是制造过程中同质量水平(合格品率或不合格品率)最直接、最密切相关的那一部分费用。其他的费用，如工人生产时的工资或材料费、车间或企业管理费等，都不计入质量成本，它们都是正常生产前所必须具备的条件。

9.2.3 最适宜的质量成本

1. 质量经济效果与质量成本的关系

质量成本管理的理论基础之一是质量与成本的关系。任何组织的营业收入从根本上说都取决于产品和服务的质量。任何产品和服务的质量都需要投入一定资源才能达到。由于任何组织的资源都是有限的，因此需要在质量、成本和收益之间进行权衡、比较和设计。也就是说，要使质量与成本的关系处于适宜状态，以最恰当的质量成本投入，争取最适宜的质量水平，使企业、顾客和社会的经济效益达到最佳。

质量水平与质量成本和质量收益之间的关系如图 9.3 所示。

图 9.3 中，横坐标表示质量水平 Q；纵坐标表示金额 P，既表示质量成本的金额，也表示质量收益的金额。

质量成本(C)曲线的含义：质量成本由 P_a 逐渐增加到 P_{kc} 时，质量水平由 Q_a 提高到 Q_k，即以较小的质量成本投入使质量水平有较大幅度的提高，这段曲线表示这部分质量成本支出

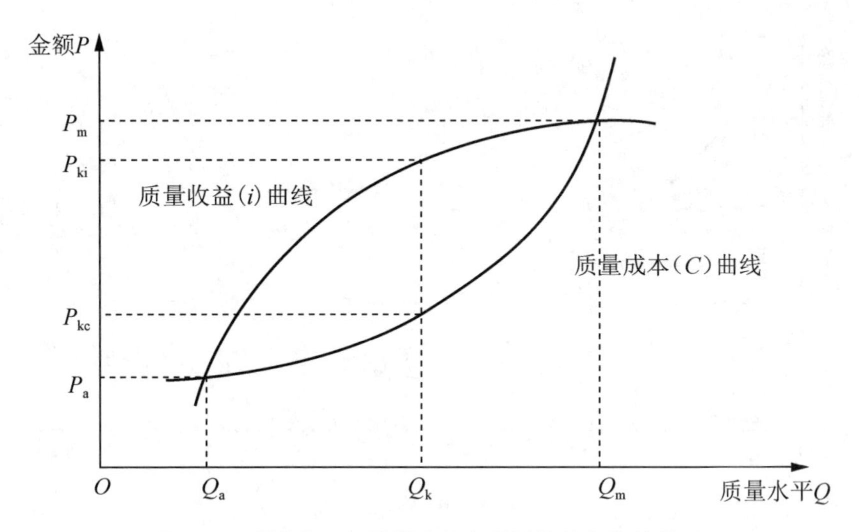

图 9.3 质量水平与质量成本和质量收益之间的关系

非常必要；随着质量成本的进一步增加，由 P_{kc}增加到 P_m，质量水平也进一步提高，但提高的速度逐渐变慢，这段曲线表示这部分质量成本支出仍然有经济价值；当质量成本的增加超过 P_m后，质量水平的提高微乎其微，这段曲线表示这部分质量成本支出不经济。

质量收益(i)曲线的含义：随着质量水平从 Q_a提高到 Q_k，质量收益明显增加，由 P_a增加到 P_{ki}，这段曲线表示这部分质量改进对提高质量收益具有十分重要的意义；随着质量水平从 Q_k提高到 Q_m，质量收益也进一步增加，但增加速度逐渐变慢，这段曲线表示这部分质量改进仍然有经济价值；当质量水平的提高超过 Q_m点后，质量收益的增长微乎其微，而质量成本却大幅度增加，这段曲线表示这部分质量水平的提高在经济上不合算。

质量成本曲线和质量收益曲线共同表明：当质量成本大于 P_a小于 P_m时，质量水平保持在 Q_a和 Q_m之间，这种条件可以带来质量收益；当质量成本处于最佳点 P_{kc}时，质量水平也处于最佳点 Q_k，这时会产生最大的质量收益 $P_{ki}-P_{kc}$。所谓进行质量经济性管理，就是采取有效措施，使质量成本控制在最合理的范围内(P_{kc}附近)，使质量水平保持在最适宜的状态(Q_k附近)，从而获得最理想的质量收益(P_{ki}附近)。

2. 质量成本模型

质量成本模型如图 9.4 所示。其基本思想是任何组织在质量方面的投资都是有限的。不同的质量投资对应于不同的质量水平。从质量成本与质量水平之间的关系出发，可以寻求一种适宜的质量成本，使质量水平的提高最为明显，从而使组织在有限的质量成本条件下，最大限度地实现顾客满意。

图 9.4 中，横坐标表示质量水平 Q,纵坐标表示质量成本 C。

质量投入曲线的含义：质量投入(包括为防止不合格所发生的预防成本和进行产品检验所发生的鉴定投入)越多，质量水平就越高。当质量水平很低时($Q_a \sim Q_b$)，较少的质量投入就可明显提高质量水平；当质量水平已经相对比较高时($Q_m \sim Q_n$)，质量投入大幅度增加，但质量水平的提高逐渐缓慢。

质量损失曲线的含义：当质量水平较低时，质量损失(包括返工损失、废品损失、质量赔偿等)较多；随着质量水平的不断提高，质量损失逐渐减少。

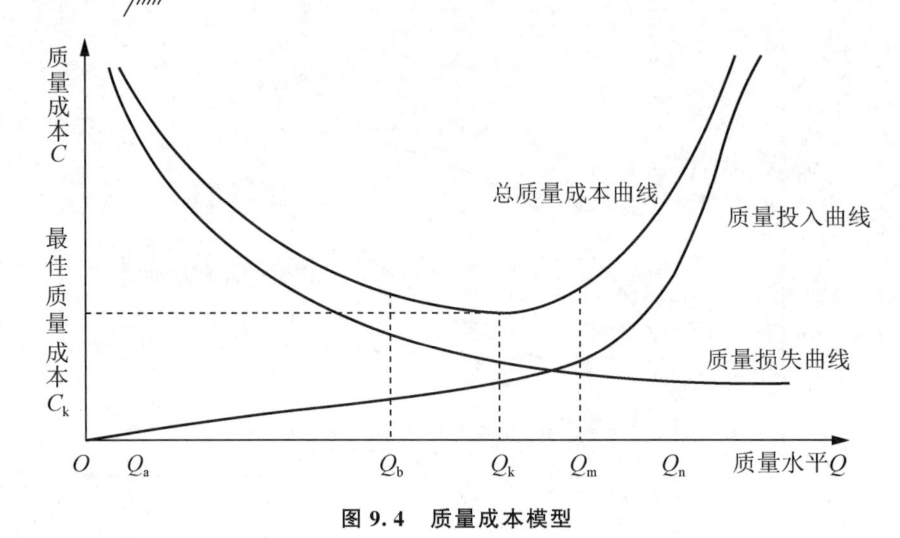

图 9.4 质量成本模型

总质量成本曲线的含义：总质量成本是质量投入与质量损失之和。当质量水平较低时（Q_a～Q_b），质量投入较少，质量损失较大；随着质量投入的增加，总质量成本逐渐下降；当质量投入使质量水平超过Q_b点之后，总质量成本的下降趋于平缓；在质量水平达到Q_k点时，总质量成本达到最低点C_k；然后，随着质量投入的进一步增加，在Q_k～Q_m范围内，总质量成本开始缓慢上升；当质量投入的增加使质量水平超过Q_m以后，尽管质量损失进一步减少，但所需的质量投入金额大幅度上涨，由此导致总质量成本急剧增加，在市场上必然表现为商品价格昂贵，销售量很少。因此，Q_m～Q_n范围内的质量水平表现为大多数顾客在价格上难以接受的质量过剩。在新产品开发投入市场初期，质量水平落在Q_m～Q_n这段曲线内是正常情况；在产品大量生产阶段，质量成本则应保持在最佳质量成本C_k附近，质量水平相应地保持在Q_b～Q_m之间，这是质量成本与质量水平比较适宜的状态。

质量成本模型的核心在于寻求质量成本的最佳状态，使总质量成本在结构上合理，预防成本、鉴定成本和质量损失成本在比例上适当，质量水平保持在适宜状态，以获得良好的质量效益。

学习延伸

表9-1是美国某服装制造厂年度质量成本报表。

表 9-1 美国某服装制造厂年度质量成本报表 （单位：美元）

内容		金额	占百分比
质量损失成本	1. 滞销压库	3276	0.37%
	2. 返修品	73330	8.31%
	3. 裁剪不当	2290	0.26%
	4. 裁剪报废	187610	21.26%
	5. 顾客调、退、换	408662	46.31%
	6. 产品降级处理	22856	2.59%
	7. 顾客不满	不可计量	
	8. 顾客改买产品	不可计量	
	合计	698024	79.10%

（单位：美元）续表

内　　容		金　　额	占百分比
鉴定成本	1. 进货检验	23650	2.68%
	2. 初检	32651	3.70%
	3. 复检	25238	2.86%
	4. 成品抽检	65037	7.37%
	合计	146576	16.61%
预防成本	1. 生产线质量控制	7854	0.89%
	2. 公司质量控制	30000	3.40%
	合计	37854	4.29%
	总计	882454	100.00%

对上述报表的分析结果如下。

（1）每年的质量总成本近90万美元，说明大有潜力可挖。

（2）质量损失成本占总数79.10%，其中顾客调、退、换和裁剪报废所占比例较大。

（3）质量损失成本约为鉴定成本的5倍。因此，首先必须削减质量损失成本。

（4）预防成本花费数量太少，只占4.29%。

（5）还有一些不能定量表示的结果，如质量不好引起“顾客改买产品”等。为了提醒注意，故在表中列出这些因素。

资料来源：张公绪，1998. 新编质量管理学[M]. 北京：高等教育出版社.

9.3　质量经济分析方法

产品质量是企业生产经营成果在使用价值上的体现，也是企业获得交换价值和取得经济效益的重要前提。产品质量不好，使用价值不被用户承认；质量过高，耗费又太大。所以质量水平与经济性有一个最佳的结合点，这就要研究质量的经济性，即通过分析质量与经济的关系，求得成本最低、经济效益最高的经济性质量水平。产品质量经济分析是质量效益分析的基础，掌握了产品质量经济分析的原则和方法，也就抓住了质量效益分析的本质。

拓展阅读

9.3.1　产品质量经济分析的原则

企业在进行产品质量经济分析时，一般应遵循以下几项原则。

（1）正确处理企业、消费者和社会的关系，将三者有机地结合起来。如发生矛盾，则应该使企业的利益服从消费者和社会的利益。

（2）正确处理当前经济效益与长远经济效益的关系，若两者发生矛盾，应更注重长远的经济效益。

（3）正确处理有形经济效益与无形经济效益的关系，应更多地注重无形经济效益。

（4）质量优化的目标函数应为利润最大或成本最低，在整体优化的前提下考虑局部优化。

(5) 进行质量经济分析应从产品寿命循环的角度考虑问题。

(6) 在分析中采用相同的比较对象，必须有明确的比较条件和比较范围。

9.3.2 质量经济分析的一般方法与步骤

所谓的质量经济分析，就是对不同质量水平的目标函数(如利润和成本)进行分析比较，以确定使目标函数达到最大或最小的最佳质量水平作为评价与优化各种质量水平的依据。

进行质量经济分析的方法一般有 3 种。

(1) 当质量和费用之间的关系可用简单的函数关系表示时，则采用求导的方法求出最佳质量水平。

(2) 当质量和费用之间的关系比较复杂时，可以采用线性规划法，借助计算机求解。

(3) 当质量与费用之间的关系不能用确定的函数关系表达时，可以将有关数据列成表或画成图形，通过对图表的分析确定最佳质量水平。

在进行质量经济分析时，一般可遵循以下步骤。

(1) 确定质量经济分析的指标体系。质量指标，如产品等级、合格品率、返修率、技术性能水平、可靠性等；经济指标，如利润、质量成本、销售成本、使用成本、市场占有率等。

(2) 明确课题，提出方案。通过分析质量指标、经济指标的状况和变化趋势，与同范围的先进水平进行比较，分析原因，找出差距，提出质量改进方案。

(3) 进行方案的比较。对提出的质量改进方案选定相应的评价目标和方法，进行经济分析，确定最优方案。

(4) 控制与实施。按质量经济目标和 PDCA 循环实施情况进行调整控制。

9.3.3 开发设计过程的质量经济分析

1. 新产品开发的经济分析

在新产品开发过程中，常常需要对不同的质量保证方案进行选择，选择时应同时考虑投入资金额和市场占有率两个主要因素，这两个因素之间的联系纽带就是质量水平。新产品开发经济分析的理论模型如图 9.5 所示。

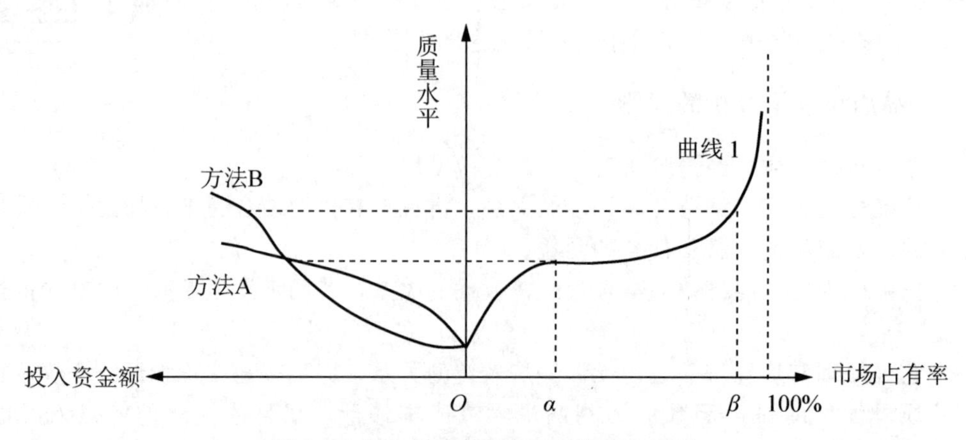

图 9.5 新产品开发经济分析的理论模型

图 9.5 表明，产品的质量水平与市场占有率有关，市场占有率与质量水平之间的关系如曲线 1 所示。当质量水平很低时，市场占有率也很低；当质量达到一定水平后，随着质量水平的提高，市场占有率也不断提高；但当市场占有率达到某一水平后，即使再提高质量水平，市场占有率的增长也变得很缓慢。

从经济性角度来考虑，提高产品质量可以采用不同的方法，它们所需的资金也不相同，效果也就不同。由图 9.5 可见，方法 A 初期见效快，而方法 B 潜在效果好。在质量水平较低时，应采取方法 A 提高产品质量，它的花费少，但质量水平提高较快。考虑到企业的经营目标，当预测市场占有率低于 α 时，则应采用方法 A 提高产品质量；若市场占有率超过 α，则应采用方法 B。

2. 消费者期望的质量水平分析

消费者在添置设备时，不但要考虑购置费用的高低，还应同时考虑设备的维持费用(包括运行费、维修费等)的多少。在不考虑报废处理费用时，从消费者的角度看，产品的寿命周期费用由两项内容组成，即

$$寿命周期费用=购置费用+维持费用 \tag{9-3}$$

式(9-3)中，购置费用随质量水平的提高而增加，而维持费用(运行费、维修费等)却会随质量水平的提高而下降。两者叠加形成的寿命周期费用曲线如图 9.6 所示。寿命周期费用曲线最低点对应的质量水平就是消费者期望的最佳质量水平。

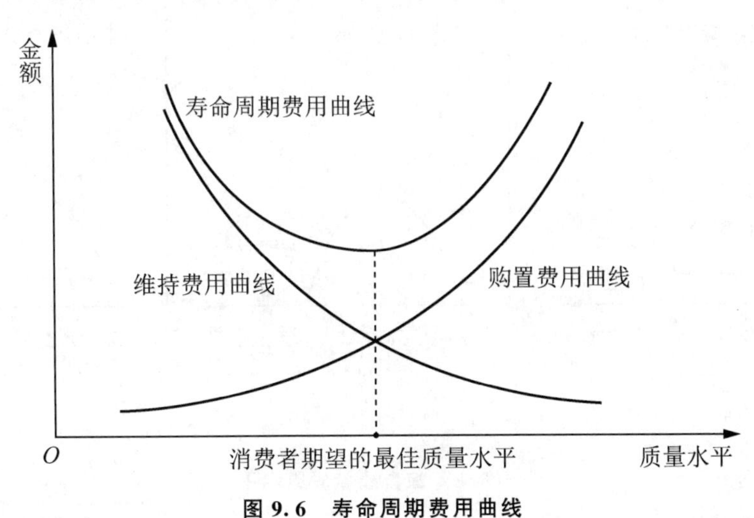

图 9.6　寿命周期费用曲线

3. 生产者期望的质量水平分析

从生产者的角度看，他所关心的主要是企业的利润。一般情况下，利润是销售收益与生产成本之差。图 9.7 表示了质量水平与销售收益、生产成本、利润之间的关系。从图 9.7 中可看出利润曲线最高点对应的就是生产者期望的最佳质量水平，还可看出当质量水平小于 A 点和大于 B 点时，企业就会出现亏损。

4. 消费者和生产者均满意的质量水平分析

实际中，仅考虑消费者的利益或仅考虑生产者的利益均行不通，人们希望的是这两者的

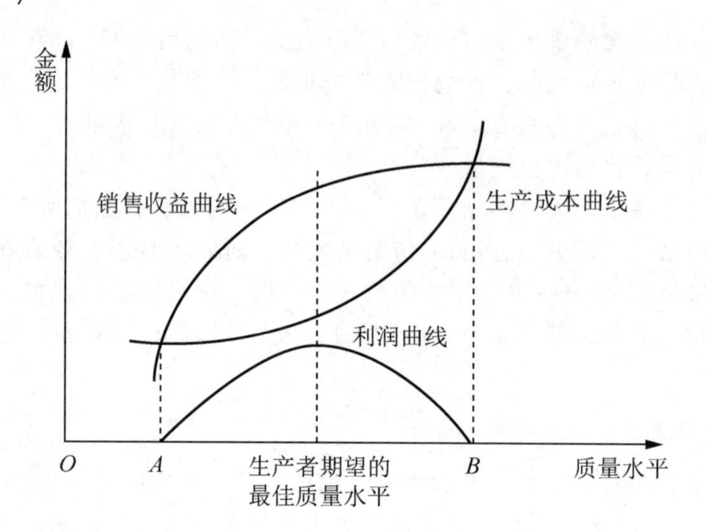

图 9.7 质量水平与销售收益、生产成本、利润之间的关系

利益均得到照顾，即要选出一个综合最佳质量水平，使得消费者支付的寿命周期费用尽可能小，而生产者的利润尽可能大。可能会出现如图 9.8 所示的 3 种情况。

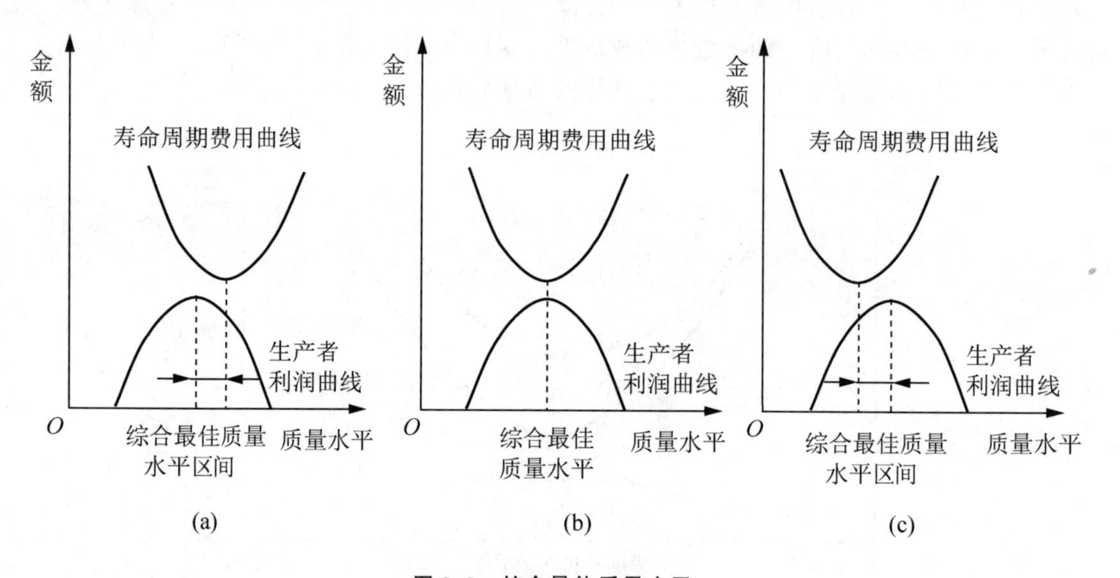

图 9.8 综合最佳质量水平

(1) 生产者期望的最佳质量水平低于消费者期望的最佳质量水平，则综合最佳质量水平应大于生产者期望的最佳质量水平，而低于消费者期望的最佳质量水平，如图 9.8(a)所示。

(2) 生产者期望的最佳质量水平与消费者期望的最佳质量水平相重合，这是最理想的情况，综合最佳质量水平是显而易见的，如图 9.8(b)所示。

(3) 生产者期望的最佳质量水平高于消费者期望的最佳质量水平，则综合质量水平应小于生产者期望的最佳质量水平，而高于消费者期望的最佳质量水平，如图 9.8(c)所示。

5. 质量改进分析

质量改进分析包括质量等级水平的提高和产品某种或某些质量特性的改善。

就质量等级水平的提高而言，定义单位产品的成本收益率增量 $\Delta\beta$ 为

$$\Delta\beta=\frac{\Delta I}{\Delta C_{变}} \tag{9-4}$$

式中　ΔI——单位产品的收入增量；

$\Delta C_{变}$——单位产品的变动成本增量，因此时的固定成本不变，故也等于单位产品的总成本增量。

在市场销售量不变的情况下，当 $\Delta\beta>1$ 时，这种提高是可取的；当 $\Delta\beta=1$ 时，如果这种提高对社会有益，则也是必要的，否则将是不必要的；但当 $\Delta\beta<1$ 时，质量等级水平的提高是不必要的。

如果质量等级水平提高使得市场销售量有显著提高，则当 $\Delta\beta_{总}>1$ 时，质量等级水平提高是有利的，否则是不利或无利的。

$$\Delta\beta_{总}=\frac{\Delta I_{总}}{\Delta C_{总}}$$

式中　$\Delta\beta_{总}$——全部销售量的总成本收益率增量；

$\Delta I_{总}$——全部销售量的总收入增量；

$\Delta C_{总}$——全部销售量的总成本增量。

就产品的某种或某些质量特性的改进来说，由于每种产品都可能有多种质量特性，其中有些是应当加以改进的，而另一些则是可以不改进或不应加以改进的。在应当力求改进的质量特性中，又可以安排其改进顺序，以便与资金供应的可能性相适应。应当力求改进的质量特性一般是指顾客最关心、对整个产品质量影响最大、反应最敏感，而且所需的改进费用又比较少的那些特性。

总之，质量改进的经济效益分析比较简单。从图 9.6 和图 9.7 可以看出，无论是从消费者的角度还是从生产者的角度看，只要质量改进使质量水平向最佳质量水平靠近，这种改进就总是有利可图的；如果质量改进使质量水平远离最佳质量水平，则这种改进将是不可取的。

9.3.4　制造过程的质量经济分析

1. 不合格品率分析

在生产过程中，不合格品率越高，表明制造过程的质量越差。产品的不合格品率与经济效益密切相关，当不合格品率提高时，所带来的损失必然加大；不合格品率降低时，往往会使生产成本大幅度提高。因此，在制造过程中应严格控制不合格品率。从经济上看，应当确定在不同的条件下适合的不合格品率。

产品产量 $L=600$ 件，不合格品率$=8\%$，单位产品售价 $J=50$ 元，单位产品变动成本 $V=25$ 元，总固定成本 $F=8000$ 元。由于对生产进行改进，产量提高了 25%，而不合格品率提高到 16%。对于企业来说这种不合格品率的变化是否可以接受？改进是否可取？

解：具体分析见表 9-2。

表 9-2 方案改进对比表

方案Ⅰ(改进前)	方案Ⅱ(改进后)
产量 $L_1=600$ 件	产量 $L_2=600\times(1+25\%)=750$(件)
合格品 $H_1=600-600\times8\%=552$(件)	合格品 $H_2=750-750\times16\%=630$(件)
销售收入 $R_1=552\times50=27600$(元)	销售收入 $R_2=630\times50=31500$(元)
总成本 $C_1=600\times25+8000=23000$(元)	总成本 $C_2=750\times25+8000=26750$(元)
利润 $P_1=27600-23000=4600$(元)	利润 $P_2=31500-26750=4750$(元)

由于 $P_1=4600$ 元 $<P_2=4750$ 元，所以，这种不合格品率的变化是可以接受的，改进是可取的。

2. 返修分析

在生产过程中会出现各种不合格品，对于可以修复的不合格品，究竟是返修还是报废？下面从经济性方面进行分析。

假设产品返修不占用正常的生产设备和生产时间；又设 J 为每件产品的零售价，D 为每件不合格品的材料回收费，B 为每件产品的返修费用。此时，只要满足 $J>B+D$，则返修是值得的。

如果返修时要占用正常的生产设备和生产时间，是否返修将取决于生产设备的生产率。设 F 为返修产品的个数，T 为单件返修时间，R 为生产率。此时返修所占用的时间为 FT，返修时间内的产量应为 RFT。在不返修时，企业得到的收益应为 $RFTJ+DF$；在返修的情况下，则收益为 $FJ-BF-RFTJ-DF$。

显然，如果要返修，则应使下式得到满足。

$$FJ-BF-RFTJ-DF>RFTJ+DF$$

最后得

$$R<\frac{J-B-2D}{2TJ} \tag{9-5}$$

即在生产率 R 满足式(9-5)时，返修是值得的。

某企业某车间有 30 名工人，每天工作 8 小时，某产品每 10 分钟生产一件，单件可变费用 70 元，总固定费用为 30000 元，产品单价为 120 元，返工率 5%，每个不良品返工时间为 20 分钟，返工费用为 50 元，若每天销售分别为 1100 件和 1500 件，是返工有利，还是不返工有利？

(1) 每天销售量 1100 件时的情况分析(分返工和不返工情况)表见表 9-3。

表 9-3 每天销售量 1100 件时的情况分析表

返　工	不返工
产量 $N_1=1100$(件)	产量 $N_2=1100/(1-5\%)\approx1158$(件)
可变费用 $V_1=1100\times70=77000$(元)	
返工费用 $J_1=1100\times5\%\times50=2750$(元)	
总费用 $C_1=77000+2750+30000=109750$(元)	总费用 $C_2=1158\times70+30000=111060$(元)
总收入 $R_1=1100\times120=132000$(元)	总收入 $R_2=1100\times120=132000$(元)
利润 $P_1=132000-109750=22250$(元)	利润 $P_2=132000-111060=20940$(元)

从表9-3的分析结果看，因 $P_1>P_2$，所以返工有利。

(2) 每天销售量1500件时的情况分析如下。

该车间全天总生产时间为 $30\times8\times60=14400$ 分钟，每10分钟生产一件，因此最大生产能力为每天1440件。现在每天销售1500件，即需求大于生产，供不应求。

在此种条件下，分返工和不返工两种情况分别分析利润，见表9-4。

表9-4　每天销售量1500件时的情况分析表

返　工	不返工
最大生产能力：$10\times N_1+5\%N_1\times20=14400$(件)	产量 $N_2=14400/10=1440$(件) 合格品 $H_2=1440\times(1-5\%)=1368$(件)
产量得 $N_1\approx1309$(件)	
总费用 $C_1=1309\times70+1309\times5\%\times50+30000=124902.5$(元)	
	总费用 $C_2=1440\times70+30000=130800$(元)
总收入 $R_1=1309\times120=157080$(元)	总收入 $R_2=1368\times120=164160$(元)
利润 $P_1=157080-124902.5=32177.5$(元)	利润 $P_2=164160-130800=33360$(元)

从表9-4的分析结果看，因 $P_2>P_1$，所以不返工有利，即返工没有利。

通过以上分析可得出结论：是否返工要根据市场的需求情况及本企业的生产能力情况而定，一般情况下，供大于求时进行返工有利；供小于求时，暂不返工有利。当然有时也可以选择部分返工，另一部分暂不返工等处理方法，这些情况的具体分析从略。

3. 质量检验分析

产品检验是一项花费巨大的工作。因此确定检验方式和检验数量对降低成本、保证产品质量具有重要意义。

如果产品在生产过程中和出厂前不做任何检验，可能会给顾客带来损失。这不仅影响企业的声誉，也会使企业因为顾客的索赔产生经济损失。反之，如果对产品进行全数检验，则检验的费用就会是一笔很大的开支，可能会比不合格品出厂带给企业更大的损失。采用何种方式使企业减少经济损失，这是一个重要的决策问题。

一般情况下，对质量保证能力很高的企业，可考虑全不检验的方式；但对质量保证能力较差的企业，进行严格的全数检验可能更有利。

进行以下简单分析：设 p 为企业某种产品长期的平均不合格品率，u 为单位产品的检验成本，c 为单位不合格品率的检验成本，k 为单位不合格品出现后带来的损失。

根据定义，再假设 u 和 k 不变，c 和 p 的关系如图9.9所示。

两条曲线有一交点，交点的横坐标值 $p^*=\frac{u}{k}$ 称为临界不合格品率。从图9.9中可以看出：当 $p<p^*$，$c>k$ 时，可以不进行任何检验；当 $p>p^*$，$c<k$ 时，应进行全数检验。

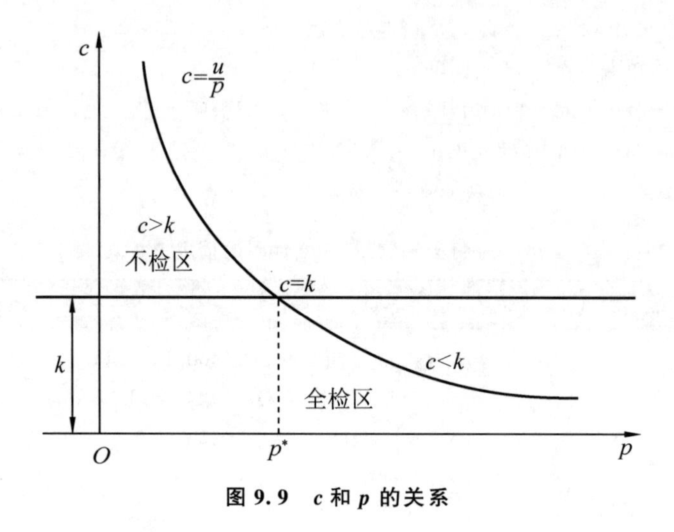

图 9.9 c 和 p 的关系

9.3.5 使用过程的质量经济分析

1. 网点设置分析

一般讲，每设置一个销售网点和技术服务网点，虽可提高服务质量，但企业必须支付一定的费用。网点的设置费用 C 与其设置网点数 n 成正比($C=nj$，j 为系数)，但是，网点数设置越多，企业的销售收入也越多。设销售收入 S 与网点数 n 之间关系为

$$S=a+f(n) \tag{9-6}$$

式中 a——不设网点时的销售收入。

网点的设置费用 C、销售收入 S 和网点数 n 的关系如图 9.10 所示。图中，S 与 C 的交点处($S=C$)表明企业的效益为零，所对应的横坐标 N 为最多设置的网点数。

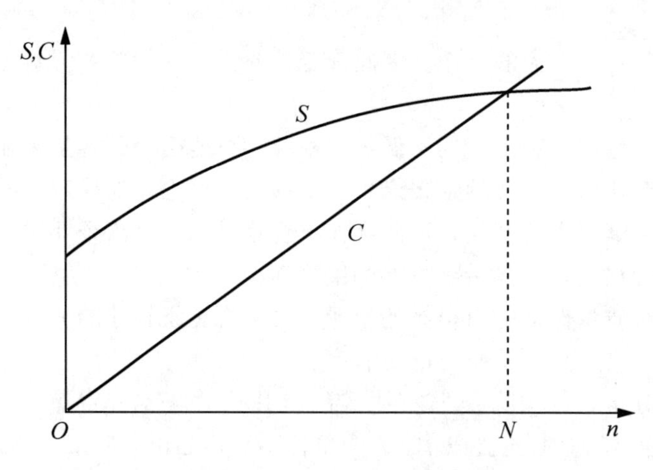

图 9.10 C、S 与 n 的关系

要使企业的效益 A 达到最大值，即

$$A=a+f(n)-nj$$

达到最大，可求 A 对 n 的导数，并令其为 0，即

$$\frac{dA}{dn}=\frac{d[a+f(n)-nj]}{dn}=0 \tag{9-7}$$

在得到 $f(n)$的具体表达式后，代入式(9-7)求解，就可得到最佳网点数。

2. 保修期分析

保修期是决定企业信誉的重要质量指标之一，它在很大程度上影响着产品的销售量。保修期越长，消费者购买起来越放心，企业的销售收入也越高，但企业却要为此支付更多的保修费用和承担更大的风险。因此，确定合理的保修期是十分重要的。

确定保修期长短的重要依据是产品的故障率和可靠性。

(1) 根据故障率确定保修期。一般情况下，产品的失效规律服从“浴盆曲线”，如图 9.11 中的虚线 a'所示。开始为早发故障期，故障率较高，随后下降到偶发故障期，故障率比较稳定，到衰耗期，故障率又逐步升高直至产品失效。维修费用也相应地呈现为“浴盆曲线”，形状如图 9.11 中的实线 a 所示。销售收入 S 与 a 相交于 A、B 两点，因此，A、B 两点之间所对应的时间区域是盈利区，也是产品的保修期。从图中可以看出，最大盈利点应在 C 点。因此，最佳保修期应确定在产品进入衰耗期的 C 点，或在 C 点稍前的时段上。

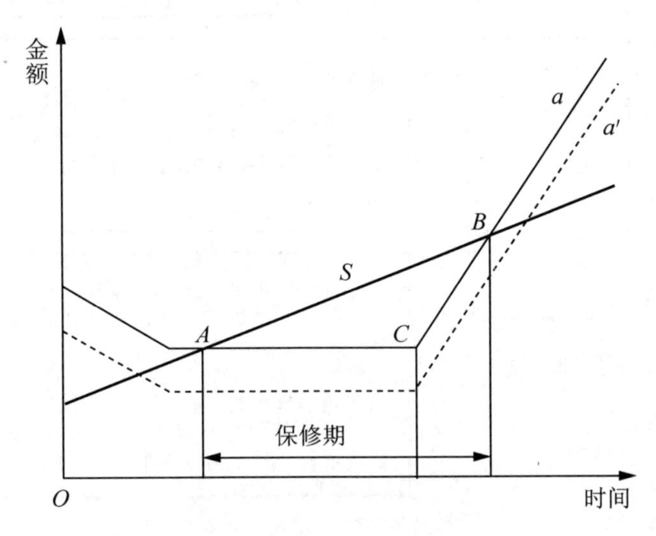

图 9.11 保修期的确定

(2) 根据可靠性确定保修期。对于可修复的产品，可靠性的主要指标之一是平均故障间隔时间，因此可以根据它来确定保修期。生产者当然希望在保修期内尽可能不出故障。因此可以根据式 (9-8) 确定保修期 (单位：年)。

$$保修期=\frac{平均故障间隔时间}{每年工作的小时数} \tag{9-8}$$

这样，在确定的保修期内，出现故障的次数是极少的。

质量经济分析的内容极其丰富，它几乎渗透到质量经营管理的各个环节和层面，这里阐述的只是其中一部分重要内容。同时，在质量成本管理过程中，还必须充分运用质量会计分析所取得的成果，指导具体的质量成本管理活动。

“提高经济效益的巨大潜力蕴藏在产品质量之中”，这句名言已经被世界许多企业的成功

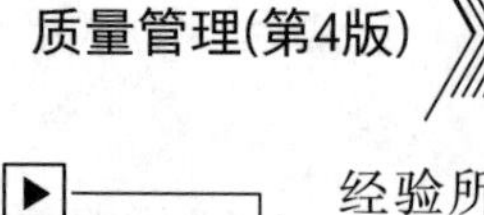

经验所证实。只有减少与质量有关的损失，企业效益才能得到充分体现和增加。要用经济的手段生产顾客所满意的产品，重视使用中的适宜性，同时满足企业的需要和利益。为此企业应把企业效益和社会效益统一起来，在整个质量活动中坚持质量与经济的统一。这就是质量经济分析的任务。

本章小结

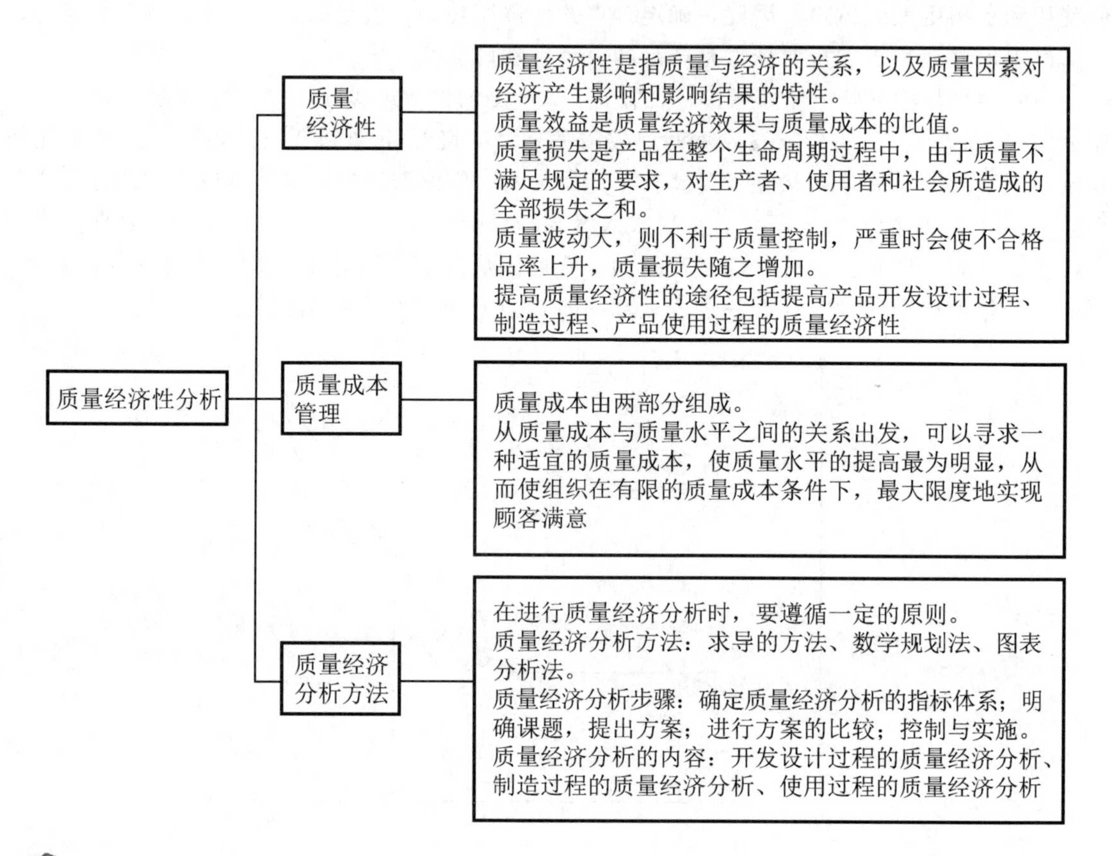

关键术语

质量成本
运行质量成本
预防成本
鉴定成本
内部损失成本
外部损失成本
成本预测
成本控制
成本计划

习　　题

1. 选择题

(1) 产品交货后，因产品不能满足规定的质量要求所造成的损失是(　　)。

A. 内部损失成本　　B. 外部损失成本

C. 预防成本　　D. 鉴定成本

(2) 产品在各道工序加工完毕和成品入库时的检验和试验费用称为(　　)。

A. 进货检验费用　　B. 工序检验费用

C. 工序和成品检验费用　　D. 工序控制费

(3) 质量成本是衡量企业质量管理活动和质量体系(　　)的依据。

A. 品质性　　B. 经济性

C. 时效性　　D. 有效性

(4) 据国外企业统计，质量成本一般占企业总销售额的(　　)。

A. 5%　　B. 10%　　C. 5%～10%　　D. 15%

(5) 顾客调查费用应计入(　　)。

A. 鉴定成本　　B. 预防成本

C. 内部损失成本　　D. 外部损失成本

(6) 下述费用中属预防成本的有(　　)。(多选题)

A. 质量审核费用　　B. 产品评审费

C. 工序检验费　　D. 工序控制费

E. 质量信息费

2. 判断题

(1) 产品质量与产品成本是矛盾的，产品质量好就意味着产品成本高。　(　　)

(2) 质量成本项目的设置必须全面、详细。　(　　)

(3) 质量成本的一切数据可以通过实际调查加以估计。　(　　)

(4) 可以用质量成本总额来比较各企业的质量管理工作的有效性。　(　　)

(5) 对质量成本指标的分析，有助于帮助企业寻求适宜的质量水平。　(　　)

(6) 质量成本就是为了提高产品质量所需要的费用。　(　　)

3. 简答题

(1) 质量成本与产品成本关系如何?

(2) 应如何理解最适宜的质量水平?

(3) 在分析质量成本时应注意什么问题?

4. 计算题

(1) 某产品共有8项质量特性指标，见表9-5。现要进行质量改进，试确定哪些需要改进，以及改进的顺序。

表 9-5　某产品质量特性指标　(单位：元)

质量特性	用户评价值	改进费用
A	12.60	13.40
B	22.90	12.00
C	26.40	2.10
D	17.20	1.50
E	15.60	6.50
F	21.20	8.10
G	15.30	48.90
H	24.80	3.50

(2) 设计一个电源装置，规定输出电压的目标值为 $m=220\text{V}$，当实际输出电压超过 $m\pm15\text{V}$ 这一范围时，电源则不能使用，将造成用户损失 3200 元，求损失函数 $L(y)$。

5. 思考题

(1) 从经济的角度来看，产品不合格品率是否越低越好？应如何确定不合格品率的大小？

(2) 如何理解质量的经济性？举例说明。

【实际操作训练】

1. 某产品的日产量 $L=500$ 件，不合格品率 $p=10\%$，每件产品的售价 $J=40$ 元，其成本构成是固定总成本 $F=4000$ 元，单位产品变动成本 $V=20$ 元，现对生产组织进行改进，使产量提高了 20%，不合格品率由原来的 10%提高到 13%，不合格品全部不能流入顾客手中(不合格品不许出厂)，试问不合格品率的增加，对企业的收益将产生什么影响，生产组织的改进是否可取？在产量提高的前提下，最高允许的不合格品率为多少？

2. 某企业实施质量成本管理，统计 2000 年年度质量成本费用，质量培训费 20 万元，生产前预评审费用 10 万元，供应商评价费 10 万元，外购材料检验费 20 万元，顾客投诉问题分析返工返修检验费 5 万元，鉴定费 20 万元，顾客满意度调查费 10 万元，返工返修的费用 50 万元，内部质量审核费 2 万元，内部纠正措施费 5 万元，退货损失 50 万元。

(1) 该企业鉴定成本是(　　)。

A. 40 万元　　B. 50 万元　　C. 62 万元　　D. 52 万元

(2) 该企业符合性成本为(　　)。

A. 72 万元　　B. 40 万元　　C. 92 万元　　D. 55 万元

(3) 该企业非符合性成本为(　　)。

A. 100 万元　　B. 130 万元　　C. 120 万元　　D. 110 万元

(4) 若要反映该企业的质量管理水平，可采用(　　)。

A. 非符合性成本　　B. 鉴定成本率

C. 质量成本与销售额的比例　　D. 符合性与非符合性成本的比例

大连三洋高效制冷系统有限公司的质量成本管理

大连三洋高效制冷系统有限公司（以下简称三洋制冷）是一家中日合资企业，从成立以来，以差异化战略为经营战略，取得了良好的业绩，迅速成长为行业的领先者。然而，在行业进入成熟期后，企业的增长势头受到抑制。2002年，为进一步提高企业的管理水平，企业开始引进丰田精益生产方式，特别是对现场中的库存、制造过多（早）、等待、搬运、加工等七种浪费的存在有了比较清醒的认识，并且在实际工作中努力加以消除。但是随着活动的深入，企业发现现场中的浪费许多是由相关的管理工作引起的，而且难以度量。这些浪费会造成多大损失？这些问题不得到有效的解决，将阻碍活动深入持久地进行。

三洋制冷早在1996年就在中央空调行业率先通过了ISO 9001质量管理体系认证，在质量管理上取得了非常好的成绩。但是，一些质量损失仍然难以度量，比较难以从财务核算的角度上对质量体系的有效性进行测量，而在企业的日常管理活动中存在许多无效的管理，其所造成的损失是难以测量的，因此常常作为正常的管理成本而被忽略，使企业的经营管理难以得到持续改进。为此，需要一种新的工具来发现这些质量成本和浪费，在经过反复比较后，三洋制冷选择了质量成本法来解决这一问题。

三洋制冷为了搞好质量成本工作，成立了以副总经理为组长的推进机构，各部门主管和推进人作为组员，成为工作推动的主力军。在对全体员工进行培训后，在财务部和品质部的推动下，以内部和外部损失成本为突破口，进行了许多的工作改善，推动质量成本工作的有序进行，取得了比较突出的成绩。

以生产现场中发生的质量问题为例：根据公司ISO 9001质量管理体系的要求，当出现质量问题时，由员工填写“工序质量反馈单”，经部长确认后，由品质人员给出处理意见。当员工按处理意见完成后，还需要填写“纠正预防措施表”，由品质人员确认。当确认为报废时，还需要填写“废品报告单”，通知财务部和库房后，才能重新下料。在整个过程中，质量问题所造成的工时等损失，并没有单独核算，而是计入正常工时中。因此，按照这种方法，虽然质量体系得以维持运行，但是质量成本无法计算，更谈不上有的放矢地进行改善了。

在实施质量成本法后，品质部把上述表格合并为“工序质量反馈处理单”一张表格，并重新规划流程。

首先，由制造人员填写“质量问题”以上的栏目，经部长确认后，交由品质人员填写“产生原因及解决措施”栏目，并进行质量责任判定，提出处理意见，交给责任部门及责任人签字，根据不同的处理意见，进行相应的流程处理。

(1) 处理意见为索赔时，生产人员直接持本单据财务联、仓库联到仓库重新换货，无需再开领料单。工时处理分两种情况。

① 如果没有进行生产，换料后生产按照正常生产填写工时。如果已进行生产，换料后按照返工的工时处理流程进行。

② 送回仓库的物品按索赔物品管理规定执行处理。

(2) 处理意见为返工、报废、改为他用时，由品质人员下达派工单号码，制造部根据派工单号码重新开具出库单，把派工单号码作为新的产品编号，到财务部签字后，到库房领料，并在重新生产或者返工作业完成后，由操作者填写处理记录，检查者填写检查结果，经品质人员确认后，到库房领料，并在重新生产或者返工作业完成后，由操作者填写处理记录，检查者填写检查结果，经品质人员确认后，由生产人员将本单据与生产工时记录单、停工工时记录单一同交给品质部。品质人员将本单据财务联及相关工时记录单等直接转给财务部，同时根据本单据做好日常台账，定期以O/A方式发送财务部。

其次，在实施一段时间比较成熟后，将业务流程程序化，把相关内容纳入ISO 9001质量管理体系中，对文件进行相应的修订。

独立的质量成本对于企业来说毫无意义。质量成本只有显示出特定领域方面的财务投入情况，并且明确成本改进的机会，才有其存在的价值。因此，财务部在对一段时间内发生的质量成本进行汇总统计后，由品质部组织相关部门共同进行分析，对损失金额较大的项目优先解决，拟订对策并推动实施，同时进行检查和考核。如此经过多次循环，使问题逐步得到有效解决，也使降低成本工作的困局得到突破。通过上述改善，不仅使丰田精益生产方式能够更加深入地进行下去，而且使 ISO 9001 质量管理体系更加完善。更重要的是，企业的降低成本工作得到贯彻实施，使企业在具有原来的差异化战略优势的同时，在成本上接近了主要竞争对手，为企业在竞争天平上投下了一颗重重的砝码，使企业获得了竞争优势。

资料来源：根据网络资料改编。

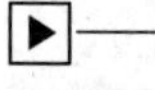

企业展示

分析与讨论：

（1）试述 ISO 9001 质量管理体系与质量成本的关系？

（2）三洋制冷如何利用质量成本法进行改善？

第10章

质量管理体系

本章教学要点

知识要点	掌握程度	相关知识
标准的分类	掌握	标准及标准化、标准化的性质、标准化的目的与作用
质量管理体系7项原则	重点掌握	ISO 9000族标准的理论基础、ISO 9001质量管理体系
标准化活动	了解	标准化活动原则

本章技能要点

技能要点	熟练程度	应用方向
标准的分类方法	掌握	标准化应用
ISO 9001质量管理体系	重点掌握	建立质量管理体系
过程方法	熟悉	体系建立与审核

追求卓越的质量经营

波司登，不仅仅是一个著名的服装品牌，更是梦想与奇迹的象征。1994年，波司登开始了品牌之路，并一直坚持把打造世界名牌作为目标。

1996年，波司登全面推行ISO 9001质量管理体系，明确了“国际标准管理、精益求精质量、满足用户需求、积极持续改进”的质量方针，坚定不移地走质量效益型道路。波司登先后通过中国环境标志产品认证、ISO 14001环境管理体系认证和ISO 9001质量管理体系认证，为波司登跻身世界一流品牌提供了有力的保证。2003年9月，波司登羽绒服、防寒服被认定为“出口免验商品”，成为羽绒服行业首家被认定为“出口免验商品”的企业。

1997年，为了纪念人类首次登上珠穆朗玛峰45周年，波司登随中国登山队一起登上了珠穆朗玛峰；1998年，波司登随中国北极科考队远征北极；1999年，波司登随中国科考船深入南极。波司登用卓越品质挑战极地高寒，成为唯一征服世界“三极”的服装品牌，创造了挑战极限的奇迹。

经过多年的努力后，2008年，波司登成功问鼎“全国质量奖”，成为国内同时获得“世界名牌”和“全国质量奖”的少数几家企业之一。

资料来源：高德康，2008. 追求卓越的质量经营[N]. 常熟日报，11-21 (B03).

中国加入世界贸易组织（WTO）以后，企业面临全新的市场竞争环境，如何进一步提高企业质量管理水平，从而在激烈的市场竞争中取胜，是摆在广大已获得ISO 9001质量管理体系认证的企业面前的现实问题。所以我国企业应进一步搞好标准化管理，不断与国际先进标准接轨，追求“卓越绩效标准”。“卓越绩效标准”是世界级成功企业公认的提升企业竞争力的有效方法，也是我国企业在新形势下经营管理的努力方向，反映了现代经营管理最先进的理念和方法，是世界级企业成功经验的总结。一个追求成功的企业，可以从管理体系的建立、运行中取得绩效，并持续改进其业绩，取得成功。

10.1 标准与标准化

标准化作为一门新的学科，登上人类舞台还是大机器工业生产发生后的事情，但它的发展历史却源远流长，可以追溯到几千年之前。恩格斯在《辩证法和自然科学》一文中提出：“学科的兴起与发展从开始便由生产所决定。”标准化也遵循这条客观规律，它也是为了适应社会生产的需要，为了使人们的经济技术活动遵循共同的准则，为了使复杂的管理工作系统化、规范化、简单化。这就是说标准化学科是在人类历史发展中客观形成的，是人类生产社会化的必然产物。

10.1.1 标准与标准化的定义

1. 定义

标准是指为取得全面的最佳效果，依据科学技术和实践经验的综合成果，在充分协商的基础上，对经济、技术和管理等活动中具有多样性、相关性特征的重复事物和概念，以特定的程序和形式颁发的统一规定。

标准化则是在经济、技术、科学及管理等社会实践活动中，对重复性事物或概念，通过制定、发布和实施标准，获得最佳秩序和效益的活动过程。

标准是标准化活动过程的成果，标准化是标准制定、实施、修订、再实施的活动过程。

知识要点提醒

国际标准化组织和其他国家对标准化给出了各种各样的定义，其中有代表性的定义有以下两个。

1. 桑德斯定义

桑德斯在《标准化的目的与原理》一书中把标准化定义为：标准化是为了所有有关方面的利益，特别是为了促进最佳的经济，并适当考虑产品的使用条件与安全要求，在所有有关方面的协作下，进行有秩序的特定活动，制定并实施各项规定的过程。标准化以科学技术与实践的综合成果为依据，它不仅奠定了当前的基础，而且决定了将来的发展，它始终与发展的步伐保持一致。

2. 国际标准定义

国际标准化组织与国际电工委员会在1991年联合发布的《标准化与相关活动的基本术语及其定义》(已废止)中，把标准化术语及其定义放在第一个。

标准化是对实际与潜在问题做出统一规定，供共同和重复使用，以在领导的领域内获取最佳秩序的效益活动。实际上，标准化活动由制定、发布和实施标准构成。标准化的重要意义在于改进产品、过程和服务的使用性，以便于技术协作，消除贸易壁垒。

2. 标准化活动

标准化是一个包括制定标准、实施标准等内容的活动过程，标准化的目的是获取秩序的效益，具体来说包括以下5个方面。

(1) 标准化不是一个孤立的事物，而是一项有组织的活动过程。标准化的主要活动就是制定标准，贯彻标准，进而修订标准，实施标准，如此反复循环，螺旋式上升，每完成一次循环，标准化水平就提高一步。标准化作为一门学科就是标准化学，它主要研究标准化活动过程中的原理、规律和方法。标准化作为一项工作，就是制定标准、组织实施标准和对标准的实施进行监督或检查，它要根据国民经济等客观环境条件的变化不断地促进标准化循环过程的正常进行，以促进国民经济的发展，提高社会文明程度和人们的生活水平。

(2) 标准是标准化活动的成果。标准化的效能和目的都要通过制定和实施标准来体现，所以，制定各类标准、组织实施标准和对标准的实施进行监督或检查构成了标准化的基本任务和主要活动内容。

(3) 标准化的效果，只有当标准在实践中得到共同与重复运用之后才能表现出来。标准化不是制定一个或一组标准就可以了事的，有再多、再好、水平再高的标准或标准体系，没有共同与重复运用，就没有效果。因此，在标准化的全部活动中，“化”，即实施标准是十分重要而不可忽视的环节，这一环节中断，标准化循环发展过程也就中止，更谈不上“化”了。

(4) 标准化的对象和领域随着时间的推移不断地扩展和深化。例如，过去只制定产品标准、技术标准，现在又要制定管理标准、工作标准；过去主要在工农业生产领域制定标准，现在也包括安全、卫生、环境保护、人口普查、行政管理领域；过去只对实际问题进行标准化，现在还要对潜在的问题实行标准化。这充分说明标准化正随着社会客观需要不断地发展和深化，并且有相对性。标准化的这种相对性，表现在标准化与非标准化的互相转化上，非标准事物中包含标准的因素，标准的事物中也应允许非标准的因素存在，使其适合社会多样化的需要。

(5) 标准化的目的和重要意义就在于改进活动过程和产品的使用性，提高活动质量、过程质量和产品质量，同时便于交流和协作，消除经济贸易壁垒。

3. 标准化活动的基本原则

标准化活动的原则揭示了标准化活动或标准化工作过程中一些最基本的客观规律，以作为标准化工作者在开展标准化工作时应遵循的规则。

现代标准化活动的基本原则主要有以下几个。

1) 预防原则

标准化的对象不仅要从依存主体的实际问题中选取，还应从潜在问题中选取，以避免该对象非标准化后造成的损失。

现代标准化不能如传统标准化那样，仅对已发生的多样化问题实行标准化(简化)，现代科学技术的高速发展，往往会使这样的简化付出相当大的代价。因此，对潜在问题实行超前标准化，才能有效地预防其多样化和复杂化，如对超导技术的标准化就是成功的范例。

2) 系统原则

标准化的对象应该优先考虑能使其所依存主体系统获得最佳效益的问题。系统原则要求如下。

(1) 标准化对象应在能获取效益的问题(或项目)中确定，没有标准化效益的问题(或项目)不必去实行标准化。

(2) 在能获取标准化效益的问题中，首先应考虑能获取最大效益的问题。

(3) 在考虑标准化效益时，不只考虑对象自身的局部标准化效益，还要考虑对象所依存的主体系统即全局的最佳效益。

3) 协商原则

标准化活动的成果应建立在相关各方协商一致的基础上。

标准化活动的成果(标准)要让大家接受，就必须让标准的相关各方充分协商一致，取得共识。这样既可以使标准制定得科学合理，具有广泛的基础，又可以为标准的顺利有效实施创造前提条件。

4) 统一原则

在一定范围、一定时期和一定条件下，应对标准化对象的特性和特征做出统一规定，以实现标准化的目的。统一原则是标准化的本质与核心，它使标准化对象的形式、功能及其他技术特征具有一致性。

统一原则给人们的启示如下。

(1) 等效是统一的前提条件，即统一后的标准需与被统一的对象具有功能上的等效性。

(2) 统一要先进、科学、合理，也就是要有度。具体地说：统一是有一定范围或层级的，由此确定标准适宜制定为国家标准还是企业标准；统一是在一定水平上的，由此确定标准的先进性即技术指标的高低；统一又是有一定量度的，为此，有的标准要规定统一的量值，如全国运行铁路的轨距要统一为1435毫米，有的要统一规定量值的上限(如食品中有害物质含量)、下限(如食品中营养成分含量)，更多的则是规定上下允差值(如某一机器零件的几何尺寸标准)。此外，统一还可以确保范围、水平或量值保持在一定的理想范围内，如服装的型号尺寸可满足大多数人的着装需要。

5) 动变原则

标准应依据其所处环境的变化按规定的程序适时修订，才能保证标准的先进性和适用性。标准是一定时期内依存主体系统技术或管理水平的反映，随着标准使用环境的变化，必须适时修订标准。

动变原则应注意的问题如下。

(1) 标准不应该是永恒不变的，应该随着依存主体系统的发展变化而及时进行修订，以适应其发展需要，否则就会滞后而丧失其生命力。

(2) 标准的修订是有规定程序的，要按规定的时间、规定的程序进行修订和批准，如果朝令夕改，任意变动，那就势必会造成混乱。

6) 兼容原则

标准应尽可能使不同的产品、过程或服务实现互换和兼容，以扩大标准化效益。

互换性是指一种产品、过程或服务能代替另一种产品、过程或服务，它一般包括功能互换性和尺寸互换性。

兼容性是指不同产品、过程或服务在规定条件下一起使用，能满足有关要求而不会引起不可接受的干扰的适宜性。

7) 阶梯原则

标准化活动过程是阶梯状的上升发展过程。

标准化活动过程即标准的制定、实施(相对稳定一个时期)、修订(提高)、再实施(相对稳定)、再修订(提高)，是呈阶梯状的发展过程。每次修订标准就把标准水平提高一步，就像走楼梯一样，一阶一阶地登高。它形象地反映了标准必须伴随其依存主体系统技术或管理水平的提高而提高，至于阶梯的幅度即标准的实施时间(又称为标龄)，一般应视依存主体系统的技术或管理发展要求及标准的层级等具体情况而定。目前，国际标准和国家标准的标龄一般为 5 年，企业标准一般为 1～3 年。

8) 滞废原则

当标准因滞后制约或阻碍依存主体系统的发展时，应立即更改、修订或废止。

任何标准都有二重性，它既可促进依存主体系统的顺利发展而获取标准化效益，也可制约或阻碍依存主体系统的发展，而带来负效应，因此对标准要定时复审，确认其是否适用，如不适用，则应根据其制约或阻碍依存主体系统的程度、范围等情况决定是否废止。

(1) 更改，即改动，增加或删除标准文件中那些不适用部分的内容条文，一般以发布标准更改通知单形式表述。

(2) 修订，即对标准文件的不适用内容进行较大规模的修改，一般要重新批准发布，更新发布年份。

(3) 废止，即公布标准文件作废，停止实施，一般是指标准依存主体系统已发生根本变化，原标准已无效用或已有新标准代替的情况。

泰勒的标准化作业

19 世纪 80 年代，美国工程师泰勒进行了搬运铁块、铲铁砂和煤块、金属切削 3 项试验，把工人的作业过程分解成若干基本部分，选择最佳的操作方法和劳动工具；确定标准化的作业过程，标准的动作和标准的定额时间；建立保证最高劳动生产率的标准体系。这标志着工业生产由零部件标准化发展到操作工艺过程标准化，从技术标准化扩展到管理标准化。这种以标准化为核心的管理方法开拓了科学管理的新天地，泰勒也由此被称为“科学管理之父”。

资料来源：陈国华，陈斌，2001. 新编质量管理[M]. 南昌：江西高校出版社 .

10.1.2 标准的分类

标准化工作是一项复杂的系统工程，为适应不同的要求，各种各样的标准构成了一个庞大而复杂的系统，为便于研究和应用，人们从不同的角度和属性对标准进行分类。依照《中华人民共和国标准化法》的规定，有以下几种分类方法。

1. 根据适用范围分类

根据《中华人民共和国标准化法》的规定，我国标准分为国家标准、行业标准、地方标准和企业标准4类。这4类标准主要是适用范围不同，不代表标准技术水平的高低。

1）国家标准

（1）强制性标准。强制性标准范围主要是保障人体健康、人身财产安全的标准和法律，行政法规规定强制执行的标准。对不符合强制性标准的产品禁止生产、销售和进口。根据《中华人民共和国标准化法》的规定，企业和有关部门对涉及其经营、生产、服务、管理有关的强制性标准都必须严格执行，不得擅自更改或降低标准。

强制性标准是国家技术法规的重要组成部分，它符合《技术性贸易壁垒协议》关于“技术法规”的定义。为使我国强制性标准与其衔接，强制性标准范围要严格限制在保护国家安全、防止欺诈行为、保护人身健康与安全、保护动物和植物的生命和健康以及保护环境5个方面。

国家强制性标准图例

国家标准的代号由汉字拼音大写字母构成，国家强制性标准代号为GB，国家强制性标准的编号由国家强制性标准代号、标准发布顺序号和标准发布年代号(4位数)组成，示例图如图10.1所示。

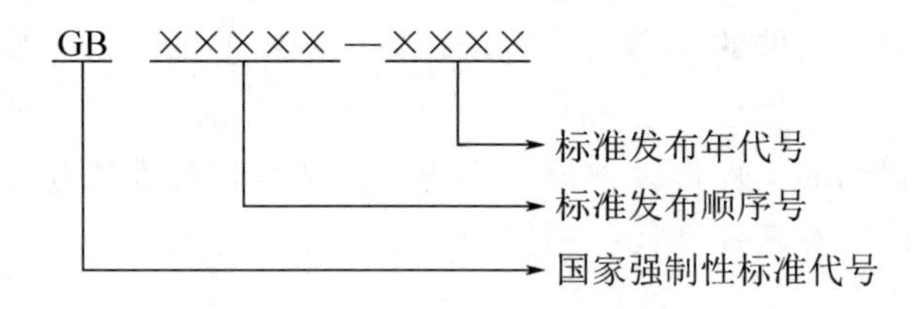

图10.1 国家强制性标准编号示例图

（2）推荐性标准。推荐性标准是指导性标准，基本上与《技术性贸易壁垒协议》对标准的定义接轨，即“由公认机构批准的，非强制性的，为了通用或反复使用，而为产品或相关生产方法提供规则、指南或特性的文件。标准也可以包括或专门规定用于产品、加工或生产方法的术语、符号、包装标准或标签要求”。推荐性标准是自愿性文件。

推荐性标准是协调一致文件，不受政府和社会团体的利益干预，能更科学地规定特性或指导生产。《中华人民共和国标准化法》鼓励企业积极采用推荐性标准，为了防止企业利用标准欺诈消费者，要求采用低于推荐性标准的企业标准组织生产的企业向消费者明示其产品标准水平。

国家推荐性标准图例

国家推荐性标准代号为 GB/T。其编号示例图如图 10.2 所示。

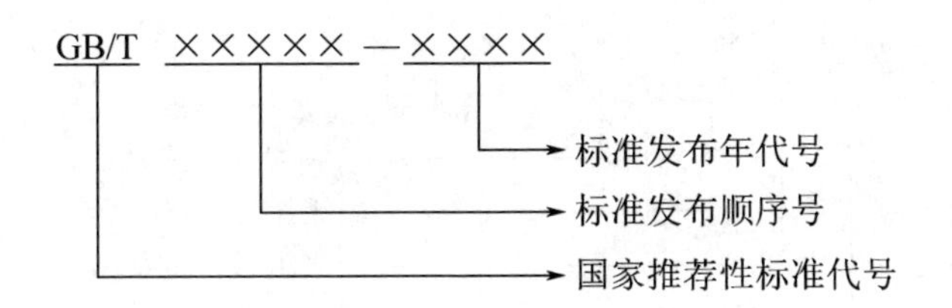

图 10.2　国家推荐性标准编号示例图

(3) 标准化指导性技术文件。标准化指导性技术文件是为仍处于技术发展过程中(变化快的技术领域)的标准化工作提供指南或信息，供科研、设计、生产、使用和管理等有关人员参考使用而制定的标准文件。符合下列情况可判定为标准化指导性技术文件。

① 技术尚在发展中，需要有相应的标准文件引导其发展，或者具有标准价值，但尚不能制定为标准的。

② 采用国际标准化组织、国际电工委员会及其他国际组织的技术报告。

我国由国家标准化管理委员会统一负责标准化指导性技术文件的管理工作，并负责编制计划、组织草拟、统一审批、编号、发布。

知识要点提醒

国家标准化指导性技术文件图例

国家标准化指导性技术文件代号为 GB/Z。其编号示例图如图 10.3 所示。

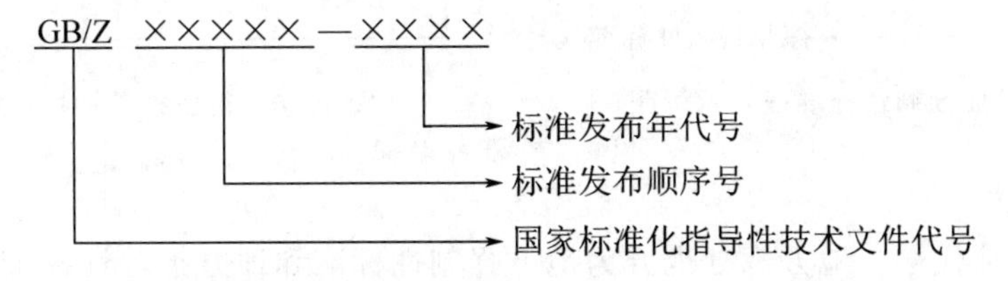

图 10.3　国家标准化指导性技术文件编号示例图

(4) 国家实物标准。国家实物标准(样品)由国家标准化管理委员会统一编号，编号方法为国家实物标准代号加中国标准分类法(CCS) 的一级类目、二级类目的代号及二级类目范围内的顺序号、4 位数年代号。

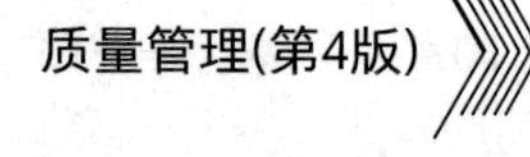

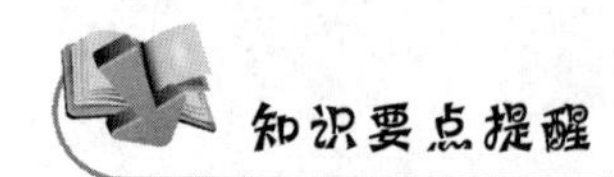

国家实物标准图例

国家实物标准代号为GSB。其编号示例图如图10.4所示。

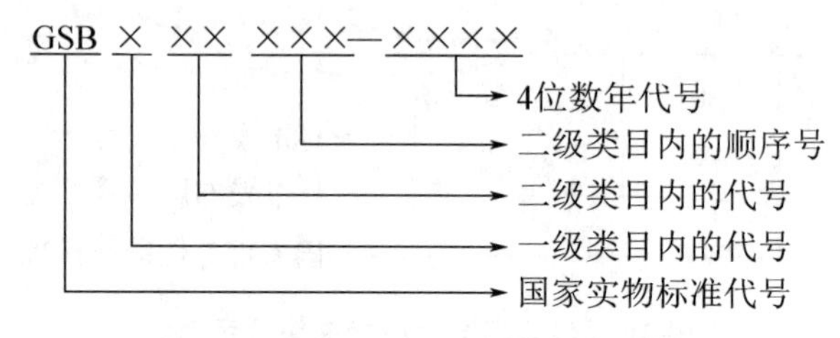

图10.4　国家实物标准编号示例图

2）行业标准

(1) 行业标准代号。行业标准可分为行业强制性标准和行业推荐性标准。行业标准代号由汉字拼音大写字母组成，由国务院各有关行政主管部门提出其管理的行业标准范围的申请报告，再由国家标准化管理委员会审查确定并正式公布。

(2) 行业标准编号。行业标准编号由行业标准代号、标准发布顺序号及标准发布年代号(4位数)组成。

行业标准图例

行业强制性标准编号与行业推荐性标准编号示例图如图10.5和图10.6所示。

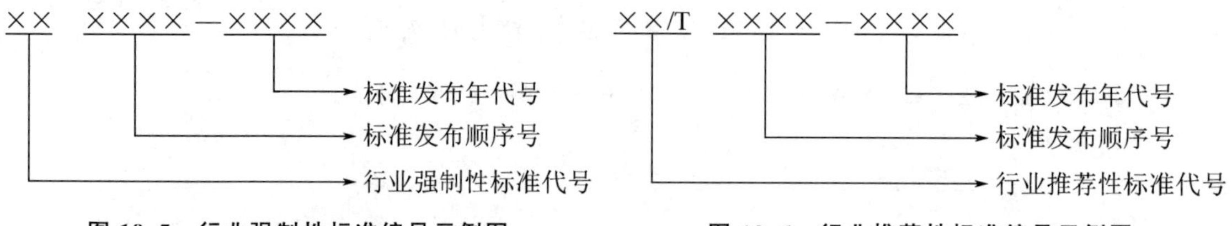

图10.5　行业强制性标准编号示例图

图10.6　行业推荐性标准编号示例图

3）地方标准

(1) 地方标准代号。地方标准也分为地方强制性标准和地方推荐性标准。由汉字“地方标准”大写拼音字母DB加上省、自治区、直辖市行政区划代码的前两位数字，再加上斜线组成地方推荐性标准；不加斜线为地方强制性标准。

(2) 地方标准的编号。地方标准的编号由地方标准代号、标准发布顺序号、标准发布年代号(4位数)组成。

地方标准图例

地方强制性标准编号与地方推荐性标准编号示例图如图 10.7 和图 10.8 所示。

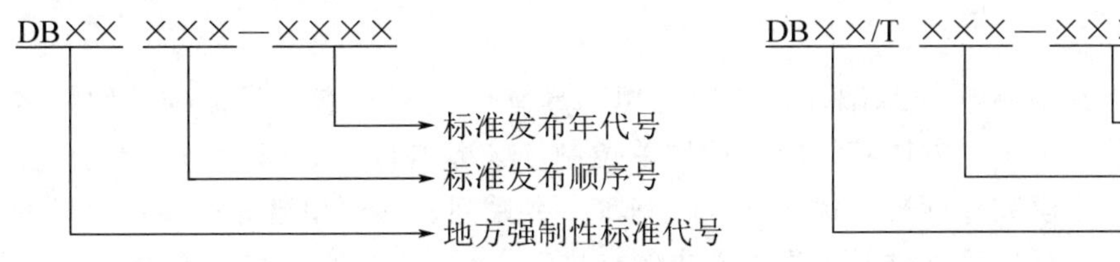

图 10.7　地方强制性标准编号示例图

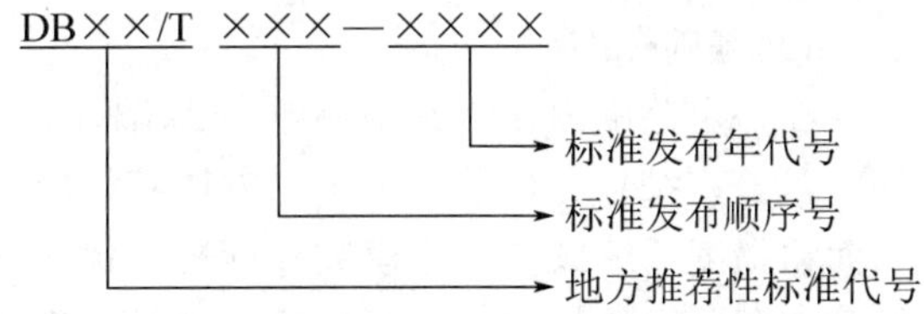

图 10.8　地方推荐性标准编号示例图

4）企业标准

(1) 企业标准代号。企业标准代号由汉字“企”大写拼音字母 Q 加斜线再加企业代号组成，企业代号可用大写拼音字母或阿拉伯数字或两者兼用表示。

企业代号按中央所属企业和地方企业分别由国务院有关行政主管部门或省、自治区、直辖市政府标准化行政主管部门或同级有关行政主管部门加以规定。

企业标准一经制定颁布，即对整个企业具有约束性，是企业法规性文件，没有强制性企业标准和推荐性企业标准之分。

(2) 企业标准编号。企业标准编号由企业标准代号、标准发布顺序号和标准发布年代号(4 位数)组成。

知识要点提醒

企业标准图例

企业标准编号示例图如图 10.9 所示。

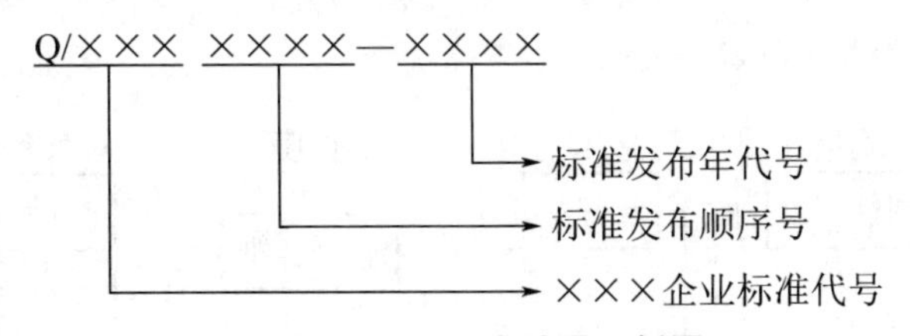

图 10.9　企业标准编号示例图

2. 根据标准的性质分类

1）技术标准

针对标准化领域中需要协调统一的技术事项制定的标准。技术标准是一个大类，可进一步分为产品标准、基础标准、方法标准、安全标准、卫生标准、环保标准等。

2）管理标准

针对标准化领域中需要协调统一的管理事项制定的标准，主要规定生产活动和社会生活中的组织结构、职责权限、过程方法、程序文件及资源分配等事宜。

3）工作标准

针对标准化领域中需要协调统一的工作事项制定的标准。工作标准是针对具体岗位规定人员和组织在生产经营管理活动中的职责、权限，对各种过程的定性要求，以及活动程序和考核评价要求。

3. 根据标准化的对象和作用分类

1）基础标准

在一定范围内作为其他标准的基础，并普遍通用、具有广泛指导意义的标准。例如名词、术语、符号、代号、标志、方法等标准；计量单位制、公差与配合、形状与位置公差、表面粗糙度、螺纹及齿轮模数等标准；优先系数、基本参数系列、系列型谱等标准；图形符号和工程制图等标准；产品环境条件及可靠性要求等标准。

2）产品标准

为保证产品的适用性，针对产品必须达到的某些或全部特性要求制定的标准，包括品种、规格、技术要求、试验方法、检验规则、包装、标志、运输和贮存要求等。

3）方法标准

以试验、检查、分析、抽样、统计、计算、测定、作业等各种方法为对象而制定的标准。

4）安全标准

以保护人和物的安全为目的而制定的标准。

5）卫生标准

为保护人的健康，针对食品、医药及其他方面的卫生要求制定的标准。

6）环保标准

为保护环境和生态平衡，针对大气、水体、土壤、噪声、振动、电磁波等环境质量、污染管理、监测方法及其他事项制定的标准。

根据已学过的标准分类，描述不同分类法的组合关系。

不同分类法组合关系图如图10.10所示。

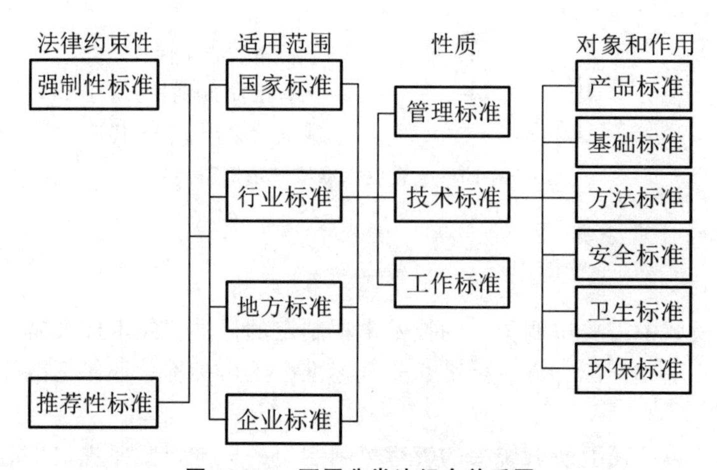

图10.10 不同分类法组合关系图

10.2 ISO 9000 族标准概述

随着质量管理和质量保证的发展，特别是随着国际贸易的不断扩大和国际认证工作的发展，各国的质量管理和质量保证存在较大的差异，并需要在认识上制定一系列统一的准则。为了解决这一问题，国标标准化组织(ISO)从 1987 年起制定并发布了一套质量管理和质量保证标准。

10.2.1 ISO 9000 族标准产生背景

1. 企业生存和发展的需要是产生 ISO 9000 族标准的主要原因

企业的生存和发展主要依赖于企业的产品质量，企业为了获得质量上的信誉，占领市场，获取最佳的经济效益，就必须一方面加强内部的质量管理，建立有效的质量体系，并对影响质量的各个方面实行有效的控制，以满足消费者对产品质量的要求；另一方面，必须重视加强外部质量保证。20 世纪 80 年代以来，这类质量活动已形成一种世界性的趋势，许多国家纷纷编制和发布了质量管理标准，这为国际标准化组织制定 ISO 9000 族标准奠定了基础。

2. 科学技术进步和社会生产力的提高是产生 ISO 9000 族标准的主要技术基础

科学技术的进步和社会生产力的提高，促使企业产品的功能不断齐全，技术结构越来越复杂，形式越来越多，因而仅对产品按技术标准进行验证显然不够，必须在产品质量形成过程中加强管理并实施监督，要求生产方建立相应的质量体系，提供能充分说明质量符合要求的客观证据。企业为了减少质量问题的发生，也为了在追究责任时，能够提出足够的证据为自己辩护，就必须开展质量保证活动，加强质量管理，并且向权威机构申请对其质量管理体系进行认证。这就为 ISO 9000 族标准的产生形成了客观条件。

3. 质量保证工作的成功经验为 ISO 9000 族标准奠定了坚实的基础

以美国为代表的西方发达国家在质量保证方面做了许多工作，特别是第二次世界大战后，军事工业开展质量保证的成功经验很快被运用到民用质量保证中。所有这些质量保证工作的成功经验，都为 ISO 9000 族标准的产生奠定了坚实的基础。

4. 世界各国的质量政策为 ISO 9000 族标准的产生提供了条件

世界各国在自己的发展战略中，都非常重视质量政策的制定，尤其是经济发达国家都意识到提高产品质量在增强国力、改善其在国际经济体系中的地位的重要性。美国、英国、法国、加拿大、瑞士、新加坡、澳大利亚等国政府均先后颁布了质量管理和质量保证活动的政策。

5. 世界贸易发展的需要是产生 ISO 9000 族标准的客观要求

经济的全球化促进了世界贸易发展，同时也加剧了国际市场竞争。20 世纪 70 年代以来，非价格竞争已成为国际贸易竞争的主要方式，非价格竞争主要是通过改变商品的质量性能和包装、更新花色品种和款式、准时交货、优良的售后服务等方式，扩大商品的销路。在这种情况下，世界范围内崛起了以质量保证评价为核心的贸易交流活动，促进了质量管理和质量保证标准的产生。

拓展阅读

10.2.2 ISO 9000族标准的构成与特点

1. ISO 9000族标准的构成

ISO于1986年6月正式颁布了ISO 8402：1986《质量——术语》标准(已废止)。该标准统一了质量术语。

1987年3月，ISO正式颁布了ISO 9000：1987系列标准，它们包括以下几个。

(1) ISO 9000：1987《质量管理和质量保证标准——选择和使用指南》(已废止)。

(2) ISO 9001：1987《质量体系——设计/开发、生产、包装、服务的质量保证模式》(已废止)。

(3) ISO 9002：1987《质量体系——生产和包装的质量保证模式》(已废止)。

(4) ISO 9003：1987《质量体系——最终检验和试验的质量保证模式》(已废止)。

(5) ISO 9004：1987《质量管理和质量体系要素——指南》(已废止)。

1994年ISO对该系列标准进行了修订，并提出了“ISO 9000族”的概念。为了适应不同行业、不同产品的需要，1994版的ISO 9000族标准已有27项标准和文件，它分成术语标准、两类标准的使用或实施指南、质量保证标准、质量管理标准和支持性技术标准5类。

1994版ISO 9000族标准中的核心标准如下。

(1) ISO 8402：1994《质量管理和质量保证——术语》(已废止)。

(2) ISO 9000-1：1994《质量管理和质量保证标准——第1部分：选择和使用指南》(已废止)。

(3) ISO 9001：1994《质量体系——设计、开发、生产、安装和服务的质量保证模式》(已废止)。

(4) ISO 9002：1994《质量体系——生产、安装和服务的质量保证模式》(已废止)。

(5) ISO 9003：1994《质量体系——最终检验和试验的质量保证模式》(已废止)。

(6) ISO 9004-1：1994《质量管理和质量体系要素——第1部分：指南》(已废止)。

2000年起，国际标准化组织颁布了ISO 9000：2000族标准，它们的核心标准如下。

(1) ISO 9000：2000《质量管理体系　基础和术语》(已废止)，表述质量管理体系基础知识，并规定质量管理体系术语。

(2) ISO 9001：2000《质量管理体系　要求》(已废止)，规定质量管理体系要求，用于证实组织具有提供满足顾客要求和适用法规要求的产品的能力，目的在于提高顾客满意度。

(3) ISO 9004：2000《质量管理体系　业绩改进指南》(已废止)，提供考虑质量管理体系的有效性和效率两方面的指南，目的是促进组织业绩改进和使顾客及其他相关方满意。

(4) ISO 19011：2002《质量和(或)环境管理体系审核指南》(已废止)，提供审核质量和环境管理体系的指南。

2005年起，ISO 9000：2005族标准正式发布，从而取代ISO 9000：2000族标准，ISO 9000：2005族中的核心标准如下。

（1）ISO 9000：2005《质量管理体系　基础和术语》（已废止）。该标准的发布是为了加强对各种标准应用关键词解释的统一。该标准以2000年版本为基础，包括了附加关键词及详尽的解释，如技术专家、要求、缔约能力、合同、审核员、审核小组、审核计划及审核范围等。

（2）ISO 9001：2008《质量管理体系　要求》（已废止）。该标准规定了要使运营符合标准并获得认证需要达到的条件。整体来说，该标准与2000年版本相比变动很少：目的、范围皆未做变动，变更主要是对易发生或易产生误解部分做进一步澄清或增加批注的进一步说明。

（3）ISO 9004：2009《追求组织的持续成功　质量管理方法》（已废止）。该标准阐明了绩效改进指导方针，这些指导方针建立在8项质量管理原则的基础上，旨在供高级管理层作为一种框架使用，该框架能让他们考虑所有利益相关方(而不仅仅是客户)的需求，从而引导组织改善绩效。

（4）ISO 19011：2002《质量和(或)环境管理体系审核指南》（已废止）。该标准为审核方案的管理、内部或外部质量和(或)环境管理体系审核的实施以及审核员的能力和评价提供了指南。组织应通过掌握该标准、制定实施审核方案，管理、提高内部审核的有效性。

2015年，ISO 9000：2015族标准正式发布，从而取代ISO 9000：2005族标准，ISO 9000：2015族中的核心标准如下。

（1）ISO 9000：2015《质量管理体系　基础和术语》。该标准的发布同样是为了加强对各种标准应用关键词解释的统一。

（2）ISO 9001：2015《质量管理体系　要求》，规定了要使运营符合标准并获得认证需要达到的条件。整体来说，该标准与2008年版本相比变动较大。

2. ISO 9000族标准的特点

ISO 9000族标准是一系列系统性的标准，涉及的范围、内容广泛，且强调对各部门的职责权限进行明确划分、计划和协调，使企业能有效地、有秩序地开展各项活动，保证工作顺利进行，其特点如下。

（1）适用性。结构与内容更好地适用于所有产品类别、组织。

（2）灵活性。可以根据自身特点做出不同选择。

（3）原则性。提出质量管理体系7项原则。

10.2.3　ISO 9000族标准与全面质量管理的关系

全面质量管理与ISO 9000族标准的理论和指导原则基本一致，方法可相互兼容。因此用一者替代另一者或互相排斥都是不对的。一方面，推行ISO 9000族标准可以促进全面质量管理的发展并使之规范化，此外在质量体系认证方面还可以与国际有关组织取得互认或多边认可；另一方面，ISO 9000族标准也可以从全面质量管理中吸取先进的管理思想和技术，不断完善ISO 9000族标准。

现将全面质量管理与ISO 9000族标准进行具体比较。

（1）理论基础一致。全面质量管理与ISO 9000族标准都认为产品质量形成于产品生产的全过程，而质量体系贯穿于产品质量形成的全过程。完善的质量体系是在考虑风险、成本和利益的基础上使质量最佳化，并对质量加以控制的重要手段。

(2) 强调领导的作用。全面质量管理强调必须从领导开始，ISO 9000 族标准首先规定了组织管理者的职责，都要求企业领导必须亲自组织实施。

(3) 明确质量管理是有组织的系统的活动。全面质量管理要求人、机、料、法、测量、环境形成一个有机整体；ISO 9000 族标准要求质量体系由组织结构、职责、程序过程和资源构成，是为了实施质量管理所进行的有组织的系统活动。

(4) 强调控制。全面质量管理与 ISO 9000 族标准都要求影响质量的全部因素均处于受控状态。

(5) 全员参加。全面质量管理与 ISO 9000 族标准都要求质量管理要全员参加，被全体员工所理解，并进行全员培训。

(6) 使用现代科学技术。全面质量管理与 ISO 9000 族标准都使用统计技术和现代管理技术。

(7) 重视评审。全面质量管理重视考核与评价，ISO 9000 族标准重视质量体系的审核、评审。

(8) 质量改进。全面质量管理与 ISO 9000 族标准都强调任何一个过程都是可以不断改进和完善的，可以通过不断改进产品质量和过程质量，满足用户和市场的要求。

ISO 9000 族标准与全面质量管理的不同点是什么？

(1) 全面质量管理强调广义质量，ISO 9000 族标准强调的是仅与产品有关的质量。

(2) 全面质量管理是以人为中心的质量管理，ISO 9000 族标准是以标准为基础的质量管理。

(3) 全面质量管理追求超过用户期望，ISO 9000 族标准要求符合标准。

(4) 全面质量管理重在信誉，ISO 9000 族标准重在证据。

(5) 全面质量管理强调经营哲理，ISO 9000 族标准是固定的管理质量的管理体系模式。

(6) 全面质量管理注重激励创造性，ISO 9000 族标准要求遵守程序文件。

10.2.4 我国采用 ISO 9000 族标准概况

(1) ISO 9000：2015《质量管理体系　基础和术语》。

我国等同转化了 ISO 9000：2015 标准，于 2016 年发布了 GB/T 19000—2016《质量管理体系　基础和术语》。

(2) ISO 9001：2015《质量管理体系　要求》。

我国等同转化了 ISO 9001：2015 标准，于 2016 年发布了 GB/T 19001—2016《质量管理体系　要求》，2017 年 7 月 1 日实施，规定了要使运营符合标准并获得认证需要达到的条件。

(3) ISO 9004：2009《追求组织的持续成功　质量管理方法》。

我国等同转化了 ISO 9004：2009 标准，2011 年发布了 GB/T 19004—2011《追求组织的持续成功　质量管理方法》(已废止)。

(4) ISO 19011：2011《管理体系审核指南》(已废止)。

我国等同转化了 ISO 19011：2011 标准，2013 年发布了 GB/T 19011—2013《管理体系审核指南》(已废止)。

为什么ISO 9000族标准能有效地完善质量管理？

第一，ISO 9000族标准适应了组织完善质量管理的需要。任何产品或服务都是通过规范或技术标准来体现顾客需要的，但是如果提供和支持生产的组织管理体系不完善，就不可能始终如一地生产出满足顾客要求的产品。

第二，ISO 9000族标准体现了预防为主的指导思想。在ISO 9000族标准的基本概念中，特别强调了过程控制，即ISO 9000族标准是建立在“所有工作都是通过过程来完成的”这样一种认识基础上的。换句话说，所有产品(服务)质量也都是在产品形成过程中形成的，要控制产品质量必须控制过程，控制过程体现了预防为主这样一种先进的质量管理思想。

第三，采用ISO 9000族标准，可以使质量管理规范化、质量活动程序化，实施ISO 9000族标准就要建立文件化的质量管理体系。质量管理体系对各项活动的范围和目的、做什么、谁来做、何时做、何地做、如何做、采用什么设备和材料、如何对活动进行控制和记录等都做出详细的规定，做到工作有章可循，有章必循，违章必纠。

第四，实施ISO 9000族标准，建立自我完善机制。一个组织实施ISO 9000族标准，建立质量管理体系后，可以具有自我完善的功能。标准要求在建立质量体系后，要按要求不间断地进行内部质量审核和管理评审。这样就能对质量进行有效的控制，能对质量持续地实现改进。

资料来源：陈国华，陈斌，2001. 新编质量管理[M]. 南昌：江西高校出版社.

10.3 ISO 9000族标准的基础和术语

10.3.1 质量管理体系7项原则

质量管理体系7项原则是ISO在总结质量管理实践经验，并吸纳国际上一批质量管理专家意见的基础上，用高度概括、易于理解的语言所表达的质量管理的最基本、最通用的一般性规律。质量管理体系7项原则是质量管理的理论基础，是组织的领导者有效地实施质量管理工作必须遵循的原则。

1. *以顾客为关注焦点*

质量管理的主要关注点是满足顾客要求并且努力超越顾客期望。

(1) 辨识从组织获得价值的直接和间接的顾客。

(2) 理解顾客当前和未来的需求和期望。

(3) 将组织的目标与顾客的需求和期望联系起来。

(4) 在整个组织内沟通顾客的需求和期望。

(5) 对产品和服务进行策划、设计、开发、生产、交付和支持，以满足顾客的需求和期望。

(6) 调查顾客满意度并采取适当的措施。

(7) 针对有可能影响顾客满意度的有关相关方的需求和期望，确定并采取措施。

(8) 积极管理与顾客的关系，以实现持续成功。

组织依存于顾客。因此组织应当理解顾客当前和未来的需求，满足顾客要求并争取超越顾客期望。任何组织(工业、商业、服务业或行政组织)均提供满足顾客要求和期望的产品

(包括软件、硬件、流程性材料、服务或它们的组合)。如果没有顾客，组织将无法生存。因此，任何一个组织均应始终关注顾客，将理解和满足顾客的要求作为首要工作考虑，并以此安排所有的活动。顾客的要求是不断变化的，为了使顾客满意，以及创造竞争的优势，组织还应了解顾客未来的需求，并争取超越顾客的期望。

即学即用

根据“以顾客为关注焦点”原则，组织应采取的措施

以顾客为关注焦点可建立起对市场的快速反应机制，增强顾客的满意度和提高顾客的忠诚度，并为组织带来更大的效益。

1. 调查、识别并理解顾客的需求和期望

顾客的需求和期望主要集中在产品的特性方面，如产品的符合性、可信性、交付能力、产品实现后的服务、价格和寿命周期内的费用等。有些要求也表现在过程方面，如产品的工艺要求。组织应该辨别谁是目标顾客，并判断顾客的要求是什么。用组织的语言表达顾客的要求，了解掌握这些要求。例如，某公司拟在住宅区开设餐饮服务，就应首先了解顾客群，进行餐饮服务定位，确定饭店的规模。ISO 9000：2015《质量管理体系　基础和术语》对如何识别顾客与产品有关的要求等做了明确的规定。

2. 确保组织的目标与顾客的需求和期望相结合

最高管理者应针对顾客现在和未来的需求和期望，以实现顾客满意为目标，确保顾客的需求和期望确定、转化为要求并得到满足。ISO 9000：2015《质量管理体系　基础和术语》要求最高管理者建立质量目标时应考虑产品要求，而产品要求主要是顾客的要求，这些要求恰好反映了组织如何将其目标与顾客的需求和期望相结合。

3. 确保在整个组织内沟通顾客的需求和期望

组织的全部活动应以满足顾客的要求为目标，因此应加强内部沟通，确保组织内全体成员能够理解顾客的需求和期望，知道如何为实现这种需求和期望而运作。ISO 9000：2015《质量管理体系　基础和术语》要求质量方针和质量目标包括顾客要求，确保顾客要求在组织内得到沟通和理解，并进一步要求最高管理者建立沟通渠道，确保质量管理体系沟通的有效性。

4. 测量顾客的满意度并根据结果采取相应的活动或措施

顾客的满意度是指对某一事项满足其需求和期望的程度的意见。顾客满意度测量的目的是评价预期的目标是否达到，为进一步的改进提供依据。顾客满意度的测量或评价可以有多种方法。测量和评价的结果将给出需要实施的活动或进一步的改进措施。ISO 9000：2015《质量管理体系　基础和术语》明确要求要调查顾客满意度。组织可以借助数据分析提供所需的信息，进一步通过纠正措施和预防措施，达到持续改进的目的。

5. 系统地管理好与顾客的关系

组织与顾客的关系是以组织为顾客提供产品为纽带而产生的。与顾客保持良好的关系有助于提高顾客的忠诚度和满意度。系统地管理好与顾客的关系涉及许多方面。

2. 领导作用

各级领导建立统一的宗旨和方向，并且创造全员积极参与的环境，以实现组织的质量目标。统一的宗旨和方向的建立以及全员的积极参与，能够使组织将战略、方针、过程和资源保持一致，以实现其目标。

(1) 在整个组织内，就其战略、方针、过程和资源等进行沟通。

(2) 在组织的所有层级创建并保持共同的价值观，形成公平以及道德的行为模式。

（3）创建诚信和正直的文化。

（4）鼓励全组织对质量进行承诺。

（5）确保各级领导者成为组织人员中的楷模。

（6）为员工提供履行职责所需的资源、培训和权限。

（7）激发、鼓励和认可员工的贡献。

领导者确立组织统一的宗旨及方向，他们应当创造并保持使员工能充分参与实现组织目标的内部环境。组织的管理活动可分为制订质量方针和质量目标、规定职责、建立体系、实现策划、控制和改进等活动。质量方针、质量目标是组织宗旨的组成部分，即组织预期实现的目标。而产品实现及有关的活动形成了组织的运作方向。当运作方向与组织的宗旨一致时，组织才能实现其宗旨。组织领导者的作用体现在将组织的运作方向与组织宗旨统一，使其一致，并创造一个全体员工能充分参与实现组织目标的内部氛围和环境。

根据“领导作用”原则，组织应采取的措施

运用“领导作用”原则，组织可以采取下列措施，以确保员工理解和实现组织目标，以统一的方式来评估、协调和实施质量活动，促进各层次之间相互协调，从而将问题减至最少。

1. 考虑所有相关方的需求和期望

组织的成功取决于能否理解并满足现有及潜在顾客的当前和未来的需求和期望，以及能否理解和考虑其他相关方的当前及未来的需求和期望。组织的最高领导者应将其作为首要考虑的事项加以管理，使顾客和其他相关方的需求和期望在组织内得到沟通，为满足所有相关方的需求和期望奠定基础。

2. 为本组织的未来描绘清晰的愿景，确定富有挑战性的目标

组织需要建立未来发展的蓝图，确定远景规划。质量方针给出了这一蓝图。目标应具有可测性、挑战性、可实现性，为组织实现愿景、实现组织的方针提供基本保证。最高管理者应制定质量方针和质量目标，并在相关职能和层次上分解质量目标。同时应结合产品考虑，目标应在方针的框架下形成。方针和目标应通过管理评审予以评价。

3. 在组织的所有层次上建立价值共享、公平公正的管理文化

在组织中，人与人之间所建立的关系，很大程度上取决于组织的管理文化。管理文化是将一个组织的全体成员结合在一起的行为方式和标准，它代表了该组织的目标、信念、道德伦理和价值观，也反映了组织处理内部和外部事务的基本态度，因而管理文化直接影响管理活动的成效。组织的领导者可以通过管理文化在组织各层次上建立价值共享、公平公正的管理文化，重视人才，尊重每个人，树立职业道德观念，创造良好的人际关系，将员工活动的方向与组织的方针、目标统一。在组织的质量管理体系活动要求中，管理者做出承诺是必要的，管理文化的建立可由培训来实现。

4. 为员工提供所需的资源和培训，并赋予其职责范围内的自主权

领导者应充分调动员工的积极性，发挥员工的主观能动性。应规定组织的职责、权限，赋予员工职责范围内的自主权。通过培训提高员工的技能，为其工作提供合适的资源，创造适宜的工作条件和环境。评估员工的能力和业绩，采取激励机制，鼓励创新。

3. 全员参与

全员参与是提高组织创造能力和提供价值能力的必要条件。

（1）与员工沟通，以提升他们对个人贡献的重要性的理解。

(2) 推动整个组织内部的协作。

(3) 促进公开讨论，分享知识和经验。

(4) 授权人员确定绩效制约因素并大胆地采取积极主动措施。

(5) 认可和奖赏员工的贡献、学识。

(6) 能够对照个人目标进行绩效的自我评价。

(7) 进行调查以评估员工的满意度，并采取适当的措施。

各级员工都是组织之本，只有他们充分参与，才能使他们的才干为组织带来收益。人是管理活动的主体，也是管理活动的客体。人的积极性、主观能动性、创造性的充分发挥，人的素质的全面发展和提高，既是有效管理的基本前提，也是有效管理应达到的效果之一。组织的质量管理是通过组织内各职能、各层次员工参与产品实现过程及支持过程来实施的。过程的有效性取决于各级人员的意识、能力和主动精神。随着市场竞争的加剧，全员的主动参与更为重要。人人充分参与是组织良好运作的要求。而全员参与的核心是调动人的积极性，当每个人的才干得到充分发挥并能实现创新和持续改进时，组织才会获得最大收益。

即学即用

根据“全员参与”原则，组织应采取的措施

运用“全员参与”原则，组织应采取的主要措施如下。

1. 让每个员工了解自身贡献的重要性及其在组织中的角色

每个人都应清楚其本身的职责、权限和相互关系，了解其工作的目标、内容以及达到目标的要求、方法，理解其活动的结果对下一步工作以及整个目标的贡献和影响，以利于协调开展各项质量活动。在质量管理体系活动的要求中，管理者承诺和管理者代表均起着主要作用。职责和权限的规定可为这一活动提供条件。

2. 使每个员工以主人翁的责任感去解决各种问题

许多场合下，员工的思想和情绪是波动的，一旦做错了事，往往倾向于发牢骚、逃避责任，也往往找理由把责任推卸给别人。因此，管理者应当找出一种方法，把无论何时都有可能发生的此类借口消灭在萌芽中。更进一步，应在员工中提倡主人翁意识。让每个人在各自岗位上树立责任感，不是逃避，而是发挥个人的潜能。这种方法可以是规定员工的职责、权限和相互关系，也可以是在指示工作时把目标和要求讲清楚，还可用数据分析给出正确的工作方法，使员工能以主人翁的责任感正确处理和解决问题。

3. 使每个员工根据各自的目标评估其业绩状况

员工的业绩评价可以用自我评价或其他方法，使员工可以从自己的工作业绩中得到成就感，并意识到自己对整个组织的贡献，也可以从工作的不足中找到差距以求改进。因此，正确地评估员工的业绩可以提高员工的积极性。

4. 使员工积极地寻找机会增强他们自身的能力、知识和经验

在以过程为导向的组织活动中，应授予员工更多的自主权去思考、判断及行动，因而员工也必须有较强的思维判断能力。员工不仅应加强自身的技能，还应增强自身在不断变化的环境中判断、处理问题的能力，即还应增强其知识和经验。

4. 过程方法

只有将活动作为“相互关联的连贯系统运行的过程”来理解和管理，才能更加高效地得到一致的、可预知的结果。质量管理体系是由相互关联的过程组成的。理解体系是如何产生

结果的，能够使组织优化其体系。

（1）规定体系的目标和实现这些目标所需的过程。

（2）确定管理过程的职责、权限和义务。

（3）了解组织的能力，并在行动前确定资源的约束条件。

（4）确定过程相互依赖的关系，并分析每个过程的变更对整个体系的影响。

（5）将过程及其相互关系作为体系进行管理，以高效地实现组织的质量目标。

（6）确保获得运行和改进过程的信息，以及监视、分析和评价整个体系绩效所需的信息。

（7）管理能影响过程输出和质量管理体系整个结果的风险。

将活动和相关的资源作为过程进行管理，可以更高效地得到期望的结果。通过利用资源和实施管理，将输入转化为输出的一组活动，可以视为一个过程。一个过程的输出可直接形成下一个或几个过程的输入。为使组织有效运行，必须识别和管理众多相互关联的过程。系统地识别和管理组织所应用的过程，特别是这些过程之间的相互作用，可称为“过程方法”。采用过程方法的好处是，因为该方法基于每个过程考虑其具体的要求，所以资源的投入、管理的方式和要求、测量方式和改进活动都能互相有机地结合并做出恰当的考虑与安排，从而可以有效地使用资源、降低成本、缩短周期。而系统地识别和管理组织所应用的过程，特别是识别过程之间的相互作用，可以掌握组织内与产品实现有关的全部过程，清楚过程之间的内在关系及相互联结。通过控制活动能获得可预测、具有一致性的改进结果，特别是可使组织关注并掌握按优先次序改进的方法。

根据“过程方法”原则，组织应采取的措施

运用“过程方法”原则，组织应采取的措施主要如下。

1. 为了取得预期的结果，系统地识别所有的活动

活动决定输出结果。为了确保结果能满足预期的要求，必须有效地控制活动。因而识别活动，特别是系统性地识别所有相关的活动，可以使组织采取有效的方法对这些活动予以控制。

2. 明确管理活动的职责和权限

活动对输出结果起着重要作用，这些活动应在受控状态下进行。因此，必须确定如何管理这些活动。首先要确定实施活动的职责和权限，并予以管理。

3. 分析和测量关键活动的能力

掌握分析和测量关键活动的能力，将有助于了解相应的过程是否有能力完成所策划的结果。因此 ISO 9001：2015《质量管理体系　要求》要求组织采用适宜方法掌握分析和测量关键活动的能力。

4. 识别组织职能之间、职能内部活动的接口

通常，组织会针对实现过程的不同分过程(或阶段)，设置多个职能部门承担相应的工作。这些职能可能会在过程内，也可能涵盖一个或多个过程。在某种意义上讲，职能之间或职能内部活动的接口，可能就是过程间的接口。因此，识别这些活动的接口，会有助于过程顺利运行。在质量管理体系活动中，内部沟通为识别接口创造了条件。对设计和开发这类典型的活动，识别并管理参与设计的不同小组之间的接口，将使设计和开发的输出更符合顾客要求。

5. 注重能改进组织活动的各种因素，如资源、方法、材料等

当资源、方法、材料等因素不同时，组织的活动将会有不同的运行方式，因而输出的结果也不相同，或有差异。因此，组织应当注重并管理这些会影响或改进组织活动的诸多因素。为确保有能力生产或提供合格的产品，ISO 9001：2015《质量管理体系　要求》要求识别、确定组织运作所需的合适的资源，这些资源可能是人力资源、基础设施、工作环境等。为确保采购的材料符合要求，应对采购的全过程实施控制。在生产和服务提供的策划活动中，应注重管理与产品相关的信息、作业指导书。

5. 改进

成功的组织持续关注改进。改进对于组织保持当前的绩效水平，对其内、外部条件的变化做出反应并创造新机会都是极其重要的。

(1) 在组织的所有层级建立改进目标。

(2) 对各层级员工在如何应用基本工具和方法方面进行培训，以实现改进目标。

(3) 确保员工有能力成功地筹划和完成改进项目。

(4) 开发和展开过程，以在整个组织内实施改进项目。

(5) 跟踪、评价和审核改进项目的计划、实施、完成和结果。

(6) 将改进考虑因素融入新的或变更的产品、服务和过程开发之中。

(7) 认可和奖赏改进。

持续改进应当是组织的一个永恒目标。事物是在不断发展的，都会经历一个由不完善到完善，不断更新的过程。人们对过程结果的要求也在不断变化和提高，如对产品(包括服务)质量水平的要求。这种发展和要求都会促使组织变革或改进。因此，组织应建立一种适应机制，使组织能适应外界环境的这种变化要求，使组织增强适应能力并提高竞争力，从而改进组织的整体业绩，让所有的相关方都满意。这种机制就是持续改进。组织的存在决定了这种需求的存在，因此持续改进是一个永恒的目标。

根据“改进”原则，组织应采取的措施

运用“改进”原则，组织应采取的措施如下。

1. 在整个组织范围内使用一致的方法持续改进组织的业绩

在组织的质量管理体系活动中，通常采用的方法是：基于组织的质量方针、质量目标，通过内部审核和管理评审评价组织的质量管理体系，当然也可以通过数据分析方法，提供质量管理体系、过程、产品的各种有价值的信息，最终采取纠正措施、预防措施而达到持续改进的目的。在组织范围内理解并掌握这种改进方法，可以快捷有效地实施持续改进活动，取得预期的效果。

2. 为员工提供有关持续改进的方法和手段的培训

持续改进是一个制定改进目标、寻求改进机会、最终实现改进目标的循环过程。过程活动的实现必须采用合适的方法和手段。例如，质量管理体系审核、使用统计技术进行数据分析等。对于组织的员工来说，这些方法的真正掌握，通过相应的培训才能实现。

3. 将产品、过程和体系的持续改进作为组织内每位员工的目标

持续改进的最终目的是改进组织质量管理体系的有效性，改进过程的能力，最终提高产品质量。涉及产品、过程、体系等方面的持续改进是基本的要求，是每位员工在日常工作中都能涉及的。将这几方面的持续改进作为每位员工的目标是恰当的，也能达到真正实现持续改进的目的。在 ISO 9001：2015《质量管

理体系　要求》“产品实现”的要求中，每项活动均有对结果评审的要求，对发现的问题应采取措施，并予以实施，以消除原因，这种持续改进应当是每位员工都必须做的。

4. 建立目标

持续改进是一种循环的活动，每一轮改进活动都应首先建立相应的目标，以指导和评估改进的结果。

6. 基于事实的决策方法

基于事实的决策方法，更有可能产生期望的结果。数据的来源可能是主观的，但对事实、证据和数据的分析可使决策更加客观和可信。

（1）确定、测量和记录体现组织绩效的关键指标。

（2）使相关人员获得所需的所有数据。

（3）确保数据和信息足够准确、可靠和安全。

（4）确保人员有能力分析和评价所需的数据。

（5）依据证据、权衡经验和直觉进行决策并采取措施。

有效决策建立在数据和信息分析的基础上，成功的结果取决于活动实施之前的精心策划和正确决策。决策是一个在行动之前选择最佳行动方案的过程，决策作为过程就应有信息或数据输入。决策过程的输出即决策方案，决策方案是否理想取决于输入的信息和数据以及决策活动本身的水平，决策方案的水平也决定了某一结果的成功与否。

根据“基于事实的决策方法”原则，组织应采取的措施

运用“基于事实的决策方法”原则，组织采取的措施主要如下。

1. 确保数据和信息足够精确和可靠

这是决策正确的保证条件。在ISO 9001：2015《质量管理体系　要求》中，对记录的控制是其中一项具体要求。有效的沟通活动有利于提供准确可靠的数据和信息，对测量和监控装置的控制为测量和监控结果的可靠与精确提供了最重要的保证基础。

2. 让数据、信息需要者能得到需要的数据和信息

这是有效决策能够进行的保证。在ISO 9001：2015《质量管理体系　要求》中，记录保存为质量管理提供了保证条件，设计和开发时输入的信息为相关人员提供了所需的信息。

3. 使用正确的方法分析数据

统计技术可帮助人们正确并准确地分析数据以得到恰当的信息用于决策。

4. 基于事实分析，权衡经验与直觉，做出决策并采取措施

将依据数据和信息分析所得到的结果与经验和直觉平衡，可能会进一步判断、确认结果的可靠性，依据可靠结果所做的决策是可行的。在此方案基础上采取措施，将获得满意的结果。

7. 关系管理

为了持续成功，组织应管理其与相关方(如供方)的关系。当组织管理其与所有相关方的关系以使相关方对组织的绩效影响达到最佳时，才更可能实现成功。

（1）确定相关方，及其与组织的关系。

（2）确定需要管理的与相关方的关系。

(3) 与相关方共享信息、专业知识和资源。

(4) 适当时，向相关方提供绩效反馈，以增强改进的主动性。

(5) 与供方、合作伙伴及其他相关方确定合作开发活动和改进活动。

(6) 鼓励和认可相关方的改进和绩效。

(7) 组织与相关方是相互依存的，互利的关系可增强双方创造价值的能力。

随着生产社会化的不断发展，组织的生产活动分工越来越细，专业化程度越来越高。通常某一产品不可能由一个组织生产完成。这往往是通过多个组织分工协作，即通过供应链来完成的。因此，任何一个组织都有其相关方。相关方所提供的材料、零部件或服务对组织的最终产品有着重要的影响。相关方提供的高质量的产品将使组织为消费者提供高质量的产品得到保证，最终确保顾客满意。组织的市场扩大，则为相关方增加了提供更多产品的机会。所以，组织与相关方是互相依存的。组织与相关方的良好合作交流将最终促使组织与相关方增强创造价值的能力，优化成本和资源，对市场或消费者的要求联合起来做出灵活快速的反应并最终使双方都获得效益。

根据“关系管理”原则，组织应采取的措施

运用“关系管理”原则，组织可以采取的措施如下。

1. 在对短期利益和长期利益综合平衡的基础上，确立与相关方的关系

任何一个组织都存在众多的相关方。组织与相关方存在相互的利益关系。为了双方的利益，组织应考虑与相关方建立伙伴关系或联盟关系。在这种情形下，组织既要考虑短期的利益，也要考虑长期合作所带来的效益。

2. 与相关方共享技术和资源

充分意识到组织与相关方的利益是一致的，是实现这一活动的关键。由于竞争的加剧和消费者的要求越来越高，组织之间的竞争不仅仅取决于组织的能力，同时也取决于相关方的能力，组织应考虑让关键相关方分享自己的技术和资源。组织吸收相关方的技术和资源，有助于确保高效地使用采购的产品。

3. 识别和选择关键相关方

组织应运用过程方法，识别构成产品实现过程的各分过程及其相互作用，应用管理的系统方法管理产品实现过程。其中识别并选择起关键作用的相关方也是实现过程的组成部分，合适的相关方对消费者的满意和组织的业绩可起到相当重要的作用。相关方的范围可能有：材料或零部件供应方、提供某种加工活动的合作伙伴、某项服务(如技术指导、培训、检验、运输等)的提供者等。组织可通过数据分析提供有关相关方的信息，以供评价和选择使用。

4. 清晰与开放的沟通

组织与相关方的相互沟通，对于产品生产是必不可少的环节。沟通将使双方减少损失，最大限度获得收益。

5. 对相关方所做出的改进和取得的成果进行评价并予以鼓励

实施这一活动将会进一步促进组织与相关方的密切关系，增进相关方改进产品的积极性，增强双方创造价值的能力。

10.3.2 质量管理体系术语

ISO 9000：2015《质量管理体系　基础和术语》规定了术语和定义，并将其分为13类。

1. 有关人员的术语：6个

（1）最高管理者。在最高层指挥和控制组织的一个人或一组人。

（2）质量管理体系咨询师。对组织的质量管理体系实现给予帮助、提供建议或信息的人员。

（3）参与。参加活动、事项或介入某个情境。

（4）积极参与。参与活动并为之做出贡献，以实现共同的目标。

（5）技术状态管理机构。被赋予技术状态决策职责和权限的一个人或一组人。

（6）调解人。调解过程提供方指定的帮助相关各方解决争议的人。示例：工作人员、志愿者、合同人员。

2. 有关组织的术语：9个

（1）组织。为实现目标，由职责、权限和相互关系构成自身功能的一个人或一组人。

（2）组织环境。对组织建立和实现目标的方法有影响的内部和外部因素的组合。

（3）相关方。可影响决策或活动、被决策或活动所影响，或自认为被决策或活动影响的个人或组织。示例：顾客、所有者、组织内的人员、供方、银行、监管者、工会、合作伙伴以及可包括竞争对手或相对立的社会群体。

（4）顾客。能够或实际接受为其提供的，或应其要求提供的产品或服务的个人或组织。示例：消费者、委托人、最终使用者、零售商、内部过程的产品或服务的接收人、受益者和采购方。

（5）供方。提供产品或服务的组织。示例：产品或服务的制造商、批发商、零售商或商贩。

（6）外部供方。组织以外的供方。示例：产品或服务的制造商、批发商、零售商或商贩。

（7）调解过程提供方。提供和实施外部争议解决过程的个人或组织。

（8）协会。由成员组织或个人组成的组织。

（9）计量职能。负责确定并实施测量管理体系的行政和技术职能。

3. 有关活动的术语：13个

（1）改进。提高绩效的活动。

（2）持续改进。提高绩效的循环活动。

（3）管理。指挥和控制组织的协调活动。

（4）质量管理。关于质量的管理。

（5）质量策划。质量管理的一部分，致力于制定质量目标并规定必要的运行过程和相关资源以实现质量目标。

（6）质量保证。质量管理的一部分，致力于提供质量要求会得到满足的信任。

（7）质量控制。质量管理的一部分，致力于满足质量要求。

（8）质量改进。质量管理的一部分，致力于增强满足质量要求的能力。

（9）技术状态管理。指挥和控制技术状态的协调活动。

（10）更改控制。在输出的产品技术状态信息被正式批准后，对该输出的控制活动。

(11) 活动。在项目中识别出的最小的工作项。

(12) 项目管理。对项目各方面的策划、组织、监视、控制和报告,并激励所有参与者实现项目目标。

(13) 技术状态项。满足最终使用功能的某个技术状态内的客体。

4. 有关过程的术语:8 个

(1) 过程。利用输入实现预期结果的相互关联或相互作用的一组活动。

(2) 项目。由一组有起止日期的、相互协调的受控活动组成的独特过程,该过程要达到符合包括时间、成本和资源的约束条件在内的规定要求的目标。

(3) 质量管理体系实现。建立、形成文件、实施、保持和持续改进质量管理体系的过程。

(4) 能力获得。获得能力的过程。

(5) 程序。为进行某项活动或过程所规定的途径。

(6) 外包。安排外部组织承担组织的部分职能或过程。

(7) 合同。有约束力的协议。

(8) 设计和开发。将对客体的要求转换为对其更详细的要求的一组过程。

5. 有关体系的术语:12 个

(1) 体系(系统)。相互关联或相互作用的一组要素。

(2) 基础设施。组织运行所必需的设施、设备和服务的体系。

(3) 管理体系。组织建立方针和目标以及实现这些目标的过程的相互关联或相互作用的一组要素。

(4) 质量管理体系。管理体系中关于质量的部分。

(5) 工作环境。工作时所处的一组条件。

(6) 计量确认。为确保测量设备符合预期使用要求所需要的一组操作。

(7) 测量管理体系。实现计量确认和测量过程控制所必需的相互关联或相互作用的一组要素。

(8) 方针。由最高管理者正式发布的组织的宗旨和方向。

(9) 质量方针。关于质量的方针。

(10) 愿景。由最高管理者发布的对组织的未来展望。

(11) 使命。由最高管理者发布的组织存在的目的。

(12) 战略。实现长期或总目标的计划。

6. 有关要求的术语:15 个

(1) 客体。可感知或可想象到的任何事物。示例:产品、服务、过程、人员、组织、体系、资源。

(2) 质量。客体的一组固有特性满足要求的程度。

(3) 等级。对功能用途相同的客体按不同要求所做的分类或分级。示例:飞机的舱级和宾馆的等级分类。

(4) 要求。明示的、通常隐含的或必须履行的需求或期望。

(5) 质量要求。关于质量的要求。
(6) 法律要求。立法机构规定的强制性要求。
(7) 法规要求。立法机构授权的部门规定的强制性要求。
(8) 产品技术状态信息。对产品设计、实现、验证、运行和支持的要求或其他信息。
(9) 不合格(不符合)。未满足要求。
(10) 缺陷。与预期或规定用途有关的不合格。
(11) 合格(符合)。满足要求。
(12) 能力。客体实现满足要求的输出的本领。
(13) 可追溯性。追溯客体的历史、应用情况或所处位置的能力。
(14) 可信性。在需要时完成规定功能的能力。
(15) 创新。实现或重新分配价值的、新的或变化的客体。

7. 有关结果的术语：11 个

(1) 目标。要实现的结果。
(2) 质量目标。关于质量的目标。
(3) 成功。目标的实现。
(4) 持续成功。在一段时期内自始至终的成功。
(5) 输出。过程的结果。
(6) 产品。在组织和顾客之间未发生任何交易的情况下，组织能够产生的输出。
(7) 服务。至少有一项活动必需在组织和顾客之间进行的组织的输出。
(8) 绩效。可测量的结果。
(9) 风险。不确定性的影响。
(10) 效率。得到的结果与所使用的资源之间的关系。
(11) 有效性。完成策划的活动并得到策划结果的程度。

8. 有关数据、信息和文件的术语：15 个

(1) 数据。关于客体的事实。
(2) 信息。有意义的数据。
(3) 客观证据。支持某事物存在或其真实性的数据。
(4) 信息系统。组织内部使用的沟通渠道的网络。
(5) 文件。信息及其载体。示例：记录、规范、程序文件、图样、报告、标准。
(6) 成文信息。组织需要控制和保持的信息及其载体。
(7) 规范。阐明要求的文件。示例：质量手册、质量计划、技术图纸、程序文件、作业指导书。
(8) 质量计划。对特定的客体，规定由谁及何时应用程序和相关资源的规范。
(9) 质量手册。组织的质量管理体系的规范。
(10) 记录。阐明所取得的结果或提供所完成活动的证据的文件。
(11) 项目管理计划。规定满足项目目标所必需的事项的文件。
(12) 验证。通过提供客观证据对规定要求已得到满足的认定。
(13) 确认。通过提供客观证据对特定的预期用途或应用要求已得到满足的认定。

(14) 技术状态记实。对产品技术状态信息、建议更改的状况和已批准更改的实施状况所做的正式记录和报告。

(15) 特定情况。质量计划的对象。

9. 有关顾客的术语：6 个

(1) 反馈。对产品、服务或投诉处理过程的意见、评价和诉求。

(2) 顾客满意。顾客对其期望已被满足程度的感受。

(3) 投诉。就产品、服务或投诉处理过程，表达对组织的不满，无论是否明确地期望得到答复或解决问题。

(4) 顾客服务。在产品或服务的整个寿命周期内，组织与顾客之间的互动。

(5) 顾客满意行为规范。组织为提高顾客满意，就自身行为向顾客做出的承诺及相关规定。

(6) 争议。提交给调解过程提供方的对某一投诉的不同意见。

10. 有关特性的术语：7 个

(1) 特性。可区分的特征。

(2) 质量特性。与要求有关的，客体的固有特性。

(3) 人为因素。对所考虑的客体有影响的人的特性。

(4) 能力。应用知识和技能实现预期结果的本领。

(5) 计量特性。能影响测量结果的特性。

(6) 技术状态。在产品技术状态信息中规定的产品或服务的相互关联的功能特性和物理特性。

(7) 技术状态基线。由在某一时间点确立，作为产品或服务整个寿命周期内活动参考基准的产品或服务的特性构成的、经批准的产品技术状态信息。

11. 有关确定的术语：9 个

(1) 确定。查明一个或多个特性及特性值的活动。

(2) 评审。对客体实现所规定目标的适宜性、充分性或有效性的确定。示例：管理评审、设计和开发评审、顾客要求评审、纠正措施评审和同行评审。

(3) 监视。确定体系、过程、产品、服务或活动的状态。

(4) 测量。确定数值的过程。

(5) 测量过程。确定量值的一组操作。

(6) 测量设备。为实现测量过程所必需的测量仪器、软件、测量标准、标准物质或辅助设备或它们的组合。

(7) 检验。对符合规定要求的确定。

(8) 试验。按照要求对特定的预期用途或应用的确定。

(9) 进展评价。针对实现项目目标所做的进展情况的评定。

12. 有关措施的术语：10 个

(1) 预防措施。为消除潜在不合格或其他潜在不期望情况的原因所采取的措施。

(2) 纠正措施。为消除不合格的原因并防止再发生所采取的措施。

(3) 纠正。为消除已发现的不合格所采取的措施。

(4) 降级。为使不合格产品或服务符合不同于原有的要求而对其等级的变更。
(5) 让步。对使用或放行不符合规定要求的产品或服务的许可。
(6) 偏离许可。产品或服务实现前，对偏离原规定要求的许可。
(7) 放行。对进入一个过程的下一阶段或下一过程的许可。
(8) 返工。为使不合格产品或服务符合要求而对其采取的措施。
(9) 返修。为使不合格产品或服务满足预期用途而对其采取的措施。
(10) 报废。为避免不合格产品或服务原有的预期使用而对其所采取的措施。

13. 有关审核的术语：17 个

(1) 审核。为获得客观证据并对其进行客观的评价，以确定满足审核准则的程度所进行的系统的、独立的并形成文件的过程。
(2) 多体系审核。在一个受审核方，对两个或两个以上管理体系一起实施的审核。
(3) 联合审核。在一个受审核方，由两个或两个以上审核组织同时实施的审核。
(4) 审核方案。针对特定时间段所策划并具有特定目标的一组(一次或多次)审核安排。
(5) 审核范围。审核的内容和界限。
(6) 审核计划。对审核活动和安排的描述。
(7) 审核准则。用于与客观证据进行比较的一组方针、程序或要求。
(8) 审核证据。与审核准则有关并能够证实的记录、事实陈述或其他信息。
(9) 审核发现。将收集的审核证据对照审核准则进行评价的结果。
(10) 审核结论。考虑了审核目标和所有审核发现后得出的审核结果。
(11) 审核委托方。要求审核的组织或个人。
(12) 受审核方。被审核的组织。
(13) 向导。由受审核方指定的协助审核组的人员。
(14) 审核组。实施审核的一名或多名人员，需要时，由技术专家提供支持。
(15) 审核员。实施审核的人员。
(16) 技术专家。向审核组提供特定知识或专业技术的人员。
(17) 观察员。随同审核组但不作为审核员的人员(观察员可来自受审核方、监管机构或其他见证审核的相关方)。

知识要点提醒

(1) 术语“质量”可使用形容词，如差、好或优秀来修饰。“固有的”是指本来就有的，尤其是那种永久的特性。

(2)“隐含”是指组织、顾客和其他相关方的惯例或一般做法，所考虑的需求或期望是不言而喻的。

(3) 术语“能力”特指组织、体系过程的“能力”。

10.4　质量管理体系　要求

ISO 9001：2015《质量管理体系　要求》规定了质量管理体系要求。ISO 9001：2015 第 0、1、2、3 部分分别是引言、范围、规范性引用文件、术语和定义，第 4 部分是组织环境，第 5 部分是领导作用，第 6 部分是策划，第 7 部分是支持，第 8 部分是运行，第 9 部分是绩效评价，第10部分是持续改进。下面对重点内容的理解要点进行说明。

ISO 9001：2015《质量管理体系　要求》由引言、正文及附录三部分组成，正文分为10章，总体构成如图10.11所示。

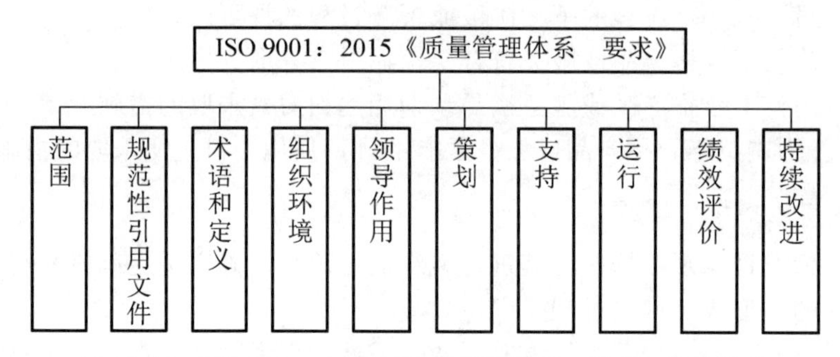

图10.11　ISO 9001：2015《质量管理体系　要求》总体构成

其中，正文中的核心内容为第5～10章这6章，其整体结构可分为：计划(第6章策划)、执行(第7、8章支持和运行)、检查(第9章绩效评价)、处理(第10章改进)，突出领导作用(第5章领导作用)。依据这一结构形成以过程为基础的质量管理体系模式，如图10.12所示。

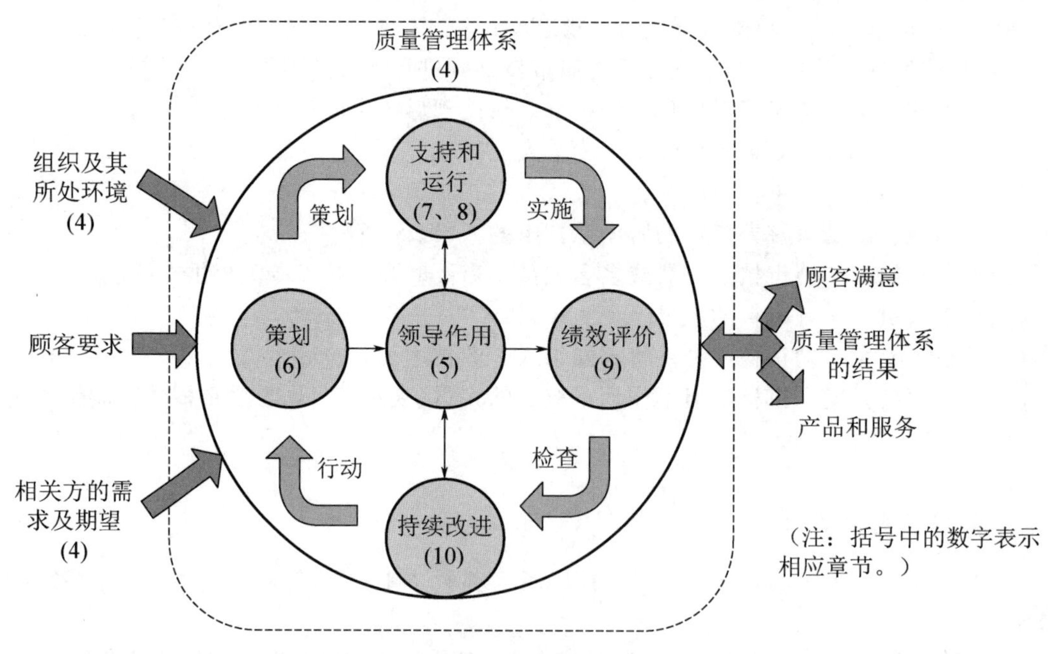

图10.12　以过程为基础的质量管理体系模式

1. 范围(标准第1章)

标准为下列组织规定了质量管理体系要求。

(1) 需要证实其具有稳定地提供满足顾客要求和适用法律法规要求的产品和服务的能力。

(2) 通过体系的有效应用，包括体系改进的过程，以及保证符合顾客和适用的法律法规要求，旨在增强顾客满意。

注 1：在标准第 1 章中，术语“产品”或“服务”仅适用于预期提供给顾客或顾客所要求的商品和服务。

注 2：法律法规要求可称为法定要求。

知识要点提醒

产品和服务。

产品定义：在组织和顾客之间未发生任何交易的情况下，组织生产的输出。

注 1：在组织和顾客之间未发生任何必然交易的情况下，可以实现产品的生产。但是，当产品交付给顾客时，通常包含服务的因素。

注 2：通常产品的主要特征是有形的。

注 3：硬件是有形的，其量具有计数的特性(如轮胎)。流程性材料是有形的，其量具有连续的特性(如燃料和软饮料)。硬件和流程性材料经常被称为货物。软件由信息组成，无论采用何种介质传递(如计算机程序、移动电话程序、操作手册、字典、音乐作品版权、驾驶执照)。

服务定义：至少有一项活动必须在组织和顾客之间进行的输出。

注 1：通常服务的主要特征是无形的。

注 2：通常服务包含与顾客在接触面的活动，以确定顾客的要求。除了提供服务，可能还包括建立持续关系。例如，银行、会计师事务所或政府主办机构(如学校或医院)。

注 3：服务的提供可能涉及以下方面。

(1) 在顾客提供的有形产品(如需要维修的汽车)上完成的活动；

(2) 在顾客提供的无形产品(如为准备纳税申报单所需的损益表)上完成的活动；

(3) 无形产品的交付(如知识传授方面的信息提供)；

(4) 为顾客创造氛围(如在宾馆和饭店)。

注 4：通常，服务由顾客体验。

2. 规范性引用文件(标准第 2 章)

下列文件对于标准的应用是必不可少的。凡是注日期的引用文件，仅注日期的版本适用于标准文件。凡是不注日期的引用文件，其最新版本(包括所有的修改单)适用于标准文件。

小思考

ISO 9001：2015《质量管理体系　要求》与 ISO 9001：2008《质量管理体系　要求》(已废止) 中“要求”的主要变化是什么？

(1) 明确标准“要求”的逻辑关系。

新版标准按照管理体系及其过程的策划、实施、评价、改进的逻辑关系和顺序阐述要求，有助于对标准的理解与应用，增强了标准的实用性和适用性。

(2) 提出“背景情况评审”的要求 (第 4 章组织环境)。

管理体系的建立与保持基于以下几点。

① 对影响组织实现期望结果的外部和内部环境条件及问题的理解。

② 对相关方的需求和期望的理解。

③ 组织的战略方向和战略目标。

④ 识别并确定的管理体系所需的过程及其在组织内的应用。

⑤ 对外部、内部条件和问题，以及相关方的需求和期望的监视与评审。

(3) 强调最高管理者的领导力和承诺。

新版标准更加强调最高管理者的作用。

① 在 PDCA 循环中发挥重要的核心的作用。

② 能够提供证据证实其领导作用和承诺。

③ 确保管理体系的目标与组织的战略目标一致。

④ 强调最高管理者对管理体系的有效性负责。

(4) 明确提出将管理体系要求融入组织的经营过程。

不同组织的性质、存在目的、战略方向和目标不同，所确定的需重点管理的、影响实现期望结果的经营过程，以及对这些过程管理的方式和程度则不同。

“标准”是管理工具，将其实质性地融入组织的经营运作过程将有助于取得更好的结果。

(5) 其他变化。

① 用“文件化信息”和“作为证据的文件化信息”取代了“文件”“形成文件的程序”和“记录”。管理体系需要文件化信息支持与证实，但不要求统一的形式和称谓。

② 不再使用“预防措施”这一术语(“预防”的观点依然保留，体现于新标准对应对“风险”的强调)。

③ 用“产品和服务”替换了“产品”，突显“标准”的广泛适用性。

④ 用“产品和服务的外部提供”取代了“‘采购’——包括外包过程”。

⑤ 要求组织识别、获取和维护运行过程及实现产品和服务符合性所需的知识。

⑥ 去掉了“管理者代表”的要求，取而代之的是为“相关责任人(角色)”分配有关的职责和权限 。

⑦ 判断标准要求是否适用于组织的管理体系时，标准不再使用“删减”一词。

3. 术语和定义(标准第 3 章)

标准采用 ISO 9000：2015《质量管理体系　基础和术语》中所界定的术语和定义。

4. 组织环境(标准第 4 章)

1) 理解组织及其环境

组织应确定与其宗旨和战略方向相关并影响其实现质量管理体系预期结果的能力的各种外部和内部因素。

组织应对这些内部和外部因素的相关信息进行监视和评审。

注 1：这些因素可以包括需要考虑的正面和负面要素及条件。

注 2：考虑来自国际、国内、地区和当地的各种法律法规、技术、竞争、市场、文化、社会和经济因素，有利于理解外部环境。

注 3：考虑组织的价值观、文化、知识和绩效等相关因素，有利于理解内部环境。

2) 理解相关方的需求和期望

由于相关方对组织稳定提供符合顾客要求及适用法律法规要求的产品和服务的能力具有影响或潜在影响，组织应确定：

(1) 与质量管理体系有关的相关方；

(2) 与质量管理体系相关的相关方的要求。

组织应对这些相关方及其要求的相关信息进行监视和评审。

3) 确定质量管理体系的范围

组织应明确质量管理体系的边界和适应性，以确定其范围。

在确定范围时，组织应考虑：

(1) 各种内部和外部因素；

(2) 相关方的要求；

(3) 组织的产品和服务。

对于标准中适用于组织确定的质量管理体系范围的全部要求，组织应予以实施。

组织的质量管理体系范围应作为成文信息，可获得并得到保持。该范围应描述所覆盖的产品和服务的类型，若组织确定标准的某些要求不适用其质量管理体系范围，应说明理由。

那些不适用组织的质量管理体系的要求，不能影响组织确保产品和服务合格的能力或责任，也不能对增强顾客满意产生影响，否则不能声称符合标准。

4) 质量管理体系及其过程

(1) 组织应按照标准的要求建立、实施、保持和持续改进质量管理体系，包括所需过程及其相互作用。

组织应确定质量管理体系所需的过程及其在整个组织内的应用，且应做到以下几点。

① 确定这些过程所需的输入和期望的输出。

② 确定这些过程的顺序和相互作用。

③ 确定和应用所需的准则和方法(包括监视、测量和相关的绩效指标)，以确保这些过程的有效运行和控制。

④ 确定这些过程所需的资源并确保可获得。

⑤ 规定与这些过程相关的责任和权限。

⑥ 按照标准第 6 章中的要求应对风险和机遇。

⑦ 评价这些过程，实施所需的变更，以确保实现这些过程的预期结果。

⑧ 改进过程和质量管理体系。

(2) 在必要的程度上，组织应做到以下几点。

① 保持成文信息以支持过程运行。

② 保留成文信息以确信其过程按策划进行。

知识要点提醒

什么是“组织的环境”?

组织的环境是指影响组织目标实现以及影响组织对相关方行为的内外部因素和条件的组合。

如何监视和评审组织的环境?

监视和评审组织的环境可采取以下方式。

(1) 公司经营分析会。

(2) 管理评审会。

(3) 体系策划会议。

(4) 制定企业中长期发展战略规划会。

组织应考虑的相关方如下。

(1) 直接顾客。

(2) 最终使用者。

(3) 供应链中的供方、分销商、零售商及其他。

(4) 立法机构。

(5) 其他。

5．领导作用(标准第5章)

1）领导作用与承诺

(1）总则。最高管理者应通过以下几个方面，证实其对质量管理体系的领导作用与承诺。

① 对质量管理体系的有效性承担责任。

② 确保制定质量管理体系的质量方针和质量目标，并与组织环境相适应，与战略方向相一致。

③ 确保质量管理体系要求融入组织的业务过程。

④ 促进使用过程方法和基于风险的思维。

⑤ 确保质量管理体系所需资源是可获得的。

⑥ 沟通有效的质量管理和符合质量管理体系要求的重要性。

⑦ 确保质量管理体系实现预期结果。

⑧ 促使、指导和支持员工努力提高质量管理体系的有效性。

⑨ 推动改进。

⑩ 支持其他相关管理者在其职责范围内发挥领导作用。

注：本标准使用的“业务”一词可广义地理解为涉及组织存在目的的核心活动，无论是公营、私营、营利或者非营利组织。

(2）以顾客为关注焦点。最高管理者应通过确保以下方面，证实其以顾客为关注焦点方面的领导作用和承诺。

① 确定、理解并持续满足顾客要求以及适用的法律法规要求。

② 确定并应对可能影响产品、服务合格以及增强顾客满意能力的风险和机遇。

③ 始终致力于增强顾客满意。

2）方针

(1）制定质量方针。最高管理者应制定、实施和保持质量方针，质量方针应满足以下条件。

① 适应组织的宗旨和环境并支持其战略方向。

② 为建立质量目标提供框架。

③ 包括满足适用要求的承诺。

④ 包括持续改进质量管理体系的承诺。

(2）沟通质量方针。质量方针应：

① 可获取并保持成文信息；

② 在组织内得到沟通、理解和应用；

③ 适宜时，可为有关相关方所获取。

3）组织内的角色、职责和权限

最高管理者应确保整个组织内的相关角色的职责和权限得到分配、沟通和理解。

最高管理者应分配职责和权限，以：

① 确保质量管理体系符合本标准的要求；

② 确保各过程获得其预期输出；

③ 报告质量管理体系的绩效及其改进机会，特别是向最高管理者报告；
④ 确保在整个组织推动以顾客为关注焦点；
⑤ 确保在策划和实施质量管理体系变更时保持其完整性。

知识要点提醒

最高管理者：在高层指挥和控制组织的一个人或一组人。
最高管理者应证实他们对于如图 10.13 所示的领导作用与承诺。

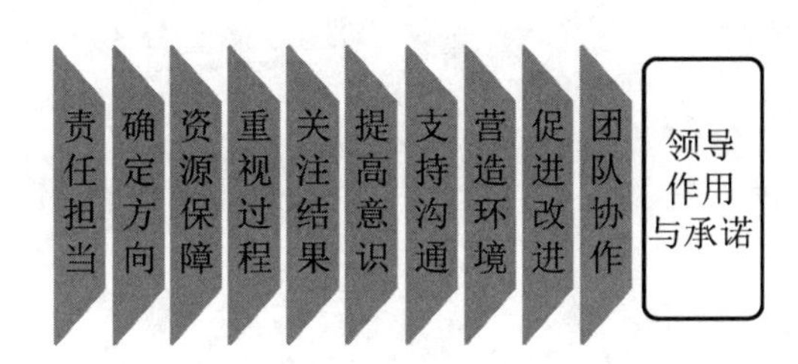

图 10.13　领导作用与承诺

6. 策划(标准第 6 章)

1) 应对风险和机遇的措施

(1) 在策划质量管理体系时，组织应考虑标准第 4 章 1)所提及的因素和标准第 4 章 2)所提及的要求，确定需要应对的风险和机遇，以便：
① 确保质量管理体系能够实现其预期结果；
② 增强有利影响；
③ 预防或减少不利影响；
④ 实现改进。
(2) 组织应策划：
① 应对这些风险和机遇的措施；
② 如何在质量管理体系过程中整合并实施这些措施，以及评价这些措施的有效性。
应对措施应与风险和机遇对产品和服务符合性的潜在影响相适应。
注 1：应对风险可选择规避风险、为寻求机遇承担风险、消除风险源、改变风险的可能性和结果、分担风险、通过明智决策延缓风险。
注 2：机遇可能导致采用新实践、推出新产品、开拓新市场、赢得新客户、建立合作伙伴关系、利用新技术，以及能够解决组织或其顾客需求的其他有利可能性。

2) 质量目标及其实现的策划

(1) 组织应对相关职能、层次和质量管理体系所需的过程设定质量目标。
质量目标应做到：
① 与质量方针保持一致；
② 可测量；
③ 考虑适用的要求；
④ 与产品和服务合格以及增强顾客满意相关；
⑤ 予以监视；

⑥ 予以沟通；

⑦ 适时更新。

组织应保留有关质量目标的成文信息。

(2) 策划如何实现质量目标时，组织应确定：

① 采取的措施；

② 需要的资源；

③ 由谁负责；

④ 何时完成；

⑤ 如何评价结果。

3) 变更的策划

当组织确定需要对质量管理体系进行变更时，此种变更应经策划并系统地实施。变更时组织应考虑到：

① 变更目的及其潜在的后果；

② 质量管理体系的完整性；

③ 资源的可获得性；

④ 责任和权限的分配或再分配。

实用小窍门

质量管理体系变更的时机如下。

(1) 组织所处的内、外部环境发生变化。

(2) 产品要求、法律法规及顾客要求发生变化。

(3) 组织战略发生变化等。

体系变更的策划要求：有计划、系统地进行，按过程方法、PDCA循环方法、基于风险进行思考。

变更应考虑以下几点。

(1) 体系的变更目的及潜在后果(如对实现组织战略、方针和目标的影响)。

(2) 体系的完整性。

(3) 资源的可获得性。

(4) 职责和权限的分配或重新分配。

7. 支持(标准第7章)

1) 资源

(1) 总则。组织应确定并提供为建立、实施、保持和持续改进质量管理体系所需的资源。

组织应考虑现有内部资源的能力及约束，以及需要从外部供方获得的资源。

(2) 人员。组织应确定并提供所需要的人员，以有效实施质量管理体系并运行和控制其过程。

(3) 基础设施。组织应确定、提供和维护过程运行所需的基础设施，以获得合格产品和服务。

(4) 过程运行环境。组织应确定、提供并维护过程运行所需的环境，以获得合格产品和服务。

注：适当的过程运行环境可能是人文因素和物理因素的结合，例如：

① 社会因素(如无歧视、和谐稳定、无对抗)；

② 心理因素(如缓解心理压力、预防过度疲劳、保护个人情感)；

③ 物理因素(如温度、热量、湿度、照明、空气流动、卫生、噪声等)。

由于所提供的产品和服务不同，这些因素可能存在显著差异。

(5) 监视和测量资源。

① 总则。当利用监视或测量来验证产品和服务是否符合要求时，组织应确定并提供确保结果有效和可靠所需的资源。

组织应确保所提供的资源：适用特定类型的监视和测量活动；得到适当的维护，以确保持续适合其用途。

组织应保留作为监视和测量资源适合其用途的证据的适当的成文信息。

② 测量溯源。当要求测量溯源时，或组织认为测量溯源是信任测量结果有效的基础时，测量设备应满足以下几点。

a. 对照能溯源到国际或国家标准的测量标准，按照规定的时间间隔或在使用前进行校准和(或)检定(验证)。当不存在上述标准时，应保留作为校准或检定(验证)依据的成文信息。

b. 予以标识，以确定其状态。

c. 予以保护，防止可能使校准状态和随后测量结果失效的调整、损坏或劣化。

当发现测量设备不符合预期用途时，组织应确定以往测量结果的有效性是否受到不利影响，必要时采取适当的措施。

测量装置的精度控制

某巧克力食品厂包装规程中要求每小包巧克力糖的质量应为(200±3)克，而包装车间使用的台秤均为5千克，允许误差为4克。

分析：该案例不符合标准第7章中的要求。标准要求组织应确定、提供和维护用于验证产品符合性所需的监视和测量资源，并确保监视和测量设备满足使用要求。应对照能溯源到国际或国家标准的测量标准，按照规定的时间间隔或在使用前对监视和测量资源进行校准和(或)检定。

资料来源：根据网络资料整理。

(6) 组织的知识。组织应确定运行过程所需的知识，以获得合格产品和服务。

这些知识应予以保持，并在需要范围内可得到。

为应对不断变化的需求和发展趋势，组织应考虑现有的知识，确定如何获取更多必要的知识，并进行更新。

注1：组织的知识是从其经验中获得的特定知识，是实现组织目标所使用的共享信息。

注2：组织的知识可以基于以下方面。

① 内部来源(如知识产权，从经验中获得的知识，从失败和成功项目得到的经验教训，

得到和分享的未形成文件的知识和经验，过程、产品和服务的改进结果)。

② 外部来源(如标准，学术交流，专业会议，从顾客或外部供方收集的知识)。

2) 能力

组织应做到以下几点。

(1) 确定其控制范围内人员所需具备的能力，这些人员从事的工作影响质量管理体系绩效和有效性。

(2) 基于适当的教育、培训或经历；确保这些人员具备所需的能力。

(3) 适用时，采取措施获得所需的能力，并评价措施的有效性。

(4) 保留适当的成文信息，作为人员能力的证据。

注：采取的适当措施可包括对在职人员进行培训、辅导或重新分配工作；或者招聘、外包具备能力的人员。

3) 意识

组织应确保在其控制范围内的相关工作人员知晓以下内容。

(1) 质量方针。

(2) 相关的质量目标。

(3) 他们对质量管理体系有效性的贡献，包括改进质量绩效的益处。

(4) 不符合质量管理体系要求的后果。

4) 沟通

组织应确定与质量管理体系有关的内部和外部沟通，包括沟通什么，何时沟通，与谁沟通，如何沟通，由谁沟通。

5) 成文信息

(1) 总则。组织的质量管理体系应包括本标准要求的成文信息；组织确定的为确保质量管理体系有效性所需的成文信息。

注：对于不同组织，质量管理体系成文信息的多少与详略程度可以不同，取决于：

① 组织的规模，以及活动、过程、产品和服务的类型；

② 过程及其相互作用的复杂程序；

③ 人员的能力。

(2) 创建和更新。在创建和更新成文信息时，组织应确保适当的：

① 标识和说明(如标题、日期、作者、索引编号等)；

② 格式(如语言、软件版本、图表)和媒介(如纸质、电子格式)；

③ 评审和批准，以确保适宜性和充分性。

(3) 成文信息的控制。应控制质量管理体系和本标准所要求的成文信息，以确保：

① 无论何时何处需要这些信息，均可获得并适用；

② 予以妥善保护(如防止泄密、不当使用或不完整)。

为控制成文信息，适用时，组织应进行下列活动：

① 分发、访问、检索和使用；

② 存储和防护，包括保持可读性；

③ 变更控制(如版本控制)；

④ 保留和处置。

对于组织确定的策划和运行质量管理体系所必需的来自外部的成文信息，组织应进行适当识别和控制。

应对所保存的作为符合性证据的成文信息予以保护，防止非预期的更改。

注：对成文信息的“访问”可能意味着仅允许查阅，或者意味着允许查阅并授权修改。

知识要点提醒

对成文信息的控制(内部文件)，如图 10.14 所示。

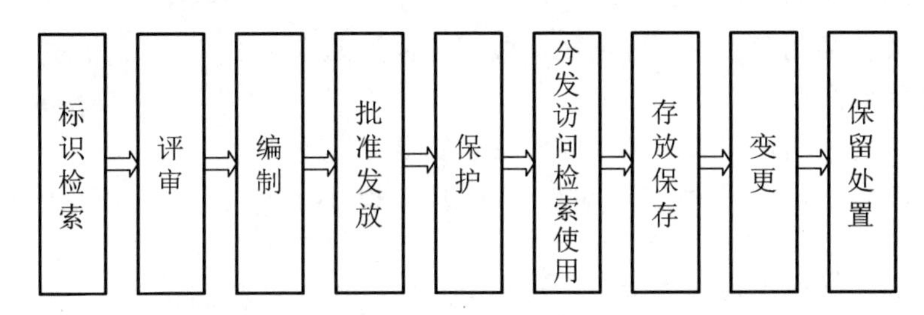

图 10.14　对成文信息的控制(内部文件)

对成文信息的控制(外来文件)，如图 10.15 所示。

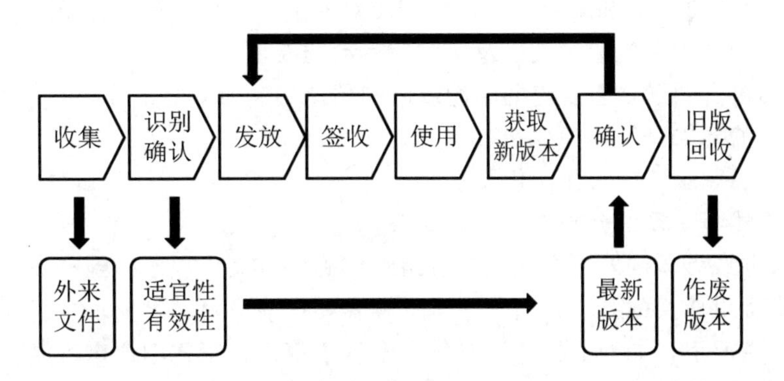

图 10.15　对成文信息的控制(外来文件)

8. 运行(标准第 8 章)

1) 运行的策划和控制

组织应通过采取下列措施，策划、实施和控制为满足产品和服务提供的要求所需的过程，以及实施标准第 6 章所确定的措施。

(1) 确定产品和服务的要求。

(2) 建立下列内容的准则：

① 过程；

② 产品和服务的接收。

(3) 确定使产品和服务符合要求所需的资源。

(4) 按照准则实施过程控制。

(5) 在必要的范围和程度上，确定并保持、保留成文信息，以：

① 证实过程已按策划进行；

② 证明产品和服务符合要求。

策划的输出应适合组织的运行需要。

组织应控制策划的更改，评审非预期变更的后果；必要时，采取措施减轻不利影响。

组织应确保外包过程受控。

2）产品和服务的要求

(1）顾客沟通。与顾客沟通的内容应包括：

① 提供有关产品和服务的信息；

② 处理问询、合同或订单，包括变更；

③ 获取有关产品和服务的顾客反馈，包括顾客投诉；

④ 处置和控制顾客财产；

⑤ 关系重大时，制定有关应急措施的特定要求。

(2）产品和服务要求的确定。在确定向顾客提供的产品和服务的要求时，组织应确保：

① 产品和服务的要求得到规定，包括适用的法律法规要求及组织认为的必要要求；

② 提供产品和服务，能够满足组织声明的要求。

(3）产品和服务要求的评审。组织应确保有能力向顾客提供满足要求的产品和服务。

在承诺向顾客提供产品和服务之前，组织应对如下各项要求进行评审。

① 顾客规定的要求，包括对交付及交付后活动的要求。

② 顾客虽然没有明示，但规定的用途或已知预期用途所必需的要求。

③ 组织规定的要求。

④ 适用于产品和服务的法律法规要求。

⑤ 与先前表述不一致的合同或订单的要求。

若与先前合同或订单的要求存在差异，组织应确保有关事项已得到解决。

若顾客没有提供成文的要求，组织在接受顾客要求前应对顾客要求进行确认。

注：在某些情况下，如网上销售，对每一个订单都进行正式的评审可能是不实际的，作为替代方法，可对有关产品信息，如产品目录、产品广告内容进行评审。

适用时，组织应保留与下列方面有关的成文信息：

① 评审结果；

② 产品和服务的新要求。

(4）产品和服务要求的变更。若产品和服务的要求发生更改，组织应确保相关的成文信息得到修改，并确保相关人员知道已更改的要求。

3）产品和服务的设计和开发

(1）总则。组织应建立、实施并保持适当的设计和开发过程，以便确保后续的产品和服务的提供。

(2）设计和开发的策划。在确定设计和开发各个阶段及其控制时，组织应考虑如下内容。

① 设计和开发活动的性质、持续时间和复杂程度。

② 所要求的过程阶段，包括适用的设计和开发评审。

③ 所要求的设计和开发的验证和确认活动。

④ 设计和开发过程涉及的职责和权限。

⑤ 产品和服务的设计与开发所需的内部和外部资源。

⑥ 设计和开发过程参与人员之间接口的控制需求。

⑦ 顾客和使用者参与设计和开发过程的需求。

⑧ 对后续产品和服务提供的要求。

⑨ 顾客和其他相关方期望的设计和开发过程的控制水平。

⑩ 证实已经满足设计和开发要求所需的成文信息。

(3) 设计和开发输入。组织应针对具体类型的产品和服务，确定设计和开发的必需的要求。组织应从以下方面考虑。

① 功能和性能要求。

② 来源于以前类似设计和开发活动的信息。

③ 法律法规要求。

④ 组织承诺实施的标准和行业规范。

⑤ 由产品和服务性质所决定的潜在失效后果。

设计和开发的输入应充分、适宜、完整、清楚，满足设计和开发的目的。

应解决相互冲突的设计和开发输入。

组织应保留有关设计和开发输入的成文信息。

(4) 设计和开发控制。组织应对设计和开发过程进行控制，应确保：

① 规定拟获得的结果；

② 实施评审活动，以评价设计和开发的结果满足要求的能力；

③ 实施验证活动，以确保设计和开发输出满足输入的要求；

④ 实施确认活动，以确保产品和服务能够满足规定的使用要求或预期用途；

⑤ 针对评审、验证和确认过程中确定的问题采取必要的措施；

⑥ 保留这些活动的成文信息。

注：设计和开发评审、验证和确认具有不同的目的。根据产品和服务的具体情况，可以单独或以任意组合的方式进行。

(5) 设计和开发输出。组织应确保设计和开发输出满足输入的要求；满足后续产品和服务提供过程的需要；包含或引用的监视和测量的要求，适当时，包括接收准则；规定为实现预期目的、保证安全和正常提供(使用)所必需的产品和服务特性。

组织应保留有关设计和开发输出的成文信息。

(6) 设计和开发更改。组织应识别、评审和控制产品及服务在设计与开发期间以及后续所做的更改，以确保不会对符合要求产生不利影响。

组织应保留下列方面的成文信息：

① 设计和开发变更；

② 评审的结果；

③ 变更的授权；

④ 为防止不利影响而采取的措施。

4）外部提供的过程、产品和服务的控制

（1）总则。组织应确保外部提供的过程、产品和服务符合要求。

在下列情况下，组织应确保对外部提供的过程、产品和服务实施的控制。

① 外部供方的产品和服务构成组织自身的产品和服务的一部分。

② 外部供方代表组织直接向顾客提供产品和服务。

③ 组织决定由外部供方提供过程或部分过程。

组织应基于外部供方按要求提供过程、产品和服务的能力，确定外部供方评价、选择、绩效监视以及再评价的准则，并加以实施。对于这些活动和由评价引发的任何必要的措施，组织应保留所需的成文信息。

（2）控制类型和程度。组织应确保外部提供的过程、产品和服务不会对组织稳定地向顾客交付合格产品和服务的能力产生不利影响。组织应做到以下几点。

① 确保外部提供的过程保持在质量管理体系的控制之中。

② 规定对外部供方的控制及其输出结果的控制。

③ 考虑外部提供的过程、产品和服务对组织稳定提供满足顾客要求和适用法律法规要求的能力的潜在影响；外部供方自身控制的有效性。

④ 确定必要的验证或其他活动，以确保外部提供的过程、产品和服务满足要求。

（3）提供给外部供方的信息。组织应确保在与外部供方沟通之前所确定的要求是充分和适宜的。

组织应与外部供方沟通以下要求。

① 需提供的过程、产品和服务。

② 对下列内容的批准：产品和服务；方法、过程和设备；产品和服务的放行。

③ 能力，包括所要求的人员资质。

④ 外部供方与组织的互动。

⑤ 组织对外部供方绩效的控制和监视。

⑥ 组织或其顾客拟在外部供方现场实施的验证或确认活动。

5）生产和服务提供

（1）生产和服务提供的控制。组织应在受控条件下进行生产和服务提供。适用时，受控条件应包括以下几个。

① 可获得成文信息，以规定如下内容：拟生产的产品、提供的服务或进行的活动的特征；拟获得的结果。

② 可获得和使用适宜的监视及测量资源。

③ 在适当阶段实施监视和测量活动，以验证是否符合过程或输出的控制准则以及产品和服务的接收准则。

④ 为过程的运行提供适宜的基础设施和环境。

⑤ 配备具备能力的人员，包括所要求的资格。

⑥ 若输出结果不能由后续的监视或测量加以验证，应对产品和服务提供过程实现策划结果的能力进行确认和定期再确认。

⑦ 采取措施防止人为差错。

⑧ 实施放行、交付和交付后活动。

（2）标识和可追溯性。需要时，组织应采用适当的方法识别输出，以确保产品和服务合格。

组织应在生产和服务提供的整个过程中按照监视和测量要求识别输出状态。

若要求可追溯时，组织应控制输出的唯一性标识，且应保留实现可追溯性所需的成文信息。

（3）顾客或外部供方的财产。组织在控制或使用顾客或外部供方的财产时，应对其进行妥善管理。对组织使用的或构成产品和服务一部分的顾客或外部供方财产，组织应予以识别、验证、保护和防护。

若顾客或外部供方的财产发生丢失、损坏或不适用的情况，组织应向顾客或外部供方报告，并保留相关成文信息。

注：顾客或外部供方的财产可包括材料、零部件、工具和设备，顾客的场所、知识产权和个人信息。

（4）防护。组织应在生产和服务提供期间对输出进行必要防护，以确保符合要求。

注：防护可包括标识、处置、污染控制、包装、储存、传送或运输以及保护。

（5）交付后活动。组织应满足与产品和服务相关的交付后活动的要求。

在确定交付后活动的覆盖范围和程度时，组织应考虑如下内容。

① 法律法规要求。

② 与产品和服务相关的潜在不良的后果。

③ 其产品和服务的性质、用途和预期寿命。

④ 顾客要求。

⑤ 顾客反馈。

注：交付后活动可能包括保证条款所规定的相关活动，诸如合同规定的维护服务，以及回收或最终报废处置等附加服务等。

（6）更改控制。组织应对生产和服务提供的更改进行必要的评审和控制，以确保持续地符合要求。

组织应保留成文信息，包括有关更改评审的结果、授权进行更改的人员，以及根据评审所采取的必要措施。

6）产品和服务的放行

组织应在适当的阶段实施策划的安排，以验证产品和服务的要求已被满足。除非得到有关授权人员的批准，适用时得到顾客的批准，否则在策划的安排圆满完成之前，不应向顾客放行产品和交付服务。

组织应保留有关产品和服务放行的成文信息，成文信息应包括符合接收准则的证据，以及可追溯到授权放行人员的信息。

7）不合格输出的控制

（1）组织应确保对不符合要求的输出进行识别和控制，以防止非预期的使用或交付。

组织应根据不合格的性质及其对产品和服务符合性的影响采取适当的措施。这也适用于在产品交付之后，以及在服务提供期间或之后发现的不合格产品和服务。

组织应通过下列一种或几种途径处置不合格输出。

① 纠正。

② 对产品和服务的提供进行隔离、限制、退货或暂停。

③ 告知顾客。

④ 获得让步接收的授权。

对不合格输出进行纠正之后应验证其是否符合要求。

(2) 组织应保留下列成文信息。

① 有关不合格的描述。

② 所采取措施的描述。

③ 获得让步的描述。

④ 识别处置不合格的授权。

知识要点提醒

不合格输出的控制，如图 10.16 所示。

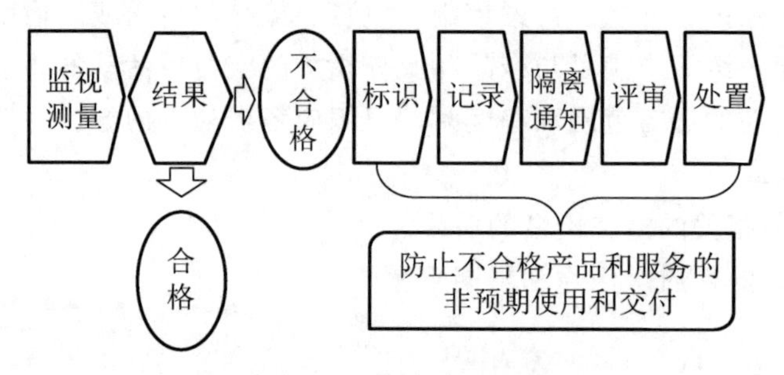

图 10.16 不合格输出的控制

9. 绩效评价(标准第 9 章)

1) 监视、测量、分析和评价

(1) 总则。组织应确定：

① 需要监视和测量的对象；

② 确保结果有效所需要的监视、测量、分析和评价方法；

③ 实施监视和测量的时机；

④ 分析和评价监视和测量结果的时机。

组织应评价质量管理体系的绩效和有效性。

组织应保留适当的成文信息，以作为结果的证据。

(2) 顾客满意。组织应监视顾客对其需求和期望已获得满足程度的感受。组织应确定这些信息的获取、监视和评审方法。

注：监视顾客感受的例子可包括顾客调查，顾客对交付产品或服务的反馈，顾客会晤，市场占有率分析，顾客赞扬，担保索赔和经销商报告。

(3) 分析与评价。组织应分析和评价通过监视和测量获得的适当的数据和信息。

应利用分析结果对以下内容进行评价。

① 产品和服务的符合性。

② 顾客满意程度。

③ 质量管理体系的绩效和有效性。

④ 策划是否得到有效实施。

⑤ 针对风险和机遇所采取措施的有效性。

⑥ 外部供方的绩效。

⑦ 质量管理体系改进的需求。

注：数据分析方法可包括统计技术。

2）内部审核

(1) 组织应按照策划的时间间隔进行内部审核，以提供有关质量管理体系的下列信息。

① 是否符合组织自身的质量管理体系的要求，以及本标准的要求。

② 是否得到有效的实施和保持。

(2) 组织应做到以下几点。

① 依据有关过程的重要性、对组织产生影响的变化和以往审核的结果，策划、制定、实施和保持审核方案，审核方案包括频次、方法、职责、策划要求和报告。

② 规定每次审核的审核准则和范围。

③ 选择可确保审核过程的客观公正的审核员实施审核。

④ 确保相关管理部门获得审核结果报告。

⑤ 及时采取适当的纠正和纠正措施。

⑥ 保留作为实施审核方案以及审核结果的证据的成文信息。

小思考

内部审核的要求如图 10.17 所示。

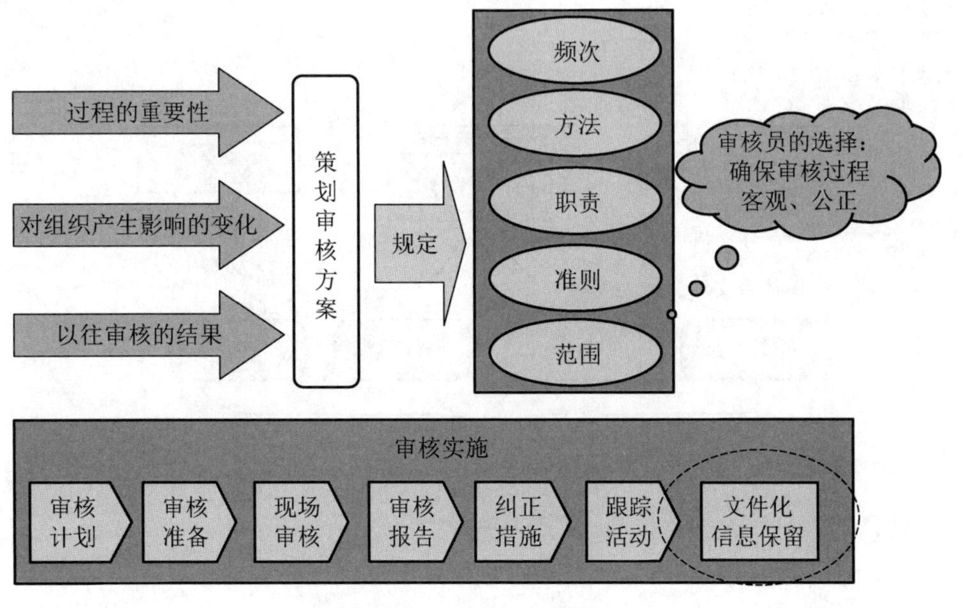

图 10.17 内部审核的要求

3）管理评审

（1）总则。最高管理者应按照策划的时间间隔对质量管理体系进行评审，以确保其持续的适宜性、充分性和有效性，并与组织的战略方向一致。

（2）管理评审输入。策划和实施管理评审时应考虑下列内容。

① 以往管理评审所采取措施的实施情况。

② 与质量管理体系相关的内外部因素的变化。

③ 有关质量管理体系绩效和有效性的信息，包括下列趋势性信息。

a. 顾客满意和相关方反馈。

b. 质量目标的实现程度。

c. 过程绩效以及产品和服务的合格情况。

d. 不合格以及纠正措施。

e. 监视和测量结果。

f. 审核结果。

g. 外部供方的绩效。

④ 资源的充分性。

⑤ 应对风险和机遇所采取措施的有效性。

⑥ 改进的机会。

（3）管理评审的输出。管理评审的输出应包括与下列事项相关的决定和措施：

① 改进的机会。

② 质量管理体系所需的变更。

③ 资源需求。

组织应保留作为管理评审结果证据的成文信息。

知识要点提醒

审核过程如图 10.18 所示。

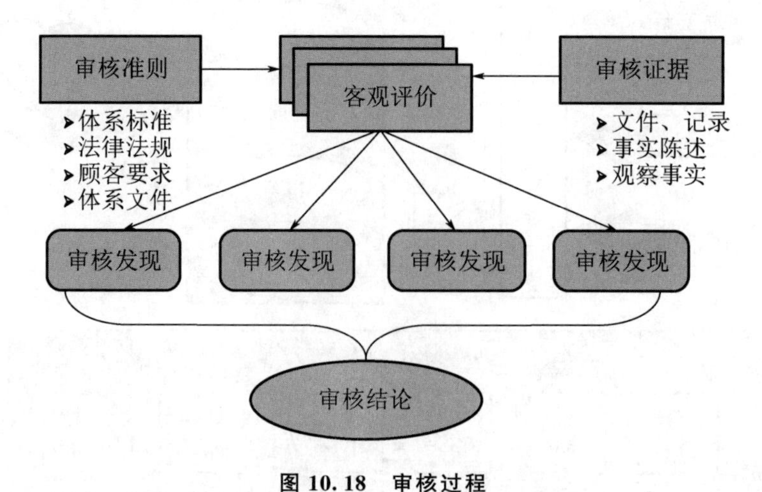

图 10.18 审核过程

纠正：为消除已发现的不合格所采取的措施。

纠正措施：为消除已发现的不合格或其他不期望情况的原因所采取的措施。

预防措施：为消除潜在不合格或其他潜在不期望情况的原因所采取的措施。

区分纠正和纠正措施：如斩草除根，“斩草”是纠正，“除根”是纠正措施。

区分纠正措施和预防措施：亡羊补牢是纠正措施，而未雨绸缪是预防措施。

10. 持续改进(标准第10章)

1）总则

组织应确定并选择改进机会，采取必要措施，满足顾客要求和增强顾客满意。改进应包括：

① 改进产品和服务以满足要求并关注未来的需求和期望；

② 纠正、预防或减少不利影响；

③ 改进质量管理体系的绩效和有效性。

注：改进的例子可包括纠正、纠正措施、持续改进、突破性变革、创新和重组。

2）不合格和纠正措施

(1）若出现不合格时，包括来自投诉的不合格，组织应做到以下几点。

① 对不合格做出应对，适用时，采取措施予以控制和纠正，处置产生的后果。

② 通过下列活动，评价是否需要采取措施，以消除产生不合格的原因，避免其再次发生或在其他场合发生：

a. 评审和分析不合格；

b. 确定不合格的原因；

c. 确定是否存在或可能发生类似的不合格。

③ 实施所需的措施。

④ 评审所采取纠正措施的有效性。

⑤ 需要时，更新策划期间确定的风险和机遇。

⑥ 需要时，变更质量管理体系。

纠正措施应与所产生的不合格的影响相适应。

(2）组织应保留成文信息，作为下列事项的证据。

① 不合格的性质以及随后所采取的措施。

② 纠正措施的结果。

3）持续改进

组织应持续改进质量管理体系的适宜性、充分性和有效性。

组织应考虑分析、评价的结果，以及管理评审的输出，确定是否存在持续改进的需求或机会。

本章小结

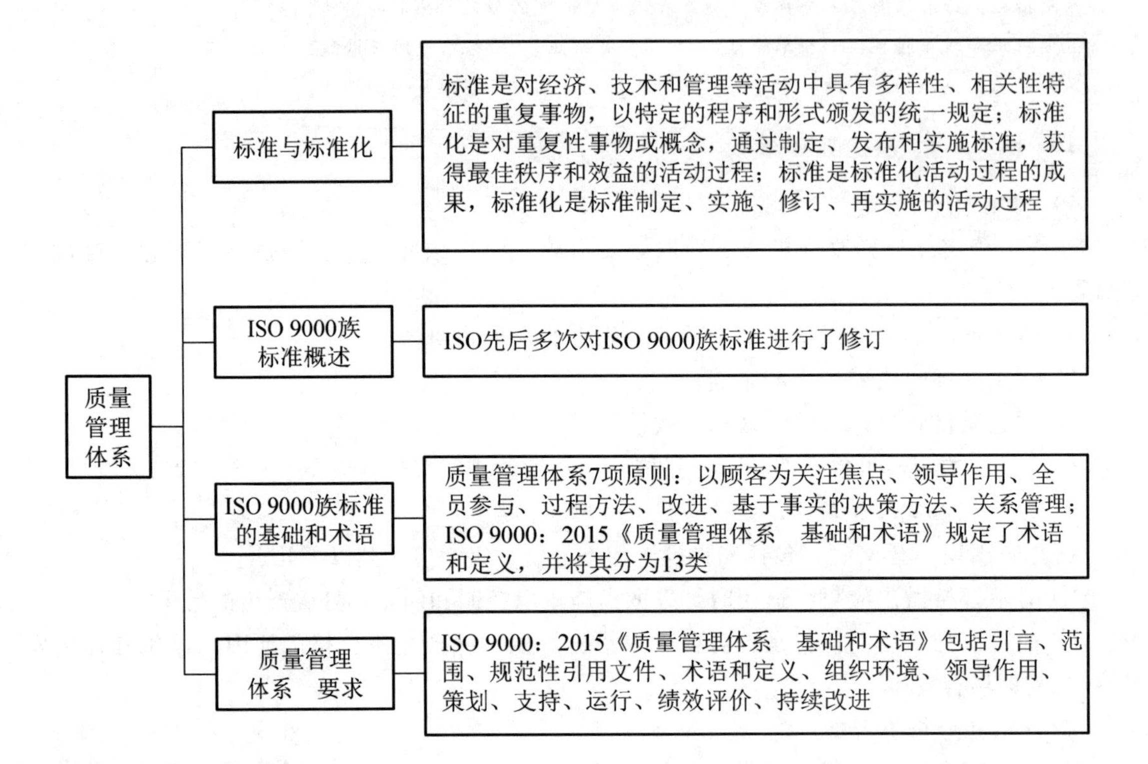

标准与标准化
ISO 9000 族标准
过程方法
质量管理体系

习　　题

1. 选择题

(1) 质量定义中“特性”的含义指(　　)。

A. 固有的　　B. 赋予的　　C. 潜在的　　D. 明示的

(2) 2015 版 ISO 9000 族标准适用的范围是(　　)。

A. 小企业　　B. 大中型企业

C. 制造业　　D. 所有行业和各种规模的组织

(3) 2015 版 ISO 9000 族标准采用(　　)模式。

A. 质量保证　　B. 过程方法　　C. 持续改进　　D. 要素

(4) 用于质量管理体系审核的依据应是(　　)。

A. ISO 9000　　B. ISO 9001　　C. ISO 19021　　D. ISO 19011

(5) 关于组织环境管理者代表的人数的说法，正确的是(　　)。

A. 1人　　B. 2～3人　　C. 3人以上　　D. 可不止1人

(6) (　　)审核不属于环境管理体系审核。

A. 管理评审　　B. 组织的内审(第一方审核)

C. 合同审核(第二方审核)　　D. 认证审核

2. 判断题

(1) 对于质量管理体系，目前认证的有效版本为2015年发布的2015版标准。(　　)

(2) 管理评审可由质管办主任组织进行，并做出评审结论，指导各部门实施。(　　)

(3) ISO 9004系列标准是ISO 9001系列标准的实施指南。(　　)

(4) ISO 9001：2015《质量管理体系　要求》标准规定的质量管理体系要求仅适用于向顾客提供产品质量保证。(　　)

(5) 数据和信息的研究分析是有效决策的基础。(　　)

(6) 2015版ISO 9001标准和ISO 9004标准已成为一对协调一致的质量管理体系标准。(　　)

(7) 对质量管理体系的更改进行策划和实施时，应保持体系的完整性。(　　)

3. 简答题

(1) 标准化活动的基本原则是什么?

(2) 质量管理体系7项原则是什么?

(3) ISO 9000族标准与全面质量管理的关系是什么?

(4) 简述ISO 9001标准与ISO 14001标准的关系。

(5) 如何对质量目标进行审核?

(6) 管理者代表的职责是什么?

(7) 过程与过程方法的概念是什么?

4. 思考题

(1) 建立质量管理体系对于保证和提高产品质量有何意义?

(2) 你认为当前我国的质量认证，应抓好哪些方面的工作?

【实际操作训练】

1. 识别各种标准及其编号。

2. 识别ISO 9001：2015《质量管理体系　要求》和ISO 9001：2008《质量管理体系　要求》的区别。

参考答案

试剂厂仪器的校准管理

在某试剂厂质控室，审核员看到有一台从德国进口的全自动生化分析仪。审核员问主任：“这台仪器你们如何校准?”

主任回答:“技术监督部门的人说他们不能校准,还想派人到我们这里来学习如何使用呢。”

审核员说:“难道你们自己就没办法校准了吗?”

主任想了一会儿说:“我们每年参加卫生部临床检验中心的比对,他们提供标准物,我们进行测试,然后把我们的结果与靶值比较,结果都很满意,这算不算校准呢?”并出示了今年3月比对结果的结论。

审核员:“这当然是校准。你们公司有几台这样的仪器?”

主任:“在开发部还有一台。”

审核员:“他们也参加比对吗?”

主任:“他们没有参加比对。”

实操展示

审核员:“你们与他们进行过比对吗?”

主任:“正式的比对试验没做过。”

资料来源:根据网络资料整理。

分析与讨论:

(1) 本案违反了ISO 9001:2015《质量管理体系　要求》的哪条?

(2) 如何进行有效改进?

一体化管理体系

本章教学要点

知识要点	掌握程度	相关知识
三大管理体系标准	熟悉	ISO 9001、ISO 14001、ISO 45001
一体化管理体系概念	掌握	一体化管理体系的定义及实质
一体化管理体系模式	重点掌握	过程方法、PDCA 循环
建立一体化管理体系的步骤和要求	熟悉	6 步骤、9 方面要求

本章技能要点

技能要点	熟练程度	应用方向
PDCA 循环的应用	掌握	在构建一体化管理体系的过程中，确保组织各方面都能实现 PDCA 循环
建立一体化管理体系	掌握	为具体企业构建一体化管理体系
学会应用过程方法	熟悉	识别组织所需的过程并分析和管理各过程

案例延伸

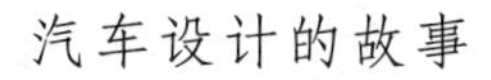

汽车设计的故事

一家底特律的公司拆解了一辆日本进口汽车，目的是了解某项装配流程，分析为什么日本人能够以较低的成本做到超水准的精密度与可靠性。他们发现不同之处在于：日本汽车在发动机盖上的 3 处地方，使用相同的螺栓去接合不同的部分；而美国汽车同样的装配，却使用了 3 种不同的螺栓，使汽车的组装较慢和成本较高。为什么美国公司要使用 3 种不同的螺栓呢？因为在底特律的设计单位有 3 组工程师，每一组只对自己的零件负责。日本的公司则由一位设计师负责整个发动机或范围更广的装配。有讽刺意味的是这 3 组美国工程师都自认为他们自己组的工作是成功的，因为他们的螺栓与装配在性能上都不错。

资料来源：根据网络资料整理。

若把案例中提到的装配流程看成一个大系统，日本汽车是把此大系统当成一个完整的系统在运作，而美国汽车是把此大系统拆分成3个独立的子系统来运作的，而3个独立的子系统相互工作不协调，造成了资源的浪费和成本的增加，最终会使企业的竞争力降低甚至失败。这一问题在企业的管理体系建设中也显得越来越突出。

目前，国内外通行的管理体系主要有3种，即质量管理体系(Quality Management System，QMS)、环境管理体系(Environmental Management System，EMS)和职业健康安全管理体系(Occupational Health And Safety Management System，OHSMS)。三大管理体系分别依据3项国际标准实施，见表11-1。

表11-1 三大管理体系对应的国际标准相关信息

管理体系	国际标准	发布主体	发布时间	修改时间
QMS	ISO 9001	国际标准化组织(ISO)	1987年	1994年、2000年、2008年、2015年
EMS	ISO 14001	国际标准化组织(ISO)	1996年	2004年、2015年
OHSMS	ISO 45001	国际化标准组织(ISO)	2018年	—

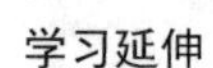

随着社会的进步和经济的发展，很多组织为了提高管理水平、树立良好的企业形象、提高企业的竞争力，都在积极地构建质量管理体系、环境管理体系和职业健康安全管理体系，并尽力获得相应的认证。但由于三大管理体系对应的国际标准在不同的时间以独立的形式发布，见表11-1。三大管理体系的直接受益者及其典型要求不同，见表11-2。因而就造成三大管理体系独立运行于一个组织中，如图11.1所示，给组织带来诸多的负面效应，如投入的人力多、重复的文件多、工作接口的矛盾、管理机构及职责的重复，尤其是各管理体系之间存在较高的协调成本，致使企业整体的运营效率深受影响。为此，“一体化管理体系”(Integrated Management System，IMS)的理念在近年来日益受到广泛关注。

表11-2 三大管理体系的直接受益者及其典型要求

管理体系	直接受益者(典型要求)
QMS	顾客(产品/服务的质量)
EMS	社会(生产环境不受组织活动及产品的污染)
OHSMS	员工(安全的工作环境)

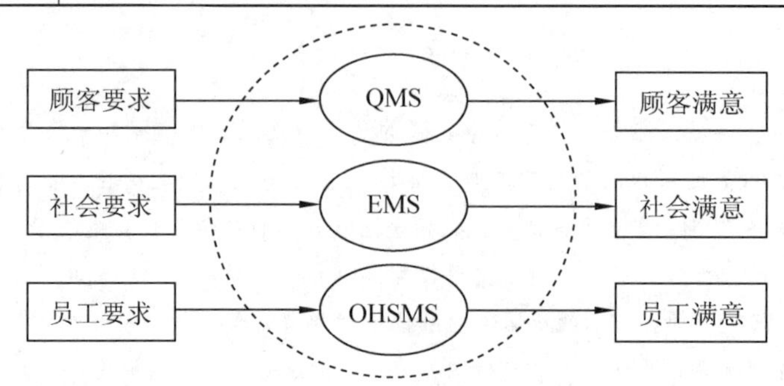

图11.1 三大管理体系在组织中独立运行示意图

11.1　一体化管理体系概述

11.1.1　一体化管理体系的概念

1）定义

“一体化管理体系”又称“综合管理体系”“整合型管理体系”等。

ISO 9000：2015《质量管理体系　基础和术语》对“一体化”作了如下描述：组织的管理体系中具有不同作用的部分，包括其质量管理体系，可以整合成为一个单一的管理体系。当质量管理体系与其他管理体系整合后，与组织的质量、成长、资金、利润率、环境、职业健康和安全、能源、治安状况等方面有关的目标、过程和资源可以更加有效和高效的实现和利用。该标准规定：“在一个受审核方，对两个或两个以上的管理体系一起做审核时，称为‘多体系审核’。”

因此，可以将“一体化管理体系”定义为：“将两种或两种以上的管理体系经过有机地结合，而形成使用共有要素的管理体系。”

一体化管理体系有多种组合方式，如质量管理体系和环境管理体系的一体化；质量管理体系和职业健康安全管理体系的一体化；质量管理体系和环境管理体系、职业健康安全管理体系的一体化等。根据参与一体化的不同管理体系的数目，可以将一体化管理体系分为二元、三元或多元 3 种类型。

对上述定义解释如下。

（1）必须是两种或两种以上的不同管理体系。

（2）有机地结合不是指多种管理体系的简单相加，而是按照系统化原则形成相互统一、相互协调、相互补充、相互兼容的有机整体，才能发挥一体化的整体有效性和效率。

（3）使用共有要素。诸多管理体系本来就在一个组织中，本来就使用共有要素。这里强调共有要素是要求不要把那些共有要素人为地分开。

“一体化审核”则是指认证机构在同一时间，用同一审核组，按同一审核计划，对同一组织已整合运行的两个或两个以上管理体系进行审核。

知识要点提醒

这里的“一体化管理体系”特指将质量管理体系（QMS）、环境管理体系（EMS）和职业健康安全管理体系（OHSMS）整合起来构建的一体化管理体系。有些资料中将这种一体化管理体系简称为“QEO”或“QHSE”等。

由组织向认证机构提出了对一体化管理体系实施一体化审核的要求，即通过一个审核组的一次现场审核，同时颁发 ISO 9001、ISO 14001、ISO 45001 认证证书，从而可以大大减少组织的管理成本，提高管理体系的运行效率。

理解“一体化审核”和“结合审核”“联合审核”的含义。

一体化审核：认证机构在同一时间，用同一审核组，按同一审核计划，对同一组织已整合运行的两个或两个以上管理体系进行审核。

结合审核：当两个或两个以上管理体系被一起审核时称为结合审核。

联合审核：当两个或两个以上组织合作共同审核同一个受审核方时称为联合审核。

2）一体化管理体系的实质

在讨论一体化管理体系时，我们总认为是把几个体系结合在一起，其实是不再人为地去把本来就是一体的企业管理体系，分割为质量管理体系、环境管理体系、职业健康安全管理体系。国际上在讨论一体化管理体系时，曾用图 11.2 形象地表示三大管理体系的结合程度。

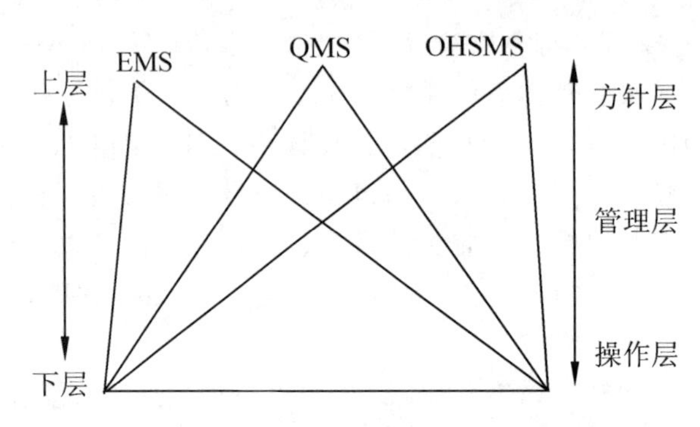

图 11.2　三大管理体系的结合程度示意图

从图 11.2 可清楚地看出：

(1) 任何管理体系均寓于企业管理体系之中，它们之间突出的区别体现在上层，尽管可以把质量方针、环境方针和职业健康安全方针合成一个企业管理体系方针，但是这三方面的内容均应包括在内，互相不可替代；

(2) 所有的管理体系均是基于企业的操作层，任何管理体系的运作和控制没有操作层就不能实现，它们在操作层融合在一起；

(3) 三大管理体系在管理层的共性应进行内容组合，但个性内容应该保留。

11.1.2　一体化管理体系的由来

自 1996 年以来，“一体化管理体系”一词在各种管理类文章中被越来越多地引用，这些文章从不同的方向对一体化管理体系的现状及发展进行了细致的描述。

企业的经营活动涉及质量管理、人力资源管理、环境管理、职业安全卫生管理、营销管理等方方面面，单纯采用一种管理模式必然难以满足客观需要；如果企业因为社会潮流和顾客要求，一次次地建立独立的不同体系，会带来很多重复性的工作，造成资源的浪费，也会影响企业综合管理水平和经济效益的提高。越来越多的组织面临着两个或更多管理体系整合的问题。同时，这也给认证机构提出了对一体化管理体系实施一体化审核的要求。

近年来，随着质量管理体系、环境管理体系、职业健康安全管理体系的深入实施，产业界和认证机构对一体化管理体系的反应非常热烈。美国朗讯公司、日本夏普公司的复印机制造厂等组织都已经建立了一体化管理体系。CEPREI、BSI、SGS、NQA 等认证机构也推出了对一体化管理体系的审核机制。可是，如何实现一体化，一体化的模型是什么，企业应如何建立一体化管理体系，如何编写手册和程序文件，如何进行内审、管理评审，如何开展第三方认证审核等问题却没有定论。尽管如此，越来越多的组织已经认识到了一体化管理体系能带来管理效率的提高，体系建立、认证和维护费用的降低，等等。因此这些组织已经开始或准备将现有的管理体系进行整合，推行一体化管理体系。一体化管理体系的发展前景是非常广阔的。

11.1.3　一体化管理体系的组成

ISO 9001、ISO 14001 和 ISO 45001 等标准规定的管理体系一并被称为后工业化时代的管理方法。“一体化管理体系”由质量管理体系、环境管理体系和职业健康安全管理体系组成。

1）质量管理体系

国际标准化组织于 1987 年成立了质量管理和质量保证技术委员会，负责制定统一的质量管理和质量保证标准，1987 年发布了第一版 ISO 9001 标准。为使标准更适用于各种行业、各种规模、各种性质的单位，国际标准化组织多次对 ISO 9001 标准进行修订，目前认证的有效版本于 2015 年发布。有关质量管理体系更为详细的介绍见第 10 章。

2）环境管理体系

环境管理体系认证是继质量管理体系认证以后，又一个以统一的国际标准为依据的管理体系认证。

质量管理体系认证在世界范围的成功，坚定了国际标准化组织效仿质量管理体系的经验，力求通过实施与质量管理体系认证类似的环境管理体系认证，为解决人类面临的环境问题再做贡献的决心。

环境管理体系认证同质量管理体系认证一样，都是组织的自愿行为。组织通过认证，获得第三方认证机构颁发的证书，就意味着组织取得了客观证明，它向社会表明了本组织兑现环境承诺和对环境因素的控制能力。通过第三方认证机构的证实，树立起善待环境的企业形象，在绿色消费之风盛行、绿色贸易壁垒林立的形势下，有了这张“绿色通行证”，对企业是很有意义的，它不仅是提高产品竞争力的有效途径，有时甚至关系到企业的生死存亡。也正因为如此，许多有远见的企业在 ISO 14001 标准还处于草案阶段时，就根据得到的信息，做好了认证的准备工作，ISO 14001 认证标准一发布，他们便抢先通过认证。环境管理体系认证的发展速度超过了质量管理体系认证。这种现象从另一个侧面证明了环境管理体系认证的重要性和紧迫性。目前认证的有效版本于 2015 年发布。

3）职业健康安全管理体系

经济的高速发展和社会的不断进步，使各国政府和许多国际组织对“经济—社会—资源—环境”的可持续、协调发展日益重视，与生产紧密相关的职业健康安全问题也受到更普遍的关注，“环境与安全”问题被认为是当今世界标准化工作很紧迫的课题之一。职业健康安全管理体系应运而生。2018 年，国际标准化组织正式发布了 ISO 45001：2018《职业健康安全管理体系要求及使用指南》，2020 年我国正式发布 GB/T 45001—2020《职业健康安全管理体系要求及使用指南》。

实施职业健康安全管理体系，有助于消除或减少员工及其他相关团体与他们活动相关的职业健康安全管理风险；并可通过获得第三方认证机构认证的形式，向外界证明其职业健康安全管理体系的符合性和职业健康安全管理水平。由于实施职业健康安全管理体系可以带来降低风险、提高国际市场竞争力、取得政府优惠政策等好处，职业健康安全管理体系标准自发布以来，受到广大企业的积极响应。

11.2　建立一体化管理体系的必要性和可行性

11.2.1　建立一体化管理体系的必要性

1）三大国际标准本身具有一体化的“意愿”

三大管理体系所对应的国际标准(ISO 9001、ISO 14001、ISO 45001)在修订和制定过程中已充分考虑了标准的兼容性和管理的一体化问题，也都提倡组织管理体系的一体化。例如，ISO 9001：2015 标准指出：“本标准采用了国际标准化组织制定的管理体系标准框架，以提高与其他管理体系标准的兼容性。本标准使组织能够使用过程方法，并结合采用PDCA循环和基于风险的思维，将质量管理体系要求与其他管理体系标准的要求进行协调或整合。”

ISO 45001 标准制定时亦考虑了与 ISO 9001、ISO 14001 标准的相容性，以便组织建立质量、环境、职业健康安全“一体化”的管理体系。这充分表明了三大标准的制定组织希望使用标准的组织将质量、环境、职业健康安全管理体系整合成一体化管理体系的愿望，因此，组织构建一体化管理体系符合三大国际标准本身的要求。

2）适应国际认证领域发展的需要

从国际认证的发展趋势来看，企业倾向于建立并实施多种管理体系，寻求多种认证。国际标准化组织为适应这一发展趋势，多年来一直努力促进三大管理体系一体化认证，期望实现一家(认证机构)一次审核认证，同时取得三张证书(质量管理体系认证证书、环境管理体系认证证书、职业健康安全管理体系认证证书)，使组织和认证机构互利和双赢。国内外很多组织和认证机构也正在这方面进行着积极的探索。因此，构建一体化管理体系的实践也同样符合国际认证领域发展的主要趋势。

3）组织管理自身的需要

组织若分别建立三大管理体系，在运行中会出现三本手册、三套程序文件，以及重复内审、重复管理评审的现象，导致组织管理效率降低。组织建立一体化管理体系，可以认识和掌握管理的规律性，建立一致性的管理基础；科学地调配人力资源，优化组织的管理结构；统筹开展管理活动，提高工作效率。另外，企业在进行内审或外审时，三个体系同时审核，可以大大减少管理费用开支。据初步测算，创建一体化管理体系的经费和时间至少可都节约30％以上。

4）适应管理体系的发展需要

从国际上质量、环境、职业健康安全等方面管理体系的发展趋势看，国内外均有一些企业已经开始进行建立一体化管理体系的探索和尝试。国际标准化组织也认同建立和实施一体化的管理体系是今后管理体系发展的必然趋势。

因此，想建立和实施一体化管理体系并想获得三大管理体系认证的组织，或是已经先后获得三大管理体系认证的组织，若要以较少的投入和较短的时间达到预期的管理目标，实现组织管理最优化，构建一体化管理体系是必由之路。

11.2.2　构建一体化管理体系的可行性

1）三大标准的兼容性为其一体化创造了有利条件

ISO 9001 与 ISO 14001 自发布以来，一直在不断地修改、充实和完善。在标准修订过程中，国际标准化组织也把 ISO 9001 与 ISO 14001 及 ISO 45001 等标准兼容性作为标准修订的重要指导思想。例如，ISO 9001：2015 与 ISO 14001：2015 统一了标准框架结构，大大地改善了兼容性。ISO 45001 标准制定时亦考虑了与 ISO 9001、ISO 14001 标准的相容性，ISO 45001 与 ISO 14001 标准条款名称基本对应。三大标准之间的兼容性，已经为一体化预留了接口。

2）三大标准的共同点是一体化的基础

三大标准有很多共同点，主要体现在以下几个方面。

（1）管理原理相同，运行模式相似。三大标准均以戴明原理为基础，遵照 PDCA 循环原则，以及不断提升和持续改进的管理思想；三大标准都运用了系统论、控制论、信息论的原理和方法。

（2）基本结构十分接近。三大标准在结构章节上尽管不是一一对应，但其基本结构是一致的，见表 11－3。三大标准结构的接近有利于按照某一个标准要求建立一体化管理体系，并将其他标准特性管理要求融入其中。

表 11－3　ISO9001、ISO14001、ISO45001 标准体系部分章节对应关系

ISO 9001	ISO 14001	ISO 45001
4　组织环境	4　组织所处的环境	4　组织所处的环境
4.1　理解组织及其环境	4.1　理解组织及其所处的环境	4.1　理解组织及其所处的环境
4.2　理解相关方的需求和期望	4.2　理解相关方的需求和期望	4.2　理解工作人员和相关方的需求和期望
4.3　质量管理体系的范围	4.3　确定环境管理体系的范围	4.3　确定职业健康安全管理体系的范围
4.4　质量管理体系及其过程	4.4　环境管理体系	4.4　职业健康安全管理体系
5　领导作用	5　领导作用	5　领导作用和工作人员参与
5.1　领导作用和承诺	5.1　领导作用与承诺	5.1　领导作用和承诺
5.2　方针	5.2　环境方针	5.2　职业健康安全方针
5.3　组织的角色、职责和权限	5.3　组织的角色、职责和权限	5.3　组织的角色、职责和权限
		5.4　工作人员的协商和参与
6　策划	6　策划	6　策划
6.1　应对风险和机遇的措施	6.1　应对风险和机遇的措施	6.1　应对风险和机遇的措施
6.2　质量目标及其实现的策划	6.2　环境目标及其实现的策划	6.2　职业健康安全目标及其实现的策划
6.3　变更的策划		
7　支持	7　支持	7　支持
7.1　资源	7.1　资源	7.1　资源
7.2　能力	7.2　能力	7.2　能力

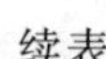

续表

ISO 9001	ISO 14001	ISO 45001
7.3　意识	7.3　意识	7.3　意识
7.4　沟通	7.4　信息交流	7.4　沟通
7.5　成文信息	7.5　文件化信息	7.5　文件化信息
8　运行	8　运行	8　运行
8.1　运行策划和控制	8.1　运行策划和控制	8.1　运行策划和控制
8.2　产品和服务的要求	8.2　应急准备和响应	8.2　应急准备和响应
8.3　产品和服务的设计和开发		
8.4　外部提供过程、产品和服务的控制		
8.5　生产和服务提供		
8.6　产品和服务的放行		
8.7　不合格输出的控制		
9　绩效评价	9　绩效评价	9　绩效评价
9.1　监视、测量、分析和评价	9.1　监视、测量、分析和评价	9.1　监视、测量、分析和评价绩效
9.2　内部审核	9.2　内部审核	9.2　内部审核
9.3　管理评审	9.3　管理评审	9.3　管理评审

(3) 对管理体系建立的原则和实施方法要求一致。标准都是自愿采用的管理型标准，都要求采用系统方法，通过实施完整的管理体系，建立一个完整、有效的文件化管理体系；都通过管理体系的建立、实施与改进，采用过程方法，对组织的活动过程进行控制和优化，实现方针、承诺并达成预期的目标。

(4) 指导思想相似或一致。三大标准分目标相似、总目标一致，都是为了满足相关方(顾客或社会、员工)的要求，推动现代化企业的发展和取得最佳绩效。三大标准处处都体现持续改进和预防为主的思想，并且要求组织在体系的建立与实施全过程中，把这一基本思想贯彻始终。

三大标准的相同点，为构建一体化管理体系提供了内在联系和应用的理论基础。

3) 三大管理体系的整合已取得成功经验

在国内外已有一些组织在建立和实施一体化管理体系方面取得了成功的经验，如美国朗讯公司、日本夏普公司的复印机制造厂、宝钢集团上海第一钢铁有限公司、贵州茅台酒股份有限公司、中国建筑一局（集团）有限公司、青岛啤酒股份有限公司等。这些组织成功建立了一体化管理体系，在此基础上通过了一次认证，同时获得三张证书，且通过实施一体化管理体系实现了预期的管理目标。

三大标准之间的共同点、兼容性为组织建立和实施一体化管理体系提供了可能，而实践也进一步证明三大管理体系的整合是有效的，因而构建一体化管理体系是完全可行的。

11.3 基于ISO 9001：2015标准构建一体化管理体系模型

ISO 9001：2015标准作为国际标准于2015年正式发布，国际标准化组织建议，在ISO 9001：2015标准发布一年后，所有获得认可的质量管理体系认证(初次认证或再认证)应依据ISO 9001：2015标准进行。ISO 9001：2015标准发布一年后，任何按ISO 9001：2008颁发的认证证书都将失效。

一体化管理体系的构建本着对内满足建立一体化管理体系的需求，对外可以适应和满足不同类型认证与审核要求的目标，所构建的体系应具有广泛的适用性。

为实现此目标，构建一体化管理体系应以ISO 9001：2015标准为框架进行一体化，即以ISO 9001：2015标准的管理思想为基础，综合考虑ISO 14001：2015标准和ISO 45001：2018标准的结构与内容。

11.3.1 以ISO 9001：2015标准为框架进行一体化的原因

(1) ISO 9001标准的发布早于ISO 14001和ISO 45001标准(见表11-1)，并且在世界范围得到了广泛应用，受到众多组织的关注。

(2) ISO 9001标准自1987年发布以来，历经多次修改(见表11-1)，每一次修改都是一次完善的过程，每一次修改都提供了更清楚的条款说明，且更方便使用；进一步增强了与ISO 14001的兼容性；保持了与ISO 9000族标准的一致性；改善了可翻译性。因此ISO 9001：2015标准更加成熟和完善。

(3) ISO 9001：2015标准有更强的兼容性，以ISO 9001：2015标准为框架进行一体化整合的难度相对较小。国际标准化组织在制定、修改ISO 9001标准时就考虑了该标准与ISO 14001和ISO 45001标准间的兼容性，而加强ISO 9001质量管理体系与ISO 14001环境管理体系的兼容性，是ISO 9001标准改版的重要目的之一，所以ISO 9001：2015标准进一步提升了与ISO 14001和ISO 45001标准的兼容性。

(4) ISO 9001标准强调过程方法，在过程基础上整合各个要素要容易得多。过程方法要求组织首先找出建立一体化管理体系所需的所有过程，包括管理过程、资源提供过程、产品实现过程和监视与测量过程，并确定过程的顺序和相互作用；其次要对各过程加以管理，也就是要控制各个过程的要素，包括输入、输出、活动和资源等。

(5) 组织经营的主要目标是产品或服务的实现、满足顾客的质量要求，而环境目标和职业健康安全目标是伴随组织产品或服务实现过程而产生的结果。

小思考

在一体化管理体系的建立和实施过程中，如何理解“过程”？

在一体化管理体系的建立和实施过程中，组织对“过程”及有关定义的理解非常重要。任何接受输入并将其转化为输出的活动都可以被认为是一个过程。一个过程应当是或者本身是一种增值转换。

组织的一体化管理体系应当由许许多多“过程”串联或并联而成，在组织内部组成“过程网络”。通常，一个过程的输出将直接成为下一个过程的输入。

一体化管理体系所需的过程包括与管理活动、资源提供、废弃物产生、产品实现、监视与测量、废弃物处理、产品防护等有关的过程。

一体化管理体系的完整过程：输入(资源＋要求)、转化(产品实现＋废弃物产生)、输出(产品＋废弃物)。

每一过程所涉及的基本概念包括资源、要求、产品和废弃物。其中，“资源”是指实现顾客满意产品所必需的资源，一般包括人员、设备、原材料、技术方法、监测手段和生产顾客满意产品所需的环境等。“要求”指法律法规和其他相关方的要求，包括对产品的要求和在环境保护方面的任何要求。“产品”是指过程输出的主要结果，也就是顾客和其他相关方满意的产品。“废弃物”是指过程输出的除产品以外的非预期的结果。废弃物包括所有“副产品”、废水、废气、噪声、固体废弃物和不合格品等。

11.3.2 一体化管理体系模式

管理体系按层次的高低可分为方针层、管理层和操作层，如图 11.3 所示。任何管理体系均寓于企业管理体系之中，它们之间突出的区别体现在上层，所有的管理体系均是基于企业的操作层，任何管理体系的运作和控制没有操作层就不能实现。综合图 11.2，在构建一体化管理体系时应以 ISO 9001 标准的要求为主体，有机整合 ISO 14001 和 ISO 45001 标准的要求，保证对所有要素的有效控制，其基本结构可用图 11.4 来表示，具体表现为以下几点。

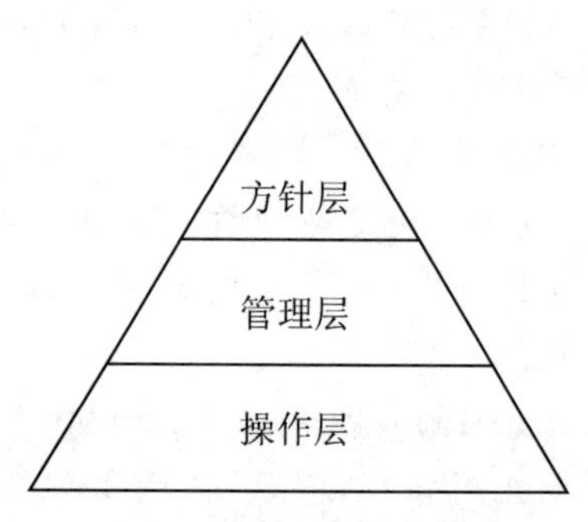

图 11.3 管理体系层次示意图

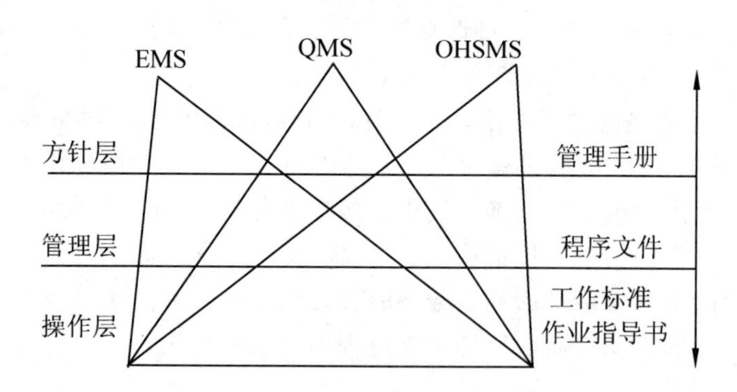

图 11.4 一体化管理体系基本结构

(1) 把质量方针、环境方针和职业健康安全方针合成一个企业管理体系方针，但是这三方面的内容均应包括在内，相互之间是不可替代的。

(2) 三大管理体系管理层共性的内容应加以组合，但个性内容应该保留。

(3) 三大管理体系必须在操作层融合在一起。

(4) 整合后的管理性要求应覆盖三大标准的内容，就高不就低，以三大标准中最高要求为准。

(5) 构筑一体化管理体系的文件体系，如图 11.4 所示。

这样才可确保一体化管理体系在组织中有效运转，使三大管理体系同步运行，同时实现三大管理体系的预期管理目标，同时满足顾客、社会、员工的要求，使得顾客满意、社会满意及员工满意，如图 11.5 所示。

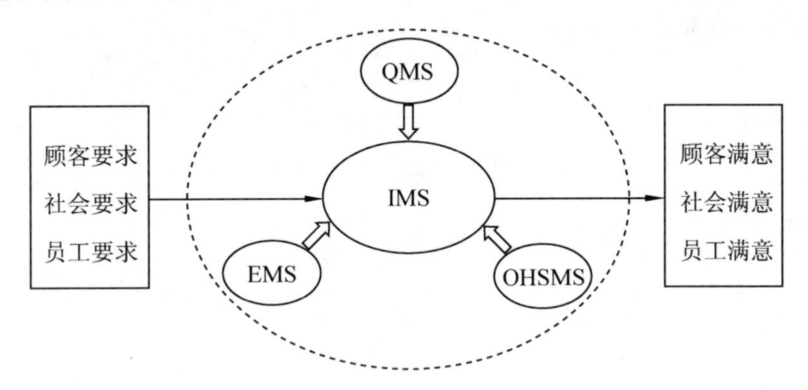

图 11.5　一体化管理体系在组织中运行示意

ISO 9001 标准强调过程方法，且三大标准均以戴明原理为基础，遵照 PDCA 循环原则，以及不断提升和持续改进的管理思想。因此基于 ISO 9001 标准构建一体化管理体系，应识别和确定所需的管理过程，采用管理的系统方法将质量管理体系、环境管理体系和职业健康安全管理体系的有关要求有机地融合于过程的管理步骤中，将这些要求协调一致。并能通过 PDCA 循环的动态循环过程实现管理体系的持续改进。鉴于此，所构建的一体化管理体系模式，共分为五大模块，即：①领导作用；②策划；③支持和运行；④绩效评价；⑤改进。一体化管理体系将要素按照过程模式进行有机组织，形成 PDCA 循环的运行机制。

11.3.3　一体化管理体系的要素框架

按一体化管理体系，以 ISO 9001：2015 标准的管理思想为基础，综合考虑 ISO 14001：2015 标准和 ISO 45001：2018 标准的结构与内容，即要以质量管理为主线，同时兼顾环境、职业健康安全方面的要求，保证整合后的管理体系持续有效地运行。表 11-4 为一体化管理体系模式的要素框架。

表 11-4　一体化管理体系模式的要素框架

一体化管理体系
1　范围
2　规范性引用文件
3　术语和定义
4　组织的背景 4.1　理解组织及其背景 4.2　理解相关方的需求和期望 4.2.1　文件要求

续表

一体化管理体系
4.2.2 法律法规和其他要求 4.3 确定一体化管理体系的范围 4.4 一体化管理体系及其过程
5 领导作用 5.1 领导作用和承诺 5.2 方针 5.2.1 质量方针 5.2.2 环境方针 5.2.3 职业健康安全方针 5.3 组织的作用、职责和权限
6 策划 6.1 应对风险和机遇的措施 6.2 目标及其实施的策划 6.2.1 质量目标及其实施的策划 6.2.2 环境目标及其实施的策划 6.2.3 职业健康安全目标及其实施的策划
7 支持 7.1 资源 7.2 能力 7.3 意识 7.4 沟通 7.5 形成文件的信息
8 运行 8.1 运行的策划和控制 8.2 产品和服务的要求 8.3 产品和服务的设计与开发 8.4 外部提供过程与控制 8.4.1 外部提供过程、产品和服务的控制 8.4.2 外部提供过程、环境要素的控制 8.4.3 应急准备和响应 8.5 生产和服务提供 8.6 产品生产和服务的放行 8.7 不合格输出的控制
9 绩效评价 9.1 监视、测量、分析和评价 9.1.1 质量监视、测量、分析和评价 9.1.2 环境监视、测量、分析和评价 9.1.3 职业健康安全合规性评价 9.2 内部审核 9.3 管理评审

续表

一体化管理体系
10 改进 10.1 总则 10.2 不符合和纠正措施 10.2.1 质量的不符合和纠正措施 10.2.2 环境的不符合和纠正措施 10.2.3 职业健康安全事件调查、不符合、纠正措施和预防措施 10.3 持续改进

11.4 建立一体化管理体系的步骤与要求

建立一体化管理体系的基本过程可以大致划分为准备阶段、体系策划与设计阶段、体系文件编制阶段、体系文件宣贯和试运行阶段、体系实施阶段和评审改进阶段，如图11.6所示。

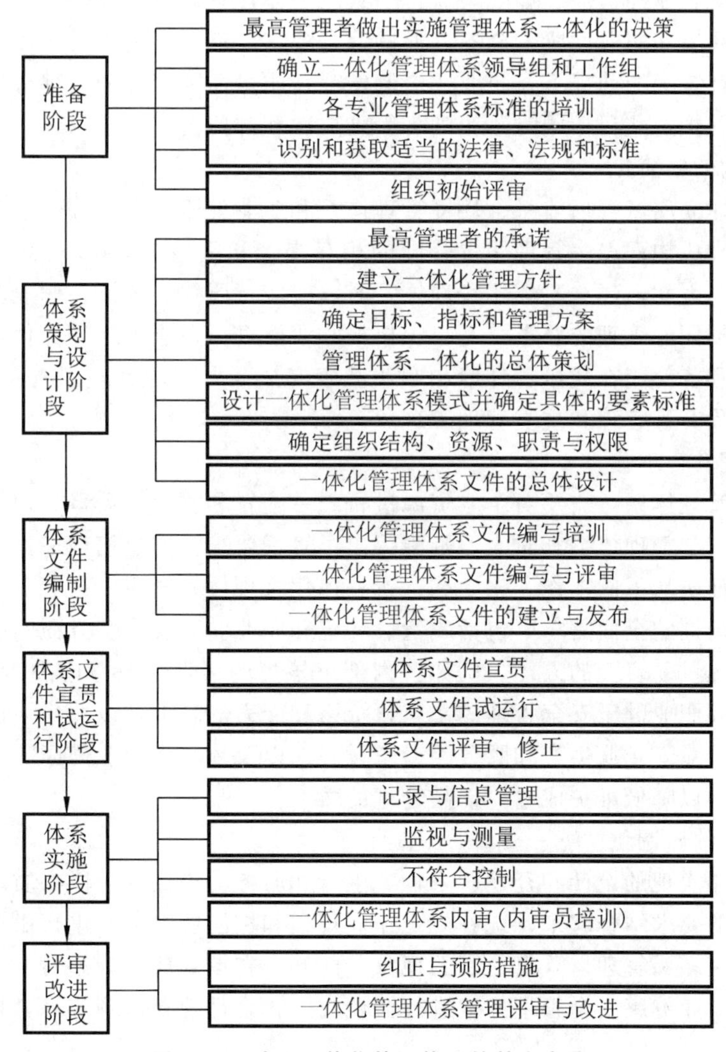

图11.6 建立一体化管理体系的基本步骤

企业在按照上述步骤建立一体化管理体系的过程中，应当注意以下9个方面的管理一体化要求。

1）管理体系要求的全面化

一体化管理体系应覆盖所有参与一体化的各专业管理体系的要求。以质量管理体系、环境管理体系和职业健康安全管理体系整合的三元一体化管理体系为例：质量管理体系的关注焦点是顾客，环境管理体系的关注焦点是社会，而职业健康安全管理体系的关注焦点是企业员工；三个体系共同的特点是以满足法律法规为前提。因此，企业在建立一体化管理体系时，应确立以满足法律法规要求为前提，以顾客、社会、员工等相关方的要求和期望为关注焦点，并对这些要求进行综合分析，并协调和统一管理满足要求的过程。

2）方针、目标的统一化

企业如果在建立一体化管理体系之前，已经按照各管理体系标准的要求分别建立了质量管理体系、环境管理体系和职业健康安全管理体系等管理体系，并分别制定了质量管理方针、环境管理方针和职业健康安全管理方针，那么在策划建立一体化管理体系时对这些方针进行协调，制定与企业经营理念和战略保持一致的一体化管理总方针，以统一管理一体化管理体系对质量、环境和职业健康安全各方面的综合要求，就更有利于对一体化管理体系的理解和实施。在方针统一的前提下，企业还应制定涵盖质量、环境和职业健康安全等内容的一体化管理目标，并把这些目标同时落实到各管理层次和部门。

3）管理机构的精简化

企业在分别建立质量管理体系、环境管理体系和职业健康安全管理体系时，可能会因分别设置相应的管理机构而产生管理职责分配的相互交叉和重叠、接口不清、管理协调困难、多头指挥等问题。因此，建立一体化管理体系时，应实行质量、环境、职业健康安全一体化的管理机制，根据职能管理的要求，对组织机构和职能进行适当重组和优化，并结合企业的特点，将各层次和各部门在质量、环境和职业健康安全三方面的管理职责和权限进行统一，合理配置，以消除交叉管理和重复管理等现象。

4）资源管理的合理化

建立一体化管理体系，需要对企业资源进行统一配置和管理。质量管理体系、环境管理体系和职业健康安全管理体系都对人力资源提出了管理要求：通过培训来提高各级人员的意识和能力，以胜任所从事的工作。建立和运行一体化管理体系时应根据职责或所从事的工作特点和要求确定培训的全面需求，包括质量、环境和职业健康安全三方面的技能和意识，进行综合培训，以提供复合型的人才。例如，内部审核员的培训，应考虑进行质量管理体系、一体化管理体系和职业健康安全管理体系审核资格和能力的培训，以适应一体化管理内部审核的要求。此外，对于企业生产和服务的设备设施，以及环境和职业健康安全的设备设施也应进行统一管理，以降低维护成本，提高管理的效率。

5）运行过程的协调化

企业应在产品实现的设计和开发、采购、生产和服务的提供等阶段将质量、环境和职业健康安全三方面的要求结合起来，统一规定作业规程和控制要求，并进行协调统一的实施和控制，以避免发生多头管理、重复控制的现象。此外，在策划项目计划时，应将质量计划与环境管理方案、职业健康安全管理方案进行协调统一，合理规划，确定综合控制要求。

6）测量分析的同步化

为实现一体化管理的综合目标，对过程的质量管理、环境管理和职业健康安全管理的状况和业绩进行测量和分析是必要的。企业应制订统一的测量计划，对过程进行质量、环境和职业健康安全三方面的同步测量。管理体系内部审核和管理评审是质量管理体系、环境管理体系和职业健康安全管理体系标准都规定的体系测量活动。一体化管理体系应统一计划这三个体系对审核和评审的要求，进行同步审核，这样才有利于对发现的问题进行全面分析，采取综合措施，提高审核和评审的效率。

7）持续改进的综合化

对已发生的和潜在的问题采取纠正和预防措施，同时，在开展管理评审时，企业应综合质量、环境和职业健康安全管理等方面的要求和影响，分析和确定持续改进目标，并制定符合各方要求的改进方案，以提高持续改进效果的全面性。

8）管理体系文件的一体化

一体化管理体系文件经过统一策划后，应覆盖各管理标准的要求，并对各标准规定的要求进行有机的组合，而不是将这些文件简单相加。编制的文件要避免重复、烦琐，要满足实际运作需要，文件的接口要清晰、便于使用和控制。

管理手册按管理的系统方法，对每一过程相关的质量管理、环境管理和职业健康安全管理的要求都进行同步描述，并覆盖所有标准的全部要求。为了便于检索和查找，宜设置管理手册与相关标准条款的对照表。

程序文件的编制应按相关标准的规定和企业实际运作的需要确定，对于通用和有统一要求的程序，如文件控制、记录控制、内部审核、不合格、纠正和预防措施、培训等，应将各方面管理要求、方法予以统一，避免重复。各管理体系的专门要求，需结合过程予以描述。

工作标准作业指导书在策划和制定时，应结合一体化管理的要求，统一规定质量、环境和职业健康安全的要求，做到简明、适用和有效。

9）全方位的PDCA循环化

在建立一体化管理体系时，要充分考虑组织各个方面都能实现PDCA循环，确保体系从各个角度管理都能致力于自我控制和自我完善。充分发挥和运用各级、各分体系、各岗位的PDCA循环，将组织总的管理目标由上而下进行分解，而后由下而上、由小而大地实现组织的目标。

（1）分体系的PDCA循环。各分体系应以总体系策划中对本分体系的要求为目标，为完成该目标进行完整的PDCA循环策划。

（2）部门的PDCA循环。各部门应以分体系中对本部门的要求为目标，为完成该目标进行完整的PDCA循环策划。

（3）岗位的PDCA循环。岗位是组织的细胞，也是组织活动分解的末梢。所有岗位的活动综合表现为组织整体的运行机能，每个岗位都进行独立的PDCA循环将对整体效能的实现起到极其重要的作用。

本章小结

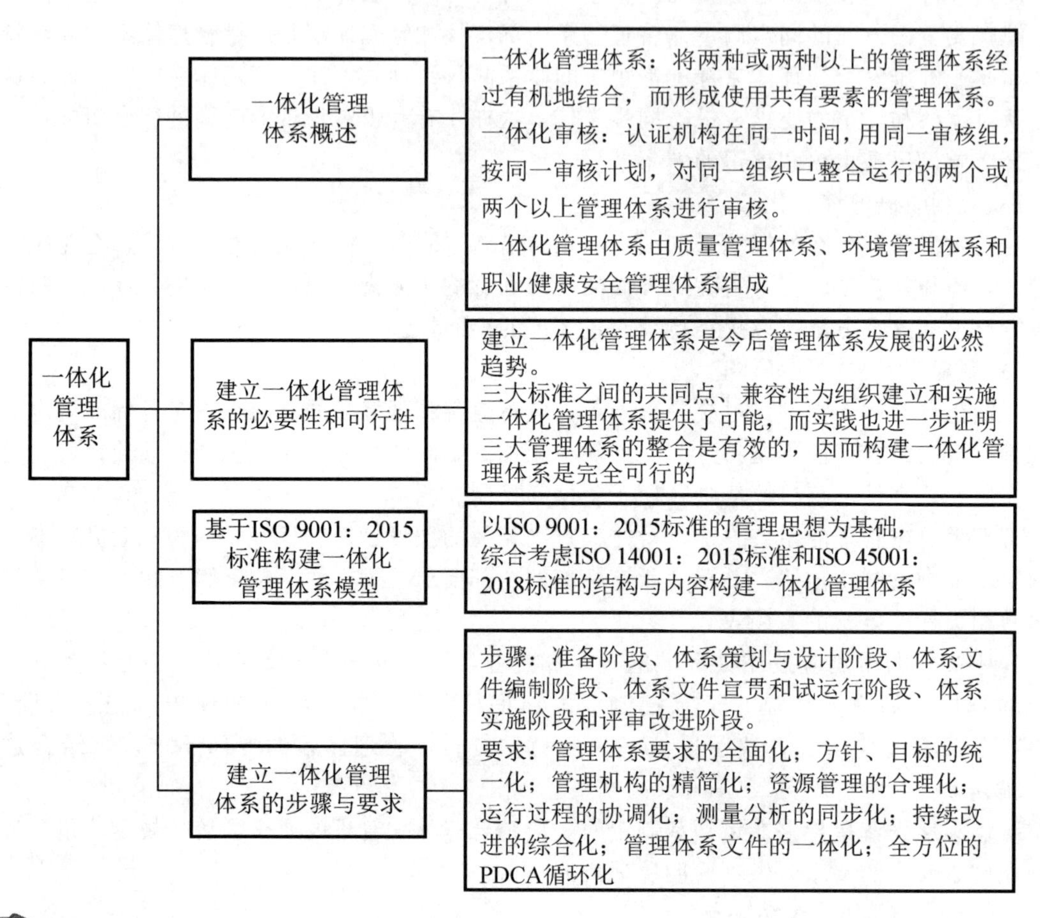

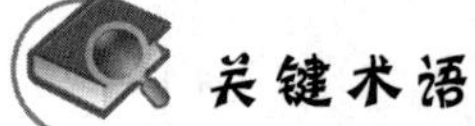

一体化管理体系
一体化审核
PDCA 循环
过程方法

习　题

1. 选择题

(1) 由两个认证机构各派出一个审核组(每组内有 ISO 9001 及 ISO 14001、ISO 45001 的审核员)，对已经建立了一体化管理体系的组织进行审核，这种情况下的审核可称为(　　)。

A. 一体化审核

B. 联合审核
C. 联合的一体化审核或一体化的联合审核
D. 完整审核
(2) 本书中的"一体化管理体系"是指(　　)。
A. 质量管理体系和环境管理体系、职业健康安全管理体系、社会责任管理体系的一体化
B. 质量管理体系和环境管理体系、职业健康安全管理体系的一体化
C. 质量管理体系和职业健康安全管理体系的一体化
D. 质量管理体系和环境管理体系的一体化
(3) 质量管理体系的直接受益者为(　　)。
A. 顾客　　B. 社会
C. 组织员工　　D. 顾客、社会和组织员工

2. 判断题

(1) 由同一审核组在一次审核中通过其内部的分组分别承担 ISO 9001 及 ISO 14001、ISO 45001 标准的审核，属于一体化审核范畴。(　　)
(2) 对于质量管理体系，目前认证的有效版本为2015年发布的。(　　)
(3) ISO 9001 标准最新版为2015年颁布的 ISO 9001：2015 版标准。(　　)
(4) ISO 45001 标准是由国际标准化组织(ISO)发布的。(　　)
(5) 在构建一体化管理体系过程中，质量管理体系、环境管理体系和职业健康安全管理体系必须在操作层融合在一起。(　　)

3. 简答题

(1) 企业为什么要建立一体化管理体系？
(2) 企业建立一体化管理体系是否可行？为什么？
(3) 一体化管理体系的内涵是什么？
(4) 企业建立一体化管理体系的主要步骤是什么？

4. 思考题

(1) 以 ISO 9001：2015 标准为框架构建一体化管理体系的原因是什么？
(2) 企业在建立一体化管理体系的过程中，应当注意哪些管理一体化方面的要求？

参考答案

【实际操作训练】

1. 以某一具体企业为对象，识别组织创建一体化管理体系所需的所有过程，并分析和管理各过程。
2. 深入调查某企业构建一体化管理体系的实践，为企业实施一体化管理体系提出相应的建议。

一体化管理体系在建筑行业中的运用

建筑行业企业综合效益提升、持续性发展实现等都离不开高质量的管理。质量、环境、职业健康安全都是企业在运营管理过程中必须高度重视的方面。将质量、环境以及职业健康安全一体化管理体系灵活、高效地运用到建筑行业已迫在眉睫，要在把握这三大层面一体化管理现状基础上与时俱进地应用发展的眼光，在改变现状基础上将一体化管理体系落到实处，在无缝衔接过程中促使运营中各项管理工作高效开展，在保证安全以及质量的同时实现一体化管理以及综合效益目标。

1. 一体化管理体系在建筑行业运用的现实意义

新形势下，我国建筑行业发展在迎来全新发展机遇的同时也需要应对多样化的挑战、困境，建筑行业的质量、环境、职业健康安全等层面被提出了更高以及更为多样的要求。质量、环境以及职业健康安全一体化管理体系能够在综合把握各层面问题基础上明确一体化管理的方向以及长、中、短期目标，有着清晰、连贯的管理思路，围绕彼此间关联性、影响因素等，优化分配、调度，加大对管理中薄弱环节的控制力度，在控制风险的过程中将质量、环境、职业健康安全三者协调统一，提高一体化管理的整体效果。在此基础上，质量、环境以及职业健康安全一体化管理体系的应用能够在保证建筑企业内外部环境以及人员职业健康安全过程中将运营管理成本最小化，实现最大化的经济效益，在应对市场竞争中达到稳中求进、提质增效等目的，更好地朝着精细化、信息化、标准化等方向发展，质量、环境以及职业健康安全一体化管理体系有效应用能够规范新时期我国建筑行业发展，促使建筑行业在补充、完善、深化、改进过程中拥有更加广阔的发展前景，在质量以及安全等保证基础上实现可持续发展。

2. 一体化管理体系在建筑行业的运用现状

(1) ISO 14001：2015《环境管理体系　要求及使用指南》。在新形势下，经济发展的同时生态环境问题不断呈现，废物管理不科学、资源低效利用、环境污染日渐严重等，经济、社会二者发展和环境协调统一是新时期我国强调的关键点，是实现可持续性发展战略目标的必要基础，不同行业领域发展中面临新的任务，建筑行业也不例外，在社会、经济、环境三者无缝衔接中各类型建筑企业肩负重要的社会责任。与此同时，随着建筑行业深化发展，建筑企业经营涉及多个方面，以“地基和基础工程”为例（包括工程钻探、工程测量、建筑物拆除等），施工环境中不确定性因素较多，存在较多的危险源，对作业人员职业健康安全以及工程建设质量都有着较大的影响。针对这种情况，建筑行业建设企业针对建筑工程项目作业环境各方面情况，以危险源、安全风险隐患等为切入点，将环境管理体系作用到建筑工程项目环境管理全过程，从持续性发展、综合效益提升等层面入手，在经济、社会、环境有效衔接中明确建筑工程项目作业环境管理方向，在科学化指导下促使环境管理更加标准化以及更具有效性，防止工程项目钻探、测量等过程中环境安全隐患不断呈现，确保作业环境安全的同时将项目施工对周围环境的污染程度最小化，促使建筑工程项目建设中有着较高的经济、社会以及生态效益。

(2) ISO 45001：2018《职业健康安全管理体系　要求及使用指南》。在新形势下，职业健康与安全标准不断应用到建筑行业职业健康安全管理层面。该标准在制定过程中全方位以及系统化地剖析了与之相关的标准，比如，环境管理体系标准、质量管理体系标准，确保在实际应用过程中能够满足质量、环境、职业健康安全三大层面管理体系整合的具体要求。与此同时，在职业健康安全管理体系标准中明确了和环境管理体系标准、质量管理体系标准之间的联系以及对应的关系，在落实过程中明确强调了建筑行业发展人员职业健康安全的重要性，围绕职业健康安全管理体系标准说明、认证范围、认证流程、认证意义等，在应用 PDCA 循环过程中采用策划、实施、检查、改进协调统一的方法，以管理体系标准为导向，优化完善开展的人员职业健康安全工作，降低建筑企业经营中的职业安全卫生风险，高效预防职业病以及避免建筑工程建设中人身伤亡事故的发生，改善建筑行业企业和员工、政府部门、公众等之间的关系，在稳定人才队伍过程中打造品牌效应，塑造良好的社会责任形象。

(3) ISO 9001：2015《质量管理体系　要求》。在建筑行业发展过程中质量管理体系标准也作用到建筑工程项目建设环境、质量以及职业健康安全层面，在相互作用过程中不断规范开展的管理工作，利于从源头上提升一体化管理水平。在此过程中，质量管理体系标准内容体现在多个层面，以建筑工程项目建设环境质量管理为例，质量管理体系标准内容包括项目建设中岗位、职责以及权限的合理设置，质量管理目标以及实现的具体策划，项目建设中需要应对的各类风险以及具体措施，绩效评价、管理评审以及监视、测量、剖析、改进等。要在综合把握基础上针对建筑工程项目建设环境实际情况，从不同角度入手深化应用质量、环境以及职业健康安全三大层面的管理体系标准，在深度整合中加以优化完善，促使一体化管理体系功能作用最大化发挥，确保建筑工程项目建设中质量、环境以及职业健康安全三大层面管理战略目标同步实现，客观展现管理体系标准在建筑行业持续发展中的现实意义。

3. 建筑行业一体化管理体系的应用优化

(1) 深化认识三大管理体系，在深度整合标准的基础上明确应用方向。建筑企业要在与时俱进中多层次深化认识质量、环境以及职业健康安全三大层面的管理体系，在把握各自优势作用、关联性过程中将三大管理体系标准内容深度整合，在相互作用过程中明确质量、环境以及职业健康安全一体化管理体系在建筑行业中的具体应用方向，在层层落实过程中深化建筑工程项目建设全过程，同步提高建设质量、建设环境与人员职业健康安全系数，在源头上实现一体化管理战略目标。

(2) 构建一体化管理系统，在线上、线下衔接中实现一体化管理目标。建筑企业要深化把握建筑行业整体发展方向以及趋势，围绕三大管理体系标准以及自身工程项目建设中经营范围，立足质量、环境以及职业健康安全管理体系要求、要点以及一体化管理中呈现的问题，在应用现代技术手段过程中构建可行的一体化管理系统，合理设置质量、环境、职业健康安全三大管理子系统。建筑企业要在协调统一子系统中合理设置监督、评价、改进等模块，在线上、线下衔接过程中优化传统管理方法以及手段，实时监管建筑工程建设中质量、环境以及职业健康安全管理各个方面，在问题解决、综合评价、深化改进过程中顺利实现一体化管理目标。

企业展示

资料来源：倪开锋，2020. 试析质量、环境、职业健康安全一体化管理体系在建筑行业中的运用 [J]. 产业与科技论坛，19 (12)：228-229.（有改编）

分析与讨论：

(1) 建筑行业开展管理体系一体化工作的现实意义是什么？

(2) 结合本章内容，探讨建筑行业在其一体化工作中还应注意哪些方面。

第12章

卓越质量经营模式

本章教学要点

知识要点	掌握程度	相关知识
卓越质量经营模式	掌握	卓越质量经营模式的内涵
全国质量奖	熟悉	全国质量奖的评审标准
美国波多里奇国家质量奖	了解	波多里奇国家质量奖的起源、评审标准
日本戴明奖	了解	日本戴明奖的起源、评审标准
EFQM 卓越奖	了解	EFQM 卓越奖的评审标准

本章技能要点

技能要点	熟练程度	应用方向
借鉴美国波多里奇国家质量奖评审标准提高质量管理水平	熟悉	改进现有的质量管理
按照全国质量奖评审标准实施质量管理，并进行申请准备	重点掌握	改进质量管理进而申请该奖项

美国波多里奇国家质量奖的得主：
里兹·卡尔顿

案例延伸

“当我梦想进入另一个世界的天堂时，我就如同身处巴黎的里兹·卡尔顿。”这可不是广告词，这是作家海明威在下榻里兹·卡尔顿酒店时写下的感受。里兹·卡尔顿酒店是服务业中唯一两次荣获波多里奇国家质量奖的酒店，它分布于北美、欧洲、亚洲、大洋洲等地区，被誉为“钻石级酒店”。

在酒店业“豪华”“顶级华丽”这一类酒店中，里兹·卡尔顿酒店有十多个竞争对手。在如林强手之中，1998年，里兹·卡尔顿酒店销售收入达15亿美元，其中提供给各种会议活动和团队的服务占40%，商务旅行和豪华旅行是其另一大块收入来源。酒店员工17000名，其中85%是一线工人，他们被称为“里兹·卡尔顿酒店中尊敬的先生和女士们”。依托强化培训项目及提供专业方向上的职业发展，酒店鼓励在内部不断提升员工能力。

自1997年起，里兹·卡尔顿酒店加入万豪国际酒店集团，成为该集团中的独立分支公司。

赢得1992年的波多里奇国家质量奖是业界对里兹·卡尔顿酒店追求卓越、达到出类拔萃成就的充分肯定，以及对其未来不断改进的期望。

顾客满意成为酒店所有日常事务中的最高目标，取得顾客“非常满意”或“特别满意”的优先级被放在各项工作之前，这也是实现百分之百顾客忠诚战略目标的关键成功要素。

在日常工作中，酒店设立了“使所有客人感受零缺陷”的具体目标，建立了完整的衡量系统，构造了一个“争取消除顾客所有问题”的组织结构，取得了不断的进步。在里兹·卡尔顿酒店，顾客的问题无论多么微不足道，都被认为是大事。这是酒店员工的共同认识。

管理层还采取进一步的措施以实现各种可能的改进。这一举措充实了战略计划，使之更加系统化，深入、持久的全面质量管理活动使组织实现了更深层次、更完全的整合。

身处服务行业，里兹·卡尔顿酒店的座右铭并不是“顾客就是上帝”。他们认为，酒店提供专业的服务，但员工绝非仆人。每个人都有自己的思想；在为入住酒店的绅士淑女提供优良服务的同时，他们不忘自己也是一位绅士淑女，自己也可以用一种优雅的姿态对待自己的客人，从而帮助员工激起工作自豪感，更加真诚地为客人服务。里兹·卡尔顿酒店努力降低员工离职率，体察并提高员工的士气——离职率高是该行业面对的较大挑战。例如，招聘过程经过精心设计，不断改进。多年来，在员工中推行一项独特的新活动——“自豪和快乐”，给予员工更大范围的角色，更宽广的舞台。在这一背景下，酒店员工的离职率不断下降而员工满意率则不断上升。公司的人力资源管理者认为：“里兹·卡尔顿酒店不仅是一家给客人提供优质服务的酒店，同时也是一家人力资源公司，每一位员工都是我们的内部客户，经理的工作是努力使每一位员工心情愉快，这是最主要的工作，也是最值得去做的事。”

资料来源：王为人，曲扬，2002. 质量卓越的里兹·卡尔顿大饭店[J]. 中国质量(1)：22—23.

党的二十大报告指出，高质量发展是全面建设社会主义现代化国家的首要任务，伴随着经济全球化的迅猛发展，以质量为焦点的市场竞争日趋激烈。随着质量内涵和质量管理范畴的不断拓展，追求卓越的质量经营及其产生的卓越绩效已经成为当今激烈竞争的状态下组织的发展趋势。先进组织的管理者的思考主题已经提升到关注全球市场趋向、关注持续经营、关注与所有相关方共同发展、关注社会影响不断进步等战略高度。

为了适应经济全球化和国际趋势的需要，帮助组织提高竞争力，更好地满足顾客的需求和期望，目前国际上已有越来越多的国家和地区设立了质量奖。最具影响力和代表性的是美国波多里奇国家质量奖、EFQM卓越奖和日本戴明奖。我国自2001年起，不断探索全国范围内的质量奖评审工作，形成了代表我国质量类奖项最高殊荣的全国质量奖及相应的卓越绩效评价准则。2012年，经中央批准，正式设立中国质量奖。中国质量奖为政府奖励，是我国在质量领域的最高荣誉，2013年开始第一届评选。对于我国企业而言，21世纪经济全球化带来了机遇，更带来了严峻的挑战。只有努力追求卓越，才能具有国际竞争力。

12.1 质量奖倡导的卓越质量经营模式

12.1.1 卓越质量经营模式的内涵

在全球范围内，质量管理的理论与实践已经突破了产品质量和企业内部管理的范畴，正在向质量经营发展。质量经营发源于日本，它是在全面质量管理的基础上发展起来的一种现代经营理念和管理战略。

质量经营实际上突出强调了质量是企业各项经营工作的中心，通过不断改进质量来达到相关方满意和企业整体经营效率的提高。目前，许多国家和地区实行质量奖制度，以此来激励和引导企业追求卓越绩效管理理念，其核心是强化企业的顾客满意意识和创新活动，引导其追求卓越的经营绩效。卓越质量经营模式不仅包含战略层面的安排，也包括促成其落实的一整套质量管理体系与方法。自 20 世纪 80 年代首先在美国提出以后，卓越质量经营模式得到了美国企业界和管理界的认可。世界各国许多企业和组织纷纷引入并实施，其中施乐公司、通用公司、微软公司、摩托罗拉公司等世界级企业都是运用卓越质量经营模式取得出色经营结果的典范。

知识要点提醒

各个国家和地区的质量奖所提出的卓越质量经营模式具有基本相同的价值观和框架，都突出强调了以下几个方面。

(1) 注重领导作用的发挥和企业的战略管理。

(2) 树立以顾客为中心的经营理念，要求建立顾客满意度评价系统，通过不断改进达到顾客忠诚。

(3) 基于事实的管理，要求企业建立信息管理系统，通过数据和信息的收集、分析和传递，作用于企业的经营决策、有效控制和改进，保证企业目标高效率实现。

(4) 关注过程管理，包括产品(服务)实现过程和支持过程，注重过程方法的实施和统计技术的采用。

(5) 通过建立企业绩效监测系统，评价企业的经营绩效；不仅关注企业自身利润等财务指标，而且关注企业相关方的利益，并将评价结果用于改进。

12.1.2 卓越质量经营模式与企业绩效

当企业的实际经营绩效低于目标绩效时，卓越质量经营模式提供了一个提升企业经营绩效水平的有效手段。如果该模式与其他的绩效评价方法相结合，则拓展了企业经营绩效的内涵，引导企业走出“见木不见林”，或是“头痛医头、脚痛医脚”等绩效管理局部化和短期化的误区，使企业致力于追求经营绩效的可持续提升。具体而言，卓越质量经营模式对于企业绩效的改善作用体现在以下几个方面。

(1) 引导企业追求相关方利益平衡。企业绩效评价的关键在于经营结果，但不能局限于企业自身的销售额和利润等财务指标，还应该考虑与企业相关的各方的利益平衡，包括顾客、员工、股东、供应商和合作伙伴的利益及公众社会价值。因此，涵盖了顾客满意度、产品和服务质量、财务绩效和市场占有率、供应商发展、员工满意度及社会责任等多个方面内涵的“卓越质量经营模式”能够引导企业为利益相关方创造价值，建立起相互的诚信关系，保证企业经营绩效持续增长。

(2) 引导企业在绩效评价时与竞争对手进行比较。卓越质量经营模式引导企业把自己放在竞争的环境中制定战略，评价经营绩效的好坏。对经营绩效进行评价分析时，不仅要和企业的目标比，和原有的水平比，更重要的是与竞争对手比，与标杆企业的最佳水平比，明确自己在竞争环境中的能力和水平。通过比较找出差距进行改进，从而提升企业在市场中的竞争能力。

(3) 引导企业树立市场的前瞻意识，保持企业在市场竞争中的领先水平。卓越质量经营模式不仅关注对企业当前经营绩效的评价，而且注重对经营结果的发展趋势的评价。例如，旨在推动我国企业确立卓越质量经营模式的中国质量奖评审就要求企业提供3年以上的经营绩效数据，以分析企业对市场变化的应变能力。企业应通过对多方面的数据和信息进行分析、策划，采取积极的措施，保持自身在市场竞争中的领先水平。

(4) 引导企业建设追求可持续经营绩效的企业文化。卓越质量经营模式的核心是强化企业的顾客满意意识和创新活动，强调规范的管理制度和科学的行为方式。其实践贯穿于日常管理活动中，从而在这些企业中逐渐培育出一种卓越的质量文化，这种文化就是以顾客为关注焦点、主动思考、规范科学、不断创新、追求卓越的企业文化。

纵观各界各类荣获质量奖的企业，可以发现它们具有很多共同的特点：注重建立并培育企业的核心价值观，树立以顾客为中心的经营理念；努力创新；形成竞争优势；注重企业战略管理和领导作用的发挥；强化市场意识；加强与顾客、供应商、批发商的联系，建立战略合作伙伴关系；适应市场变化，实施快速反应；严格日常管理，扎实做好基础工作；努力建设学习型组织，重视人力资源的开发和管理；建立信息管理系统，提高工作效率，实现资源共享；注重经营效果，取得突出绩效。

在经济全球化的背景下，不仅我国的企业要走向国际市场，而且本来竞争就日益激烈的国内市场也面临着国外众多企业的抢夺和竞争。我们的企业，特别是谋求到国际市场发展的企业，应该迅速从追求产量增加的道路上转移到追求质量持续改进的道路上来。质量奖所倡导的卓越质量经营模式提供了一个可持续发展的模式，它对于那些有志于追求长期发展的企业来讲具有重要的意义。

12.2　世界三大质量奖

12.2.1　美国波多里奇国家质量奖

1. 波多里奇国家质量奖的起源

20世纪80年代，由于日本企业在全球大获成功，全面质量管理迅速向世界各国普及推广。与此同时，美国企业界和政府领导人认为，美国企业的生产力在下降，美国的产品在国际市场上缺乏竞争力，而且美国企业不了解全面质量管理，不知道从何入手来提升产品质量，解决质量问题已迫在眉睫。在这一背景下，美国政府和企业界的许多人士建议，美国应该设立一个类似日本戴明奖那样的国家质量奖，以帮助企业开展全面质量管理活动，提高产品质量、劳动生产率和市场竞争力。

美国国家质量奖为什么被命名为波多里奇国家质量奖?

马尔科姆·波多里奇于1981—1987年出任美国商务部部长。波多里奇在他的任期内，成功地将商务部的预算削减了30%以上，行政人员削减了25%，更重要的是他极力倡导加强企业质量管理，指出这是使美国长期保持繁荣和辉煌的关键。由于他长期致力于美国质量管理工作，并在促进美国国家质量管理的改进做出了突出的贡献，美国国会建立了以他的名字命名的国家质量奖。

波多里奇国家质量奖于1987年设立，旨在奖励那些在质量和绩效方面取得卓著成就的美国企业，并以此强调质量和卓越经营作为竞争力要素的重要性，提高公众对质量和卓越经营的认识。

波多里奇国家质量奖并不授予某项特定的产品(服务)。这一奖项最初是针对制造型企业、服务型企业和小企业的，每个类别最多只能有3个获奖者。1999年，该奖增加了教育类组织和健康卫生类组织类别(包括营利性和非营利性)。2004年10月，美国总统布什签署新的法案，将波多里奇国家质量奖的评审范围进行扩展。此奖项的申请者限于总部设在美国的本国公司和外国公司在美国的子公司。近30届的获奖者名单中，包括了摩托罗拉公司、施乐公司、IBM公司和联邦快递等著名企业。

小思考

开展波多里奇国家质量奖评选工作的费用由哪些机构承担?

主要来自：一是美国联邦政府每年给该项目的拨款；二是国家质量奖基金；三是参加评选企业所缴纳的费用。

2. 波多里奇国家质量奖的评审标准

波多里奇国家质量奖的宗旨：促进高效管理措施，满足顾客要求，赢得卓越绩效。该奖的评审依据建立在一系列价值观的基础上，这些价值观包括：①前瞻性的领导；②顾客驱动的卓越；③组织和个人学习；④重视员工和伙伴；⑤敏捷性；⑥面向未来；⑦创新的管理；⑧基于事实的管理；⑨社会责任；⑩关注结果并创造价值；⑪系统的观点。

波多里奇国家质量奖的评奖标准是任何组织都可以采用的一组框架，涵盖了七大项目。

(1) 领导：检查组织高层管理的各项能力，以及组织的社会责任和组织如何承担这些责任。

(2) 战略：检查组织如何建立战略方向，如何决策关键行动计划。

(3) 顾客：检查组织如何定义顾客和市场的期望及需求，如何建立与顾客的关系，如何获取、满足和维持顾客。在教育类组织的评审中，表述为关注学生和投资人及市场，关注全体员工、组织绩效；在健康卫生类组织的评审中，表述为关注病人、其他客户和市场，关注全体员工、组织绩效。

(4) 测量、分析和知识管理：检查组织如何管理、有效利用、分析和改进数据及信息，以致力于支持关键的组织流程和组织绩效的管理体系。

（5）员工：检查组织如何促进其成员充分拓展潜能，并激励他们调整到与组织目标一致的轨道上。

（6）运营：检查组织的运作和支持等各个关键流程是如何设计、管理和改进的。

（7）结果：检查组织的各关键业务领域的绩效和改进，包括客户满意、财务和市场表现、人力资源、供应商和合作伙伴表现、生产运作表现、公共和社会责任。此项目还检查组织如何处理与竞争对手的关系。

上述七大类评价项目构成了如图 12.1 所示的美国波多里奇国家质量奖的评奖标准。

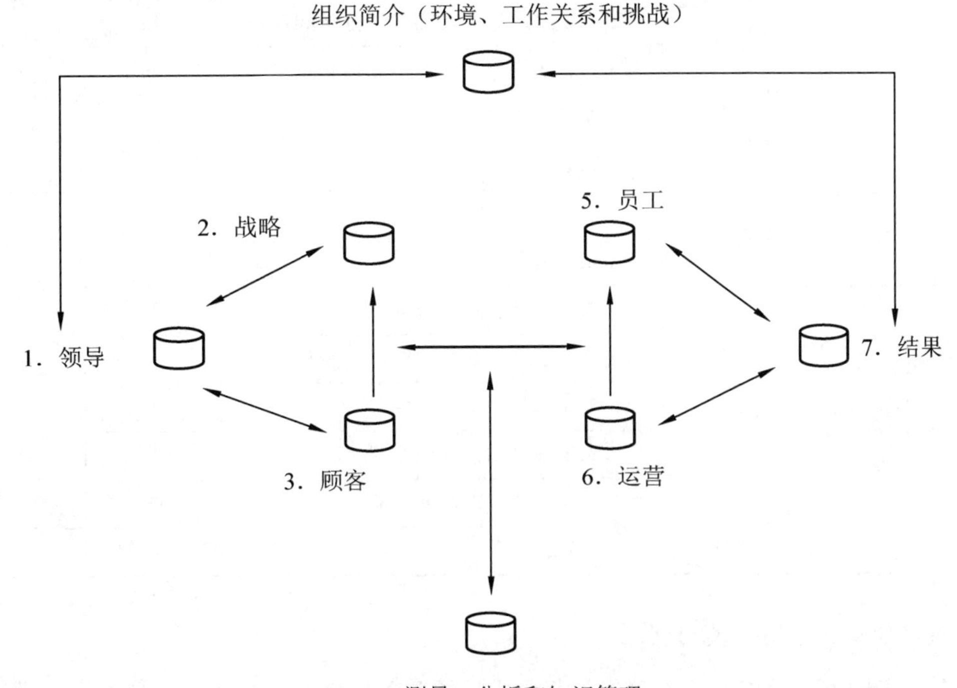

图 12.1　美国波多里奇国家质量奖的评奖标准

图 12.1 顶部是组织简介，全面描述组织运作的轮廓，包括环境、工作关系和挑战。图 12.1 中央是由 6 个评审项目组成的绩效管理系统。领导、战略、顾客构成领导作用三角形。员工、运营、结果构成经营成果三角形。框架中的水平箭头连接领导作用三角形和经营成果三角形。采用粗箭头指示，是要说明在一个有效的绩效管理系统中反馈的重要性。测量、分析和知识管理作为绩效管理系统的基础放在框架的底部。

波多里奇国家质量奖的评审标准每两年修订一次，2019—2020 年度波多里奇国家质量奖的各项项目和条款的分值设置情况见表 12－1。可以发现，结果所占的比例最大，这也是波多里奇国家质量奖提倡的“追求卓越”（Quest for Excellence）的质量经营理念。

表 12-1 2019—2020 年度波多里奇国家质量奖的各项项目和条款的分值设置情况

序号	项目	条款	分值	合计
1	领导	1.1 高层领导	70	120
		1.2 治理和社会责任	50	
2	战略	2.1 战略的制定	45	85
		2.2 战略的部署	40	
3	顾客	3.1 顾客期望	40	85
		3.2 顾客契合	45	
4	测量、分析和知识管理	4.1 组织绩效的测量、分析和改进	45	90
		4.2 知识管理、信息和信息技术	45	
5	员工	5.1 员工环境	40	85
		5.2 员工契合	45	
6	运营	6.1 工作过程	45	85
		6.2 运营有效性	40	
7	结果	7.1 产品和过程成果	120	450
		7.2 以顾客为关注焦点的结果	80	
		7.3 以员工为本的结果	80	
		7.4 领导和治理的结果	80	
		7.5 财务、市场和战略结果	90	
总分				1000

3. 波多里奇国家质量奖的实施

波多里奇国家质量奖的评价工作和奖励由美国商务部负责，具体的规划和管理机构是美国国家标准与技术研究院。美国质量协会作为协助机构，通过和美国国家标准与技术研究院签订合同的方式，帮助美国国家标准与技术研究院从事申请者的评审、奖项相关文件和具体政策的准备，以及各类信息的发布等工作。经美国商务部部长提名，由来自美国各经济领域、各行业的著名领导人组成监督机构，负责对波多里奇国家质量奖工作进行监督和顾问。评审部门由美国著名的企业、健康卫生和教育机构的专家组成，人员由美国国家标准与技术研究院通过对申请人进行竞争选拔而定。评审部门的所有成员都必须参加审核员准备课程的学习。

知识要点提醒

波多里奇国家质量奖的评审过程是非常严格的。首先，各类组织可以根据公开发布的标准进行自评。完成自评工作后，如果组织希望获得该奖项，可以向美国国家标准与技术研究院提出申请，接受评部门的严格审查。评审过程分为 3 个阶段。第一个阶段由至少 5 个评审部门的成员对企业的书面申请进行独立的审核。评审成绩比较好的企业进入下一轮的集体评审。第二阶段对成绩比较好的企业再次进行评审，并选择优秀企业作为实地考核的候选企业。第三阶段是实地考核候选企业，评审出最优秀的企业，由最高评审人员联名向美国商务部部长推荐，作为美国波多里奇国家质量奖的候选企业。在这3个阶段中，审核结果都要集体讨论，统一意见，达成共识。美国国家标准与技术研究院根据评审部门的推荐来确定获奖者名单。同时，每个申请者都会收到书面的反馈报告，该报告有对该组织实力水平的评价及对需改进的领域的建议。

12.2.2　EFQM卓越奖

1. EFQM卓越奖的起源

1988年，欧洲14家大公司发起成立了欧洲质量管理基金会（EFQM），其中包括英国电信、菲亚特汽车公司、飞利浦公司、雷诺汽车公司、大众汽车公司等欧洲大型企业。欧洲质量管理基金会是一个不以营利为目的的成员组织。该组织成立的目的是推动欧洲企业的卓越化进程和促进欧洲组织在世界舞台上的竞争力提高。

1990年，在欧洲质量组织和欧盟委员会的支持下，欧洲质量管理基金会开始策划欧洲质量奖。1991年欧洲质量奖正式设立，2006年更名为EFQM卓越奖。自1992年起，该奖每年颁发一次。

EFQM卓越奖代表着欧洲质量管理基金会卓越质量经营模式中的最高水平，它肩负着两项使命：一是激励和帮助欧洲的企业，改进其经营活动，最终达到顾客和员工满意，达到社会效益和企业效益的卓越化；二是支持欧洲企业的管理人员加速实施全面质量管理这一在全球竞争中获得优势的决定性因素的进程。

哪些组织可以申请EFQM卓越奖呢？

申请EFQM卓越奖的组织可以分为4类：大企业、企业运营部门、公共组织和中小型企业。前3类申请者遵循如下几项通用原则：①雇员不少于250人；②申请者至少已在欧洲运营了5年；③前3年内申请者没有获得EFQM卓越奖；④同年同一母公司、其独立运营分部申请者不得超过3家。

2. EFQM卓越奖的类别与卓越模式

EFQM卓越奖看重评价企业的卓越性，奖项分为质量奖、单项奖、入围奖和提名奖。

（1）质量奖授予被认定是最好的企业。获奖企业的各类质量方法和经营结果是欧洲或世界的楷模，获奖企业可以在信笺、名片、广告等载体上面使用EFQM卓越奖获奖者标识。

（2）单项奖授予在卓越模式的一些基本要素中表现优秀的企业。2003年，EFQM卓越奖在领导作用、顾客对产品评价、社会效益评价、人力资源效果评价和员工投入、经营结果领域内颁发了这一奖项。单项奖确认并表彰企业在某一方面的模范表现，也使得一般的管理者和媒体更容易理解。

（3）入围奖意味着企业在持续改进其质量管理的基本原则方面达到了较高的水准。获入围奖的企业将在每年一度的EFQM卓越奖论坛上得到认可，这一论坛每年都有来自欧洲的不同国家和地区的700多名企业管理者出席。

(4) 提名奖说明企业已经达到EFQM卓越奖卓越模式的中等水平。获提名奖将有助于鼓励企业更好地进行质量管理。

EFQM卓越奖的卓越模式可用图12.2来描述。该模式所涉及的9项要素是达到卓越的评审标准。其中，领导作用、人员管理、方针和战略、合作伙伴和资源管理、过程管理这5项是“手段”标准；人员结果、顾客结果、社会结果和经营绩效结果这4项是“结果”标准。“手段”标准指明组织做了什么，而“结果”标准揭示了组织能够获得什么。结果来源于手段，手段通过结果的反馈而得到改进。图中的箭头强调了模型的动态性，表明创新和学习能够改进手段，进而改进结果。

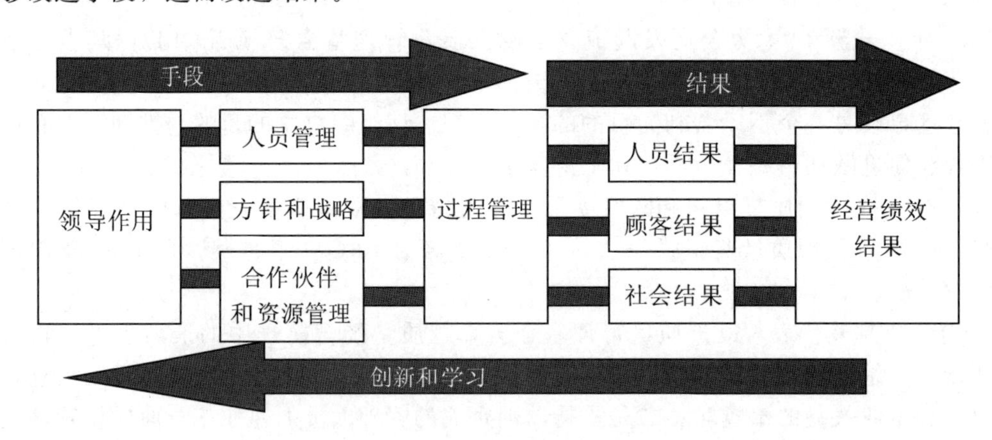

图12.2　EFQM卓越奖的卓越模式

EFQM卓越奖的总分为1000分，其中手段标准(有关结果如何达成的标准)，占500分，即领导作用100分、人员管理90分、方针和战略80分、合作伙伴和资源管理90分、过程管理140分；结果标准(有关组织取得了什么结果的标准)占500分，即人员结果90分、顾客结果200分、社会结果60分、经营绩效结果150分。EFQM卓越奖的卓越模式两类标准之间最基本的关系就是，如果手段标准强调一个过程，那么与这个过程相关的行为结果会自然在结果标准中反映出来。模式中的9个标准相互联系在一起，有些关系非常明显。

人员管理和人员结果、顾客结果有关系。

方针和战略与所有的其他手段标准有关系，也与在结果标准中说明的一些“比较”有关系。例如，如果战略是达成“全球领先”，那么组织就应当寻求全球比较来衡量绩效。稍弱的目标就要选择较弱的比较对象。

取得的绩效(在结果标准中说明)与手段标准中的改进活动之间有关系。把结果与内部目标、竞争对手、类似组织，以及“行业最好”的组织进行比较，以此来权衡优先顺序，推动改进。在组织高层，把组织绩效与内部目标和竞争对手相比较，会有利于对一些问题的分析。例如，如何使顾客满意至忠诚、方针和战略的修改、手段标准中达成改进的计划等。

与美国波多里奇国家质量奖相比，EFQM卓越奖更注重社会责任，因为它更强调在整个社会总体上了解组织和组织在生活质量、环境、资源保护等方面的措施。

3. EFQM卓越奖的评审过程

EFQM卓越奖授予欧洲全面质量管理最杰出的代表，但只有营利性企业才可以申请，非营利性组织被排除在外。它对企业所有权的类型和所有者的国籍并无明确要求，但企业用以申请的质量管理活动必须在欧洲发生。申请 EFQM 卓越奖的企业可以是组织整体，也可以是其中的一部分。申请者首先根据欧洲质量管理基金会卓越模式自我评估，完成所需的申请文件，可以在每年 2 月或 3 月递交。评审委员会的专家评审小组将会对申请者的申请文件进行审查。由他们选出的入围者，将接受现场考核。现场考核是评审委员会专家对申请文件内容和不确切的地方进行现场验证。这对申请者来说，是学习卓越模式的好机会。在专家现场考察的基础上，选定 EFQM 卓越奖中单项奖的获奖者，这意味着这些组织已经在卓越化经营中做出了明显的成绩，在这些组织中将产生 EFQM 卓越奖中质量奖的最终获奖者。

每年 8 月，申请者将接到评审小组给出的反馈报告。报告包括了对申请者的一般评价、每一要素的得分情况，以及与其他申请者得分平均数的比较。对于每一个低于欧洲质量管理基金会卓越模式平均标准的项目，报告都会列举需要改进的领域和程度。这份报告对于申请者来说具有重要意义。

总之，EFQM 卓越奖是欧洲最权威和最具信誉的组织卓越奖。它强调对组织卓越的认可，并向所有申请组织提供详细和独立的反馈，帮助它们走上持续卓越之路。

12.2.3　日本戴明奖

1. 戴明奖概述

世界范围内影响较大的质量奖中，日本戴明奖是创立最早的一个。1951 年，为感谢戴明博士为日本质量管理的发展所做出的重要贡献，日本科学技术联盟设立了戴明奖，每年用来奖励在质量控制和提高生产率方面做出最大成绩的组织和个人。鉴于统计技术对于提升日本制造质量的特殊贡献，大多数戴明奖评奖条件都强调统计技术的应用。

戴明奖每年评选一次。申请者可以是全球范围内任何类型的组织。戴明奖分为以下 3 类。

（1）戴明个人奖。主要颁发给在全面质量管理的研究、在全面质量管理中统计方法的应用及全面质量管理理念的传播等方面做出杰出贡献的个人或组织。

（2）戴明应用奖。颁发给在规定年限内通过实施全面质量管理而取得显著绩效改进的组织，于 1984 年向日本海外公司开放。

（3）运营单位质量控制奖。颁发给在追求全面质量管理的过程中通过质量控制(管理)的应用而取得显著绩效改进的(某个组织的)运营单位。

后 2 类奖项的区别在于：戴明应用奖是为整个组织或组织的部门而设立的，而运营单位质量控制奖是为无资格申请戴明应用奖的独立运营单位设立的。运营单位的领导必须承担经费的管理责任，同时，该运营单位必须在其内部建立起质量管理的相关权利与责任，具有与总部和其他相关部门的明确定义了的关系。当然，该运营单位并非必须具有与质量管理和质量保证有关的所有职能。

戴明奖每个年度的获奖者数目不限，只需符合评奖标准即可。

知识要点提醒

与美国波多里奇国家质量奖和 EFQM 卓越奖相比，日本戴明奖的不同之处如下。

(1) 戴明奖并没有建立在任何联系概念、行动、过程和结果的内在框架之上也没有什么内部因果关系的设定。它只是简单提供了一份卓越质量导向的管理行动的清单。戴明奖实际上也具有其它两项质量奖所提出的价值观，但是它是以检查清单而非内在框架的形式提出的。从其所推荐的工具、技术和实践(诸如质量循环、标准化、质量控制等)可看出，戴明奖是规范性奖项。

(2) 戴明奖认为最终的质量是一系列活动、要素和过程的必然结果，因此它没有采用类似于其它两项质量奖的做法去明确考核经营绩效项目。

(3) 戴明奖更注重奖励质量管理活动中的创新，将那些具有创新性、独具特色且适合推广至其他企业的质量管理方法称为"闪光物"。

(4) 戴明奖"授奖于那些确认为成功应用了以统计质量控制为基础的全员质量控制并可能在以后继续保持应用的企业"。因此，戴明奖的多数材料都强调统计技术的应用。

(5) 戴明奖中存在"相关者考查"这一程序，即评委会与申请者的供应商、销售商及客户进行讨论，以获取与评估有关的独立信息。

(6) 戴明奖不是竞争性奖项，凡是达到要求的企业都可以在同一年内获奖。但这并不说明戴明奖容易获得，事实上戴明奖每年的获奖者非常少，不过申请程序中没有"失败者"。如果申请者不符合标准，评审程序会自动延长为每3年评审2次。

2. 戴明奖的评价项目及对应标准

戴明奖评审委员会在确定"能够获得戴明奖的组织"时，提出了获奖必须具备的3个条件：①组织在领导者的卓越领导下，已经建立了具有挑战性的、顾客驱动的经营目标和战略，这些目标和战略反映了组织的原则、所处行业、经营和环境状况。②全面质量管理被正确地实施以实现上面提到的经营目标和战略。③全面质量管理的实施已经取得突出的结果，实现了组织的经营目标和战略。这些不仅是戴明奖评审委员会的评审依据，更是组织推进全面质量管理的原则。戴明奖的具体评价项目及对应标准见表12-2。

表12-2 戴明奖的具体评价项目及对应标准

评价内容	评价项目	分值	合格标准
一、经营目标、战略的制定与高层领导力	Ⅰ制定积极的以顾客为指向的经营目标、战略	100分	70分以上
	Ⅱ高层的作用及其发挥		
二、全面质量管理的恰当应用与实施	Ⅲ实现经营目标、战略而恰当应用、实施全面质量管理	100分	70分以上
	1. 经营目标和战略的组织性展开	15分	
	2. 把握顾客、社会需求和基于技术、商业模式创新创造新的价值	15分	
	3. 产品、服务以及（或）业务的质量管理与改善	15分	
	4. 贯穿整个供应链，按照质量、数量、交期、成本、安全、环境等进行分类管理的管理体系的完善与运用	15分	

续表

评价内容	评价项目	分值	合格标准
二、全面质量管理的恰当应用与实施	5. 信息的收集、分析与知识的积累、应用	15分	70分以上
	6. 人员、组织的能力开发与活性化	15分	
	7. 在组织社会责任方面的努力	10分	
三、全面质量管理实施效果	Ⅳ通过应用与实施全面质量管理，在经营目标和战略方面取得的效果	100分	70分以上
	Ⅴ特色活动与组织能力的获得		

资料来源：南萍，2017. 戴明奖最新评价标准修订简析［J］. 中国质量（1）：76－77.

国外三大质量奖有什么不同？

从分值的分配上看，波多里奇国家质量奖在结果上分配了450分，EFQM卓越奖对经营绩效结果分配了150分，而戴明奖评审标准中没有明确的经营结果这一内容。波多里奇国家质量奖和EFQM卓越奖体现了重视结果的价值取向，而戴明奖重视过程。从文化背景看，前者体现了欧美狩猎民族的结果取向，而后者体现了东方农耕民族的过程取向。

12.3　中国的质量管理奖

12.3.1　全国质量奖概述

为了有效提高我国的产品质量和质量管理水平，激励和引导企业追求卓越的质量经营，增强国内企业乃至国家整体竞争能力，我国在借鉴其他质量奖的基础上，中国质量协会自2001年起，根据《中华人民共和国产品质量法》的有关精神，启动了全国质量管理奖的评审工作。全国质量奖(自2006年起“全国质量管理奖”更名为“全国质量奖”)是我国对实施卓越质量管理取得显著质量、经济、社会效益的企业或组织授予的在质量管理方面的奖励。

全国质量奖遵循为企业服务的宗旨，坚持“高标准、少而精”和“优中选优”的原则，根据质量奖评审标准对企业进行实事求是的评审。由中国质量协会按照评审原则、当年质量管理实际水平，适当考虑企业规模及国家对中小企业的扶持等政策确定授奖奖项。

全国质量奖的评审范围包括哪些？设置了哪些奖项？

全国质量奖的评审范围：工业(含国防工业)、工程建筑、交通运输、邮电通信及商业、贸易、旅游等行业的国有、股份、集体、私营和中外合资及独资企业；非紧密型企业集团不在评审范围之内。

全国质量奖分为组织奖、项目奖（卓越项目奖）、个人奖（中国杰出质量人）3个类别。

截至2023年，已有宝山钢铁股份有限公司、海尔集团公司等典范企业获得此奖。

第二十届全国质量奖（2022—2023年）共有14家企业获得组织奖，包括大中型企业12家，即贵州茅台酒股份有限公司、国网安徽省电力有限公司合肥供电公司等；服务业1家，即苏州工业园区机关事务管理中心有限公司；军工行业1家，即中核四〇四有限公司。

12.3.2 全国质量奖的评审标准

全国质量奖的评审标准是组织进行自我评价、评审专家对申报组织进行评价、给申请者出具反馈报告的基础。全国质量奖自2001年启动开始，便由工作委员会办公室组织质量专家组起草了全国质量奖的评审标准。为使全国质量奖的评审工作与国际接轨，经多方面征求意见，2003年对评审标准进行了修订，基本上是以美国波多里奇国家质量奖标准为主，结合我国的实际情况，对此前的评审标准做了适当的调整。

2004年9月，我国国家标准GB/T 19580—2004《卓越绩效评价准则》（已废止）正式发布，该标准适应了经济全球化和国际竞争的需要，融合了当今国际上卓越企业成功经验(包括领导、战略、顾客与市场、资源、过程管理、测量分析与改进、经营结果等)，是引导企业实现卓越绩效的经营管理模式。该标准的发布，体现了全面质量管理思想和技术的最新发展和未来趋势，也是我国在绩效管理、追求卓越和自我评定等方面取得重要进展的标志。

2012年3月，新修订的《卓越绩效评价准则》(GB/T 19580—2012)及《卓越绩效评价准则实施指南》(GB/Z 19579—2012)正式公布，并于2012年8月1日起实施。此次标准修订，融入了科学发展观和构建和谐社会的思想，以我国组织经营管理的实际为落脚点，并借鉴了国外卓越质量经营模式研究的最新成果，从而确保标准的先进性与适用性。这两个标准是继ISO 9000族标准应用后，使用最广、影响面最大的标准，对提升我国组织的产品、服务质量及经营管理水平，增强组织核心竞争力发挥了重要作用。

GB/T 19580—2012《卓越绩效评价准则》和GB/Z 19579—2012《卓越绩效评价准则实施指南》，适用于追求卓越绩效的各类组织，是一对联合使用的国家标准。前者规定了组织卓越绩效的评价要求，既可用于全国质量奖的评价，也可以作为组织追求卓越绩效进行自我评价的准则；后者对前者的内容进行了详细说明，为组织追求卓越绩效提供了实施指南，用于指导组织提高其整体绩效和能力，也可就追求卓越绩效方面指导组织进行自我评价和外部对组织的评审。正如标准审定决议中指出的，该标准形成了具有中国特色的卓越绩效管理标准，达到了国外主要国家卓越绩效管理标准的同等水准。

知识要点提醒

GB/T 19580—2012《卓越绩效评价准则》具有如下特点。

(1) 为组织改进提供了基础，鼓励组织实施创新和灵活的方法，与组织的整体经营需求协调一致。

(2) 标准注重一般性要求，而非具体的程序、管理工具和技术。其他改进方法(如质量管理体系、6σ管理或合格鉴定)可以整合到组织的绩效管理体系中，成为满足标准要求的一个部分。

(3) 标准具有适用性，可用于大企业、小企业、服务业，以及政府和非营利组织等。

GB/T 19580—2012《卓越绩效评价准则》构成模式示意如图12.3、图12.4所示，从图中可以看出，该准则的结构总体上是由3部分组成的。

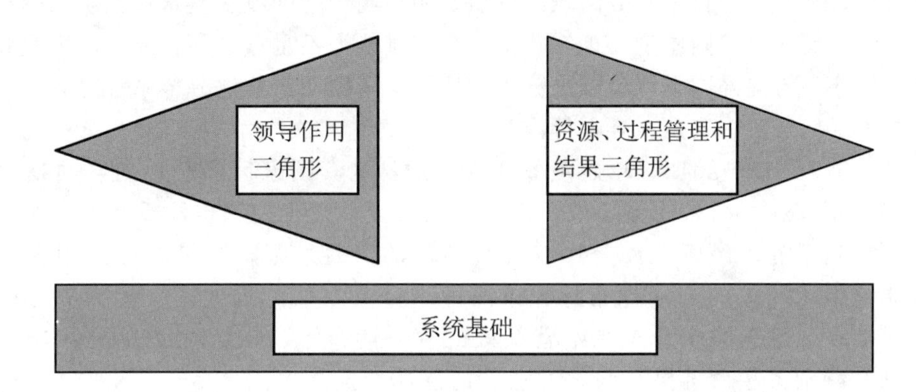

图12.3　构成模式示意图1

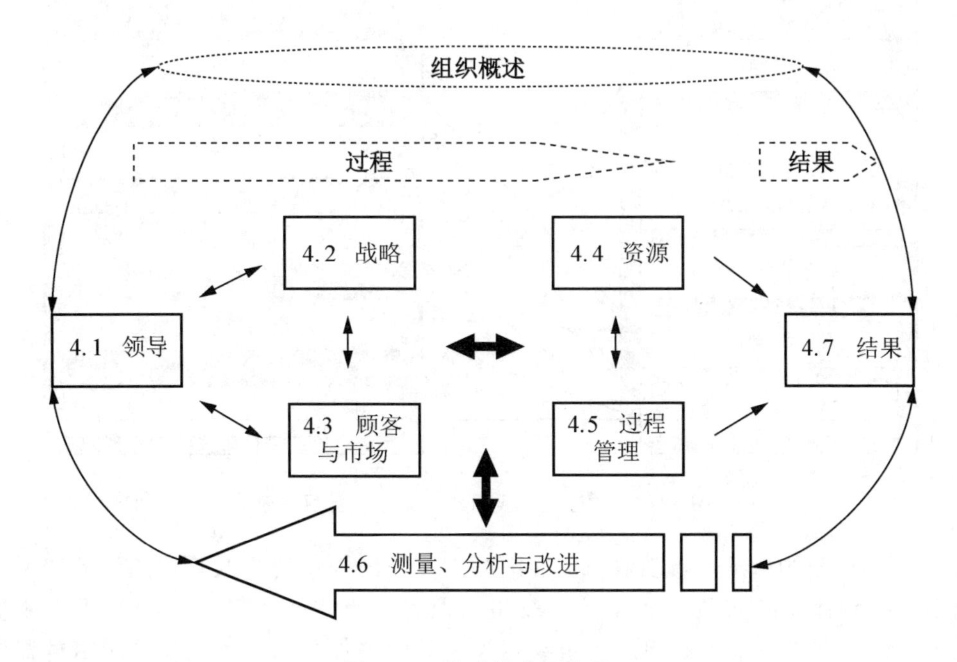

图12.4　构成模式示意图2

左：领导作用三角形(4.1/4.2/4.3——标准的章节号)。

右：资源、过程管理和结果三角形(4.4/4.5/4.7)。

下：系统基础(4.6)。

“领导”“战略”及“顾客与市场”构成的三角形是带动力，“资源”“过程管理”及“结

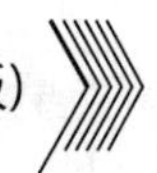

果”构成的三角形，是从动力。通过“测量、分析和改进”连接而成，依据 PDCA 循环方式，形成不断改进和创新的系统基础，引导企业去追求卓越。

标准的具体内容由 7 个类目、23 个项目组成，形成一个完整的评价网络。在 GB/Z 19579—2012《卓越绩效评价准则实施指南》中，为了进行量化评价，评分体系和美国波多里奇国家质量奖类似，7 个类目的总分为 1000 分，其中“结果”类项目占 400 分，但是我国给了“过程管理”类项目 100 分的较高分值，明显高于美国波多里奇国家质量奖在该项目上的分值比例，反映出我国质量管理实践中过程控制能力不足，必须在此方面重视和加强的现实要求。另外，与国外同类评价标准分值相比较，全国质量奖评分体系针对我国经营环境的现状增加了诚信经营、安全、环保等内容。

贯穿 GB/T 19580—2012《卓越绩效评价准则》这套国家标准全部内容的是“绩效目标”的导向。不仅经营结果注重绩效，而且方法展开、过程控制也注重绩效。绩效有 3 种形式：第一种是财务、经营活动等影响传统绩效的滞后性指标；第二种是顾客满意、顾客增长等影响组织绩效的当期性指标；第三种是企业内部流程效率、员工学习成长、社会责任、道德行为等影响企业未来经营绩效的领先性指标。GB/T 19580—2012《卓越绩效评价准则》特别关注“结果”与“方法”的互动和连接。图 12.5 显示了“过程”类目与“结果”类目的评分项之间较为直接的对应关系。

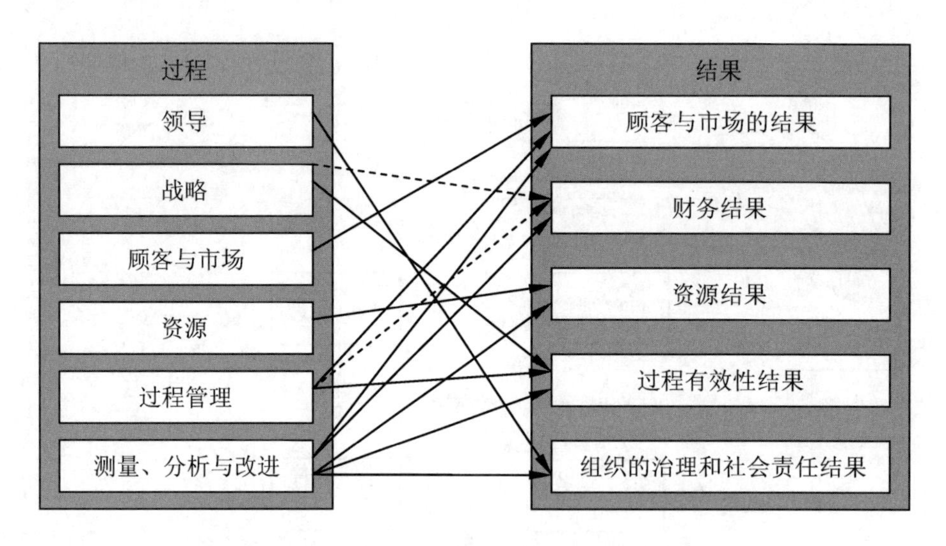

图 12.5 “过程”类目与“结果”类目关系

GB/T 19580—2012《卓越绩效评价准则》借鉴国内外卓越绩效管理的经验和做法，结合我国企业经营管理的实践，从领导，战略，顾客与市场，资源，过程管理，测量、分析与改进，以及结果 7 个方面规定了组织卓越绩效的评价要求，为组织追求卓越提供了自我评价的准则。标准以落实科学发展观、建设和谐社会为出发点，坚持以人为本、全面协调和可持续发展的原则，为组织的所有者、顾客、员工、供方、合作伙伴和社会创造价值。GB/T 19580—2012《卓越绩效评价准则》与美国波多里奇国家质量奖评奖标准分值比较见表 12-3。

表 12－3　《卓越绩效评价准则》与美国波多里奇国家质量奖的评奖标准分值比较

类　　目	《卓越绩效评价准则》	美国波多里奇国家质量奖
领导	110	120
战略	90	85
顾客与市场(顾客)	90	85
资源(员工)	130	85
过程管理(运营)	100	85
测量、分析与改进(知识管理)	80	90
结果	400	450

12.3.3　全国质量奖的评审过程

全国质量奖的评审程序如下。

(1) 递交材料：申报组织将申报表、自评报告、组织简介及相关证实性材料，交予全国质量奖工作委员会办公室。

(2) 资格审查：全国质量奖工作委员会办公室对申报组织的基本条件、评价意见等材料的完整性进行审查。

(3) 资料评审：全国质量奖工作委员会办公室组织评审专家对资格审查合格的组织，进行资料评审。全国质量奖工作委员会根据资料评审的结果，按照“优中选优”的原则确定现场评审组织的名单。

(4) 现场评审：全国质量奖工作委员会办公室组织评审专家组，对资料评审后确定的组织进行现场评审。评审专家组给出现场评审意见并提出存在的问题，形成现场评审报告。

(5) 审定：全国质量奖工作委员会对申报组织的“全国质量奖申报表”、现场评审报告等进行综合分析，择优推荐，提出获奖组织的推荐名单。审定委员会听取工作报告，审定获奖组织。

每个申请组织都将收到一份综合反馈报告和一份逐条反馈报告，这是申请者最有价值的收益，因为这份报告是由具有丰富的理论和实践经验的评审专家团队，根据组织的申请报告及现场评审(如果进入现场评审阶段)、分析结果，概括、总结出的组织的优势和需要改进之处。

卓越绩效评价项目及其分值见表 12－4。

表 12－4　卓越绩效评价项目及其分值

<table>
<tr><th colspan="2">评价项目名称</th><th>评分项分值</th><th>类目分值</th></tr>
<tr><td rowspan="3">4.1 领导</td><td>4.1.2 高层领导的作用</td><td>50</td><td rowspan="3">110</td></tr>
<tr><td>4.1.3 组织治理</td><td>30</td></tr>
<tr><td>4.1.4 社会责任</td><td>30</td></tr>
</table>

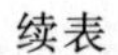

续表

评价项目名称		评分项分值	类 目 分 值
4.2 战略	4.2.2 战略制定	40	90
	4.2.3 战略部署	50	
4.3 顾客与市场	4.3.2 顾客和市场的了解	40	90
	4.3.3 顾客关系与顾客满意	50	
4.4 资源	4.4.2 人力资源	60	130
	4.4.3 财务资源	15	
	4.4.4 信息和知识资源	20	
	4.4.5 技术资源	15	
	4.4.6 基础设施	10	
	4.4.7 相关方关系	10	
4.5 过程管理	4.5.2 过程的识别与设计	50	100
	4.5.3 过程的实施与改进	50	
4.6 测量、分析与改进	4.6.2 测量、分析和评价	40	80
	4.6.3 改进与创新	40	
4.7 结果	4.7.2 产品和服务的结果	80	400
	4.7.3 顾客和市场的结果	80	
	4.7.4 财务结果	80	
	4.7.5 资源结果	60	
	4.7.6 过程有效性结果	50	
	4.7.7 领导方面的结果	50	
总分数			1000

表 12－4 中的 4.1～4.6 条款评价项目为过程项。过程是指组织为实现 4.1～4.6 中各评价项目要求所采用的方法、展开和改进的成熟程度。用方法—展开—学习—整合（Approach—Development—Learning—Integration，ADLI)4 个要素评价组织的过程处于何种阶段。

（1）“方法”评价要点：①组织完成过程所采用的方式方法；②方法对标准评分项要求的适宜性；③方法的有效性；④方法的可重复性，是否以可靠的数据和信息为基础。

（2）“展开”评价要点：①为实现标准评分项要求所采用方法的展开程度；②方法是否持续应用；③方法是否用于所有适用的部门。

（3）“学习”评价要点：①通过循环评价和改进，对方法进行不断完善；②鼓励通过创新对方法进行突破性的改变；③在组织的各相关部门、过程中分享方法的改进和创新。

（4）“整合”评价要点：①方法与在标准其他评分项中识别出的组织需要协调一致；②组织各过程、部门的测量、分析与改进系统相互融合、补充；③组织各过程、部门的计划、过程、结果、分析、学习和行动协调一致，支持组织目标。

结果是组织在实现标准 4.7 的要求中得到的输出和效果。评价结果的要点：①组织绩效的当前水平；②组织绩效改进的速度和广度；③与适宜的竞争对手和标杆的对比绩效；④组织结果的测量与重要顾客、产品和服务、市场、过程及战略规划的绩效要求相连接。

12.3.4 中国质量奖的设立

2012 年，经中央批准，我国正式设立中国质量奖。中国质量奖为政府奖励，是我国在质量管理领域的最高荣誉。

中国质量奖的评选周期为两年，下设中国质量奖和中国质量奖提名奖。中国质量奖名额每次不超过 10 个组织和个人，中国质量奖提名奖每次不超过 90 个组织和个人。中国质量奖的评选表彰工作将面向基层和工作一线，2013 年开始第一届评选。

本章小结

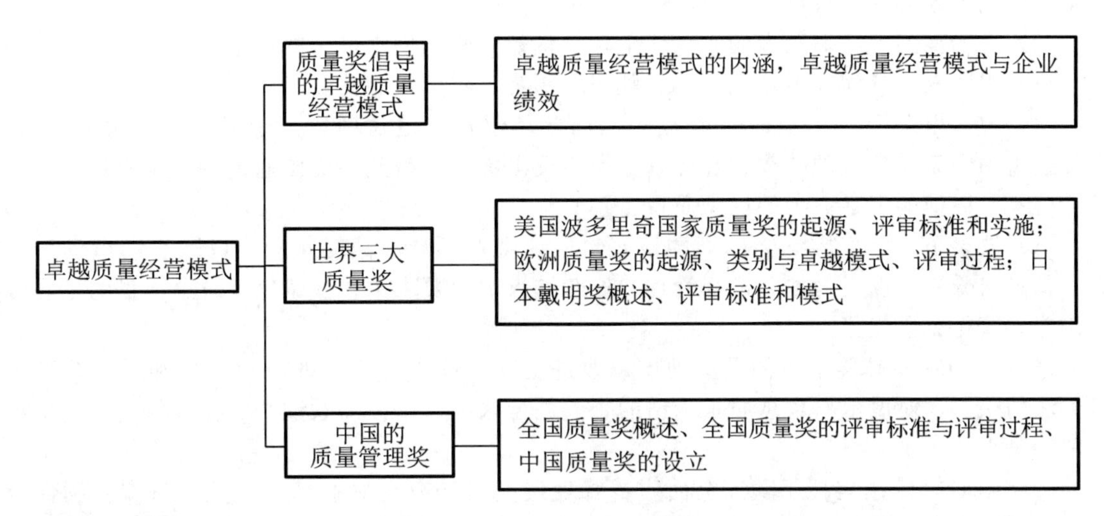

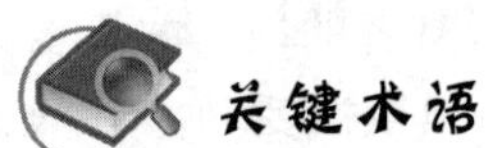

卓越质量经营模式
美国波多里奇国家质量奖
EFQM 卓越奖
日本戴明奖
全国质量奖
中国质量奖

习　　题

1. 选择题

(1) 世界三大质量奖分布在哪几个国家和地区？(　　)

A. 欧洲、日本、美国　　　　B. 德国、英国、法国

C. 日本、美国、德国　　D. 法国、美国、日本

(2) 美国国家质量奖是什么?(　　)

A. 戴明奖　　B. 朱兰奖　　C. 费根堡姆奖　　D. 波多里奇国家质量奖

(3) 日本国家质量奖是什么?(　　)

A. 石川馨奖　　B. 狩野纪昭奖　　C. 克劳斯比奖　　D. 戴明奖

(4) 戴明奖始创于(　　)。

A. 1950 年　　B. 1951 年　　C. 1952 年　　D. 1953 年

(5) 波多里奇国家质量奖确立于(　　)。

A. 1986 年　　B. 1987 年　　C. 1988 年　　D. 1985 年

2. 判断题

(1) 日本戴明奖是为了纪念已故的戴明博士，他为日本战后统计质量控制的发展做出了巨大贡献。日本业界认为，他帮助日本建立了一个基础，正是在这个基础之上，日本的产品质量才达到了今天这样被世界广泛承认的水平。　　(　　)

(2) 世界范围内影响较大的质量奖中，日本戴明奖是创立最早的一个。　　(　　)

(3) 戴明奖共分为 3 类：戴明奖、戴明应用奖、质量控制奖。　　(　　)

(4) 波多里奇于 1981—1987 年任美国商务部部长。他长期致力于美国质量管理工作，在促进美国国家质量管理的改进和提高上做出突出贡献。为此，美国通过了国家质量改进法案，建立了以他的名字命名的国家质量管理奖。　　(　　)

(5) 波多里奇国家质量奖标准的核心价值体现在领导、战略策划、以顾客和市场为中心、信息与分析、以人为本、过程管理、经营结果 7 项要求中。强调经营效果，目的是使顾客满意，获得竞争优势。　　(　　)

(6) EFQM 卓越奖的目的是推动质量改进运动，提高对质量改进重要性和质量管理技术方法的认识，对展示出卓越质量承诺的企业进行认可，以提高欧洲企业在世界一体化市场上的竞争力。　　(　　)

(7) EFQM 卓越奖授予欧洲全面质量管理最杰出和有良好业绩的企业，只有营利性企业才能申请，非营利性企业被排除在外，它对企业所有权的类型和企业所有者的国籍并无要求，但申请企业的质量管理活动必须在欧洲发生。EFQM 卓越奖评价的领域广泛，它注重企业的经营结果、顾客满意和服务、人力资源开发，强调分享产品和技术信息的重要性。　　(　　)

参考答案

3. 简答题

(1) 什么是卓越质量经营模式?

(2) 卓越质量经营模式对于企业绩效具有怎样的作用?

(3) 美国波多里奇国家质量奖与 ISO 9000 族标准有什么不同?

(4) 全国质量奖的评价准则的构成模式是什么?

(5) 简述全国质量奖的评审过程。

(6) EFQM 卓越奖的类别与卓越模式是什么?

(7) 中国质量奖的评审标准是什么?

【实际操作训练】

1. 查阅全国质量奖的评审指南，并结合某企业加以评审。

2. 分析获得日本戴明奖企业的“闪光物”。

红豆集团获得全国质量奖背后的“密码”

红豆集团获颁我国质量领域的崇高荣誉——全国质量奖。全国质量奖是对实施卓越的质量管理，并在质量、经济、社会效益等方面取得显著成绩的组织授予的在质量方面的奖项。红豆集团在相继获得无锡市市长质量奖、江苏省省长质量奖的基础上，于2021年获得第十九届全国质量奖。

红豆集团创始于1957年，经过65年的风风雨雨，她在创新中成长，在拼搏中腾飞，在巨变中跨越，蜕变成为一家有十万从业人员、两个产业园区、两家上市公司、三只驰名商标、四大产业板块的跨国企业集团，成为中国民营企业的代表。红豆集团的健康稳健持续发展，与不懈追求卓越绩效管理密不可分。在长期的发展过程中，红豆集团将“诚信为本，创新铸魂，质量立命”融入企业生产经营每一个环节、每一个细节，形成了具有鲜明红豆特色的卓越绩效管理模式。红豆集团在追求卓越发展这条路上呈现出至少八大亮点，具体如下。

亮点之一：公司以党建为引领，建立现代企业制度，助力企业高质量发展。公司多年来始终坚持“听党话、跟党走，讲正气、走正道”的发展理念，深耕实体经济，把党的政治领导与促进企业经营发展相统一，坚持党建引领，形成了一核心三优势，一融合双培养三服务、五个双向等党建工作经验、机制和方法。公司在多年的企业制度建设中，将党建工作与现代企业制度和社会责任相融合，构建了“企业党建＋现代企业制度＋社会责任”三位一体的组织治理模式，把党的政治优势有效转化为企业的竞争优势发展优势，探索出一条具有中国特色的现代企业治理之路，助推了企业的高质量发展。

亮点之二：公司高层领导多年来始终重视文化建设，塑造了以情文化为核心的企业文化体系。公司明确企业文化建设管理制度，管理机构和职责，通过红豆文化宣传与传播文化，实现红豆文化内化于心、外化于行、固化于制、聚化于情。编写红豆文化手册，谱写企业歌曲，首造“红豆弟子规”，成立红豆艺术团，通过宣传、固化、强化、评价四个机制，推动企业文化建设工作，还通过官网、微信、微博、公众号、道德讲堂、红豆报、红豆电视台、供应商大会、产品发布会等多种形式，对员工及各相关方进行文化理念的宣导和影响，传导社会正能量，使企业文化成为公司发展的精神食粮。

亮点之三：公司勇担重任，为国奋斗。公司在危急时刻勇担重任，充分体现了民营企业为国分忧的使命感、责任感。红豆集团以“共同富裕，产业报国，八方共赢”为使命，用捐资助学、扶贫帮困的实际行动生动诠释了勇于担当、家国情怀。多年来，红豆集团对外捐款、捐物累计超5.5亿元。

亮点之四：公司以品牌建设推动市场开拓能力，逐步实现打造世界一流企业的目标。公司高层领导始终坚持培育民族自主品牌，坚持品牌的一半是技术，一半是文化的理念，塑造“优质红豆，优质生活”的品牌形象，在产品制造技术上努力打造极致产品，质量最优产品。在实现顾客满意上重构消费者购物场景，提升消费者购物体验。在品牌文化建设上，立足红豆情文化，推出品牌节日，弘扬民族文化，推崇健康的爱情观，策划“红豆七夕节”。红豆的文化品牌影响力日益巩固，国内外知名度持续提升。

亮点之五：公司注重培育和建立良好的互助关系，促进区域市场稳步发展。在服装业务板块，公司设计和建立全生命周期顾客关系管理系统，通过卓越客户引擎将目标顾客转化为潜在顾客。通过卓越经营引擎将潜在顾客转化为成交顾客。通过卓越服务引擎将成交顾客转化为忠诚顾客。通过卓越裂变引擎提升会员活跃度。在轮胎业务板块，公司根据市场、渠道和级别等不同类型，将客户划分为核心客户、重点客户和一般客户。公司培育和建立了良好顾客关系，促进区域市场稳步发展。近三年顾客满意度稳步提升，公司服装板块顾客数达千万级，复购率不断提升，红豆柔软内衣细分市场占有率稳居第一，矿山轮胎连续多年市场占有率第一。

亮点之六：公司把人才作为企业生存和发展第一要务，努力打造一流的人才队伍。公司坚持“尊重人、发展人、成就人”和“以奋斗成功者为本”理念，完善人力资源管理。为留住人才用好人才，公司采取事业留人、待遇留人，感情留人、环境留人和文化留人。推行制度选人、竞争上岗机制，开放股权等措施，让优秀人才有足够的发展空间。通过将党员培养成骨干，将骨干发展成党员，保证企业核心人才都出自党员骨干，形成党员与人才间的双向培养机制。对人才队伍的重视，使公司在未来发展中有了充足的原动力。

亮点之七：公司紧盯技术基础建设，持续增强技术竞争力。公司紧紧抓住“五个一流”推进科技创新，即一流的人才、一流的平台、一流的投入、一流的机制和一流的产品，紧盯技术基础建设，持续增强技术竞争力。公司积极主持和参与起草国家标准 24 项，行业标准 10 项，拥有有效专利 963 件，有效发明专利 163 件，对技术基础工作的培育和建设，为公司未来产品的市场竞争力打下了坚实的基础。

亮点之八：公司以良好的信息化基础助力供应链和智能化工厂建设。公司以智慧红豆建设为龙头，先后巨额投入上线运行了 ERP 管理系统、全渠道中台系统、客户管理系统、办公自动化系统、供应商系统、生产管理系统、仓储管理系统、大数据分析系统等。基于“智慧红豆”引领信息化、智能化建设，将为公司在线化、高端化、数智化发展厚积薄发，存续动力。

资料来源：文萱，2021. 荣获全国质量大奖！红豆集团八大亮点获肯定 [N]. 企业家日报，12—10 (6).（有改编）

分析与讨论：

(1) 简述红豆集团获得全国质量奖背后的“密码”有哪些？

(2) 红豆集团卓越质量经营模式对于其他企业有哪些借鉴意义？

附　　录

附表 1　计数标准型一次抽样检验表(摘自 GB/T 13262—2008《不合格品百分数的计数标准型一次抽样检验程序及抽样表》)

附表 2　不合格品百分数的小批计数抽样检验程序及抽样表(摘自 GB/T 13264—2008《不合格品百分数的小批计数抽样检验程序及抽样表》)(基于超几何分布) Ac=0 的情形

附表 3　不合格品百分数的小批计数抽样检验程序及抽样表(摘自 GB/T 13264—2008《不合格品百分数的小批计数抽样检验程序及抽样表》)(基于超几何分布) Ac=1 的情形

附表 4　不合格品百分数的小批计数抽样检验程序及抽样表(摘自 GB/T 13264—2008《不合格品百分数的小批计数抽样检验程序及抽样表》) (基于超几何分布) Ac=2 的情形

附表 5　正常检验一次抽样方案(主表)(摘自 GB/T 2828.1—2012《计数抽样检验程序　第 1 部分：按接收质量限(AQL)检索的逐批检验抽样计划》)

附表 6　加严检验一次抽样方案(主表)(摘自 GB/T 2828.1—2012《计数抽样检验程序　第 1 部分：按接收质量限(AQL)检索的逐批检验抽样计划》)

附表 7　放宽检验一次抽样方案(主表)(摘自 GB/T 2828.1—2012《计数抽样检验程序　第 1 部分：按接收质量限(AQL)检索的逐批检验抽样计划》)

附表 1　计数标准型一次抽样

$p_1/\%$ \ $p_0/\%$	0.75	0.85	0.95	1.05	1.20	1.30	1.50	1.70	1.90	2.10	2.40	2.60	3.00	3.40	3.80	4.20	4.80
0.095	750.2	425.1	395.1	370.1	345.1	315.1	280.1	250.1	225.1	210.1	185.1	160.1	68.0	54.0	58.0	54.0	49.0
0.105	730.2	665.2	380.1	355.1	330.1	310.1	275.1	250.1	225.1	200.1	185.1	160.1	150.1	60.0	56.0	52.0	48.0
0.120	700.2	650.2	595.2	340.1	320.1	295.1	275.1	245.1	220.1	200.1	180.1	160.1	150.1	130.1	54.0	50.0	46.0
0.130	930.3	625.2	580.2	535.2	305.1	285.1	260.1	240.1	220.1	200.1	180.1	160.1	150.1	130.1	115.1	48.0	45.0
0.150	900.3	820.3	545.2	520.2	475.2	270.1	250.1	230.1	215.1	195.1	175.1	160.1	140.1	130.1	115.1	100.1	43.0
0.170	1105.4	795.3	740.3	495.2	470.2	430.2	240.1	220.1	205.1	190.1	175.1	160.1	140.1	125.1	115.1	100.1	92.1
0.190	1295.5	980.4	710.3	665.3	440.2	415.2	370.2	210.1	200.1	185.1	170.1	155.1	140.1	125.1	115.1	100.1	92.1
0.210	1445.6	1135.5	875.4	635.3	595.3	395.2	365.2	330.2	190.1	175.1	163.1	155.1	140.1	125.1	115.1	100.1	92.1
0.240	1620.7	1305.6	1015.5	785.4	570.3	525.3	350.2	325.2	300.3	170.1	160.1	145.1	135.1	125.1	115.1	100.1	90.1
0.260	1750.8	1435.7	1185.6	910.5	705.4	510.3	465.3	310.2	290.2	265.2	150.1	140.1	130.1	120.1	110.1	100.1	90.1
0.300	2055.10	1545.8	1275.7	1025.5	810.5	625.4	450.3	410.3	275.2	260.2	240.2	135.1	125.1	115.1	110.1	98.1	88.1
0.340		1820.10	1385.8	1145.7	920.6	725.5	555.4	400.3	365.3	250.2	230.2	210.2	120.1	110.1	105.1	96.1	86.1
0.380			1630.10	1235.8	1025.7	820.6	640.5	490.4	355.3	330.3	220.2	205.2	190.2	110.1	100.1	92.1	86.1
0.420				1450.10	1100.8	910.7	725.5	555.5	440.4	315.3	295.3	195.2	180.2	165.2	95.1	88.1	82.1
0.480					1300.10	985.8	810.7	545.5	505.5	390.4	283.3	260.3	175.2	165.2	150.2	84.1	80.1
0.530						1165.10	875.8	715.7	495.5	454.5	350.4	255.3	230.3	155.2	145.2	135.2	76.1
0.600							1035.10	770.8	640.7	435.5	405.5	310.4	225.3	203.3	140.2	125.2	115.2
0.670								910.10	690.8	570.7	390.5	360.5	275.4	200.3	185.3	125.2	115.2
0.750									815.10	620.8	510.7	350.5	320.5	250.4	180.3	165.3	110.3
0.850										725.10	550.8	455.7	310.5	285.5	220.4	180.3	145.3
0.950											650.10	490.8	405.7	275.5	255.5	195.4	140.3
1.05												580.10	437.8	360.7	245.5	225.5	175.4
1.20												715.13	515.10	390.8	280.6	220.5	165.4
1.30													635.13	465.10	350.8	250.6	195.4
1.50													825.18	565.13	410.10	310.8	220.6
1.70														745.18	505.13	360.10	275.8
1.90															660.18	445.13	325.10
2.10																585.18	400.13
2.40																	520.18
2.60																	
3.00																	
3.40																	
3.80																	
4.20																	
4.80																	
5.30																	
6.00																	
6.70																	
7.50																	
8.50																	
9.50																	
10.50																	
$p_0/\%$	0.71～	0.81～	0.91～	1.01～	1.13～	1.26～	1.41～	1.61～	1.81～	2.01～	2.25～	2.51～	2.81～	3.16～	3.56～	4.01～	4.51～
$p_1/\%$	0.80	0.90	1.00	1.12	1.25	1.40	1.60	1.80	2.00	2.24	2.50	2.80	3.15	3.55	4.00	4.50	5.00

检验表

5.30	6.00	6.70	7.50	8.50	9.50	10.5	12.0	13.0	15.0	17.0	19.0	21.0	24.0	26.0	30.0	34.0	p_1/% ╲ p_0/%
45.0	41.0	37.0	33.0	30.0	27.0	24.0	22.0	19.0	17.0	15.0	18.0	11.0	10.0	9.0	8.0	7.0	0.091～0.100
44.0	40.0	37.0	33.0	29.0	27.0	24.0	21.0	19.0	17.0	15.0	13.0	11.0	10.0	9.0	7.0	7.0	0.101～0.112
43.0	39.0	36.0	33.0	29.0	26.0	24.0	21.0	19.0	17.0	15.0	13.0	11.0	10.0	9.0	7.0	7.0	0.113～0.125
41.0	38.0	35.0	32.0	29.0	26.0	23.0	21.0	19.0	17.0	15.0	13.0	11.0	10.0	9.0	7.0	6.0	0.126～0.140
40.0	37.0	33.0	31.0	28.0	26.0	23.0	21.0	19.0	16.0	15.0	13.0	11.0	10.0	9.0	7.0	6.0	0.141～0.150
38.0	35.0	33.0	30.0	27.0	26.0	23.0	21.0	18.0	16.0	15.0	13.0	11.0	10.0	9.0	7.0	6.0	0.161～0.180
82.1	34.0	31.0	29.0	25.0	24.0	22.0	21.0	18.0	16.0	14.0	13.0	11.0	10.0	9.0	7.0	6.0	0.181～0.200
82.1	72.1	30.0	28.0	25.0	23.0	22.0	20.0	18.0	16.0	14.0	13.0	11.0	10.0	9.0	7.0	6.0	0.201～0.224
82.1	72.1	64.1	27.0	25.0	23.0	21.0	19.0	18.0	16.0	14.0	12.0	11.0	10.0	9.0	7.0	6.0	0.225～0.250
80.1	78.1	64.1	56.1	24.0	22.0	20.0	19.0	17.0	16.0	14.0	12.0	11.0	10.0	9.0	7.0	6.0	0.251～0.280
80.1	70.1	64.1	56.1	50.1	21.0	19.0	18.0	17.0	15.0	14.0	12.0	11.0	10.0	9.0	7.0	6.0	0.281～0.315
80.1	70.1	62.1	56.1	50.1	45.1	19.0	17.0	16.0	15.0	13.0	12.0	11.0	10.0	9.0	70	6.0	0.316～0.355
78.1	70.1	62.1	56.1	50.1	45.1	40.1	17.0	15.0	14.0	13.0	12.0	11.0	10.0	9.0	7.0	6.0	0.356～0.400
76.1	58.1	62.1	56.1	49.1	45.1	40.1	35.1	15.0	14.0	12.0	11.0	10.0	9.0	8.0	7.0	6.0	0.401～0.450
74.1	58.1	62.1	56.1	49.1	44.1	40.1	35.1	37.1	13.0	12.0	11.0	10.0	9.0	8.0	7.0	6.0	0.451～0.500
70.1	54.1	60.1	54.1	49.1	44.1	39.1	35.1	31.1	28.1	11.0	11.0	10.0	9.0	8.0	7.0	6.0	0.501～0.560
58.1	62.1	58.1	54.1	48.1	44.1	39.1	35.1	31.1	27.1	24.1	10.0	9.0	9.0	8.0	7.0	6.0	0.561～0.630
105.2	59.1	56.1	52.1	47.1	43.1	39.1	35.1	31.1	27.1	24.1	21.1	9.0	8.0	8.0	7.0	6.0	0.631～0.710
105.2	94.2	54.1	49.1	46.1	42.1	38.1	35.1	31.1	27.1	24.1	21.1	19.1	8.0	7.0	7.0	6.0	0.711～0.800
100.2	90.2	84.2	47.1	44.1	40.1	38.1	34.1	31.1	27.1	24.1	21.1	19.1	17.1	7.0	7.0	6.0	0.801～0.900
130.3	86.2	82.2	74.2	42.1	39.1	36.1	34.1	30.1	27.1	24.1	21.1	19.1	17.1	15.1	6.0	6.0	0.901～1.00
125.3	115.3	78.2	72.2	64.2	37.1	35.1	32.1	30.1	37.1	23.1	21.1	19.1	17.1	15.1	6.0	6.0	1.01～1.12
155.4	115.3	105.3	70.2	64.2	58.2	33.1	31.1	29.1	26.1	23.1	21.1	18.1	17.1	15.1	6.0	6.0	1.13～1.25
150.4	135.4	100.3	66.3	62.2	58.2	52.2	30.1	28.1	25.1	23.1	21.1	18.1	16.1	15.1	13.1	5.0	1.26～1.40
175.5	130.4	120.4	90.3	58.2	54.2	50.2	47.1	26.1	24.1	22.1	20.1	18.1	16.1	14.1	13.1	5.0	1.41～1.60
195.6	155.5	115.4	110.4	78.3	52.2	49.2	45.2	41.2	23.1	21.1	20.1	18.1	16.1	14.1	13.1	11.1	1.61～1.80
245.8	175.6	140.5	105.4	95.4	73.0	47.2	44.2	41.2	35.2	21.1	19.1	18.1	16.1	14.1	13.1	11.1	1.81～2.00
290.10	220.8	155.6	125.5	95.4	85.4	62.3	42.2	39.2	36.2	32.2	18.1	17.1	16.1	14.1	13.1	11.1	2.01～2.24
360.13	260.10	195.8	140.6	110.5	84.4	76.4	56.3	37.2	34.2	31.2	28.2	16.1	15.1	14.1	12.1	11.1	2.25～2.50
470.18	320.13	230.10	175.8	125.6	100.5	74.4	54.3	50.3	33.2	30.2	28.2	25.2	15.1	13.1	12.1	11.1	2.51～2.80
	415.18	280.13	205.10	155.8	110.6	86.5	66.4	48.3	44.3	29.2	37.2	25.2	22.2	13.1	12.1	11.1	2.81～3.15
		350.17	250.13	180.10	140.8	100.6	78.5	60.4	42.3	39.3	26.2	24.2	22.2	20.2	11.1	10.1	3.16～3.55
			310.17	225.13	165.10	125.8	90.6	70.5	52.4	37.3	35.3	23.2	21.2	20.2	17.2	10.1	3.56～4.00
				275.17	200.13	145.10	110.8	78.6	62.5	46.4	33.3	31.3	20.2	19.2	17.2	10.1	4.01～4.50
					245.17	180.13	130.10	100.3	70.5	54.5	41.4	30.3	28.3	18.2	17.2	15.2	4.51～5.00
						220.17	160.13	115.10	86.8	62.5	48.5	37.4	27.3	25.3	16.2	15.2	5.01～5.60
							195.17	140.13	100.10	68.7	54.6	43.5	33.4	23.3	22.3	14.2	5.61～6.30
								175.17	120.12	82.9	60.7	48.6	38.5	29.4	21.3	14.2	6.31～7.10
									150.16	105.12	74.9	54.7	44.6	34.5	26.4	18.3	7.11～8.00
										130.16	90.12	66.9	48.7	39.6	30.5	23.4	8.01～9.00
											115.16	82.12	58.9	43.7	34.6	27.5	9.01～10.0
												105.16	74.12	52.9	38.7	26.5	10.1～11.2
5.01～5.60	5.61～6.30	6.31～7.10	7.11～8.00	8.01～9.00	9.01～10.0	10.1～11.2	11.3～12.5	12.6～14.0	14.1～16.0	16.1～18.0	18.1～20.0	20.1～22.4	22.5～25.0	25.1～28.0	28.1～31.5	31.6～35.5	p_0/% ╲ p_1/%

附表 2　不合格品百分数的小批计数抽样检验程序及抽样表(基于超几何分布)Ac=0 的情形

批量 N / 批不合格品率/% / 样本含量 n_0	10		15		20		25		30		35		40		45		50		60		70		80		90	
	p_0	p_1	p_0	p_1	p_0	p_1	p_0	p_1	p_0	p_1	p_0	p_1	p_0	p_1	p_0	p_1	p_0	p_1	p_0	p_1	p_0	p_1	p_0	p_1	p_0	p_1
2	2.4	65	2.4	66	2.5	67	2.5	67	2.5	67	2.5	67	2.5	67	2.5	68	2.5	68	2.5	68	2.5	68	2.5	68	2.5	68
3	1.5	48	1.5	50	1.6	51	1.6	51	1.6	52	1.7	52	1.7	52	1.7	52	1.7	53	1.7	53	1.7	53	1.7	53	1.7	53
4	1.1	36	1.1	39	1.2	40	1.2	41	1.2	42	1.2	42	1.2	42	1.2	42	1.2	42	1.2	43	1.2	43	1.2	43	1.2	43
5	0.79	28	0.89	31	0.92	33	0.93	34	1.0	34	1.0	35	0.98	35	0.98	35	0.98	35	0.98	36	1.0	36	1.0	36	1.0	36
6	0.60	22	0.70	26	0.73	28	0.76	29	0.78	29	0.78	29	0.79	30	0.81	30	0.81	30	0.82	30	0.82	31	0.83	31	0.83	31
8	0.35	14	0.47	18	0.51	20	0.54	21	0.56	22	0.57	22	0.59	23	0.59	23	0.60	23	0.60	24	0.61	24	0.61	24	0.61	24
10			0.33	13	0.38	15	0.42	17	0.42	17	0.44	18	0.45	18	0.46	18	0.46	19	0.48	19	0.48	19	0.48	19	0.49	20
13					0.26	10	0.29	12	0.31	13	0.32	13	0.33	14	0.34	14	0.34	14	0.35	15	0.36	15	0.37	15	0.37	15
16					0.17	7.0	0.21	9.0	0.23	9.6	0.24	10	0.26	11	0.26	11	0.27	11	0.28	12	0.29	12	0.29	12	0.29	12
20							0.13	5.6	0.16	6.8	0.18	7.5	0.19	8.0	0.20	8.3	0.20	8.6	0.21	9.0	0.22	9.3	0.23	9.5	0.23	9.7
25											0.12	5.1	0.13	5.7	0.14	6.1	0.15	6.4	0.16	6.9	0.17	7.2	0.17	7.4	0.18	7.6
32													0.08	3.5	0.09	4.1	0.10	4.4	0.11	4.9	0.12	5.2	0.13	5.5	0.13	5.7
40																	0.07	2.8	0.08	3.4	0.09	3.8	0.09	4.1	0.10	4.3
50																					0.06	2.6	0.07	2.0	0.07	3.1
65																									0.05	2.0
80																										
100																										
125																										

续表

批不合格品率/% 批量 N 样本含量 n_0	100		110		120		130		140		150		160		170		180		190		200		225		250		∞	
	p_0	p_1	p_0	p_1	p_0	p_1	p_0	p_1	p_0	p_1	p_0	p_1	p_0	p_1	p_0	p_1	p_0	p_1	p_0	p_1	p_0	p_1	p_0	p_1	p_0	p_1	p_0	p_1
2	2.5	68	2.5	68	2.5	68	2.5	68	2.5	68	2.5	68	2.5	68	2.5	68	2.5	68	2.5	68	2.5	68	2.5	68	2.5	68	2.5	68
3	1.7	53	1.7	53	1.7	53	1.7	53	1.7	53	1.7	53	1.7	53	1.7	53	1.7	53	1.7	53	1.7	53	1.7	53	1.7	53	1.7	54
4	1.2	43	1.2	43	1.3	43	1.3	43	1.3	43	1.3	43	1.3	43	1.3	43	1.3	43	1.3	43	1.3	43	1.3	44	1.3	43	1.3	44
5	1.0	36	1.0	36	1.0	36	1.0	36	1.0	36	1.0	36	1.0	36	1.0	37	1.0	37	1.0	37	1.0	37	1.0	37	1.0	37	1.0	37
6	0.83	31	0.83	31	0.83	31	0.83	31	0.83	31	0.83	31	0.83	31	0.83	31	0.84	31	0.84	31	0.84	31	0.84	32	0.84	32	0.84	32
8	0.61	24	0.62	24	0.62	24	0.62	24	062	24	0.62	24	0.62	25	0.62	25	0.62	24	0.62	25	062	25	063	25	0.63	25	0.63	25
10	0.49	20	0.49	20	0.49	20	0.49	20	0.49	20	0.50	20	0.50	20	0.50	20	0.50	20	0.50	20	0.50	20	0.50	20	0.50	20	0.51	21
13	0.37	15	0.37	15	0.37	15	0.38	15	0.38	16	0.38	16	0.38	16	0.38	16	0.38	16	0.38	16	0.38	16	0.38	16	0.38	16	0.39	16
16	0.29	12	0.30	12	0.30	13	0.30	13	0.31	13	0.31	13	0.31	13	0.31	13	0.31	13	0.31	13	0.31	13	0.31	13	0.31	13	0.32	13
20	0.23	9.9	0.23	10	0.23	10	0.24	10	0.24	10	0.24	10	0.24	10	0.24	10	0.24	10	0.24	10	0.24	10	0.24	10	0.24	10	0.26	11
25	0.18	7.7	0.18	7.8	0.18	7.9	0.19	8.0	0.19	8.0	0.19	8.1	0.19	8.1	0.19	8.2	0.19	8.2	0.19	8.2	0.19	8.3	0.20	8.3	0.20	8.4	0.20	8.8
32	0.13	5.8	0.14	6.0	0.14	6.0	0.14	6.1	0.14	6.1	0.14	6.2	0.14	6.3	0.15	6.3	0.15	6.3	0.15	6.3	0.15	6.4	0.15	6.4	0.15	6.5	0.15	6.9
40	0.10	4.4	0.10	4.5	0.11	4.6	0.11	4.7	0.11	4.8	0.11	4.8	0.11	4.9	0.11	5.0	0.11	5.0	0.11	5.0	0.12	5.0	0.12	5.1	0.12	5.2	0.13	5.6
50	0.07	3.3	0.08	3.4	0.08	3.5	0.08	3.6	0.08	3.6	0.09	3.7	0.09	3.3	0.09	3.8	0.09	3.9	0.09	3.9	0.09	3.9	0.09	4.0	0.09	4.0	0.10	4.5
65	0.05	2.2	0.05	2.3	0.05	2.4	0.06	2.5	0.06	2.6	0.06	2.7	0.06	2.7	0.06	2.8	0.06	2.8	0.06	2.9	0.07	2.9	0.07	3.0	0.07	3.0	0.08	3.5
80	0.03	1.4	0.04	1.6	0.04	1.7	0.04	1.8	0.04	1.9	0.05	2.0	0.05	2.1	0.05	2.1	0.05	2.1	0.05	2.2	0.05	2.2	0.05	2.3	0.05	2.4	0.06	2.8
100							0.03	1.2	0.03	1.3	0.03	1.4	0.03	1.5	0.03	1.5	0.04	1.6	0.04	1.6	0.04	1.6	0.04	1.7	0.04	1.8	0.05	2.3
125													0.02	0.9	0.02	1.0	0.02	1.1	0.03	1.1	0.03	1.2	0.03	1.3	0.03	1.3	0.04	1.8

注：1. p_0为生产方风险质量，当批不合格品率 $p=p_0$时，规定接收概率为 0.95。

2. p_1为使用方风险质量，当批不合格品率 $p=p_1$时，规定接收概率为 0.10。

3. 当批量 N 在表值之间时，使用紧接着的较大的批量 N。

4. 以∞为首的列，仅是为了参考而给出的。

附表 3 不合格品百分数的小批计数抽样检验程序及抽样表(基于超几何分布)Ac=1 的情形

批不合格品率/% 批量 N / 样本含量 n_0	10		15		20		25		30		35		40		45		50		60		70		80		90	
	p_0	p_1	p_0	p_1	p_0	p_1	p_0	p_1	p_0	p_1	p_0	p_1	p_0	p_1	p_0	p_1	p_0	p_1	p_0	p_1	p_0	p_1	p_0	p_1	p_0	p_1
2	27	95	25	95	24	95	24	95	24	95	23	95	23	95	23	95	23	95	23	95	23	95	23	95	23	95
3	18	77	16	78	16	79	15	79	15	79	15	79	14	80	14	80	14	80	14	80	14	80	14	80	14	80
4	15	62	13	64	12	65	11	66	11	66	11	66	11	67	11	67	11	67	10	67	10	67	10	67	10	67
5	13	50	11	53	9.8	55	9.3	55	9.0	56	8.8	56	8.6	57	8.5	57	8.4	57	8.3	57	8.2	57	8.1	58	8.1	58
6	12	41	9.5	45	8.5	47	8.0	48	7.7	48	7.4	49	7.3	49	7.1	49	7.0	49	6.9	50	6.8	50	6.7	50	6.7	50
8	11	28	8.2	33	7.1	35	6.5	37	6.1	37	5.9	38	5.7	38	5.5	38	5.4	39	5.3	39	5.2	39	5.1	39	5.0	40
10			7.5	25	6.3	28	5.6	29	5.2	30	4.9	31	4.7	31	4.6	31	4.5	32	4.3	32	4.2	32	4.2	32	4.1	33
13					5.7	20	4.9	22	4.5	23	4.2	23	4.0	24	4.0	24	3.7	24	3.5	25	3.4	25	3.3	25	3.2	25
16					5.3	15	4.5	17	4.1	18	3.7	18	3.5	19	3.3	19	3.2	20	3.0	20	2.9	20	2.8	21	2.7	21
20							4.3	12	3.7	13	3.4	14	3.1	15	3.9	15	2.8	15	2.6	16	2.4	16	2.3	17	2.3	17
25											3.1	10	2.9	11	2.6	11	2.5	12	2.3	12	2.1	13	2.0	13	1.9	13
32													2.7	7.4	2.4	8.1	2.3	8.5	2.0	9.2	1.8	9.5	1.7	9.8	1.6	10
40																	2.1	6.0	1.9	6.7	1.7	7.2	1.6	7.5	1.5	7.7
50																					1.6	5.2	1.4	5.6	1.3	5.8
65																									1.2	4.0
80																										
100																										
125																										

续表

批不合格品率/% 批量 N 样本含量 n_0	100		110		120		130		140		150		160		170		180		190		200		225		250		∞	
	p_0	p_1	p_0	p_1	p_0	p_1	p_0	p_1	p_0	p_1	p_0	p_1	p_0	p_1	p_0	p_1	p_0	p_1	p_0	p_1	p_0	p_1	p_0	p_1	p_0	p_1	p_0	p_1
2	23	95	23	95	23	95	23	95	23	95	23	95	23	95	23	95	23	95	23	95	23	95	22	95	22	95	22	95
3	14	80	14	80	14	80	14	80	14	80	14	80	14	80	14	80	14	80	14	80	14	80	14	80	14	80	13	80
4	10	67	10	67	10	68	10	68	10	68	10	68	10	68	10	68	10	68	10	68	10	68	10	68	9.9	68	9.8	68
5	8.0	58	7.9	58	7.9	58	7.9	58	7.9	58	7.9	58	7.9	58	7.9	58	7.8	58	7.8	58	7.8	58	7.8	58	7.8	58	7.6	58
6	6.6	50	6.6	51	6.6	50	6.5	50	6.5	50	6.5	50	6.5	51	6.5	51	6.5	51	6.4	51	6.4	51	6.4	51	6.4	51	6.3	51
8	5.0	40	5.0	40	4.9	40	4.9	40	4.9	40	4.9	40	4.9	40	4.8	40	4.8	40	4.8	40	4.8	40	4.8	40	4.8	40	4.6	41
10	4.1	33	4.0	33	4.0	33	4.0	33	3.9	33	3.9	33	3.9	33	3.9	33	3.9	33	3.9	33	3.9	33	3.8	33	3.8	33	3.7	34
13	3.2	26	3.1	26	3.1	26	3.1	26	3.1	26	3.1	26	3.0	26	3.0	26	3.0	26	3.0	26	3.0	26	3.0	26	3.0	26	2.8	27
16	2.7	21	2.6	21	2.6	21	2.6	21	2.5	21	2.5	21	2.5	21	2.5	22	2.5	22	2.5	22	2.4	22	2.4	22	2.4	22	2.3	22
20	2.2	17	2.2	17	2.1	17	2.1	17	2.1	17	2.1	17	2.0	17	2.0	17	2.0	17	2.0	17	2.0	17	2.0	18	2.0	18	2.0	18
25	1.9	13	1.8	13	1.8	14	1.7	14	1.7	14	1.7	14	1.7	14	1.7	14	1.6	14	1.6	14	1.6	14	1.6	14	1.6	14	1.4	15
32	1.6	10	1.5	10	1.5	10	1.4	11	1.4	11	1.4	11	1.4	11	1.4	11	1.3	11	1.3	11	1.3	11	1.3	11	1.3	11	1.1	12
40	1.4	7.9	1.3	8.1	1.3	8.2	1.2	8.3	1.2	8.4	1.2	8.4	1.2	8.5	1.1	8.7	1.1	8.6	1.1	8.6	1.1	8.7	1.1	8.8	1.0	8.8	0.89	9.4
50	1.2	6.0	1.2	6.2	1.1	6.3	1.1	6.4	1.0	6.5	1.0	6.6	0.99	6.7	0.98	6.7	0.96	6.8	0.94	6.8	0.98	6.8	0.90	6.9	0.88	7.0	0.71	7.6
65	1.1	4.2	1.1	4.4	1.0	4.6	0.95	4.7	0.91	4.8	0.88	4.8	0.85	4.9	0.83	5.0	0.81	5.0	0.79	5.1	0.78	5.1	0.74	5.2	0.72	5.3	0.55	5.9
80	1.1	3.0	1.0	3.2	0.93	3.4	0.88	3.5	0.84	3.6	0.80	3.7	0.77	3.8	0.75	3.7	0.72	3.9	0.70	4.0	0.69	4.0	0.65	4.1	0.63	4.2	0.45	4.8
100							0.83	2.5	0.78	2.6	0.74	2.7	0.71	2.8	0.68	2.9	0.66	2.9	0.64	3.0	0.62	3.1	0.58	3.1	0.55	3.2	0.36	3.8
125													0.67	2.0	0.64	2.1	0.61	2.1	0.59	2.2	0.57	2.3	0.53	2.4	0.49	2.4	0.28	3.1

注：1. p_0为生产方风险质量，当批不合格品率 $p=p_0$时，规定接收概率为0.95。

2. p_1为使用方风险质量，当批不合格品率 $p=p_1$时，规定接收概率为0.10。

3. 当批量 N 在表值之间时，使用紧接着的较大的批量 N。

4. 以∞为首的列，仅是为了参考而给出的。

附表 4　不合格品百分数的小批计数抽样检验程序及抽样表(基于超几何分布)Ac=2 的情形

批量 N / 批不合格品率/% / 样本含量 n_0	10		15		20		25		30		35		40		45		50		60		70		80		90	
	p_0	p_1	p_0	p_1	p_0	p_1	p_0	p_1	p_0	p_1	p_0	p_1	p_0	p_1	p_0	p_1	p_0	p_1	p_0	p_1	p_0	p_1	p_0	p_1	p_0	p_1
3	44	97	41	97	40	97	39	97	39	97	39	97	38	97	38	97	38	97	38	97	38	97	38	97	38	97
4	33	82	30	83	28	84	28	84	27	85	27	85	27	85	26	86	26	85	26	85	26	85	26	85	26	85
5	27	69	24	71	22	72	22	73	21	74	21	74	21	74	20	74	20	74	20	74	20	75	20	75	20	75
6	24	58	21	61	19	63	13	64	18	64	17	65	17	65	17	65	17	65	16	66	16	66	16	66	16	66
8	21	41	17	47	15	49	14	50	14	51	13	51	13	51	13	52	12	52	12	52	12	53	12	53	12	53
10			15	36	13	39	12	40	11	41	11	42	10	42	10	43	10	43	9.9	43	9.7	43	9.6	44	9.5	44
13					11	29	10	31	9.3	32	8.8	32	8.5	33	8.3	33	8.1	33	7.8	34	7.6	34	7.4	34	7.3	35
16					11	22	9.1	24	8.2	25	7.7	25	7.3	26	7.0	27	6.8	27	6.5	28	6.3	28	6.2	28	6.1	29
20							8.5	17	7.4	19	6.8	20	6.4	21	6.1	21	5.8	22	5.5	22	5.3	22	5.1	23	5.0	23
25											6.2	15	5.7	16	5.3	16	5.1	17	4.7	17	4.5	18	4.3	18	4.2	18
32													5.3	11	4.8	12	4.5	12	4.1	13	3.8	13	3.6	14	3.5	14
40																	4.2	8.9	3.7	9.8	3.4	10	3.1	11	3.0	11
50																					3.1	9.6	2.8	8.0	2.7	8.3
65																									2.4	5.8
80																										
100																										
125																										

续表

批不合格品率/% 批量 N 样本含量 n_0	100		110		120		130		140		150		160		170		180		190		200		225		250		∞	
	p_0	p_1	p_0	p_1	p_0	p_1	p_0	p_1	p_0	p_1	p_0	p_1	p_0	p_1	p_0	p_1	p_0	p_1	p_0	p_1	p_0	p_1	p_0	p_1	p_0	p_1	p_0	p_1
3	38	97	38	97	37	97	37	97	37	97	37	97	37	97	37	97	37	97	37	97	37	97	37	97	37	97	37	97
4	26	85	25	85	25	85	25	86	25	86	25	86	25	86	25	86	25	86	25	86	25	86	25	86	25	86	25	86
5	20	75	20	75	19	75	19	75	19	75	19	75	19	75	19	75	19	75	19	75	19	75	19	75	19	75	19	75
6	16	66	16	66	16	66	16	66	16	66	16	66	16	66	16	66	16	66	16	66	16	66	16	66	16	66	15	67
8	12	53	12	53	12	53	12	53	12	53	12	53	12	53	12	53	11	53	11	53	11	53	11	53	11	53	11	54
10	9.4	44	9.3	44	9.3	44	9.2	44	9.2	44	9.2	44	9.1	44	9.1	44	9.1	44	9.1	44	9.0	44	9.0	45	9.0	45	8.7	45
13	7.3	35	7.2	35	7.1	35	7.1	35	7.1	35	7.0	35	7.0	35	7.0	35	6.9	35	6.9	35	6.9	35	6.9	35	6.8	35	6.6	36
16	6.0	29	5.9	29	5.9	29	5.8	29	5.8	29	5.8	29	5.7	29	5.7	29	5.7	29	5.7	29	5.6	29	5.6	29	5.6	29	5.3	30
20	4.9	23	4.8	23	4.8	23	4.7	23	4.7	23	4.7	24	4.6	24	4.6	24	4.6	24	4.5	24	4.5	24	4.5	24	4.5	24	4.2	24
25	4.1	18	4.0	19	3.9	19	3.9	19	3.8	19	3.8	19	3.8	19	3.7	19	3.7	19	3.7	19	3.7	19	3.6	19	3.6	19	3.3	20
32	3.4	14	3.3	14	3.2	15	3.1	15	3.1	15	3.1	15	3.0	15	3.0	15	3.0	15	3.0	15	2.9	15	2.9	15	2.9	15	2.6	16
40	2.9	11	2.8	11	2.7	11	2.6	12	2.6	11	2.6	12	2.5	12	2.5	12	2.5	12	2.4	12	2.4	12	2.4	12	2.3	12	2.1	13
50	2.5	8.6	2.4	8.8	2.3	8.9	2.3	9.0	2.2	9.1	2.2	9.2	2.1	9.3	2.1	9.4	2.1	9.4	2.0	9.4	2.0	9.5	2.0	9.6	1.9	9.7	1.7	10
65	2.2	5.1	2.1	6.3	2.0	6.5	1.9	6.6	1.9	6.7	1.8	6.8	1.8	6.9	1.7	7.0	1.7	7.0	1.7	7.1	1.6	7.2	1.6	7.3	1.6	7.3	1.3	8.0
80	2.1	4.5	2.0	4.7	1.8	4.9	1.8	5.0	1.7	5.2	1.6	5.3	1.6	5.4	1.5	5.5	1.5	5.5	1.5	5.6	1.4	5.7	1.4	5.8	1.3	5.3	1.0	6.5
100							1.6	3.7	1.5	3.8	1.5	4.0	1.4	4.1	1.4	4.2	1.3	4.2	1.3	4.3	1.3	4.3	1.2	4.5	1.1	4.5	0.82	5.2
125													1.3	2.9	1.3	3.0	1.2	3.1	1.2	3.2	1.1	3.3	1.1	3.5	1.0	3.5	0.66	4.2

注：1. p_0为生产方风险质量，当批不合格品率$p=p_0$时，规定接收概率为0.95。

2. p_1为使用方风险质量，当批不合格品率$p=p_1$时，规定接收概率为0.10。

3. 当批量N在表值之间时，使用紧接着的较大的批量N。

4. 以∞为首的列，仅是为了参考而给出的。

附表 5　正常检验一次抽样方案(主表)

样本含量字码	样本含量	接收质量限(AQL)/%																									
		0.010	0.015	0.025	0.040	0.065	0.10	0.15	0.25	0.40	0.65	1.0	1.5	2.5	4.0	6.5	10	15	25	40	65	100	150	250	400	650	1000
		Ac Re	Ac Re	Ac Re	Ac Re	Ac Re	Ac Re	Ac Re	Ac Re	Ac Re	Ac Re	Ac Re	Ac Re	Ac Re	Ac Re	Ac Re	Ac Re	Ac Re	Ac Re	Ac Re	Ac Re	Ac Re	Ac Re	Ac Re	Ac Re	Ac Re	Ac Re
A	2	↓	↓	↓	↓	↓	↓	↓	↓	↓	↓	↓	↓	↓	↓	0 1	↓	↓	1 2	2 3	3 4	5 6	7 8	10 11	14 15	21 22	30 31
B	3	↓	↓	↓	↓	↓	↓	↓	↓	↓	↓	↓	↓	↓	0 1	↑	↓	1 2	2 3	3 4	5 6	7 8	10 11	14 15	21 22	30 31	44 45
C	5	↓	↓	↓	↓	↓	↓	↓	↓	↓	↓	↓	↓	0 1	↑	↓	1 2	2 3	3 4	5 6	7 8	10 11	14 15	21 22	30 31	44 45	↑
D	8	↓	↓	↓	↓	↓	↓	↓	↓	↓	↓	↓	0 1	↑	↓	1 2	2 3	3 4	5 6	7 8	10 11	14 15	21 22	30 31	44 45	↑	↑
E	13	↓	↓	↓	↓	↓	↓	↓	↓	↓	↓	0 1	↑	↓	1 2	2 3	3 4	5 6	7 8	10 11	14 15	21 22	30 31	44 45	↑	↑	↑
F	20	↓	↓	↓	↓	↓	↓	↓	↓	↓	0 1	↑	↓	1 2	2 3	3 4	5 6	7 8	10 11	14 15	21 22	↑	↑	↑	↑	↑	↑
G	32	↓	↓	↓	↓	↓	↓	↓	↓	0 1	↑	↓	1 2	2 3	3 4	5 6	7 8	10 11	14 15	21 22	↑	↑	↑	↑	↑	↑	↑
H	50	↓	↓	↓	↓	↓	↓	↓	0 1	↑	↓	1 2	2 3	3 4	5 6	7 8	10 11	14 15	21 22	↑	↑	↑	↑	↑	↑	↑	↑
J	80	↓	↓	↓	↓	↓	↓	0 1	↑	↓	1 2	2 3	3 4	5 6	7 8	10 11	14 15	21 22	↑	↑	↑	↑	↑	↑	↑	↑	↑
K	125	↓	↓	↓	↓	↓	0 1	↑	↓	1 2	2 3	3 4	5 6	7 8	10 11	14 15	21 22	↑	↑	↑	↑	↑	↑	↑	↑	↑	↑
L	200	↓	↓	↓	↓	0 1	↑	↓	1 2	2 3	3 4	5 6	7 8	10 11	14 15	21 22	↑	↑	↑	↑	↑	↑	↑	↑	↑	↑	↑
M	315	↓	↓	↓	0 1	↑	↓	1 2	2 3	3 4	5 6	7 8	10 11	14 15	21 22	↑	↑	↑	↑	↑	↑	↑	↑	↑	↑	↑	↑
N	500	↓	↓	0 1	↑	↓	1 2	2 3	3 4	5 6	7 8	10 11	14 15	21 22	↑	↑	↑	↑	↑	↑	↑	↑	↑	↑	↑	↑	↑
P	800	↓	0 1	↑	↓	1 2	2 3	3 4	5 6	7 8	10 11	14 15	21 22	↑	↑	↑	↑	↑	↑	↑	↑	↑	↑	↑	↑	↑	↑
Q	1250	0 1	↑	↓	1 2	2 3	3 4	5 6	7 8	10 11	14 15	21 22	↑	↑	↑	↑	↑	↑	↑	↑	↑	↑	↑	↑	↑	↑	↑
R	2000	↑	↑	1 2	2 3	3 4	5 6	7 8	10 11	14 15	21 22	↑	↑	↑	↑	↑	↑	↑	↑	↑	↑	↑	↑	↑	↑	↑	↑

注：↓——使用箭头下面的第一个抽样方案，如果样本量等于或超过批量，则执行100%检验。

↑——使用箭头上面的第一个抽样方案。

Ac——接收数。

Re——拒收数。

附表6 加严检验一次抽样方案(主表)

样本含量字码	样本含量	0.010 Ac Re	0.015 Ac Re	0.025 Ac Re	0.040 Ac Re	0.065 Ac Re	0.10 Ac Re	0.15 Ac Re	0.25 Ac Re	0.40 Ac Re	0.65 Ac Re	1.0 Ac Re	1.5 Ac Re	2.5 Ac Re	4.0 Ac Re	6.5 Ac Re	10 Ac Re	15 Ac Re	25 Ac Re	40 Ac Re	65 Ac Re	100 Ac Re	150 Ac Re	250 Ac Re	400 Ac Re	650 Ac Re	1000 Ac Re
		接收质量限(AQL)/%																									
A	2	↓	↓	↓	↓	↓	↓	↓	↓	↓	↓	↓	↓	↓	↓	↓	0 1	↓	↓	1 2	2 3	3 4	5 6	8 9	12 13	18 19	27 28
B	3	↓	↓	↓	↓	↓	↓	↓	↓	↓	↓	↓	↓	↓	↓	0 1	↓	↓	1 2	2 3	3 4	5 6	8 9	12 13	18 19	27 28	41 42
C	5	↓	↓	↓	↓	↓	↓	↓	↓	↓	↓	↓	↓	↓	0 1	↓	↓	1 2	2 3	3 4	5 6	8 9	12 13	18 19	27 28	41 42	↑
D	8	↓	↓	↓	↓	↓	↓	↓	↓	↓	↓	↓	↓	0 1	↓	↓	1 2	2 3	3 4	5 6	8 9	12 13	18 19	27 28	41 42	↑	↑
E	13	↓	↓	↓	↓	↓	↓	↓	↓	↓	↓	↓	0 1	↓	↓	1 2	2 3	3 4	5 6	8 9	12 13	18 19	27 28	41 42	↑	↑	↑
F	20	↓	↓	↓	↓	↓	↓	↓	↓	↓	↓	0 1	↓	↓	1 2	2 3	3 4	5 6	8 9	12 13	18 19	↑	↑	↑	↑	↑	↑
G	32	↓	↓	↓	↓	↓	↓	↓	↓	↓	0 1	↓	↓	1 2	2 3	3 4	5 6	8 9	12 13	18 19	↑	↑	↑	↑	↑	↑	↑
H	50	↓	↓	↓	↓	↓	↓	↓	↓	0 1	↓	↓	1 2	2 3	3 4	5 6	8 9	12 13	18 19	↑	↑	↑	↑	↑	↑	↑	↑
J	80	↓	↓	↓	↓	↓	↓	↓	0 1	↓	↓	1 2	2 3	3 4	5 6	8 9	12 13	18 19	↑	↑	↑	↑	↑	↑	↑	↑	↑
K	125	↓	↓	↓	↓	↓	↓	0 1	↓	↓	1 2	2 3	3 4	5 6	8 9	12 13	18 19	↑	↑	↑	↑	↑	↑	↑	↑	↑	↑
L	200	↓	↓	↓	↓	↓	0 1	↓	↓	1 2	2 3	3 4	5 6	8 9	12 13	18 19	↑	↑	↑	↑	↑	↑	↑	↑	↑	↑	↑
M	315	↓	↓	↓	↓	0 1	↓	↓	1 2	2 3	3 4	5 6	8 9	12 13	18 19	↑	↑	↑	↑	↑	↑	↑	↑	↑	↑	↑	↑
N	500	↓	↓	↓	0 1	↓	↓	1 2	2 3	3 4	5 6	8 9	12 13	18 19	↑	↑	↑	↑	↑	↑	↑	↑	↑	↑	↑	↑	↑
P	800	↓	↓	0 1	↓	↓	1 2	2 3	3 4	5 6	8 9	12 13	18 19	↑	↑	↑	↑	↑	↑	↑	↑	↑	↑	↑	↑	↑	↑
Q	1250	↓	0 1	↓	↓	1 2	2 3	3 4	5 6	8 9	12 13	18 19	↑	↑	↑	↑	↑	↑	↑	↑	↑	↑	↑	↑	↑	↑	↑
R	2000	0 1	↑	↓	1 2	2 3	3 4	5 6	8 9	12 13	18 19	↑	↑	↑	↑	↑	↑	↑	↑	↑	↑	↑	↑	↑	↑	↑	↑
S	3150			1 2																							

注：⇩—— 使用箭头下面的第一个抽样方案，如果样本量等于或超过批量，则执行100%检验。

⇧—— 使用箭头上面的第一个抽样方案。

Ac—— 接收数。

Re ——拒收数。

附表7 放宽检验一次抽样方案(主表)

样本含量字码	样本含量	接收质量限(AQL)/%																									
		0.010	0.015	0.025	0.040	0.065	0.10	0.15	0.25	0.40	0.65	1.0	1.5	2.5	4.0	6.5	10	15	25	40	65	100	150	250	400	650	1000
		Ac Re	Ac Re	Ac Re	Ac Re	Ac Re	Ac Re	Ac Re	Ac Re	Ac Re	Ac Re	Ac Re	Ac Re	Ac Re	Ac Re	Ac Re	Ac Re	Ac Re	Ac Re	Ac Re	Ac Re	Ac Re	Ac Re	Ac Re	Ac Re	Ac Re	Ac Re
A	2	⇩	⇩	⇩	⇩	⇩	⇩	⇩	⇩	⇩	⇩	⇩	⇩	⇩	⇩	0 1	⇩	⇩	1 2	2 3	3 4	5 6	7 8	10 11	14 15	21 22	30 31
B	2	⇩	⇩	⇩	⇩	⇩	⇩	⇩	⇩	⇩	⇩	⇩	⇩	⇩	0 1	⇧	⇩	⇩	1 2	2 3	3 4	5 6	7 8	10 11	14 15	21 22	30 31
C	2	⇩	⇩	⇩	⇩	⇩	⇩	⇩	⇩	⇩	⇩	⇩	⇩	0 1	⇧	⇩	⇩	1 2	2 3	3 4	5 6	6 7	8 9	10 11	14 15	21 22	⇧
D	3	⇩	⇩	⇩	⇩	⇩	⇩	⇩	⇩	⇩	⇩	⇩	0 1	⇧	⇩	⇩	1 2	2 3	3 4	5 6	6 7	8 9	10 11	14 15	21 22	⇧	⇧
E	5	⇩	⇩	⇩	⇩	⇩	⇩	⇩	⇩	⇩	⇩	0 1	⇧	⇩	⇩	1 2	2 3	3 4	5 6	6 7	8 9	10 11	14 15	21 22	⇧	⇧	⇧
F	8	⇩	⇩	⇩	⇩	⇩	⇩	⇩	⇩	⇩	0 1	⇧	⇩	⇩	1 2	2 3	3 4	5 6	6 7	8 9	10 11	⇧	⇧	⇧	⇧	⇧	⇧
G	13	⇩	⇩	⇩	⇩	⇩	⇩	⇩	⇩	0 1	⇧	⇩	⇩	1 2	2 3	3 4	5 6	6 7	8 9	10 11	⇧	⇧	⇧	⇧	⇧	⇧	⇧
H	20	⇩	⇩	⇩	⇩	⇩	⇩	⇩	0 1	⇧	⇩	⇩	1 2	2 3	3 4	5 6	6 7	8 9	10 11	⇧	⇧	⇧	⇧	⇧	⇧	⇧	⇧
J	32	⇩	⇩	⇩	⇩	⇩	⇩	0 1	⇧	⇩	⇩	1 2	2 3	3 4	5 6	6 7	8 9	10 11	⇧	⇧	⇧	⇧	⇧	⇧	⇧	⇧	⇧
K	50	⇩	⇩	⇩	⇩	⇩	0 1	⇧	⇩	⇩	1 2	2 3	3 4	5 6	6 7	8 9	10 11	⇧	⇧	⇧	⇧	⇧	⇧	⇧	⇧	⇧	⇧
L	80	⇩	⇩	⇩	⇩	0 1	⇧	⇩	⇩	1 2	2 3	3 4	5 6	6 7	8 9	10 11	⇧	⇧	⇧	⇧	⇧	⇧	⇧	⇧	⇧	⇧	⇧
M	125	⇩	⇩	⇩	0 1	⇧	⇩	⇩	1 2	2 3	3 4	5 6	6 7	8 9	10 11	⇧	⇧	⇧	⇧	⇧	⇧	⇧	⇧	⇧	⇧	⇧	⇧
N	200	⇩	⇩	0 1	⇧	⇩	⇩	1 2	2 3	3 4	5 6	6 7	8 9	10 11	⇧	⇧	⇧	⇧	⇧	⇧	⇧	⇧	⇧	⇧	⇧	⇧	⇧
P	315	⇩	0 1	⇧	⇩	⇩	1 2	2 3	3 4	5 6	6 7	8 9	10 11	⇧	⇧	⇧	⇧	⇧	⇧	⇧	⇧	⇧	⇧	⇧	⇧	⇧	⇧
Q	500	0 1	⇧	⇧	⇩	1 2	2 3	3 4	5 6	6 7	8 9	10 11	⇧	⇧	⇧	⇧	⇧	⇧	⇧	⇧	⇧	⇧	⇧	⇧	⇧	⇧	⇧
R	800	⇧	⇧	⇧	1 2	2 3	3 4	5 6	6 7	8 9	10 11	⇧	⇧	⇧	⇧	⇧	⇧	⇧	⇧	⇧	⇧	⇧	⇧	⇧	⇧	⇧	⇧

注：⇩——使用箭头下面的第一个抽样方案，如果样本量等于或超过批量，则执行100%检验。

⇧——使用箭头上面的第一个抽样方案。

Ac——接收数。

Re——拒收数。

参考文献

埃文斯,林赛，2011. 质量管理与质量控制：第 7 版[M]. 焦叔斌，译 . 北京：中国人民大学出版社 .

白宝光，2012. 质量管理：理论与案例[M]. 北京：高等教育出版社 .

布鲁，2006. 六西格玛[M]. 容冰，译 . 北京：中信出版社 .

陈国华，陈斌，2001. 新编质量管理[M]. 南昌：江西高校出版社 .

陈俊芳，2007. 质量改进与质量管理[M]. 北京：北京师范大学出版社 .

陈志田，2003. GB/T 19001，GB/T 24001，GB/T 28001 管理体系一体化总论[M]. 2 版 . 北京：中国计量出版社 .

谌东荄，2001. 质量管理概论[M]. 2 版 . 北京：经济管理出版社 .

邓荣霖，杨文士，1995. 管理者手册[M]. 北京：企业管理出版社 .

方圆标志认证集团有限公司，2016. 2015 版 ISO 14001 环境管理体系内审员培训教程[M]. 北京：中国标准出版社 .

冯根尧，2005. 中小企业质量管理实务[M]. 上海：上海财经大学出版社 .

甘烽，宋光贵，谭平，1988. 技术与质量管理[M]. 广州：华南理工大学出版社 .

高齐圣，姚居良，张纪会，等，2004. 流程企业产品质量设计和质量改进研究[J]. 工业工程与管理(2)：97 - 101.

高贤峰，2004. 海尔质量管理三步曲[J]. 当代经理人(2)：92.

高阳，2007. 质量管理案例分析[M]. 北京：中国标准出版社 .

龚益鸣,2007. 现代质量管理学[M]. 2 版 . 北京：清华大学出版社 .

韩福荣，2017. 现代质量管理学[M]. 4 版 . 北京：机械工业出版社 .

韩之俊，许前，2003. 质量管理[M]. 北京：科学出版社 .

何晓群，2003. 六西格玛及其导入指南[M]. 北京：中国人民大学出版社 .

何桢，2014. 六西格玛管理[M]. 3 版 . 北京：中国人民大学出版社 .

洪生伟，2006. 质量工程导论[M]. 北京：中国计量出版社 .

胡铭，2010. 现代质量管理学[M]. 武汉：武汉大学出版社 .

胡启国，张鹏，2009. 顾客满意度指数测评指标体系的构建[J]. 统计与决策(10)：55 - 57.

久米均，1995. 质量经营[M]. 马林，译 . 上海：上海科学技术出版社 .

李书泽，石璞，1984. 质量管理方法 100 例[M]. 石家庄：河北人民出版社 .

梁工谦，2018. 质量管理学[M]. 3 版 . 北京：中国人民大学出版社 .

廖永平，1982. 机械工业企业质量管理：修订本[M]. 北京：机械工业出版社 .

刘广第，1995. 质量管理学[M]. 北京：清华大学出版社 .

刘书庆，杨水利，2003. 质量管理学[M]. 北京：机械工业出版社 .

刘文卿，2004. 六西格玛过程改进技术[M]. 北京：中国人民大学出版社 .

罗国勋，2005. 质量管理与可靠性[M]. 北京：高等教育出版社 .

马丁，2019. 供应链精益六西格玛管理：原书第 2 版[M]. 崔庆安，徐春秋，李淑敏，译 . 北京：机械工业出版社 .

马逢时，周暐，刘传冰，2012. 六西格玛管理统计指南：MINITAB 使用指导[M]. 2 版 . 北京：中国人民大学出版社 .

梅雷迪思，谢弗，2004. MBA 运营管理：第 2 版[M]. 陈曦，译 . 北京：中国人民大学出版社 .

乔杜里，2002. 六西格玛的力量[M]. 郭仁松，朱健，译．北京：电子工业出版社．
桑德霍姆，1998. 全面质量管理[M]. 王晓生，段一泓，胡欣荣，译．北京：中国经济出版社．
上海市质协代表团，2009. 日本质量管理的经验与新一代 TQM 上海企业赴日本质量管理研修见闻[J]. 上海质量(1)：38-42.
盛宝忠，2001. 质量改进六步法[M]. 上海：上海交通大学出版社．
石尾登,铃木启允，大矢政秋，1987. 企业诊断的着眼点[M]. 弓海旺，盛欣，刘正运，译．北京：知识出版社．
苏秦，2013. 现代质量管理学[M]. 2 版．北京：清华大学出版社．
孙磊，2011. 质量管理实战全书[M]. 北京：人民邮电出版社．
王敏华，2006. 管理体系与认证[M]. 北京：中国计量出版社．
王世芳，1985. 机械制造企业质量管理[M]. 北京：机械工业出版社．
王希曾，2002. ISO 9000 质量改进技法[M]. 广州：华南理工大学出版社．
新将命，2002. 图解全面质量管理[M]. 杨文瑜，邹波，译．上海：文汇出版社．
杨青，2008. 项目质量管理[M]. 北京：机械工业出版社．
杨文士，陈运涛，2002. 质量管理学[M]. 北京：新世界出版社．
杨永华，1999. 企业质量管理[M]. 深圳：海天出版社．
姚美瑜，2006. 员工整体素质与产品质量关系的探讨[J]. 机电技术，29(3)：68-69.
尤建新，张建同，杜学美，2003. 质量管理学[M]. 北京：科学出版社．
张公绪，孙静，2003. 新编质量管理学[M]. 2 版．北京：高等教育出版社．
赵成杰，2017. ISO 9001：2015 新思维＋新模式：新版质量管理体系应用指南[M]. 北京：企业管理出版社.
中国质量协会，卓越国际质量科学研究院，2012. 卓越绩效评价准则实务[M]. 2 版．北京：中国标准出版社．
中质协质量保证中心，2002. ISO 9001/ISO 14001/OHSAS 18001 整合型管理体系的建立与实施[M]. 北京：中国标准出版社．
朱兰，1986. 质量管理：第四版[M]. 杨文士，等译．北京：企业管理出版社．
邹依仁，1983. 质量管理原理和方法[M]. 北京：机械工业出版社．
FEIGENBAUM A V，1983. Total quality control[M]. New York：McGraw-Hill Book Company.
JURAN J M，GRYNA F M，1988. Juran's quality control handbook[M]. New York：McGraw-Hill book Company.